W0220314

À L'OMBRE DES MONTAGNES

SILVIA
VÁSQUEZ-LAVADO

À L'OMBRE DES MONTAGNES

Traduit de l'anglais (États-Unis)
par Anna Souillac

Michel LAFON

Titre original :
In the Shadow of the Mountain

Copyright © Silvia Vasquez-Lavado 2022

© Éditions Michel Lafon, 2023, pour l'édition française
118, avenue Achille-Peretti – CS 70024
92521 Neuilly-sur-Seine Cedex
www.michel-lafon.com

À tous ceux qui doivent encore gravir leur montagne…
… vous n'êtes pas seuls.

– 1 –

CHOMOLUNGMA

Si j'arrive à compter jusqu'à mille, je m'en sortirai.

1, 2, 3…

Je pars en balade. C'est tout. Juste une balade. Une longue balade abrupte potentiellement mortelle, le long du versant nord-ouest du Lhotse, un mur de glace bleue vertical de 1 200 mètres qui s'élève au-dessus de la combe Ouest.

La vallée du Silence.

Mon esprit, lui, est tout sauf silencieux. Vu d'ici, le Lhotse est un monstre lisse et scintillant.

Un gratte-ciel alpin.

Juste avant le mur, il y a une rimaye, une crevasse béante où le glacier s'est séparé de la montagne. Les flocons d'avoine sans gluten que j'ai ingurgités ce matin me pèsent sur l'estomac tandis que mes yeux se perdent dans l'immensité en dessous. Dans cette énorme bouche ouverte. Affamée.

Et puis un bruit.

Celui d'un gant qui tombe dans le vide. Je le regarde s'éloigner et mes yeux continuent de fixer la crevasse longtemps après sa disparition, comme si j'espérais le voir réapparaître par magie.

Aucun des autres grimpeurs ne prononce le moindre mot. En file indienne, nous traversons un champ de roches irrégulières puis la passerelle qui surplombe la rimaye.

Nous voilà face aux cordes. Deux ficelles minces qui grimpent le long de la face gelée du Lhotse. Une pour nous, ceux qui montent, l'autre pour ceux qui descendent. Elles ne sont pas plus épaisses que mon pouce, mais elles vont nous guider sur ce kilomètre vertical, comme une rampe d'escalier.

Je divague un instant et m'imagine que ce sont deux cordons de velours qui mènent à l'entrée d'une boîte de nuit confidentielle et sélecte, où les danseurs se déchaînent et où l'alcool coule à flots.

Un coma éthylique me semble bien moins terrifiant que tout ça. Quelques pas en dehors du chemin, sans être attachée, et je suivrai ce gant. Une glissade rapide et discrète vers une mort aussi certaine qu'infinie.

Bref, à partir d'ici, on ne peut que monter.

17, 18, 19…

Mike, notre guide principal, ouvre la voie sur le Lhotse, suivi de près par Danny et Brian, les grimpeurs les plus rapides et les plus forts de l'équipe, et Ang Dorjee juste derrière. Mark et moi suivons au milieu, notre place préférée, et Lydia Bradey, une légende de l'Everest – la première femme à avoir atteint le sommet sans oxygène –, ferme la marche. Rob, un autre membre de l'équipe qui a bataillé ces derniers jours, n'avait pas la condition suffisante pour aller au-delà du camp II.

33, 34…

Au petit déjeuner, Mike a dit qu'il ne faudrait pas plus de cinq heures pour gravir le versant nord-ouest. Je tire sur le mousqueton attaché à mon baudrier, ouvre mon jumar et l'enfile autour de la première corde fixe à ma gauche. Le jumar est une poignée bloquante, une sorte de frein à main que l'on glisse le long d'une corde et qui se bloque quand on tire dessus. Lentement, je commence à marcher, en faisant avancer mon jumar et en enfonçant mes doigts au plus profond de mon gant afin de sentir ce que je fais à travers l'épais tissu. Mes gants sont trop grands, comme d'habitude. En alpinisme, toutes les pièces d'équipement professionnel sont encore conçues pour les hommes. J'ai beau avoir pris du XS, ils bâillent autour de mes poignets.

J'ai appris à m'en arranger.

Quand j'ai commencé l'escalade, le jumar était un symbole. Le truc qui faisait de moi « une vraie grimpeuse ». Un outil à maîtriser pour faire partie du club des alpinistes cool. Dix ans d'escalade et cinq sommets plus tard – les plus hauts de chaque continent –, je suis toujours cette intello coincée qui essaie de s'intégrer, mais je ne considère plus le jumar comme un élément extraordinaire de mon équipement. C'est une extension de moi. Ma planche de salut, mon ancre, il ne se détache que si je le décide.

Je respecte le jumar. Je m'incline devant le jumar.

Et à chaque fois que je sens ses dents de métal se planter dans la corde, je laisse échapper un *Yes* étouffé.

55, 56, 57…

J'attrape mon piolet comme une canne, puis le plante dans le mur et m'agenouille dans la pente pour me stabiliser. Marcher en crampons, c'est tout un art. Vos chaussures s'enfoncent dans la neige durcie et la glace pour favoriser la traction. Par chance, j'ai la même petite carrure que la plupart des sherpas qui sont partis devant pour installer le campement de la nuit prochaine. J'allonge mes pas pour atteindre les petits échelons que leurs bottes ont déjà creusés dans la glace. Ne pas avoir à percer la glace vierge me permet d'économiser un peu d'énergie et j'épargne tout ce que je peux à ce stade. Chaque pas doit être précis et mécanique.

Une profonde inspiration puis une expiration. Les émotions sont dangereuses à cette altitude. Concentre-toi. Compte. *61. 62.* Pas de sentiments. Compte. *70.* Pas d'émotions. Compte. *84. 85.*

Nous sommes à trente-six heures du sommet. Je crois. Encore deux camps et nous y serons. J'essaie de calculer les kilomètres, mais ils n'ont plus aucun sens. À cette altitude, la distance devient un concept abstrait. Poreux même. Nos journées se mesurent en étapes atteintes et en gain d'altitude. *Camp III. 7 470 mètres. Camp IV. Bande jaune. L'éperon des Genevois. Col Sud. 7 920 mètres.* L'altitude nous possède. Difficile de savoir ce qui est près et ce qui est loin. Le temps s'étire et se contracte. Les perspectives changent rapidement. Zoom arrière, nous ne sommes plus que des fourmis en formation, de minuscules points noirs qui gravissent une chaîne de montagnes colossale.

Mais mon champ de vision à moi est microscopique – tout ce que je vois, c'est le miroitement et l'effritement du mur que j'escalade à cette seconde précise.

À cette altitude, nous sommes plus haut que la plupart des oiseaux ne voleront jamais.

Je me demande si ça arrive aux oiseaux. S'ils sont obsédés par la hauteur. S'ils essaient de voler plus haut que les autres.

93, 94, 92…

Merde. Recommence.

Le sommet se trouve quelque part derrière ce mur. À moins qu'il ne soit au-dessus ?

Pourquoi n'ai-je pas mieux mémorisé le chemin ?

Le Lhotse, c'est le dernier obstacle avant le camp III et l'endroit où nous attendent nos bouteilles d'oxygène. Au-delà de 7 000 mètres, la montée devient une course contre l'oxygène qui se raréfie. À cette altitude, on se repose, mais on ne récupère pas. On se détériore. Attachées à notre dos comme des nouveau-nés emmaillotés, ces bouteilles vont devenir notre cargaison la plus précieuse. Sans elles, nous serions finis. À part peut-être Lydia. Notre dernière chance d'être secourus est déjà derrière nous de toute façon. Les hélicoptères ne volent pas plus haut que le camp II. Désormais, tout sauvetage, même s'il s'agit de redescendre un cadavre, se fera à pied, le long des cordes.

24, 25, 23…

Merde. Encore. Je n'arrête pas de recommencer.

1, 2, 3…

Le vent se lève.

Les bavardages et moqueries habituels du début de journée ont laissé place aux soupirs et aux grognements. Tout le monde se concentre sur le pas suivant.

– Rocher ! crie soudainement Brian, un peu plus haut. Il se balance vers la droite tandis qu'un rocher de la taille d'un ballon de basket dégringole le long du Lhotse.

Rocher ! Rocher ! Rocher ! Le mot résonne à travers nous. Nous nous balançons tous vers la droite. *22, 23, 24…* Nous croisons une autre équipe qui descend en silence le long de la corde opposée, ils reviennent du camp III. C'est déroutant de les voir redescendre quand toutes les autres personnes qui se trouvent sur cette montagne n'ont qu'une idée en tête : *plus haut, plus haut, plus haut.* Nous sommes le 17 mai. *La* fenêtre idéale pour atteindre le sommet. Redescendre signifie que quelque chose s'est mal passé. Je me rends soudain compte que je n'ai croisé aucune autre équipe ce matin. Nous sommes les seuls sur la face nord-ouest.

Un quart d'heure plus tard, le vent se met à siffler et à rugir.

– Glace ! hurle Ang Dorjee.

Glace.

Glace.

Glace.

Quelque chose ne va pas.

À la moitié de l'ascension, nous tombons sur une bosse. Une dangereuse excroissance rocailleuse recouverte de glace bleu ciel – qui se forme quand de la neige tombe dans un glacier. Une superbe croûte gelée au-dessus de laquelle nous devons tortiller nos corps tout en exécutant un changement de cordes compliqué.

Sur ce versant du Lhotse, une corde fixe mesure environ 45 mètres. À la fin de chacune, nous devons détacher le jumar et le glisser sur la corde suivante. Ces quelques secondes entre deux cordes sont les plus dangereuses. Comme tout processus en deux étapes, il faut rester attaché à la corde fixe par au moins un élément pour éviter de glisser le long du mur.

Être détachée ici, c'est du suicide.

Je plante mes crampons dans la glace le plus profondément possible pour garder l'équilibre et déclipse. À cet instant précis, le vent se met à hurler et fait dégringoler des cailloux de la taille d'un jerrican droit sur nous. Quelques échardes de glace se défont du mur et résonnent en tombant sur mon casque. Mes lunettes font un bruit métallique. Je m'agenouille et appuie la tête contre la paroi. Plus haut devant nous, le camp III – que je distinguais sans problème d'ici lors de notre deuxième rotation – n'est qu'une masse floue. Je plisse les yeux pour tenter de mieux l'apercevoir, mais les nuages sont épais, comme des volutes de barbe à papa. Une vue qu'on trouverait superbe, voire féerique, n'importe où ailleurs. Mais qui ici est un mauvais présage.

On peut survivre aux nuages en fils de sucre qui se détachent de la masse. Ils sont synonymes de petits orages sans danger et se dissipent vite. Mais si la masse elle-même nous tombe dessus, nous n'avons nulle part où aller. À cette hauteur, le paysage n'a pas la même signification. Une formation nuageuse un peu mystique peut provoquer une avalanche, une pile de poudreuse qui ressemble à de la chantilly cache des crevasses glacées qui peuvent vous engloutir la jambe ou, pire, le corps entier.

La beauté et la mort sont les deux faces d'une même pièce.

Ce matin, Mike a affirmé que le soleil allait se lever un peu plus tard dans la journée. Mais, au lieu de ça, d'épaisses couches de nuages descendent sur le Lhotse et, avant que j'aie eu le temps de stabiliser mon pied sur la paroi, le couinement du vent devient un hurlement creux. Il vient souffler dans les manches bibendum de ma doudoune qui se gonflent un peu plus. Il claque contre la corde. Fouette la neige en tornade gelée. De gros morceaux de glace et des débris dégringolent violemment autour de nous puis se désintègrent au fur et à mesure qu'ils plongent dans le vide sur des centaines de mètres.

Dans tous les films catastrophe à propos de l'Everest, c'est dans cette scène que les gens meurent.

La visibilité est proche de zéro.

Tout ce que je vois, c'est la corde devant moi.

En priant pour que le sol soit solide, je pose un premier pied sur la crête exposée et rocailleuse du camp III. J'aperçois les premières tentes, là où Ang Dorjee a dit que nos bouteilles d'oxygène nous attendraient. À travers mes lunettes givrées, je les vois – des petites cartouches argentées et jaunes couchées dans la neige comme un paquet de piles AAA. Nos planches de salut. J'ai le souffle court et irrégulier. J'avance en direction des bouteilles et rejoins en trébuchant le reste du groupe. Nous attendons les instructions des guides, mais le vent tourbillonne autour de nous comme un derviche tourneur diabolique et glacial, et aucun autre son ne nous parvient. Je bataille pour entendre Mike qui est pourtant en train de hurler. Je n'ose pas retirer mon cache-cou et ma grosse capuche en fourrure pour l'écouter. À cette altitude, l'hypothermie peut avoir raison de vous en moins d'une seconde.

– Prenez votre bouteille et allez-vous-en ! aboie Mike d'une voix si paniquée qu'elle se casse. Allez, allez, allez ! Ça empire, ne vous arrêtez pas. C'est dangereux ici. Allez-vous-en, tout de suite !

Nous avons passé les cinq dernières semaines à nous entraîner pour cet instant, la dernière ligne droite jusqu'au sommet. Mike s'est souvent montré strict, parfois dur, mais il n'a jamais, *jamais*, perdu son sang-froid. Entendre la panique dans sa voix m'affole et me renvoie à mon enfance, à Lima, chez moi, quand mon père nous hurlait dessus pour nous motiver. Suivre les ordres n'a jamais été un problème au sein de mon foyer. Il n'y avait pas de discussion, uniquement des répercussions. J'ai toujours fait ce qu'on me disait de faire.

Je cours ramasser ma bouteille d'oxygène et exécute mécaniquement les gestes nécessaires aussi vite que possible.

1. Ouvrir le sac à dos.
2. Placer la bouteille d'oxygène au centre.
3. Brancher le détendeur et le masque à la bouteille.
4. Bien fermer le détendeur pour ne pas gaspiller d'oxygène.

Mon cœur tambourine. Je sens mon souffle remonter à l'intérieur de mon tour de cou, jusqu'au menton. Quelque chose dans mon masque ne s'enclenche toujours pas. Je farfouille le détendeur, mais mes coéquipiers sont déjà sur le départ. J'attache donc mon masque sans savoir si l'oxygène passe bien et les suis à travers le blizzard. Le camp III est un bol creux perché au bord d'une montagne avec un panorama à 360 degrés – enfin d'habitude. Nos tentes ont été plantées tout au bout, 150 mètres plus haut. Face à moi, j'aperçois une ombre avancer à travers le blizzard. Je n'arrive pas à savoir si c'est Danny ou Brian. Les flocons de neige deviennent des rideaux puis des murs sans couleur.

Le ciel a été passé à l'eau de Javel.

La peur me prend aux tripes, brûlante et incontrôlable. La panique peut être mortelle à cette altitude. Je le sais. Elle bouffe tout votre oxygène, empoisonne vos membres. Je suis entraînée pour ce genre de moments précis. Mais toute la préparation du monde ne peut rien contre l'adrénaline qui explose dans mes veines.

Le premier groupe de tentes passé, il y a une dernière traverse à franchir. Une mince corniche rocailleuse sur laquelle nous devons grimper avant de nous clipser à une corde tendue au-dessus de nos têtes. Mon masque est recouvert de buée, le système d'aération doit être bouché. Quand j'inspire, j'ai plus l'impression de suffoquer que d'absorber de l'oxygène. Peut-être que je n'ai pas enclenché le détendeur ? *Merde.* Je m'arrête et retire mon sac à dos pour vérifier.

– Silvia, bon sang, mais qu'est-ce que tu fous ? s'emporte Lydia. C'est dangereux ici. Avance !

On s'attend toujours à ce que les hommes soient brusques, mais de la part de Lydia, c'est déroutant. Je manque d'air. J'arrache mon masque et avale une mince bouffée d'air. De gros morceaux de débris s'abattent violemment sur la paroi, certains se brisent en minuscules pics à glace, d'autres explosent comme des petits champignons atomiques juste sous mon nez. J'attrape la corde et avance sur la pointe des pieds – pas à pas. Je ne vois rien d'autre que mes mains accrochées aux cordes, juste au-dessus de ma tête. Et puis, soudain, elles disparaissent elles aussi. À travers les creux brefs de la neige qui tourbillonne, j'aperçois la corde fixe suivante. Il faut que je déclipse.

Mes orteils se recroquevillent dans mes bottes comme s'ils essayaient de s'accrocher à la montagne. Je dévisse mon jumar en retenant mon souffle, terrifiée. L'espace d'un instant, je suis sans attache et seule.

Et si je m'arrêtais là ?

Me pencher en arrière et lâcher prise, là tout de suite ? Sombrer dans le vide, emportée par une pluie de glace et un éboulis de pierres. Pour la première fois, j'ai l'impression de comprendre ;

comprendre que non seulement la mort a toujours fait partie de cette aventure, mais qu'elle est sans doute ma motivation principale dans toute cette histoire.

De la glace – encore de la glace – tombe autour de moi à une vitesse vertigineuse. Je m'imagine être la suivante. Personne ne me verrait, personne ne m'entendrait. Je serais là, et la seconde d'après j'aurais disparu. Facile. Mettre fin à tout ça de cette façon serait sans doute plus simple. Un dernier coup d'éclat.

Quand il s'agit d'escalader l'Everest, on dit que les années qui se terminent par six portent malheur. 1996 et 2006 ont été dévastatrices pour la communauté. Une série de tempêtes a tué des douzaines d'alpinistes et de sherpas. Certains de leurs cadavres sont toujours coincés quelque part sur la montagne, encore noirs et congelés, trop froids pour pourrir comme il se doit.

Mais nous sommes en 2016 et me voilà.

Au Pérou, à l'époque où ma mère se battait contre son cancer, je suis allée consulter un psychiatre, le Dr Hugo. Il a affirmé que pour moi, gravir l'Everest, c'était un vœu de mort. *Est-ce que ça ne l'est pas pour tout le monde ?* ai-je plaisanté en le classant aussitôt dans ma tête comme un typique *machista* péruvien. Bien évidemment qu'il allait tenter de freiner mon ambition. Les hommes m'avaient sous-estimée toute ma vie. Mais je me dis désormais que le Dr Hugo avait peut-être raison. Peut-être que je suis là pour que la montagne fasse ce que je ne suis pas capable de faire moi-même.

Quand je glisse mon jumar sur la dernière corde, mon crâne n'est plus qu'une symphonie. Le *boum-boum-boum* de mon cœur ricoche contre mes entrailles émaciées. Dans mes gants, je ne sens absolument plus mes doigts. Ma peau a chaud puis froid et ma poitrine se soulève comme si elle allait se fendre en deux. Le sol est-il en bas ou en haut ? Tout tourne autour de moi. Mes pieds marchent contre le ciel. Tout est blanc. Un blanc étincelant. La couleur de notre uniforme national le jour de la rentrée des classes. Blanc comme les gants immaculés que les brigadiers de l'école portaient pour le défilé annuel des patriotes

– des gants hautement symboliques qui prouvaient au monde qu'on était un élève exemplaire – chose que je rêvais d'être.

Le blanc, c'était le propre, comme cette neige que je n'avais vue que dans les films.

Le blanc, c'était la tranquillité, l'appartenance, le calme.

Le blanc, c'était l'ordre. La bonté.

Mais désormais au creux du blanc, j'entends un cri.

Les silhouettes enneigées des membres de mon équipe se floutent par intermittence. Ils sont quelque part devant moi, dans cette tempête de neige. Le vent me fait perdre l'équilibre ; il est presque trop fort pour pouvoir rester debout. J'essaie de me coller contre la paroi.

C'est de la folie. C'est de la putain de folie. Gravir une montagne – gravir *cette* montagne –, ça n'a aucun sens.

1, 2, 3…

Je chancelle au bord de la corniche. Aveuglée par la neige, je clipse sur la corde finale, atteins le bout de la corniche, puis tombe à quatre pattes et avance en tâtonnant vers l'endroit où je prie intérieurement pour que les tentes soient installées. Trouver ma tente, c'est mon seul but. Je bloque toute autre pensée, tout autre bruit. Je ne compte plus. Je ne suis plus qu'un corps qui se meut dans l'espace. Pour une fois que faire un black-out est utile.

– Entrez dans n'importe quelle tente vide ! hurle quelqu'un tandis que les sherpas de l'équipe passent en courant à côté de nous. Descendre au camp II, trop dangereux !

J'aperçois enfin une nuée de formes. Je cherche à tâtons la double fermeture Éclair de la première tente, la fais glisser puis écarte du doigt le rabat gelé et me roule à l'intérieur. Je m'empresse d'ôter mes chaussures pour que les crampons ne déchirent pas la toile de la tente et pose mon sac à dos à côté de moi. Ma bouteille d'oxygène dépasse. Mes dents claquent tandis que le sang recommence à circuler dans mes membres. Je suis incapable d'arrêter de trembler. Les vents sont féroces, ils frappent les parois en Nylon. Mon cœur est en surrégime. Je veux crier à l'aide, mais personne ne m'entendra.

Je ne vais pas y arriver.

J'ai besoin que quelqu'un m'aide, n'importe qui.

Des larmes et de la morve me coulent le long des joues.

Je me recroqueville sur mon flanc. Je n'irai pas plus loin. C'est la fin. Pour qui je me prenais en pensant que je pouvais gravir l'Everest ? Les larmes se transforment en énormes sanglots qui me soulèvent l'estomac. Je n'ai pas pleuré comme ça depuis le premier jour au camp de base, quand je me suis retrouvée seule et dépassée dans ma tente.

J'ai rédigé un testament avant de quitter San Francisco – une formalité recommandée par mes amis alpinistes. Bien trop dispersée pour faire quoi que ce soit d'officiel, je me suis contentée d'un testament olographe. J'ai légué mon appartement à mon association, ai écrit quelques lignes pour expliquer comment il fallait continuer à s'en servir pour la bonne cause. Mais sur le coup, le testament ne m'a pas semblé vraiment concret. Tout au plus une simple mesure de précaution un peu bâclée qu'une adulte responsable était censée prendre. Désormais, les mots « dernières volontés » résonnent dans mon cerveau.

Quel sera mon héritage ?

Certains soirs à San Francisco, j'ai prié pour que la faille de San Andreas s'ouvre en deux et m'avale tout entière. Pour que mon cœur s'arrête discrètement de battre pendant mon sommeil. Certains matins, je me suis réveillée avec des bleus mystérieux partout sur le corps. Ou à l'hôpital sans la moindre idée de comment j'avais atterri là. J'ai gaspillé tellement de jours à reconstituer les événements de mes black-out comme une scientifique de la criminelle. Les amis et les membres de ma famille qui m'ont suppliée de ne pas gravir l'Everest, parce qu'ils avaient peur que ça me tue, n'avaient pas compris que je me tuais toute seule depuis des années.

J'entoure mon corps avec mes bras et me serre aussi fort que possible.

Ce n'est pas suffisant, ça n'a jamais été suffisant.

J'attrape la bouteille d'oxygène couleur canari et la plaque contre ma poitrine. Je prétends qu'elle me tient dans ses bras et m'y accroche comme à une bouée de sauvetage. Ce qu'il me faut pour continuer à respirer à cette seconde, ce n'est pas de l'oxygène, c'est un contact humain. *J'ai besoin que quelqu'un me prenne dans ses bras.* J'ai besoin d'une étreinte qui n'attend rien en retour. Une étreinte pure et protectrice.

L'étreinte d'une mère.

L'Everest a de nombreux noms, mais tous signifient « mère ». Sagarmatha – la mère du ciel ; Chomolungma – la Mère du monde. Pour une raison inexplicable, cette montagne ne me fait pas peur. Je respecte son pouvoir, son immensité brute, sa taille ne me terrifie pas, elle me rassure, me donne la sensation d'être protégée. Il y a quelque chose de nourricier et d'apaisant dans ces roches millénaires, dans la beauté et la brutalité immuables de l'Everest. J'ai fini par la considérer comme le guide spirituel que je n'avais jamais eu. Et j'espère qu'en retour elle me regarde avec l'œil avisé et compatissant d'une mère.

Quel fantasme ridicule.

Quelle arrogance et quelle naïveté de croire qu'une montagne peut me sauver de moi-même. De croire que sa formation tentaculaire de roches et de glace va ouvrir ses prétendus bras pour me protéger. Qu'elle en aura quelque chose à foutre que je vive ou que je meurs. Elle en a tué tellement. Les gens gravissent l'Everest pour de nombreuses raisons – ils cherchent la paix, l'aventure, l'honneur, la gloire, la transcendance. Mais en bonne mère qu'elle est, elle ne nous donne que ce dont nous avons besoin, et pas ce que nous voulons.

Peut-être que l'Everest est vraiment ma pulsion de mort glorifiée au fond. Peut-être que ce après quoi je cours, c'est une façon d'atteindre des sommets. Littéralement.

Comment ai-je pu croire que Chomolungma allait me sauver ?

Après tout, ce ne sera pas la première mère à me décevoir.

– 2 –

BORRÓN Y CUENTA NUEVA[1]

Deux « toc toc » brefs et la porte d'entrée s'ouvrait en grinçant. Puis, le sifflement dansant de J qui remontait jusqu'à la cuisine où j'étais assise avec Mamita tandis qu'elle préparait le *café pasado* et pressait un *maracuyá* pour le *jugó* du matin.

– *Hola, pasa a la cocina J*, criait-elle. *Estoy haciendo un cafecito*[2].

– *Buenos días*, répondait J en entrant dans la pièce d'un pas tranquille avant d'aller l'embrasser.

– *¡Hola J!* disais-je gaiement à mon tour en embrassant la joue qu'il me tendait, une joue qui avait l'odeur entêtante et épicée de son after-shave.

Avec sa silhouette mince, sa moustache de camionneur, ses épais cheveux noirs et sa peau acajou, J avait l'air bien plus jeune que mon grognon de père et ses tempes poivre et sel. Son pas jovial et son sifflement égayaient tous les recoins sombres de la maison. Les épaules de Mamita se décontractaient dès qu'il entrait chez nous.

– *Jala el banquito*, lui ordonnait-elle. Attrape un tabouret.

Ça me faisait toujours rigoler. Notre table de cuisine avait été conçue pour des gens de petite taille. Une minuscule table en bois rustique avec des tabourets pensés plus pour des enfants que pour des adultes – mais qui convenaient à tous les membres de notre famille : je glissais mes jambes dessous sans problème, mon petit frère Miguel n'avait que trois ans, et avant qu'on engage une femme de ménage, Mamita ne s'asseyait pour ainsi

1. Faire table rase du passé. *(Toutes les notes sont de la traductrice.)*
2. Bonjour J, viens dans la cuisine. Je prépare un petit café.

dire jamais. Elle virevoltait dans tous les sens pour s'assurer que les plats soient suffisamment chauds et assaisonnés au goût de mon père. Quant à mon père justement, Segundo, il mesurait un mètre soixante-cinq à tout casser. Mais voir J et son mètre soixante-quinze assis à cette table avec les genoux qui lui touchaient le menton, en train de siroter son café dans une tasse en porcelaine, avait quelque chose de franchement comique.

Mon père n'autorisait pas souvent les visites, alors ma mère se délectait de ces moments passés avec J. Une fois qu'il était installé, elle posait deux *pan francés* sur la table – des viennoiseries à la française recouvertes de beurre, de jambon et de fromage. Pour J, avant qu'il se mette au travail. Elle versait un filet minuscule d'essence de café, de *café pasado*, dans ma tasse, et une dose pour adulte dans celle de J, avant d'y ajouter de l'eau bouillante qu'elle gardait dans une Thermos. Puis elle s'installait face à lui, prête à discuter des ragots du jour, et ils se lançaient dans leurs bavardages de grands, en me laissant à mon café et à mon *pan*. J'attrapais la bouteille de lait concentré sur la table et en versais un nuage dans ma tasse. Mamita avait promis que j'aurais droit à une tasse entière de café l'année suivante, une fois que j'aurais six ans.

– *¿Azúcar?* demandais-je à J en lui tendant le pot de petits morceaux de sucre qui me faisaient si envie.

– *No, no. Gracias*, répondait-il en m'ébouriffant les cheveux. *No quiero engordar*[3].

J était convaincu que le sucre allait le faire grossir.

Cela faisait beaucoup rire Mamita. Voilà comment je passais mes jeudis matin. Heureuse, à regarder J et Mama siroter leur café en bavardant – lui qui mangeait et elle qui le harcelait pour qu'il se resserve. Je profitais du soleil qui perçait à travers les fenêtres donnant sur la cour intérieure adjacente à la cuisine, avec cette sensation que je ne ressentais pas les autres jours de la semaine. Je remarquais de nouvelles choses. Des petites choses.

---

3. Non merci. Je ne veux pas grossir.

La façon dont les yeux noisette de ma mère brillaient un peu plus ou le rose légèrement plus prononcé de ses joues. La tiédeur du soleil sur ma main, le goût doux-amer du maracuyá et le craquement granuleux de ses pépins entre mes dents de lait. Je pouvais sentir tous ces détails se faufiler jusqu'à mon cerveau – pour y imprimer leur couleur, leur lumière et leur joie.

J s'occupait du ménage à la maison depuis que j'étais toute petite. Un cousin de mon père, éloigné mais fiable, le lui avait présenté en lui affirmant que c'était une personne en qui on pouvait avoir confiance. Dans les années 1970, Lima était encore très hiérarchisée et plaçait les *mestizos*, les Péruviens à la peau claire de sang principalement espagnol, bien au-dessus des *indigenas*, les Andins à la peau mate. Des lignes bien définies séparaient les classes ouvrières, moyennes et supérieures. Et votre couleur de peau déterminait votre classe. Mon père avait beau venir des montagnes, sa peau claire et son éducation lui avaient permis d'intégrer facilement la société de Lima, mais Mama, elle, était toujours restée à la périphérie, plus à l'aise avec les prolétaires qu'avec les bourgeois. Les habitants de Lima qui pouvaient se permettre d'employer des aides ménagères ne prenaient en général pas leur *cafecito* avec eux. Mais Mamita traitait tout le monde de la même façon et exigeait de moi que j'en fasse autant.

– La sécurité financière est aussi fragile qu'un cheveu, répétait-elle à longueur de journée.

La pauvreté de sa jeunesse la hantait comme un fantôme – un souvenir persistant dont elle n'a jamais pu se défaire. Pour elle, J était son égal. Ils faisaient tous les deux ce qu'ils avaient à faire pour s'élever au-dessus de leur condition. Jeune, travailleur et bien plus proche d'elle en âge que ne l'était mon père, elle considérait J comme une sorte de bûcheron fort et tendre qu'elle aurait aimé que mon père soit.

Qu'elle avait probablement cru qu'il était, au début.

*

* *

Aux yeux des gens de Santa Cruz de Chuca, son village natal perdu au milieu des Andes (ou *La Sierra* comme nous le surnommions), mon père avait plus que réussi sa vie. D'abord, parce qu'il était parvenu à quitter ses montagnes pour s'installer dans la capitale, qu'il avait suivi des études, ouvert son propre cabinet de comptabilité et construit une maison à Santiago de Surco, un quartier animé de classe moyenne (qui aspirait à en devenir un de classe supérieure). Mais également parce que, après être devenu *un homme important*, motivé par la réussite financière et le statut social, il avait aidé plusieurs jeunes de La Sierra – un endroit où l'argent et les occasions étaient rares. Il avait fait venir de nombreux garçons à Lima et s'était servi de ses connexions pour leur trouver du travail. Il savait ce que cela signifiait d'être traité comme un citoyen de seconde zone. Bon sang, c'était même écrit dans son nom. *Segundo*. Deuxième. Au début, mon père était méfiant à l'idée de laisser un autre homme pénétrer dans sa maison. Accepter de lui céder une partie de son territoire, c'était énorme pour lui. Mais comme Mamita, il avait dû se reconnaître en J parce que, avec le temps, il avait fini par le considérer comme un membre à part entière de notre famille.

Je n'ai pas la moindre idée d'où elle se trouve, mais il existe une photo de moi toute petite, tenant la main de mon père tout en courant après un ballon en plastique rouge. En arrière-plan, J nous observe, un grand sourire aux lèvres.

J venait faire le ménage une fois par semaine et ça lui prenait toute la journée. Notre maison, une bâtisse moderne à deux étages dessinée par un architecte renommé de Lima, était le bien le plus précieux de mon père, et il exigeait qu'elle soit impeccable. Il y avait d'immenses baies vitrées qui montaient jusqu'au plafond et laissaient entrer des flots d'une lumière blanche aveuglante que le parquet en cerisier avalait aussitôt.

J commençait toujours par là.

Je restais plantée dans l'allée et le regardais, émerveillée, en équilibre sur une grande échelle en métal posée contre la façade de la maison, gravissant les échelons un à un, pour lustrer l'extérieur des fenêtres avec de vieux journaux froissés imbibés de vinaigre. L'encre humide lui tachait les mains pour le reste de la journée. Ensuite, les sols. Il vernissait le parquet, les escaliers et la longue rampe avec de la *cera roja*, une cire de carnauba épaisse et âcre qui sentait l'essence. Elle avait une couleur sang de bœuf et ressemblait à de la gelée dure, épaisse et visqueuse, un peu comme la colle dont je me servais pour mes dessins. Mais dès que J commençait à l'étaler sur le parquet, la cire se liquéfiait et disparaissait dans le bois. Les jours suivants, mes chaussettes glissaient sur le sol et mes chaussures émettaient un couinement de plastique propre à chaque pas. Mais ce dont je me souviens le plus, c'est de l'odeur. Âpre, pesante et alcoolisée, elle pénétrait chaque fibre de mes narines et de mes vêtements.

– Au travail ! criait J une fois son petit déjeuner avalé, tout en me soulevant de mon tabouret pour m'installer sur ses épaules en un seul mouvement fluide. De là-haut, je voyais le dessus du réfrigérateur et je pouvais presque toucher le plafond. Je riais, joyeuse. Et presque aussi vite, il me reposait par terre et se penchait pour débarrasser sa tasse et son assiette.

– *Dejalo no más*, disait ma mère en lui faisant signe de s'en aller de la main. *Laisse*. Silvita, fais un câlin à J et ensuite tu restes en dehors de ses pattes, compris ? Il a beaucoup à faire !

Mais J s'éloignait déjà en sifflotant pour rejoindre le placard de l'entrée où il enlevait son pantalon en toile et sa chemise à manches longues avant d'enfiler un vieux pantalon de travail et un T-shirt. Toutes les semaines, une fois sa journée finie, il prenait une douche au deuxième étage dans l'*azotea*, là où on lavait le linge, renfilait son pantalon et sa chemise, et roulait ses affaires sales en boule. Puis il partait dans le soleil couchant, ses cheveux épais et noirs coiffés à la perfection.

*

* *

L'année suivante, alors que les assassinats du Sentier lumineux commençaient dans les montagnes près de Cusco, je suis entrée en classe de CP à María Reina, l'école catholique marianiste située de l'autre côté de la ville. C'était un long trajet en voiture, mais mon père était leur comptable et il avait eu une ristourne sur les frais de scolarité. L'éducation était ce qu'il y avait de plus important à ses yeux. Et pour une éducation prestigieuse à un prix abordable, il était disposé à faire de la route – même pour sa fille. J'allais donc avoir besoin d'un *uniforme único*. Héritage de différents régimes militaires successifs, le Pérou avait promulgué dans les années 1970 une loi obligeant le port d'un uniforme scolaire national pour tenter de contrebalancer un système de classes profondément ancré. En habillant tous les élèves de la même façon, ils s'étaient dit que les petits Péruviens deviendraient tous frères et sœurs, effaçant ainsi les différences sociales, raciales et économiques qui rongeaient le pays. Il n'y aurait plus aucune raison de discriminer qui que ce soit. L'uniforme serait porté de l'école primaire au lycée.

Au rayon prêt-à-porter d'un grand magasin, deux uniformes coûtaient environ 300 soles. Quelques jours avant la rentrée, ma mère m'a donc traînée au Mercado Central, après avoir fourré quelques billets pris à mon père dans son sac à main. Là-bas, on trouvait les tissus pour confectionner le même uniforme à un quart du prix.

– *¡Agarrate fuerte de mi!* Accroche-toi bien à moi ! m'a-t-elle prévenue en serrant ma main dans la sienne et son sac à main dans l'autre.

Toujours à l'affût des pickpockets et des voleurs de sacs qui peuplaient le Mercado, Mama était une experte pour déambuler dans l'effervescence du centre-ville. Autour du marché, les tricycles, les marchands ambulants et les bus se croisaient dans des nuages de fumée tandis que les piétons se pressaient n'importe comment entre les voitures.

– *¡Caserita! ¡Caserita!* braillaient les vendeurs pour attirer leurs clientes. Dans la discipline sportive qu'était le shopping, faire les yeux doux et baratiner étaient deux épreuves obligatoires.

– *Caserita preciosa. ¿Ay mi reina, que te puedo servir?* Ma belle cliente, ô ma reine, que puis-je faire pour vous ?

Je me suis redressée un peu. Je savais que ma mère était très belle, mais les entendre l'alpaguer, chercher à attirer son attention, même si ce n'était que pour lui vendre quelque chose, m'a rendue fière. Elle s'en servait à son avantage. Ça aussi, ça faisait partie de l'art de faire les courses.

Mama s'est arrêtée dans une échoppe et a posé plusieurs pièces de tissu, de quoi confectionner deux jupes et deux chemises, sur le comptoir. Alors que le vendeur était en train de calculer la somme totale, elle a ajouté deux autres pièces – plus grandes que les premières.

– Combien ? a-t-elle demandé au vendeur.

– Deux cents soles.

– *¿Que cosa? ¡Carisimo*[4]*!* Pas question. *Vamonos.* Allons-nous-en, Silvita.

Elle m'a pris la main et m'a entraînée vers la sortie. Je l'ai suivie d'un air fier.

– Attendez, attendez ! a crié le vendeur. Cent cinquante.

– Vous m'avez prise pour une millionnaire ? a grogné Mama.

Nous nous sommes remises en marche.

– *¡Ay!* Cent vingt-cinq.

Elle s'est arrêtée, a jeté un œil par-dessus son épaule, toujours prête à déguerpir.

– Cent et pas un centime de plus. Je suis sûre qu'il adorerait m'avoir comme cliente, a-t-elle ajouté en pointant du doigt un stand identique de l'autre côté de l'allée.

– D'accord, d'accord, calmez-vous. Revenez.

Son départ n'était qu'une mise en scène. Un passage obligé de la danse de la négociation. Il n'y avait que les abrutis qui payaient le premier prix demandé. Même moi je le savais. Il fallait faire mine de s'en aller pour obtenir ce qu'on voulait.

---

4. Quoi ? C'est trop cher !

– Mettez les tissus plus grands dans un autre sac, *por favor*, a dit Mama en les séparant sur le comptoir avant de les plier soigneusement de ses doigts délicats.

Elle a payé et remercié le vendeur, puis nous sommes reparties à travers les rues bondées, les deux gros paquets coincés sous le bras de Mama et ma petite main dans la sienne.

– Mais Mama pourquoi ? Pourquoi deux paquets ? Pour qui ?

– Chut, chut, *hijita*[5].

Elle a fait claquer sa langue.

– Fais bien attention maintenant. Tu dois apprendre à faire attention quand tu es en ville. Tu as la vie bien trop facile.

Mama avait grandi à La Victoria, une zone industrielle aux abords du vieux Lima. Rien à voir avec les rues entretenues de notre quartier. À Lima, chaque industrie avait son quartier : les cordonniers, les marchands de tissus, de pierres ou de tuiles. La Victoria, c'était celui de l'industrie automobile. On le surnommait le « centre de recyclage ». Si vous vouliez retrouver un objet volé, vous alliez à La Victoria. Mais une fois là-bas, il fallait être très prudent. On ne pouvait faire confiance qu'aux membres de sa famille. Et encore, eux aussi avaient la loyauté fluctuante.

Nous avons traversé l'avenue principale en zigzaguant au milieu des voitures et des klaxons, puis avons rejoint en courant le carrefour de la Calle Capón. J'ai souri. Je connaissais cet endroit. Mama nous emmenait dans ma boulangerie chinoise préférée. Juste à côté du Mercado, l'énorme quartier chinois de Lima était rempli de *chifas*, ces restaurants hybrides qui mélangeaient cuisines cantonaise et péruvienne.

– Pas besoin de dire à ton père que nous sommes allées en ville, a dit Mama en me tendant un beignet au porc, mon préféré.

---

5. *Hija* veut dire fille en espagnol (dans le sens filial du terme). *Hijita* (petite fille) est donc un terme affectueux qu'emploie un parent pour appeler son enfant.

Je me suis demandé si nous devions apporter un en-cas à mon père. Son bureau était juste au bout de la rue. Mais il n'aimait pas qu'on passe à l'improviste. Il n'aimait pas qu'on passe tout court à vrai dire. Et j'avais appris à arrêter de demander.

– Mmmmmm, mmmmm, ai-je bafouillé la bouche pleine.

*

* *

Mon père me déposait à l'école tous les matins en allant au bureau. Nous remontions toute l'Avenida Angamos. À cette heure-là, les embouteillages étaient minimes – quelques *colectivos*, ces mini-bus qui arpentaient la ville, et quelques hommes qui s'agitaient au feu rouge pour vendre le journal du matin aux automobilistes. L'après-midi, il venait me chercher et rentrait à la maison pour l'*almuerzo* – un long déjeuner tardif – avant de retourner au bureau pour travailler jusque tard dans la soirée. Certains soirs, il ne rentrait même pas dîner. Mama faisait alors les cent pas dans la cuisine. Les autres soirs, elle s'occupait de Miguel.

Ma mère était une femme coup de vent, je n'arrivais jamais à l'attraper. Elle allait et venait en permanence, sortait faire des courses interminables, courait à gauche, à droite. Parfois, elle nous laissait à la maison avec J plutôt que de nous emmener en voiture.

Quand je repense à cette époque, la majeure partie de mes souvenirs sont flous, un mélange brumeux de mouvement, de lumière et de bruit.

Un après-midi, elle m'a installée au bureau de la chambre d'amis, avec un calepin et des crayons.

– *¿Mamita, puedo ir contigo hoy*[6]*?*

J'avais désespérément envie de l'accompagner.

– Non, a-t-elle répondu en m'attrapant la tête pour la tourner vers le papier et les pastels. Pas aujourd'hui *hijita*. Tu restes ici avec J. Tu pourras venir une autre fois.

---

6. Ma petite maman, je peux venir avec toi aujourd'hui ?

– Mamita, ai-je plaidé.

– *Ya vengo*[7].

Elle m'a embrassée sur la joue et a disparu avant que j'aie le temps de protester davantage.

– *Un ratito*, a-t-elle crié alors qu'elle avait déjà descendu la moitié des escaliers.

Un ratito. Elle sortait toujours « juste un petit moment ». Juste « une seconde. Une minuscule seconde ». Tout était raccourci. Juste un petit bout de gâteau. Juste une infime goutte de pisco. Comment quelque chose d'aussi minuscule aurait pu blesser qui que ce soit ?

Je ne me rappelle pas depuis combien de temps elle était partie quand j'ai entendu le sifflement de J remonter le couloir.

– Silvita ? a-t-il appelé de sa voix grave de baryton. Ah, te voilà !

Il est entré et a refermé la porte derrière lui. Il a porté son index à ses lèvres. *Chuut*, a-t-il murmuré, avec une étincelle dans les yeux comme s'il s'agissait d'un jeu. *Chuuut.* J'ai ri en faisant oui de la tête. Quel était ce jeu où l'on ne devait pas parler ? Le jeu du silence ? Celui-là, je le connaissais. Peut-être un cache-cache.

– Viens ici.

Un murmure rauque et étouffé.

– Qu'est-ce qu'il y a ? ai-je demandé.

– *Sientate*[8].

Il a tapoté le lit. J'ai lâché mon crayon et suis allée m'asseoir à côté de lui.

Il a posé sa main sur ma jambe par-dessus la jupe de mon uniforme. Sa paume a avalé ma cuisse tout entière et ses doigts sont venus effleurer mon genou. Il avait la main froide et calleuse, à cause du ménage. Le contact contre ma peau tiède, ça m'a fait trembler.

---

7. Je reviens tout de suite.
8. Assieds-toi.

Il a plongé ses yeux dans les miens puis s'est penché vers moi et a frôlé ma joue avec ses lèvres. J'ai senti les poils rêches de sa moustache et ai ravalé un fou rire, faisant de mon mieux pour rester silencieuse. Pour respecter les règles du jeu. Puis il a fait quelque chose qu'il n'avait jamais fait avant. Il a glissé sa bouche jusqu'à la mienne. Ses lèvres gercées et sèches ont écorché la chair douce des miennes. Je me suis figée. Il a scruté mon visage, comme pour y chercher quelque chose. J'avais déjà vu mes parents s'embrasser. J'avais embrassé ma tante. Mais son baiser à lui était différent. J'ai continué à jouer à son jeu. Avec une lenteur extrême, il a relevé ma jupe grise jusqu'en haut de ma cuisse. Il m'a fait signe de m'allonger et de poser ma tête sur l'oreiller. Fini les rires, fini les bruits. Il ne murmurait plus, il se contentait de presser son index contre ses lèvres pour bien me faire comprendre que l'on jouait toujours. Au bout d'un moment – trois minutes, cinq, une heure, une éternité, je ne sais pas –, il a rabaissé ma jupe et, sans jamais me quitter des yeux, a replacé une boucle échappée de ma queue-de-cheval.

Il y avait une goutte visqueuse et blanche collée à ma jambe, et quand j'ai tendu la main pour la toucher, J s'est empressé de l'essuyer avec l'intérieur de son T-shirt.

– *No digas nada*, a-t-il murmuré en se penchant si près de moi que la vapeur chaude de son haleine m'a mouillé l'oreille. *Tus papas saben lo que estoy haciendo y están de acuerdo.* Pas besoin de parler de tout ça. Tes parents savent ce que je fais et ils sont d'accord. Ils m'ont demandé de le faire.

Avec J, j'étais toujours partante pour jouer. Il m'avait déjà embrassée, sur la joue, m'avait déjà fait des caresses, avait déjà joué avec moi, m'avait déjà lancée dans les airs et tout le monde avait ri. Mama, lui et moi. Les rires, ça signifiait bien que c'était un jeu. Et désormais, il se contentait de suivre les ordres qu'on lui avait donnés. D'obéir à mes parents, à mon père, comme je l'avais toujours fait moi. Je ne comprenais pas pourquoi ils lui demandaient de faire ça, mais je n'ai pas posé de questions.

– *En conversación de adultos se callan los menores*, disait toujours mon père. Dans les conversations d'adultes, les enfants se taisent.

Après ça, J n'a plus jamais eu à murmurer son *chuuut*. Tout ce qu'il avait à faire, c'était poser son doigt sur ses lèvres et j'entendais le son résonner dans ma tête, comme un serpent qui me faisait taire et qui étouffait la moindre de mes pensées, la moindre envie de parler ou de questionner. Même sa façon de me faire taire était silencieuse.

C'est comme ça que ça a commencé.

Un long jeu étrange et silencieux dont je n'ai jamais compris les règles. La seule chose que je savais avec certitude, c'était que le bruit de la porte du garage qui s'ouvrait signifiait : fin de partie. La maison a commencé à se retourner contre moi. Ses recoins me semblaient plus sombres. Quand mes parents se disputaient, j'avais l'impression qu'on me plantait des aiguilles paralysantes dans le bout des doigts. Je détestais les cris, les colères violentes, les vases qui se brisaient, le bruit des os qui craquaient. Mais j'ai appris qu'il existait quelque chose de pire encore.

Un sifflement qui approche.

Le jeu du silence.

L'étranglement étouffé d'une petite fille qu'on oblige à se taire en posant une main sur sa bouche.

Tous les soirs, avant d'aller me coucher, je m'agenouillais face à la table de nuit qui se trouvait entre le lit de Miguel et le mien pour prier Ángelito de la Guarda.

Ángelito de la Guarda,
dulce compañía,
no me desampares
ni de noche ni de día.
No me dejes solo que me perdería.

Je lui demandais de protéger Padre, Mamita, Miguel et J. Je priais pour qu'on ne me prenne pas durant la nuit.

Par pitié, ne me laisse pas seule, ni la nuit ni le jour. Ne me laisse pas seule, je me perdrais.

*
* *

Nous étions en 1983 et j'étais en CE2. *El Sendero Luminoso* – le Sentier lumineux – était descendu des montagnes d'Ayacucho et avait commencé à infiltrer Lima. On ne parlait que de ça à la télé. Des pylônes électriques qui explosaient. Des pannes d'électricité généralisées. Des kidnappings. Des voitures piégées. Mouvement terroriste reposant sur les principes du Grand Timonier Mao, le Sentier lumineux avait été fondé par un professeur de philosophie des Andes centrales, près de Cusco. Ce dernier était convaincu qu'en reprenant les terres et le pouvoir des mains des bourgeois pour les rendre au prolétariat, le Pérou deviendrait une nation plus équitable. Leurs méthodes étaient inflexibles et sanglantes.

C'était une époque de frappes chirurgicales et de crises violentes. Le danger était bien lumineux, dans les rues comme au sein de mon foyer.

Un après-midi, j'attendais Mamita pour aller rendre visite à sa sœur, Tía Irene. L'horloge de la cuisine marquait 15 h 30, non, non 18 h 15 – je confondais encore la petite et la grande aiguille. Mon estomac criait famine, mais je n'osais pas appeler ma mère à l'étage. Pour Mamita, le temps était un concept sans pertinence de toute façon. Une simple suggestion plutôt qu'une notion fixe. J'avais appris à l'attendre patiemment.

– *¡Segundo no, no, no!*

Un cri m'a tirée de la torpeur dans laquelle la faim m'avait plongée.

– *¿Que haces? Nooooo*[9].

Mama!

Notre escalier allait de la porte d'entrée jusqu'au premier étage. Prudente, je suis montée sur la pointe des pieds jusqu'à la moitié des marches et ai regardé à travers les barreaux de la rambarde. À l'étage, ma mère était agenouillée par terre tandis que mon père la rouait de coups. Il lui frappait le dos, la tête, les bras, tout ce à quoi il avait accès.

– Espèce de salope ! a-t-il aboyé.

---

9. Qu'est-ce que tu fais ? Nooooon.

J'ai gravi deux marches de plus. Ma mère s'était figée, le corps entièrement contracté et les doigts rentrés à l'intérieur de ses mains. Comme une tortue qui se serait réfugiée dans sa coquille.

– Non ! ai-je crié en fonçant vers eux.

Mais mes pieds en chaussettes ont glissé et je suis tombée violemment à quatre pattes. J'ai escaladé les dernières marches en rampant.

– *¡No a mi Mami!* Pas ma mère !

Il m'a regardée d'un air furieux, en fronçant ses sourcils broussailleux. Désespérée, je me suis lancée entre eux deux. *Peut-être qu'il écoutera comme ça. Peut-être qu'il s'arrêtera…* Son poing a percuté mon nez et j'ai entendu le craquement bien avant de sentir cette chaleur sombre m'envahir le visage. Je me suis effondrée par terre et me suis recroquevillée en boule à côté de ma mère. Mon nez saignait à profusion, le rouge vif du sang contrastait avec la couleur cognac du parquet.

– Espèce d'imbécile !

Mama avait profité de l'état de choc momentané de mon père pour se relever.

– Regarde ce que tu as fait. *Le has roto la nariz a tu hija.* Tu as cassé le nez de ta propre fille.

– *Mi hijita, ay, mi hijita.* Mets la tête en arrière.

Mama a couru dans la salle de bains verte et en est ressortie les mains pleines de boules de coton. Elle en a déchiré une en deux, l'a roulée entre ses doigts puis l'a glissée à l'intérieur de ma narine gauche avant de me tirer jusqu'au canapé pour me bercer dans ses bras, ma tête dans le creux de son coude.

Mais les saignements ne s'arrêtaient pas. Je me suis mise à pleurer.

– *Vamos al doctor*, a dit Mama en se levant brusquement.

Et, sans adresser la parole à mon père, elle m'a portée jusqu'en bas, a quitté la maison et m'a installée sur le siège avant de la voiture.

– Garde la tête bien en arrière.

– Maman, est-ce que je vais mourir ?

– Non, *hijita*. Ça va aller.

Je me suis penchée contre l'appuie-tête et me suis pincé le nez, en faisant attention de ne pas tacher les sièges beiges de la voiture de mon père.

En arrivant aux urgences, nous sommes allées directement à l'accueil.

– Ma fille est tombée d'un tabouret la tête la première, a calmement expliqué Mama. Je lui ai mis du coton, mais elle saigne toujours. Elle a probablement quelque chose de cassé.

Contrariée que les infirmières puissent penser que c'était ma faute et ne comprenant pas comment Mama pouvait avoir oublié un événement qui venait tout juste d'avoir lieu, j'ai tiré sur sa veste.

– Mais Mama, je ne suis pas tombée…

Elle m'a regardée avec des yeux humides et m'a caressé les cheveux. J'ai senti le goût métallique du sang dans ma bouche, les petits caillots au fond de ma gorge.

– Chut, chut, *hijita*, a-t-elle dit. Chut. *No digas nada. Quédate callada.* Chut. Ne dis rien. Tais-toi.

J'ai ravalé mes mots.

– *¡Quieres unas salchipapas*[10]*?* m'a-t-elle demandé quand nous avons quitté l'hôpital.

– Oui ! ai-je crié en oubliant déjà la douleur à l'idée de me gaver de frites et de saucisses baignant dans la mayonnaise et le ketchup.

– Mais Mama, *una preguntita*[11]. Et le sang sur le parquet ?

– Ne t'inquiète pas *hijita*, J le nettoiera demain.

Il y avait tellement de choses dont je ne devais pas parler.

Et plus je me taisais, plus les bombes des montagnes faisaient du bruit.

Le Sentier lumineux gagnait du terrain sur la ville, incendiait des bus et faisait exploser des bombes dans des quartiers résidentiels.

Le chaos qui grandissait dehors semblait rattraper celui de mon foyer.

---

10. Tu veux des saucisses-frites ?

11. Une petite question.

*

* *

Tía Emerita priait toujours pour le poulet avant de lui trancher la gorge. Ce jour-là, puisque c'était mon anniversaire, mon travail à moi consistait à lui tenir fermement les ailes. Tía avait installé un seau en plastique sous l'escalier, dans la réserve à côté de la cuisine.

– Silvita, viens voir ! a-t-elle crié de sa voix aiguë.

– *¿Mama por qué tengo que harcerlo?* ai-je gémi. Pourquoi est-ce que suis obligée de le faire ?

– *¡Cállate y no te quejes*[12]*!* s'est-elle emportée. Ne manque pas de respect à ta tante. Elle vient de très loin pour nous voir.

S'il y avait une chose que ma mère ne tolérait pas, c'était le snobisme. Particulièrement envers ma tante qui m'avait apporté un poulet qu'elle avait élevé elle-même et transporté sur ses genoux depuis Puente Piedra, son quartier aux abords de Lima où de nombreuses familles vivaient dans des huttes à flanc de colline, sans eau, ni gaz, ni électricité. Pour venir jusque chez nous, ma tante avait pris le *covida*, un bus à l'ancienne à la destination approximative et aux horaires changeants qui s'arrêtait au hasard des coins de rue, si souvent que le trajet de 40 kilomètres qui séparait nos deux maisons lui prenait deux bonnes heures. Pour transporter le poulet, elle emballait son corps dans plusieurs sacs plastique qu'elle nouait les uns aux autres pour créer une sorte de sacoche – un petit sac à main en poulet – avant de glisser le tout dans un sac de jute. Durant le trajet, elle sortait la sacoche pour laisser respirer l'animal et la posait sur le siège à côté d'elle, ou sur ses genoux si le bus était plein. Une fois arrivée, elle la remettait dans le sac de jute et débarquait chez nous avec le sac sur l'épaule et un immense sourire aux lèvres.

Tía Emerita était la cousine germaine de mon père et la marraine de Miguel. Elle avait quitté Santa Cruz de Chuca à la

12. Tais-toi et arrête de te plaindre !

fin de l'école primaire pour venir s'installer à Lima, chez mon père. Elle y était restée jusqu'à ce qu'elle tombe amoureuse et donne naissance à mon cousin Felipe. Sa famille vivait dans une modeste maison en briques. Tía vendait des poulets, des cochons, des lapins et des dindes dans une petite boutique adjacente. Dans la Sierra, dont elle était originaire, la coutume voulait que l'on apporte quelque chose que l'on avait soi-même élevé ou fait pousser comme cadeau d'anniversaire. *Papas, pollo, humitas, choclo*[13]. Apporter le fruit de son labeur, comme un poulet à égorger, avait plus de signification que n'importe quelle poupée, bonbon ou jouet. Il n'empêche que je ne voulais rien avoir à faire avec aucun poulet. J'étais une gamine de la ville, une *Limeña*, et j'avais l'habitude de manger ma viande déjà morte et plumée.

– *Hija*, a dit ma mère, la voix radoucie, en s'agenouillant à ma hauteur. C'est le cadeau de ta *tía*. Il est plein d'amour.

J'entendais l'oiseau brailler dans la réserve. Une énorme marmite en métal remplie d'eau bouillonnait sur le feu.

Je savais parfaitement que c'était peine perdue.

Je fêtais mes sept ans, j'étais donc pratiquement une femme. Je suppose que tout ça était logique au fond. Il se passait tellement de choses que je ne comprenais pas de toute façon ces derniers temps. J'étais bien capable de tuer un poulet après tout, non ?

J'ai avancé lentement vers mon destin.

Miguel et notre cousin Felipe, qui avait six ans de plus que moi, entouraient Emerita en se marchant dessus pour essayer d'apercevoir la volaille. Ma tante a plongé la main au fond du sac et en a sorti une boule de plumes blanches et orange comme le feu. Ça empestait les croquettes pour animaux et la poussière. Elle a défait les sacs plastique un à un, délicatement, en me faisant signe de placer mes mains autour du corps de l'animal. Elles étaient trop petites pour en faire le tour et le poulet s'est mis à ruer et crier entre mes doigts hésitants.

13. Pommes de terre, poulet, tamales, épis de maïs.

– Sers-le bien fort ma fille ! a beuglé Emerita. *Que no se te escape*[14].

Ses plumes se sont plantées dans la chair délicate de mes paumes. J'ai serré plus fort et j'ai senti son cœur marteler entre mes mains moites. L'espace d'un instant, nos cœurs ont battu de concert.

– Est-ce que les poulets ont peur de mourir ? ai-je demandé à Tía.

– L'amour, c'est de le tuer vite, a-t-elle répondu.

De ce que j'avais vu dans ma vie, l'amour, c'était explosif, sismique, une équation complexe de secrets, de dissimulations et d'éternelles sautes d'humeur. Mais quand j'ai senti la chaleur du corps du poulet qui s'agitait entre mes mains, j'ai compris qu'il existait sans doute quelque chose de plus tendre derrière tout ça.

Et à cet instant précis, l'oiseau s'est calmé.

Pour couper court à mes questions, Emerita a penché la tête de l'animal en arrière et lui a tranché la gorge d'un geste précis et rapide. Du sang rouge carmin s'est mis à couler à flots de son corps qui convulsait dans le seau, avant de ralentir en giclées courtes. Tía a placé sa main libre sur les miennes, pour s'assurer que je ne le lâche pas.

Petit à petit, les tressaillements violents se sont espacés jusqu'à s'arrêter brusquement. J'ai cligné des yeux en continuant de retenir mon souffle. J'avais le visage éclaboussé de sang. Ma peinture de guerre. Quand j'ai finalement pris une inspiration, l'air avait un goût de métal. Tía m'a pris le poulet des mains et a fini de lui trancher la tête avec un couteau de boucher sans plus de cérémonie. Elle est allée chercher la marmite d'eau bouillante, l'a versée dans un autre pot en métal posé à côté des escaliers puis y a plongé le poulet pour décoller ses plumes. Il faut agir vite, a-t-elle expliqué alors que nous étions assises, genoux collés, sur les marches de l'escalier à finir de le plumer. Il faut s'assurer de n'en oublier aucune. Les plumes, c'était la preuve du meurtre. Pas de plumes signifiait pas d'agonie.

---

14. Qu'il ne t'échappe pas.

Une fois le poulet mort et entièrement plumé, les préparatifs pour mon *almuerzo*[15] d'anniversaire ont pu commencer. Mamita et Emerita allaient cuisiner un de mes plats préférés : *arroz con pollo*. En rejoignant la cuisine, Tía a écarté le seau plein de sang avec son pied. Elle s'en servirait plus tard pour faire une *sangrecita*, un ragoût de sang de poulet.

« L'amour, c'est de le tuer vite », avait-elle dit.

L'amour doit être sanglant, ai-je pensé.

Il était 10 heures du matin.

Durant les deux heures qui ont suivi, Tía et Mama ont disparu dans un tourbillon de cuisine et de potins. Elles ont émincé l'ail, fait cuire le riz blanc, découpé le poulet et préparé une *causa de atún*, un plat de pommes de terre écrasées avec du thon et de la mayonnaise. Très vite, l'odeur terreuse et verte de la coriandre a envahi toute la maison. Tandis que le poulet dorait au four, son sang mijotait dans une petite casserole, formant des caillots gélatineux. Miguel et Felipe jouaient au *fulbito* dans l'allée du garage. Mon père s'était, comme d'habitude, retranché dans son bureau. L'*almuerzo* serait bientôt servi dans la salle à manger, une pièce « très chic » où nous n'allions presque jamais, sur la grande table dressée pour dix personnes. Tía avait installé les assiettes que mes parents réservaient aux grandes occasions. On avait également sorti les coupes en cristal avec un liseré doré, comme celles dans lesquelles j'imaginais boire les princesses de conte de fées.

– Va chercher une bouteille de pisco, Silvita, m'a crié ma mère. La grande.

J'ai glissé jusqu'à la réserve sous l'escalier où mes parents stockaient les alcools – un endroit sombre à peine plus grand que moi. La porte basse en contreplaqué a couiné quand je l'ai ouverte. Derrière un labyrinthe de boîtes de conserve, de sacs de cinq kilos de riz et de sucre et de montagnes d'Inca Kola, il y avait une étagère avec toutes les bouteilles magiques. Du pisco, du rhum Cartavio, du whisky J&B et du Campari, avec son

15. Déjeuner.

liquide orange électrique et son étiquette élaborée. La porte s'est brusquement refermée derrière moi, mais je ne l'ai pas rouverte. J'entendais les bruits étouffés de la cuisine. Juste un filet de lumière sous la porte. Je me suis délectée de la douce obscurité de la pièce.

J'avais bien une chambre à l'étage, mais elle n'était plus vraiment à moi. J pouvait m'y trouver quand il voulait. Sous les escaliers, les zones d'ombre de la maison me semblaient moins intimidantes. Ici, l'air était tiède, obscur et sentait bon, c'était un portail vers un autre monde, loin de cet endroit qui m'avalait tout entière. Un monde où je n'avais pas à m'inquiéter des bombes qui explosaient un peu partout alors que ma Tía traversait la ville toute seule. Un monde où je n'étais pas coincée à attendre que quelqu'un, n'importe qui, vienne m'expliquer pourquoi J faisait ce qu'il faisait. Je suis sûre que cette pièce avait une signification particulière pour les adultes aussi. Parce que toutes ces bouteilles, ces concoctions âpres et sirupeuses, ces vins, ces whiskys, ces piscos – qui avaient la pire odeur de tous – semblaient toujours égayer leur humeur.

– Silvia !

J'ai attrapé la première bouteille que j'ai trouvée et me suis dépêchée de sortir en verrouillant la porte derrière moi. Dans la cuisine, le blender tournait à plein régime. J'ai posé le pisco sur le comptoir et Mama s'est mise à réciter à voix haute la recette du parfait pisco sour à la fraise, le cocktail d'anniversaire par excellence : « Deux tasses de fraises, une demi-tasse de sucre, une tasse de pisco, une tasse d'eau, trois tasses de glace pilée et le jus de deux citrons verts. » J'ai salivé à la vue des fraises et de tout ce sucre.

– *¡Segundo! ¡Segundoooo! La comida está lista*[16].

Mon père est sorti de son bureau en traînant des pieds, le corps raide et le visage impassible. Il a scruté la pièce. Une fois tout le monde installé à table, j'ai vu l'inquiétude qui envahissait le visage de ma mère tandis qu'elle le regardait prendre sa première

16. Le repas est prêt.

bouchée. Il a acquiescé et en a pris une deuxième. Les invités qui s'étaient tus jusque-là comme s'ils retenaient leur souffle se sont détendus, et les discussions ont enfin commencé.

– *¡Salud comadre! ¡Salud compadre!* se sont-ils exclamés.

Chacun a brandi son verre en cristal plein à ras bord de pisco à la fraise. Le mien était rempli au tiers. *Un poquito.* Une portion pour enfants. J'ai avalé une première gorgée. J'ai d'abord été saisie par le froid de la glace, puis l'explosion délicieuse du sucre et la chaleur brûlante du liquide qui fondait dans ma gorge. J'ai toussé et mon père s'est mis à glousser, presque fier. L'alcool a envoyé une décharge électrique le long de ma colonne. Une chatouille dans le cerveau. Un léger bourdonnement sur ma peau. Une vague de réconfort.

De plaisir.

De l'autre côté de la table, mes parents ont trinqué avant de s'embrasser brièvement sur la bouche. Les voir se toucher à illuminer quelque chose en moi. *Borrón y cuenta nueva*, aimait dire ma mère. On efface tout et on repart de zéro. Ils faisaient ça pour les grandes occasions. Ils oubliaient les disputes. Les cris. Le passé n'avait plus d'importance. On effaçait l'ardoise. En tout cas pour une journée.

J'ai avalé une autre gorgée. Je voulais oublier. Je voulais repartir de zéro.

– *Salud* ma chère Silvita ! a roucoulé Mamita. Tu as sept ans désormais. Quel âge merveilleux. Tu deviens une jeune femme.

– Continue à bien travailler à l'école, a grommelé mon père. Une jeune femme, oui. Maintenant tu peux ranger ta chambre toute seule.

Dans tous les contes de fées et tous les dessins animés, la princesse partait toujours au bras d'un beau prince. J'essayais désespérément de faire rentrer notre famille dans ce cadre-là, mais aucun conte de fées ne correspondait à mon histoire. Mon père avait plus l'air d'être le père de Mamita que son prince. Ses cheveux poivre et sel contre ceux encore bruns de ma mère. Aux matchs de football de l'école, il ne pestait pas contre l'arbitre et ne bavardait jamais avec les autres papas. Un homme d'âge mûr, une femme plus jeune. Peut-être qu'ils s'étaient rencontrés comme J et moi ? Si J était celui que mon père avait choisi pour moi, est-ce que cela faisait de lui mon prince ?

Tout le monde a terminé son pisco et Sandra, la femme de ménage, a posé des bouteilles d'Inca Kola de deux litres un peu partout sur la table. Puis Emerita s'est brusquement levée alors que le dessert n'avait pas encore été servi. Elle voulait rentrer chez elle avant la nuit. Le Sentier lumineux continuait de faire exploser des voitures au hasard des rues. Prendre le bus la nuit était aussi dangereux qu'imprévisible. Particulièrement pour une femme et un enfant seuls.

– *Senderistas, aye*, s'est exclamé Emerita. *¡Están destruyendo todo*[17]*!*

Comme la plupart des gens avec qui mon père avait grandi, Emerita était une prolétaire, elle faisait partie de ceux pour qui le Sendero prétendait se battre, mais elle détestait leurs méthodes sanglantes.

– Comment peuvent-ils prétendre nous libérer quand ils tuent autant d'entre nous ?

La pièce s'est lancée dans un débat sans fin. Miguel et Felipe en ont profité pour s'échapper dans le salon. Je me suis faufilée jusqu'à la cuisine, j'ai attrapé le blender et ai englouti le reste de pisco sour. La chaleur douce et amère, c'était comme un câlin de l'intérieur. J'ai fait danser les grains de fraises sur ma langue, en savourant leur croquant et en me souvenant des matins avec J, avant. Quand lui, Mama et moi étions assis dans notre cuisine ensoleillée et que le *maracuyá* explosait dans ma bouche.

Mes parents n'ont même pas remarqué que j'étais partie, j'ai reculé doucement jusqu'à la porte latérale pour rejoindre l'entrée où nous avions tué le poulet. J'ai gravi les deux étages jusqu'à l'*azotea*. Juste à côté du lave-mains, il y avait une petite échelle qui permettait d'accéder au toit. En faisant bien attention à ne pas abîmer ma tenue d'anniversaire avec les échardes, j'ai gravi chaque échelon jusqu'à atteindre le toit en tôle scintillante.

17. Les sendéristes, ah là là. Ils sont en train de tout détruire !

Toujours un peu étourdie par le pisco, j'ai avancé doucement jusqu'au rebord et me suis penchée en direction du soleil qui se couchait. Je pouvais voir au-delà des cimes chatoyantes des flamboyants rouges, jusqu'aux Cerros – ces énormes collines envahies d'un nuage de pollution qui entourent Lima. Des milliers de personnes y vivaient. Elles s'étaient réapproprié ces terres en les squattant. Elles avaient d'abord construit des bidonvilles temporaires, sans eau ni électricité, mais avaient fini par s'y installer définitivement.

J'ai regardé les Cerros en imaginant un endroit où il n'y aurait pas de secret. Un endroit loin d'ici. Où j'aurais pu respirer un air qui n'aurait été qu'à moi. En bas sur le trottoir, le *heladero*[18] poussait sa carriole jaune en soufflant dans son sifflet comme une flûte enchantée. *Triii-triiiiiit !* Les gamins du quartier accouraient, *soles* à la main pour acheter boîte de *bombones* ou de Peziduri.

Triii-triiiiiit !

Ce sifflet, ça voulait dire crème glacée, ça voulait dire que l'été était enfin là, ou au moins le printemps. Ça voulait dire la fin de la saison sèche. Ça voulait dire, si nous avions de la chance, quelques promenades à El Bosque, un club privé avec piscine au milieu de la forêt, un endroit magique où j'étais libre de courir et de jouer, d'observer le chant des oiseaux, la couleur et l'odeur des plantes, des détails qui m'étaient inaccessibles dans les attaques punitives de mon foyer.

Le sifflet du glacier, c'était un appel au jeu. Un appel à jouir de l'enfance.

Mais ce soir-là, alors que je l'écoutais depuis mon mirador sur le toit, le son a commencé à se déformer. À prendre une tournure plus complexe et plus sinistre. Je me suis penchée un peu plus encore et j'ai fermé les yeux aussi fort que j'ai pu. Je voulais m'accrocher quelques secondes encore au sifflet que je connaissais, celui qui était synonyme de délicieuse crème glacée.

18. Marchand de glaces.

Mais il était trop tard. Le sifflement de J dansait désormais à côté, il l'avait tordu et plié, jusqu'à ce que les deux deviennent indissociables. Jusqu'à ce qu'ils ne fassent plus qu'un.

Le monde entier tourbillonnait en dessous de moi – sifflets, gouttes de sang et pisco.

L'amour, c'est de le tuer vite.

Pas de « on efface tout et on repart de zéro » pour moi.

– 3 –

MITAINES D'EXPÉDITION

Katmandou, Népal 2016

7 heures du matin : j'ai les yeux grands ouverts. Mes oreilles bourdonnent encore de la cacophonie d'hier soir quand j'ai traversé Katmandou. Le *bip-bip* des klaxons des vélomoteurs. Les soupirs malades des bus épuisés qui toussotent dans les rues bondées. Katmandou est intense. Katmandou est sale. Katmandou est chaotique.

Je m'y sens parfaitement à ma place.

C'est le Lima des années 1980. Je ne parle pas de la partie entretenue de la ville, celle de Miraflores ou du Barranco. Mais de Puente Piedra. Du centre-ville de Lima. Là où les vans des années 1970 faisaient hurler leurs klaxons en changeant de voie sans prévenir, où les motos zigzaguaient à contresens pour éviter les embouteillages, où des familles entières roulaient sans casque. Là où traverser la rue équivalait à jouer à une partie de Frogger. Le Lima où les vendeurs ambulants essaimaient les rues et où personne ne contrôlait la circulation. Où personne ne contrôlait quoi que ce soit. Si vous pouviez conduire dans le centre-ville de Lima, vous pouviez conduire dans n'importe quel pays du monde, même ceux où on roulait à gauche.

Fatiguée mais trop nerveuse pour dormir, je tourne dans mon lit en essayant de profiter de la douceur de mes draps 400 fils. C'est ma dernière nuit dans un vrai lit avant deux mois. Durant nos deux semaines de trek jusqu'au camp de base, je vais dormir sur les lits de camp spartiates qu'on trouve dans les lodges et ensuite, durant mes six semaines d'entraînement pour atteindre le sommet de l'Everest, sous une tente. J'essaie de me raccrocher à cet instant. De plonger dans le confort douillet de la literie de l'hôtel, de capturer ce moment de calme et d'inspirer la brise fraîche d'un air chargé d'oxygène. Mais la détente n'a jamais été mon fort. Il y a trop à faire.

Ang Dorjee Sherpa va bientôt passer vérifier mon équipement et mes affaires sont un bordel sans nom. Je me traîne en dehors du lit et ouvre les rideaux pour laisser la lumière filtrer à travers le voilage. Ma fenêtre donne sur la piscine, au-delà de laquelle s'étend une immense pelouse parfaitement entretenue. Loin du chaos du centre-ville, l'hôtel Annapurna est l'un des rares hôtels de luxe de Katmandou. Je me suis dit que ça valait la peine pour une ou deux nuits avant le début du trek. Je me brosse les dents puis enfile un T-shirt *Courageous Girls* et un gilet, avant de vider mes valises sur les deux lits doubles. On se croirait à un vide-grenier : des montagnes de vêtements – vestes légères, vestes épaisses, gilets, pantalons – empilés contre les têtes de lit en bois. Des bottes, des lampes frontales et des collines de snacks gelés par le froid. Sur l'Everest, un équipement défectueux peut faire la différence entre une ascension réussie et un échec, mais également entre la vie et la mort.

Ce n'est vraiment pas le moment de jouer les radines. Surtout pour ma première tentative.

Pour les deux mois d'expédition jusqu'au sommet, nous devons préparer quatre sacs d'équipements différents : un sac pour la montée jusqu'au camp de base, un sac pour la vie de tous les jours au camp de base, un sac de rotation d'entraînement et un sac pour le sommet. C'est un cauchemar logistique et on ne peut pas vraiment dire que je sois la reine de l'organisation.

Je me mets au travail et trie le tout en différentes piles.

Il manque quelque chose. Je n'arrive pas encore à dire quoi mais c'est comme un bourdonnement au fond de mon cerveau. Une sensation familière. J'ai oublié quelque chose d'important. Oublier une pièce d'équipement, c'est ma marque de fabrique. Je me demande parfois si c'est vraiment de l'étourderie ou bien la conséquence de ne jamais m'être sentie comme un être complètement fini. Comme si une partie de moi flottait quelque part dans le monde et que je ne l'avais pas encore trouvée.

J'entends qu'on frappe d'un geste assuré à la fenêtre.

Merde.

Il est exactement 9 heures. Pas 9 h 20. Pas même 9 h 05. Ang Dorjee Sherpa n'a, de toute évidence, pas la même notion du temps que les Péruviens.

– Vous avez la liste ? me demande-t-il tandis que je lui ouvre doucement la porte.

Sa voix part dans les aigus, l'inflexion britannique de son accent népalais. J'acquiesce.

– Entrez, je vous en prie, dis-je en inclinant instinctivement la tête.

Sur l'Everest, Ang Dorjee fait partie de la famille royale des grimpeurs. Son père, Nima Tenzing Sherpa, a guidé plusieurs fois Chris Bonington, l'alpiniste anglais, jusqu'au sommet dans les années 1970 et 1980, à une époque où l'atteindre était encore un événement rare et prestigieux. Ang Dorjee est un Master Sherpa. Il a gravi l'Everest une vingtaine de fois et ce fut l'un des héros de la saison désastreuse de 1996, immortalisée par Jon Krakauer dans son livre *Tragédie à l'Everest*. Il vit désormais aux États-Unis avec son épouse américaine et leurs deux enfants, mais revient à chaque saison dans l'Himalaya pour guider une poignée de grimpeurs jusqu'au sommet et rendre visite à sa famille.

Notre équipe est une équipe d'élite composée de huit personnes et encadrée par Adventure Consultants, l'une des plus anciennes compagnies d'excursion de l'Everest. Je sais que j'ai fait ce qu'il fallait pour mériter ma place, mais je me considère quand même comme très chanceuse d'avoir pu rejoindre le groupe à la dernière minute. Le reste de l'équipe est parti il y a deux jours avec le second guide, Mike, pour l'excursion de 65 kilomètres jusqu'au camp de base. J'aurais dû être avec eux, mais j'ai été retenue aux États-Unis. Ang Dorjee a eu la gentillesse de retarder son départ pour m'attendre à Katmandou, passer en revue mon équipement et le donner aux sherpas qui le transporteront jusqu'au camp de base.

Il scrute le pied du lit de son regard de cow-boy puis sort une feuille d'un dossier sur lequel est écrit mon nom. Une fine moustache assombrit son grand visage acajou. Quelques ridules de sourire entourent ses lèvres minces et sèches.

Bien déterminée à lui montrer que je suis préparée, je plonge la main dans mon sac à la recherche du tableau Excel que j'ai imprimé à San Francisco.

– Tada ! dis-je un peu embarrassée en sortant une feuille toute froissée du fond de mon bagage à main.

Avec un sourire à peine perceptible, il prend le papier et le lisse entre ses mains musclées et calleuses. Nous passons en revue les cent articles de la liste à un rythme efficace. Je m'agite entre les deux lits, en fouillant frénétiquement chaque pile pour lui tendre successivement chaque objet afin qu'il le vérifie et le raye de sa liste.

– Sac de couchage pour –20 °C, dit-il.

– Check monsieur, oui monsieur ! je crie en lui lançant mon regard le plus attentif.

Pas l'esquisse d'un sourire.

– Sac de couchage –40 °C, continue-t-il.

Pour les nuits au-delà du camp III.

– Check !

– Bouteille urinoir.

– Celles-là, j'aurais dû les acheter en gros, dis-je pour plaisanter.

Ang Dorjee continue. Ça ne le fait pas rire.

– Trop gros, dit-il en observant la Thermos que j'ai apportée.

Je savais qu'elle était un peu grande, mais j'avais envie d'avoir le plus de thé possible durant les matins glacés que j'allais devoir affronter.

– On passe aux bottes, dit-il.

Pour ce genre d'expédition, les bottes ne sont pas un simple article de la liste mais une catégorie à part entière.

– Chaussures de trekking.

– Check.

– Guêtres.

– Check.

– Chaussures d'alpinisme.

– Check, check, check, je m'exclame en soulevant chaque paire du sol, de sous le lit, de mon oreiller. Il ne manque plus que les bottes de sept lieues !

Mon numéro de comique est un échec total. Pas le moindre signe de sympathie sur son visage buriné. Même pas un rire de pitié. Il jette un dernier coup d'œil à mon équipement tandis que je dévore mes cuticules. Les Américains se trompent souvent en prenant les sherpas pour des gens chaleureux et dociles, presque clownesques tellement ils vous encouragent. Je l'ai cru moi aussi au début, mais Ang Dorjee est un parfait macho, aucun doute là-dessus. Sa peau est tannée par les années d'escalade, à tel point qu'elle ressemble à du cuir. Son autorité naturelle et son côté austère me rappellent mon père. Sa robustesse touche ma corde sensible. Me voilà de retour en classe à Lima. En CM1 à María Reina. Avec mon uniforme repassé et amidonné, je lève la main et donne fièrement toutes les bonnes réponses, pour tenter d'avoir la meilleure note possible. Pour validation. Ang Dorjee pense-t-il que ce que je suis sur le point de tenter est absurde ? Est-ce qu'il pense que c'est possible ? J'ai envie de lui poser la question, mais je ravale la boule grandissante d'angoisse qui m'envahit la gorge. *Bon sang, Silvia, ressaisis-toi, t'es une adulte.*

– Manteaux, poursuit-il.

Encore une catégorie à part entière.

– Celui du camp de base ? Celui en Gore-Tex ? Doudoune ?

– Check, check, check !

– Pantalon d'alpinisme.

– Hein ?

– Pantalon ?

– Comment ?

– PANTALON.

– Pantalon, oui, huumm… Bien sûr.

Pantalon d'alpinisme. Merde. C'est ça.

Merde, merde, merde, MEEEERDEEE !

Le pantalon d'alpinisme n'est pas optionnel. Au sommet de l'Everest, l'air contient moins de 7 % d'oxygène. Quand on est si haut, c'est une lutte incessante entre le poids et la chaleur. Portez des vêtements trop lourds et vous aurez du mal à respirer, des vêtements trop légers et vous congèlerez sur place. Le pantalon d'alpinisme permet une isolation sans surcharge. Pour gagner du temps, je fouille mon sac de voyage et retrace mes pas de Katmandou à Hong Kong puis à San Francisco jusqu'à mon petit trois pièces cosy de Twin Peaks, dans cette rue en pente qui surplombe Glen Canyon Park. Dans la cuisine, sur la table, je revois mon ordinateur portable. Une fenêtre ouverte sur www.backcountry.com, un pantalon d'alpinisme zéro absolu, « spécialement conçu pour les excursions au-dessus de 8 000 mètres » patiente sagement dans mon panier.

Je n'ai jamais validé la commande.

– Bon sang ! dis-je en levant les bras.

Ang Dorjee sourit poliment tandis que j'essaie de rire pour dissimuler mon embarras d'avoir oublié un élément d'équipement crucial pour cette ascension où la mort est un risque réel. Pour la première fois, ses lèvres fines s'entrouvrent pour révéler une rangée de dents d'une blancheur immaculée.

– Ce ne serait pas un vrai voyage si je n'avais pas oublié quelque chose, dis-je en riant. Au bout de dix ans, au moins je n'oublie plus qu'une seule chose, c'est déjà ça.

– Les mitaines ? demande-t-il avec une légère pointe de lassitude dans la voix.

– Oui ! je réponds, en les agitant au-dessus de ma tête comme une bonne élève, mais mon assurance s'est envolée.

Version améliorée des moufles épaisses que les gamins américains portent quand ils font des batailles de neige à la télévision, les mitaines d'expédition sont le symbole de l'arrivée. Elles sont réservées aux derniers jours de l'ascension de l'Everest, quand les températures dégringolent si vite que le moindre morceau de peau exposé est synonyme d'engelure instantanée. Les gens pensent toujours que sur le toit du monde, le plus gros risque c'est de tomber dans le vide, mais c'est le froid qui tue la plupart des grimpeurs. À 8 000 mètres, même les tubes de la gourde doivent rester à l'intérieur de la combinaison. S'ils ne sont pas convenablement isolés, ils gèlent dans la seconde.

Pareil pour les mains.

Une engelure, c'est un baiser mortel.

Je fourre mes mitaines dans mon sac de sommet, puis plonge la main dans la poche de devant pour vérifier une troisième fois que mes photos sont toujours là. Je les fais défiler entre mon pouce et mon index, je compte *1, 2, 3*, me concentre sur les raisons de ma présence ici. Je suis là pour honorer, pour faire le deuil, pour grandir. Ang Dorjee me fait signe de fermer la fermeture Éclair de mon sac et de la verrouiller avec un minuscule cadenas. Mes yeux se posent à nouveau sur les mitaines d'expédition. Elles me provoquent, murmurent le chant du doute. *Je ne vais jamais y arriver. Je ne vais même pas aller suffisamment loin pour en avoir besoin.* J'ai déjà souscrit une police d'assurance de rapatriement d'une valeur de 50 000 dollars.

Sans un mot de plus, Ang Dorjee note « PANTALON » et « THERMOS » sur un bout de papier puis me le tend.

– Faire des courses à Thamel sera notre première mission demain matin. Les filles ont besoin d'acheter quelques trucs elles aussi.

Je guide cinq randonneuses novices – trois jeunes femmes du Népal et deux de San Francisco – le long des 65 kilomètres qui nous séparent du camp de base avant de rejoindre Ang Dorjee et mon équipe d'expédition pour ma première tentative d'atteindre le sommet de l'Everest.

– Elles sont vraiment enthousiastes à l'idée de cette excursion, Ang Dorjee… me mets-je à digresser.

– Je reviendrai chercher votre sac à 19 heures, m'interrompt-il en inclinant la tête.

J'acquiesce, reconnaissante, mais il disparaît avant que j'aie eu le temps de bafouiller le moindre *namasté*.

Durant ces trente ans passés sur la montagne, Ang Dorjee a tout vu. Il doit probablement me prendre pour une idiote. Se dire que je suis inconsciente de guider des filles jusqu'au camp de base avant ma première tentative de sommet.

*
* *

La plupart des gens qui essayent de gravir l'Everest se préparent et économisent pendant des années. Ils ne pensent à rien d'autre qu'à l'Everest. Ils respirent, mangent et rêvent Everest. Ils apprennent à parler couramment ses légendes et ses coutumes. Ils visualisent leur arrivée au sommet, à travers des séances de méditation guidée et des camps d'escalade ultra-intenses de plusieurs semaines. Ils se disent que s'ils arrivent à créer une osmose entre la topographie de la montagne et leur ADN, leurs chances d'atteindre le sommet seront décuplées.

Je rêve de cette ascension depuis des années moi aussi, mais d'une façon différente.

En 2005, j'ai suivi une vision que je ne comprenais pas jusqu'à Katmandou. C'était un acte de foi. Et en accomplissant cet acte, en réussissant à avoir enfin de nouveau confiance en moi, je pensais être récompensée par une intervention divine. Des cimes pointues de toutes parts. Une lumière blanche et des boules de cristal qui chantent, peut-être. Mais au lieu de ça, j'ai été propulsée au milieu du chaos de ma jeunesse à Lima. Les bus. La pollution. Le bruit. Me retrouver dans les rues de Katmandou en 2005, c'était comme m'être endormie puis réveillée à Lima. Assise aujourd'hui dans ma chambre de l'Annapurna, au début de mon troisième séjour dans l'Himalaya, je ne peux que rire de l'arrogance dont j'ai fait preuve la première fois que je suis venue ici. Je ne savais pas à quel point cette guérison serait synonyme de douleur. De merde et de crasse.

Pour guérir, j'allais devoir patauger dans le chaos. Il ne suffirait pas de me pointer au pied de la montagne, prête à être bénie. J'attends encore. Même aujourd'hui. Quoi ? Que les cieux me regardent en levant le pouce pour me dire que c'est bon ? Que quelqu'un – mes pairs, la montagne, Dieu, Ang Dorjee – m'adoube. Me donne l'impression d'en avoir suffisamment fait. D'être suffisante. Je carbure à l'adrénaline, je passe mon temps à fuir tout ce que je suis depuis la fin des années 1990. Ma zone de confort se trouve quelque part entre le cataclysme et le « je fais n'importe quoi, mais ça pourrait passer ». Et ça passe, la majeure partie du temps. Mais pour ce voyage, il ne s'agit pas que de moi. Je suis responsable des filles.

C'est tout moi, ça.

M'attaquer à bien trop de choses à la fois.

Choisir un morceau bien trop grand et puis le parsemer de *un poquito más*. Juste un petit peu, n'est-ce pas ? Comme ma mère disait toujours. *Un ratito*. Elle revient dans une minute. *Un poquito de pisco*. Juste une gorgée. Comment quelque chose d'aussi petit pourrait-il faire du mal à qui que ce soit ? Je ne me sens en vie que lorsque je jongle avec tout un tas de choses – tellement que l'une d'entre elles finira forcément par m'échapper et tomber.

Dans les années 1980, le psychologue canadien Frank Farley a identifié ce qu'il appelle les personnalités de type T. Le T veut dire *thrill-seeking*, « qui cherche les sensations fortes ». Les personnalités de type T ont génétiquement tendance à courir après le risque et à repousser les limites. À travers ses recherches, Farley a découvert que si ce « gène » chercheur de sensations était diagnostiqué tôt et qu'on fournissait à son porteur des exutoires pour qu'il puisse prendre des risques de façon productive, celui-ci pouvait devenir une vedette ou un guide spirituel. Un pionnier. Un alpiniste de renommée mondiale. Mais si on laissait les personnalités de type T se débrouiller toutes seules, la première fois qu'elles goûteraient à un comportement destructeur marquerait sans doute le début d'une vie de jeux d'argent, de crimes ou d'addictions. De nombreux innovateurs et criminels ont des personnalités de type T. Le contexte social exerce une influence sur ce qu'on deviendra – un créateur ou un destructeur –, mais les sensations – l'adrénaline, la dopamine, l'impression de planer – sont les mêmes dans les deux cas.

« Les joueurs sont souvent plus heureux quand ils sont en train de perdre, écrit Farley. Parce que c'est là qu'ils sont le plus près d'échouer. »

Je les guiderai jusqu'au camp de base même si je dois en mourir.

Une fois qu'on aura réussi, *si* on réussit, les filles feront demi-tour et moi je tenterai l'ascension jusqu'au sommet. Mes amis grimpeurs ne comprennent pas pourquoi je gâche ma première tentative à guider un groupe de novices sur la route ardue qui mène au camp de base (également connu sous le nom d'EBC – Everest Base Camp) plutôt que de me concentrer sur ma tâche déjà immense.

Tu seras épuisée avant même de commencer.

Bon sang, mais pourquoi tu fais tout ça en une fois ?

On parle de l'Everest là, Silvia, pas d'une excursion à la campagne. L'Everest.

J'ai tout entendu. Mais ça n'a pas d'importance.

Je ne peux pas leur expliquer, à ces alpinistes qui ont travaillé toute leur vie pour avoir une chance de réussir à gravir l'Everest, pourquoi je complique la situation. Ils ne comprennent pas que le plus important, ce n'est pas l'ascension, mais la promesse. La promesse que j'ai faite aux filles et à moi-même, il y a dix ans. Je grimpe pour que le mot *promesse* ait de nouveau un sens.

J'entends qu'on gratte doucement la porte.

– Miss Silvia, elles sont là, m'appelle une voix douce et chaude. *Lucy*. Elles sont là. Les Népalaises nous attendent dans le lobby.

Je sens des larmes couler le long de mes joues. *Mon Dieu, ce n'est que le premier jour*. Mon rôle, c'est celui de la meneuse qui n'a peur de rien. Celle qui a joué les sergents autoritaires, qui les a poussées à remonter les rues de San Francisco en courant pendant des mois, qui les a fait pleurer lors de nos entraînements intensifs, deux fois par semaine. Mais quel genre de meneuse pleurniche en permanence ? Je regarde mon reflet dans le miroir. Les racines grises gagnent du terrain sur mes boucles brunes. Ce que ces filles ne savent pas, c'est que je suis plus proche du Machito Lloron (le macho qui chouine) que de Wonder Woman. Dure à cuire à l'extérieur, guimauve dégoulinante à l'intérieur.

– Silvia, allô ? intervient une autre voix. Taillée et claire. *Jimena*. On y va !

J'essuie mes larmes avec le revers de ma manche froissée, bien déterminée à être la meneuse que j'avais promis d'être. Celle qu'elles pensent que je suis.

– *¡Listo*[19]*!* je crie en ouvrant la porte.

Jimena et Lucy sont dos au mur de chaque côté.

Lucy me sourit. Elle porte une robe mandarine sans manches, une ceinture en sarape brodée, de longues boucles d'oreilles turquoise et une fleur blanche fraîchement coupée dans ses cheveux noirs et bouclés. Son maquillage est impeccable, comme toujours depuis que je l'ai rencontrée il y a deux ans. Des pommettes roses, de longs cils noirs et un trait d'eye-liner parfaitement dessiné. Jimena, de son côté, a tout d'un garçon manqué. Avec ses cheveux rasés de près, ses lunettes en double teinte et son débardeur rayé noir et blanc, son style penche plus du côté androgyne minimaliste, à l'exception de son rouge à lèvres violet foncé – un hommage à son cœur de rebelle punk-rock que j'ai appris à connaître et à aimer.

Je note dans un coin de ma tête qu'il faut que j'emploie le pronom *iel* quand je parle de Jimena. Iel me l'a expliqué plusieurs fois à San Francisco, mais je n'ai pas arrêté de faire n'importe quoi. Difficile de se défaire des vieilles habitudes. En espagnol, même les mots sont genrés. Ils finissent en *o* ou en *a* pour indiquer le masculin ou le féminin. Le genre est une notion si ancrée dans ma langue maternelle que je crains de continuer à me tromper et de manquer de respect à Jimena. Ou pire, que quelqu'un d'autre le fasse.

Ma tâche principale ici, avant même d'atteindre le sommet, c'est de protéger le groupe. Mais je crains que les Népalaises, ou d'autres membres de la communauté locale, ne comprennent pas les pronoms choisis par Jimena ni son identité – ou pire, qu'ils les rejettent. San Francisco est un paradis queer. Et la majeure partie des villes progressistes aux États-Unis acceptent

---

19. Prête !

la communauté LGBTQ+, mais dans de nombreux endroits du monde, il est toujours dangereux d'être ouvertement gay. La culture népalaise, comme celle du Pérou, est encore très conservatrice par rapport aux États-Unis.

Du moins, c'était ce que je croyais.

J'ai été surprise d'apprendre que le gouvernement népalais a été l'un des premiers à avoir proposé d'autres genres que masculin/féminin sur ses formulaires de recensement. Concernant les pronoms, j'ai donc cinq ans de retard sur le Népal.

– Ça va votre chambre ? je leur demande. Vous avez bien dormi ?

– Oui, très bien. Merci, répond poliment Lucy avec son accent sucré et ondoyant.

Jimena ne dit rien mais acquiesce énergiquement. On sent qu'elles sont affectées par le décalage horaire, encore étourdies d'avoir été parachutées à Katmandou. Nous sommes là depuis moins de vingt-quatre heures et c'est beaucoup à assimiler. À vingt-trois ans, c'est la première fois que Jimena quitte les États-Unis, tout comme Lucy, même si cette dernière a grandi au Mexique.

Je frappe des mains et les guide jusqu'au lobby.

– Waouh ! s'exclame Shailee en nous voyant approcher.

Le reste du groupe est entassé autour d'un canapé fleuri au milieu du lobby en marbre. Elle attrape Lucy pour la serrer dans ses bras.

– Regarde-toi. Toutes ces couleurs. C'est habituel ? C'était quoi alors ce teint tout pâle hier soir ?

– C'était la couleur de trente-six heures de voyage sans dormir, répond Lucy en lui lançant un sourire digne du chat dans *Alice au pays des merveilles*.

– Et toi aussi, dit Shailee en agitant la main vers les lèvres de Jimena. Toutes ces couleurs. On dirait qu'un arc-en-ciel a surgi dans la nuit.

– L'arc-en-ciel a toujours été là, dit Jimena en acquiesçant d'un air déterminé.

Shailee laisse échapper un rire ventral et ce simple son suffit à calmer mes nerfs. Difficile de ne pas se sentir bien en présence de Shailee. Son énergie est effervescente. Elle et son amie Asha seront mes coguides et mes traductrices pour ce voyage. Elles font toutes les deux parties de « l'équipe féminine des Sept Sommets » qui, en 2008, est devenue la première équipe composée exclusivement de femmes népalaises à atteindre le sommet de l'Everest. Leur but, c'est de gravir ensemble le reste des sept sommets. Elles sont venues nous chercher à l'aéroport hier soir et sont revenues aujourd'hui avec Shreya, Ehani et Rubina, les homologues népalaises de Jimena et Lucy, que j'ai rencontrées il y a deux ans, lors de mon deuxième voyage au Népal. Je venais tout juste de fonder mon association : Courageous Girls. Une amie photographe, Lisa, travaillait sur un film contre la traite des êtres humains et m'a emmenée visiter un refuge de Katmandou appelé Shakti Samuha.

C'est là que Shreya, Ehani et Rubina vivaient à l'époque. Nos premières conversations ont été plutôt timides et formelles. J'étais une étrangère pour elles et leur méfiance était justifiée. Les épreuves qu'elles avaient traversées faisaient passer mon enfance pour une promenade de santé. Mais quand je leur ai parlé de mon idée – celle de gravir le mont Everest jusqu'au camp de base avec d'autres survivantes d'abus sexuels –, elles se sont montrées très enthousiastes. Toutes leurs bonnes manières sont passées à la trappe et j'ai vu la faim qui animait chacune d'entre elles. Celle de défier un système qui, toute leur vie, leur avait dicté qui elles pouvaient être ou non. Une faim qui m'habitait moi aussi.

À Katmandou, gravir l'Everest est considéré comme un hobby pour riches Occidentaux. Rien que le vol jusqu'à Lukla – le point de départ de l'excursion jusqu'au camp de base – coûte 150 dollars américains – la moitié pour les citoyens népalais, soit 6 000 roupies. Mais pour eux, cela représente deux mois de salaire. En théorie, le système de castes a été aboli au Népal, mais culturellement il est toujours bien vivant. C'est un système très complexe et Ehani, Shreya et Rubina appartiennent à la caste la plus basse : les Dalits. Les « intouchables ». La première fois que j'ai entendu le mot « intouchables », j'ai pensé à la mafia ou à un truc élitiste et chic. Mais au Népal, être intouchable est synonyme de pauvreté. Cela veut dire qu'on n'est pas digne de contact. Historiquement, les femmes dalits n'avaient pas le droit d'aller à l'école ni même de marcher sur le trottoir qu'empruntaient les femmes des castes supérieures. Quand j'ai fait leur connaissance en 2014, les choses étaient en train de changer. Leur génération brisait les murs érigés entre les différentes classes. Quand bien même, à cause de leur genre et de leur nom qui trahit leur caste, personne ne s'attendait à ce qu'elles accomplissent grand-chose dans leur vie. Ironiquement, c'est en voulant les aider à accéder à une vie meilleure que leurs familles les ont poussées entre les griffes de leurs prédateurs.

Pour nous toutes, tout cela est bien plus qu'une excursion.

Je me racle la gorge, prête à faire les présentations, mais elles se séparent déjà en petits groupes, en se prenant maladroitement dans les bras et en se présentant toutes seules.

Namasté, disent-elles – je m'incline devant votre existence.

Namasté, Namasté, Namasté, répètent-elles. Ehani, vingt-trois ans, celle qui parle le moins bien anglais des trois, prend doucement Jimena et Lucy par la main. Il y a une tendre maturité chez elle. Une beauté évidente et solide qui n'a pas besoin de beaucoup de mots pour s'exprimer.

À dix-neuf ans, Shreya est le bébé de l'équipe, mais ses traits délicats révèlent une finesse d'esprit qui lui a probablement sauvé la vie.

Rubina, vingt-trois ans elle aussi, est un peu la sœur cachée de Lucy avec sa veste en jean de camionneur fourrée et sa fleur orange accrochée dans les cheveux. Elle a un grand front et un visage compact, tous ses traits semblent rassemblés au milieu de son visage, presque comme un masque. Elle semble n'avoir peur de rien mais ses yeux marron sont difficiles à déchiffrer. Les petites ridules qui les entourent me rappellent la méfiance et la circonspection qui me caractérisaient moi aussi au même âge.

Sous mes yeux, le groupe devient progressivement un organisme, qui bavarde et rit avec aisance. Je me rends alors compte que je retenais mon souffle. Je m'attendais à ce que nos présentations soient maladroites, ou du moins à devoir créer un pont entre nos différences culturelles. Mais quand Rubina s'approche de Jimena pour lui serrer la main, cellui-ci l'attire contre ellui pour la prendre dans ses bras – je suis alors frappée par une certitude que je n'avais pas ressentie depuis le jour où j'ai eu l'idée de ce voyage.

Nous allons probablement y arriver. Mais cela ne sera sans doute pas grâce à moi.

Sous mes yeux, elles se transforment en écolières le jour de la rentrée, des petites filles à qui il faut moins de cinq minutes pour devenir les meilleures amies du monde. Je ne peux pas m'empêcher de savourer la douceur de l'instant. C'est presque un peu mielleux. Difficile à imaginer. Moi qui n'ai jamais eu ce genre de lien avec quiconque quand j'étais enfant. Notre sororité bigarrée est au complet.

Nous sommes des filles, des sœurs, des amies.

Nous sommes mexicaines, péruviennes, indigènes, colombiennes, népalaises, indiennes, hindous, bouddhistes et catholiques.

Athées, jeunes, vieilles, queers, hétéros, non binaires.

Et l'Everest, la mère, est le lien qui nous unit.

Mais il n'y a pas que ça.

J'entends comme un bourdonnement d'angoisse sous la surface – une prémonition au milieu de toute cette vulnérabilité spontanée. Mais ce n'est peut-être que moi. Je chasse cette nouvelle vague de pensées et leur lance mon plus beau sourire. *Fake it 'til you make it*[20].

– Allons-y, dis-je un peu trop fort, un peu trop enthousiaste.

Les filles me regardent avec suspicion.

C'est un rappel que mon travail ici avec elles ne pourra pas être autre chose qu'honnête.

---

20. Faites semblant jusqu'à ce que vous y arriviez.

Nous avons toutes appris à être hyper vigilantes à nos dépens. Et ces filles peuvent détecter l'hypocrisie de qui que ce soit à des kilomètres.

*
* *

Une fois terminées nos courses de dernière minute à Thamel – j'ai pu trouver un pantalon d'alpinisme décent –, nous rejoignons Shakti Samuha. Les employés du centre veulent souhaiter bonne chance aux filles pour leur voyage. Coincée dans une rue passante, entre les briques qui s'effondrent et les auvents colorés, Shakti Samuha est une maison en pierre qui s'élève sur deux étages. C'est la première organisation au monde créée et dirigée par des rescapées du trafic d'êtres humains. Shailee et Ehani nous guident le long d'une allée intérieure jusqu'à une salle toute simple.

Le refuge.

Il y a toujours entre vingt et trente filles qui vivent au refuge – certaines n'ont pas plus de dix ans. Alors que nous remontons le couloir défraîchi, quelques-unes sortent la tête des pièces adjacentes sans porte, en baissant aussitôt les yeux comme si croiser notre regard était une insulte.

Ici, Shreya, Ehani et Rubina sont des légendes vivantes.

Dans les affaires de traite d'êtres humains, les poursuites judiciaires sont rares. Les nœuds sont compliqués à défaire et les femmes difficiles à localiser puisqu'elles sont fréquemment déplacées par des trafiquants qui ont, en général, des liens très influents au sein du monde politique et de leur communauté. La première fois que j'ai rencontré Shreya, Ehani et Rubina, elles venaient de s'échapper des maisons closes où elles étaient retenues prisonnières en Inde et vivaient dans un centre d'hébergement pour femmes plus âgées. Avec l'aide du personnel de Shakti, elles ont traîné en justice leur ravisseur et ont gagné leur procès.

Affronter un homme aussi riche et dangereux aurait pu signer leur arrêt de mort. C'est un risque qu'elles ont quand même pris. Leur feu a été la genèse de notre groupe. L'origine de son nom. Les « Courageous Girls » de la première heure. Celles que j'aurais aimé être. Shakti est une déesse hindoue respectée qui ne se conforme pas au concept traditionnel de la maternité, ce n'est pas simplement une figure douce et tendre. Selon ses besoins, elle peut devenir tour à tour mère, guerrière ou bulldozer.

La mission de Shakti Samuha, c'est de transformer les larmes en force.

C'était notre mission à toutes durant ce trek.

En entrant, nous sommes accueillies par Binsa, la secrétaire de direction.

– *Namasté*, nous accueille-t-elle en joignant les mains. Bienvenue.

Les six femmes qui l'accompagnent s'empressent d'entourer nos épaules de khatas, des étoles en soie jaune clair, et de déposer un peu de sindoor, la poudre rouge qui sert aux bindis, sur nos fronts. Offrir une khata est une tradition tibétaine de bienvenue – ou dans notre cas, un porte-bonheur pour le voyage à venir. Nous nous asseyons en cercle – une douzaine de femmes en tailleur sur des coussins de yoga. Après une ronde de joyeux *namasté*, Binsa nous souhaite la bienvenue en népalais, tandis que Shailee traduit en anglais.

– Shreya, Ehani et Rubina, nos trois sœurs de Shakti Samuha qui embarquent pour cette aventure particulière, sont plus jeunes que moi mais leur courage est une source d'inspiration pour moi.

Elles sourient et acquiescent toutes les trois en guise de merci.

– Nous sommes vraiment ravies que Silvia soit de retour, continue Binsa. Et nous souhaitons la bienvenue à nos deux nouvelles amies, Jimena et Lucy. Nous vous souhaitons le meilleur pour cette excursion et pour l'objectif que vous vous êtes fixé, j'espère que vous l'atteindrez.

Elle se tourne vers les filles du refuge en leur demandant si elles veulent bien se présenter.

Chacune son tour, elles nous disent leur nom et nous offrent un mot de soutien pour le voyage. J'en reconnais certaines de ma visite précédente. La plupart sont d'anciennes victimes de traite d'êtres humains qui aident désormais à gérer l'association. Ce sont des femmes qui ont réussi à renverser ce qui leur était arrivé. Qui ont compris que personne n'allait venir les sauver et qui ont décidé qu'il valait mieux se serrer les coudes. Je me demande combien de douleur j'aurais pu m'épargner si je m'étais trouvé un groupe comme celui-là plutôt que ces amis fêtards avides de pouvoir dont je m'étais entourée, ces enfants chéris des start-up qui cherchaient à fuir la réalité. Peut-être que j'aurais eu le courage de confronter mon passé plus tôt.

Les présentations se font de manière naturelle et informelle, et quelque chose dans cette simplicité semble apaiser Jimena et Lucy.

On a l'impression qu'elles sont dans leur élément.

– Merci de nous accueillir, dit Lucy. J'ai travaillé super dur pour arriver ici et je ne savais pas à quoi m'attendre, sincèrement. Mais maintenant que je suis là et que je découvre Katmandou, j'ai déjà l'impression d'avoir ouvert les yeux sur beaucoup de choses qui se passent en dehors des États-Unis.

Elle choisit chaque mot avec soin. Il y a une espèce de solennité à son discours. Une intentionnalité que je n'avais jamais vue chez elle auparavant.

Jimena acquiesce pour montrer qu'iel est d'accord, on voit à son expression qu'iel se concentre avant de prendre la parole. Quand son tour arrive, tous les regards se tournent vers ellui, des regards doux et encourageants.

– J'aimerais juste dire que c'est un honneur d'être ici avec vous parce que je vous *vois*. Je vous *vois*, vous comprenez ?

Sa main dessine un cercle pour insister sur la signification profonde du mot. *Vois*. Voir.

Jimena emploie toujours des mots simples, mais on a souvent l'impression qu'iel parle par métaphores. Iel déploie les mots et les décompose, les prononce, les étire et les entraîne bien plus loin que là où ils ont commencé. Je me demande ce que vont donner ses paroles une fois traduites en népalais. Je me demande si elles ont besoin de traduction à vrai dire. Jimena a un don pour vous faire ressentir ses mots.

– Honnêtement, mes émotions me dépassent un peu, continue-t-iel. Non parce que je suis dans un nouvel endroit, mais parce que je peux voir la sincérité dans vos yeux. Merci de nous accueillir et de nous rappeler que la sororité, ce n'est pas juste un mot en l'air. C'est une expérience vécue au quotidien. Nous l'oublions parfois aux États-Unis, mais ici je le vois partout où je regarde.

À San Francisco, Lucy et Jimena sont des activistes engagées. Lucy espère faire carrière dans le social, peut-être même la politique, pour défendre les immigrants et les sans-abri, tandis que Jimena veut continuer de construire la communauté latinx[21] queer. Durant tous ces mois d'entraînement que nous avons passés ensemble, j'ai remarqué que leur façon de parler réussissait quelque chose que la mienne ne savait pas faire. Le champ lexical de la construction faisait bien partie de mon langage quand j'étais enfant. Mais pour mon père, le mot *construire* signifiait amasser suffisamment de richesses pour s'édifier un château et en devenir le roi. J'ai été élevée pour prendre ma place de force dans la société, pour avancer comme un bulldozer, pour réussir du mieux possible, être la meilleure. Mais Jimena et Lucy, de leur côté, emploient le mot *construire* de façon communale. Construire, c'est parler et partager des expériences. C'est gagner la confiance de l'autre. Se servir des idées et du savoir des autres comme de briques pour bâtir quelque chose que l'on partagera et qui servira à toute la communauté.

Leurs mots sont plus une invitation qu'une déclaration.

Les femmes de Shakti n'ont pas besoin de traduction pour comprendre ce que Jimena essaie de leur dire. Elles lisent entre les lignes. Elles acquiescent, en l'enveloppant de leur regard doux. Je m'interroge sur le langage. Je me demande si ce que

21. Néologisme de genre neutre utilisé pour désigner les personnes originaires d'Amérique latine vivant aux États-Unis.

nous faisons ici ne concerne pas, finalement, moins *ce* qui nous est arrivé que *comment* ça nous est arrivé. Comment cela a métastasé l'intérieur de nous. Comment cela a « cancérisé » nos vies. Comment nous en avons réchappé. Comment nous continuons à lutter tous les jours.

– L'activisme n'est pas un slogan, dit Jimena en élevant la voix comme s'iel se tenait derrière un pupitre. C'est un acte quotidien. Dans chaque mot, dans chaque pensée. Être ici, avec vous, je n'aurais jamais cru ça possible.

Ses yeux se remplissent de larmes. Shailee lui caresse le bras avant de traduire d'une seule traite en népalais tout ce qu'iel vient de dire.

Avant de partir, je veux leur offrir quelque chose. Je sais que la plupart de ces femmes ne mettront jamais un pied sur l'Everest.

Avec l'aide de Shailee, je leur explique ce que j'aimerais faire.

– Voici ce que je vais emporter au sommet de Chomolungma, dis-je en montrant la khata jaune qu'elles nous ont offerte. Ce serait un honneur d'emporter une partie de vous toutes avec moi sur le toit du monde. Faites un vœu dans la khata et je le porterai à la mère Everest. Si tant est que j'arrive jusque là-bas moi-même !

Je me lève et m'arrête devant chaque fille pour la serrer dans mes bras tandis qu'elle ferme les yeux et murmure son vœu au creux de la khata jaune. Je replie le tissu à chaque fois pour capturer les souhaits.

– Silvia, tu as notre énergie à toutes derrière toi, elle te poussera vers le sommet, dit Binsa.

La première fois que j'ai raconté l'histoire de mon abus sexuel, je pensais que les choses s'arrêteraient là. Que c'était fini. Que je pouvais l'enterrer et passer à autre chose.

Fin de l'histoire.

Mais en regardant toutes ces femmes ici à Shakti, je me souviens que raconter ce qui m'est arrivé n'était que le début. La guérison est comme un circuit automobile. Il y a des obstacles, des faux départs, des arrêts et des redémarrages. Il y a dix ans, j'ai suivi une vision qui m'a menée jusqu'aux montagnes et j'ai promis de revenir. Mais entre-temps, j'ai croisé de nouveaux sommets, de nouvelles vallées, je me suis plusieurs fois perdue sur la route de mon engagement, sur celle de mon esprit aussi. Me battre pour moi-même n'a pas toujours été une raison suffisante pour continuer à avancer. Mais me battre pour les femmes du monde le sera peut-être. Me battre pour ces femmes ici le sera peut-être.

Juste avant d'aller me coucher, j'apprends que la météo pour le voyage de demain jusqu'à Lukla – le point de départ de notre excursion – n'est pas franchement réjouissante. Plusieurs vols ont été annulés. Un tic-tac étouffé se déclenche au fond de mon cerveau. Celui d'un compte à rebours. Pour que je puisse rejoindre mon équipe au camp de base à temps pour la cérémonie de la puja – une bénédiction de groupe obligatoire pour tous ceux qui tentent d'atteindre le sommet –, les filles et moi avons deux semaines pour arriver au bout de notre excursion. Pas un jour de plus. Ce soir, je prie et m'en remets à Dieu. En m'allongeant, j'essaie une fois encore de m'imprégner du confort de mon lit. J'en serai privée un bon moment. Mais au lieu de ça, je tourne dans tous les sens tandis qu'une angoisse familière monte en moi. Les choses sont en ordre, autant qu'elles peuvent l'être, j'essaie donc de me détendre, de dormir et de prier un peu.

Rien n'y fait. J'essaie de me convaincre que c'est juste l'angoisse du vol de demain.

Mais la vérité c'est que, pour moi, les lits ont toujours été un endroit compliqué.

Et qu'à chaque fois que je ferme les yeux, tout ce que je réussis à voir, ce sont les visages de ces gamines de dix ans contraintes de vivre dans un refuge.

*

* *

Quand on atterrit à Lukla, on n'a pas le droit à l'erreur. La piste d'atterrissage n'est pas plus grande qu'un terrain de football. Elle est nichée entre la montagne d'un côté et un ravin profond d'une centaine de mètres de l'autre. Toutes les excursions sur l'Everest commencent par ce vol. Ça fait partie des sensations fortes du voyage. Une initiation aérienne. Voler dans un coucou de dix places, au milieu du brouillard épais de l'Himalaya, assourdis par les bruits métalliques de la tôle comme si une vis pouvait sauter à n'importe quelle seconde… c'est un peu un avant-goût des turbulences physiques et émotionnelles qui nous attendent. Le vol dure une heure. Lucy est recroquevillée contre le hublot et serre l'ours porte-bonheur en peluche qu'elle a apporté de San Francisco, tandis que Jimena reste stoïque et mutique, les yeux mi-clos tout en surveillant tout ce qui se passe.

Jimena surveille toujours tout ce qui se passe.

Shreya, Ehani, Rubina et Asha ont dû rester à l'aéroport de Katmandou parce que l'avion était plein. La loi oblige les compagnies aériennes à vendre leurs billets à moitié prix aux Népalais mais, comme l'économie himalayenne dépend des touristes alpinistes, quand les vols sont pleins, les locaux sont les premiers à rester au sol. L'Everest est la Mère du monde, mais c'est également un business. Quand l'agent leur a annoncé qu'elles ne pourraient pas embarquer, j'étais prête à faire un scandale, mais Shailee a calmé le jeu et a insisté pour que nous partions devant.

– Elles prendront un vol cet après-midi, elles seront là après le déjeuner. Juste à temps pour démarrer l'excursion !

Une fois débarquées, nous récupérons nos sacs à dos et marchons les jambes encore tremblantes jusqu'au lodge le plus proche pour prendre le petit déjeuner et attendre les autres. Alors que nous montons les marches grinçantes qui y mènent, j'aperçois à travers la fenêtre un visage que je reconnaîtrais n'importe où dans le monde. *Quelles étaient les probabilités ?* Nous entrons et une odeur de soupe épicée aux lentilles et à l'ail embaume la pièce en lambris. Le fumet de la bouse de yak qui alimente le poêle au milieu nous enveloppe comme un câlin âcre. Je me secoue pour me défaire des derniers frissons du vol et marche droit vers les membres de l'équipe télé penchés au-dessus de leurs tasses de thé au gingembre.

– Je reviens tout de suite, dis-je à Shailee, Jimena et Lucy tandis qu'elles s'installent autour d'une table basse circulaire.

– Richard ! je m'exclame.

Richard Hidalgo est l'un des alpinistes les plus célèbres du Pérou. Il se lève pour me prendre dans ses bras, plante un *besito* sur chacune de mes joues.

– Est-ce que tu montes ? demande-t-il en tirant un tabouret de la table d'à côté. Tiens, assieds-toi.

– Oui, oui, dis-je en m'exécutant. Il est temps. Mon premier essai.

– Et tu as une équipe avec toi ?

– Pas une équipe comme la tienne, je ris en pointant les caméras du doigt.

Richard tente de gravir les quatorze plus hauts sommets du monde, tous dans l'Himalaya, sans apport d'oxygène, pour célébrer le bicentenaire de l'indépendance du Pérou qui aura lieu en 2021. Monter sans oxygène est dangereux, rares sont ceux qui s'y risquent. Notre pays est très fier des accomplissements de Richard, les Péruviens l'adorent, ils le considèrent comme un vrai dur à cuire, un héros national.

– Qui sont ces jeunes filles ? me demande-t-il.

– Une sororité, dis-je en souriant. Des femmes qui ont traversé beaucoup d'épreuves. Nous allons jusqu'au camp de base et ensuite, je rejoindrai le sommet.

– Maintenant ? s'étonne-t-il. Pour ton premier essai ? N'est-ce pas beaucoup en une seule fois ?

Ses yeux se plissent tandis qu'il me verse une tasse de thé d'un geste gracieux.

Je ne sais pas quoi dire.

Le voyage de Richard est sponsorisé. La plupart des expéditions de l'Everest le sont. Durant ces dix dernières années, j'ai gravi cinq des sept plus hauts sommets du monde sans aucune aide professionnelle. Et même si la communauté des alpinistes du Pérou m'a soutenue tout du long, on ne m'a jamais donné le moindre centime. En 1975, l'année de ma naissance, l'alpiniste japonaise Junko Tabei fut la première femme à gravir l'Everest. Je me rappelle avoir lu combien elle avait dû se battre pour financer ses expéditions. Les hommes du club d'alpinisme auquel elle s'était inscrite étaient convaincus qu'elle était là pour se trouver un mari. Il y a des femmes alpinistes, bien sûr, et partout dans le monde, mais la majorité des grimpeurs qui s'attaquent aux sommets de 8 000 mètres comme l'Everest sont encore très souvent des hommes blancs, riches et hétérosexuels. Il faut avoir les moyens nécessaires pour l'équipement et les guides, le temps suffisant pour s'entraîner et le soutien pour gérer le quotidien de sa famille en son absence, ce que peu de femmes peuvent se permettre, même de nos jours.

La montagne a beau couler dans mes veines, être alpiniste n'a rien à voir avec mon sang andin. Ceux qui dépensent des centaines de milliers de dollars pour atteindre le toit du monde ont en général plus envie de conquérir la montagne que de ne faire qu'un avec elle. Je ne m'attends pas à ce que Richard comprenne que, pour moi, gravir l'Everest signifie bien plus que devenir une légende nationale ou pouvoir me vanter. Avoir le Pérou pour pays d'origine m'a à la fois faite et détruite. Quand je l'ai quitté par désespoir, j'ai passé des années en fracture, à me chercher une identité dans un endroit qui ne me considérait que comme une immigrante, une étrangère. Je représente mon pays partout où je vais, mais j'ai plus qu'un drapeau dans mon sac. J'ai des photos, des photos très spéciales. Et désormais la khata jaune de Shakti Samuha.

Voilà ce que je laisserai tout en haut.

Certains sont attirés par la montagne pour la gloire, d'autres y sont poussés par le chagrin.

Il est déjà midi quand nous finissons notre petit déjeuner. Asha nous a envoyé un message pour nous dire que leur vol avait été encore une fois retardé. Nous devons commencer à marcher si nous voulons avoir une chance de coller au planning. Nous avons largement le temps, me dis-je. Shailee et moi avons mis au point un itinéraire qui tient compte de tous les imprévus éventuels. En partant maintenant, nous parcourrons les neuf kilomètres qui nous séparent de Phakding, notre première étape, en quatre heures environ.

Après avoir souhaité *¡Buena suerte*[22]*!* à Richard, nous nous mettons en route.

Nous descendons une vallée luxuriante, recouverte de pins et de ciguës, et trouvons progressivement notre rythme sur le sentier de terre qui zigzague. À chaque tintement de cloche de vache, nous nous écartons pour laisser passer les yaks, chargés de sacs remplis de provisions. Ici, le bétail est maître du chemin.

– *Namasté*, nous lancent les porteurs tandis qu'ils se pressent, d'énormes paquets posés sur leur tête, le corps penché dans l'inclinaison du sentier.

Je crois qu'ils nous enseignent quelque chose. Il faut se pencher dans la difficulté pour s'équilibrer.

Une fois au fond de la vallée, nous nous retrouvons face à une série de ponts suspendus branlants et traversons la vibrante Dudh Kosi, la « rivière de lait », qui tient son nom de ses eaux laiteuses.

Je laisse Jimena et Shailee marcher en tête. Jimena traverse le pont en avançant d'un pas tremblant le long des échelons en bois. Iel agrippe la rampe en corde des deux mains. Des drapeaux à prières aux couleurs bigarrées flottent au vent, comme pour nous encourager. Nous avons démarré il y a une heure à peine mais Lucy traîne déjà la patte, essoufflée. Je recule jusqu'à elle pour lui demander comment elle va.

– Je suis épuisée, dit-elle en clignant des yeux. Déjà. Je ne vais pas y arriver.

Je me mords la langue. Lors de notre dernière semaine d'entraînement, Lucy est arrivée à notre dernier trek avec la gueule de bois. Elle a tenté de nier, mais si quelqu'un s'y connaît en gueule de bois, c'est bien moi. Nous avons travaillé notre renforcement musculaire pendant des mois. Lucy s'est vraiment donné du mal. Durant les quatre dernières semaines, je leur ai imposé un régime alimentaire strict qui incluait de boire au

22. Bonne chance !

moins trois litres d'eau par jour et interdisait la moindre goutte d'alcool. Je leur avais expliqué que c'était pour aider leur corps à se préparer à marcher en altitude. Une chose pour laquelle il est quasiment impossible de se préparer.

Je l'ai prévenue que faire la fête la ralentirait. Désormais, je dois résister à mon envie instinctive de la punir. De lui demander pourquoi elle n'a pas été capable d'éviter les boîtes de nuit pendant deux semaines – une question, pour être honnête, que je me suis posée moi-même de nombreuses fois.

– Tiens, dis-je en prenant son sac et en le glissant sur mon ventre. Ne pense pas à la distance qu'il reste. Contente-toi d'avancer, un pas après l'autre.

Durant l'heure qui suit, chaque pas est une lutte. Jimena ralentit pour rester avec nous et nous nous écartons constamment du chemin pour laisser passer les autres marcheurs et les locaux. Des enfants en shorts dépenaillés nous dépassent eux aussi. C'est une des étapes les plus faciles de l'excursion. Une entrée en matière en douceur avant les dix jours bien plus rudes qui nous attendent. Mais si Lucy n'arrive même pas à faire ça, comment va-t-elle survivre à l'Himalaya où la saturation en oxygène s'effondre ?

– T'as besoin de t'arrêter un peu ? demande Jimena.

– Non, répond Lucy.

Je sais qu'elle ne renoncera jamais.

La première fois que je leur ai parlé de ce voyage, elles m'ont toutes lancé un regard méfiant. On était en 2015 et mon idée de marcher jusqu'au camp de base de l'Everest avec les Courageous Girls était déjà en marche. Shreya, Rubina et Ehani étaient partantes, mais je voulais également emmener des filles des États-Unis. Un jour, durant ma pause-déjeuner, j'ai donc quitté mon bureau d'eBay à San Francisco pour rejoindre un petit centre associatif pour femmes à l'angle de Folsom et de la 4e rue. J'ai discuté de traumatisme et d'alpinisme avec un groupe de six filles. De comment gravir des montagnes avait changé ma vie. Elles étaient jeunes, encore adolescentes pour la plupart. Les plus âgées avaient à peine vingt ans. Je me souviens de la douleur que je ressentais à leur âge et de n'avoir aucun endroit où la déverser. Ces filles tentaient de reconstruire leur vie. Certaines avaient fui des foyers abusifs – et certaines avaient été forcées de vivre dans la rue. Je leur ai dit que si elles étaient prêtes à vraiment s'engager et à s'entraîner avec moi pendant trois mois, je les emmènerais gravir le mont Everest jusqu'au camp de base en m'assurant que leur voyage soit entièrement défrayé.

Elles m'ont dévisagée avec des yeux de femmes pour qui rien n'avait jamais été gratuit.

– Le mont Everest, genre au Népal ? est intervenue l'une d'entre elles.

– Oui, ai-je dit.

– Non, mais c'est où le Népal de toute façon ? a demandé une autre.

– C'est en Asie, a répondu une fille qui n'avait presque rien dit jusqu'ici.

– Et on ira en avion ? a crié une autre encore.

– Oui.

– Prendre l'avion pour aller au Népal ? Sérieux ? Un avion ?

– Oui.

– Donc si on s'entraîne tous les week-ends, a demandé une autre, vous nous paierez un billet d'avion pour le Népal et nous guiderez jusqu'au pied de la montagne ?

Les filles m'ont fixée, elles attendaient l'arnaque. Dans la vie, il y avait toujours une arnaque. D'après leur expérience, les gens ne donnaient jamais rien. Ils se contentaient de prendre. Je comprenais leur méfiance.

– Oui, c'est la promesse que je vous fais.

– Une promesse ? Ha ha ha ! s'est mise à rire de colère la fille qui ne parlait pas beaucoup. Elle raconte vraiment que des conneries, celle-là.

Elle s'est levée et a quitté la pièce.

Je ne lui en ai pas voulu. À San Francisco, j'avais rencontré tout un tas de Blancs qui avaient plein de « projets » pour sauver les jeunes femmes marginalisées. Surtout les femmes de couleur.

Des projets qui ne voyaient que rarement le jour et faisaient souvent plus de mal que de bien. Une promesse a beaucoup plus d'importance quand on n'a rien à perdre. Mais moi, je n'étais le sauveur blanc de personne. J'avais simplement un message pour ces filles, un message que j'avais bien l'intention de leur délivrer, un message de la montagne – aussi absurde que ça en ait l'air. Je voulais qu'elles ressentent ce que j'avais ressenti moi dans les montagnes. Qu'elles découvrent quelque chose de plus grand qu'elles. Qu'elles se comprennent elles-mêmes comme j'avais commencé à le faire moi – à comprendre que je ne me résumais pas à ce qui m'était arrivé, loin de là.

– L'entraînement commence la semaine prochaine, ai-je continué avec enthousiasme.

Trois autres filles sont sorties. Jimena et Lucy sont les seules à être restées. Quelque chose en elles avait la foi. Elles avaient traversé des épreuves similaires. Elles avaient toutes les deux fui leurs foyers et atterri dans les rues de San Francisco.

Jimena avait réussi à s'inscrire à l'université de San Francisco. Iel rêvait d'écriture et de défendre les sans-abri. Queer d'origine américaine et colombienne, ayant vu le jour aux États-Unis, Jimena avec sa peau mate et ses yeux scintillants m'a expliqué qu'iel adorait la nature, qu'iel avait souffert de dépression et qu'iel avait vécu dans la rue. Iel n'avait jamais quitté les États-Unis. Aller en Asie, ce serait un rêve a-t-iel dit.

Dès le premier jour, Jimena était à fond dans l'entraînement. Iel n'a jamais flanché.

Lucy était tout aussi enthousiaste et avait une énergie aussi solaire que contagieuse. Comme moi, c'était une immigrée. Elle venait de Guadalajara, au Mexique. En tant qu'aînée de sa fratrie, elle voulait être un modèle pour le reste de sa famille. Elle suivait plusieurs cours à l'université du coin, apprenait à coder et rêvait de fonder sa propre entreprise. Il y avait une flamme dans ses yeux et j'y ai immédiatement vu mon reflet. Elle était têtue, une vraie guerrière, pour le meilleur comme pour le pire.

Les immigrés sont souvent des personnalités de type T. Nous prenons un énorme risque qui altère le cours de notre vie et celle des générations qui suivront. Qu'on veuille échapper à quelque chose ou qu'on coure après autre chose, il faut vraiment des *cojones* pour laisser sa terre natale derrière soi et repartir de zéro. Et qu'on le fasse par espoir ou par peur – qu'il s'agisse d'une occasion ou d'un asile –, on emporte toujours, toujours, son pays avec soi.

J'ai quitté la réunion très enthousiaste.

Mais je comprends désormais que nous ne nous sommes peut-être pas suffisamment entraînées. Je sais que Shreya, Ehani et Rubina y arriveront. Durant l'année passée, elles ont scrupuleusement suivi le régime que je leur ai envoyé pour renforcer leur immunité et développer leur masse musculaire. Quand je les ai connues, leurs jambes ressemblaient à des haricots verts, mais désormais elles sont fermes et musclées. Celles de Jimena et Lucy, nettement moins.

J'essaie de me rappeler que, dans la vie, nous relevons parfois des défis pour lesquels nous ne sommes pas préparés. Et que ces moments-là constituent eux aussi des leçons importantes. Que même si nous ne réussissons pas, les filles seront quand même galvanisées par leur propre force. J'essaie de me convaincre que ça suffit. Mais secrètement, j'en veux plus. Je veux qu'on y arrive. On peut y arriver, c'est le message que je veux leur transmettre. On peut réussir tout ce qu'on entreprend. Surtout des femmes comme nous – des femmes qui n'ont eu que leur instinct de survie pour se construire. C'est cela que je veux qu'elles comprennent finalement.

Elles sont toutes les deux épuisées désormais et traînent la patte.

Nous n'atteignons pas Phakding. Au bout de quatre heures, nous nous arrêtons à Ghat pour la nuit ; nous ne sommes donc même pas à mi-chemin du point de repos où nous sommes censées attendre le reste de l'équipe. Je n'avais pas envisagé une seconde que nous n'atteindrions pas la première étape. De la même façon que, pendant des mois, j'ai été si consumée par les préparatifs avec les filles que mon angoisse de ne pas réussir à gagner le sommet ensuite est restée en sourdine.

Mais soudain, elle tambourine contre ma poitrine et engourdit mes membres. Pourquoi n'ai-je pas validé mon panier pour acheter ce pantalon ? J'ai géré les vols, l'équipement, les guides, les mois d'entraînement, tout ça pour cinq randonneuses novices, dont deux n'avaient jamais mis un pied en dehors de l'Amérique du Nord. Mais comme par hasard, j'ai oublié un élément d'équipement essentiel pour parvenir au sommet de l'Everest, un objectif auquel je travaille depuis plus de dix ans ? Comment puis-je assurer la sécurité de ces filles si je n'arrive même pas à me souvenir de prendre mon putain de pantalon ?

La vérité, c'est que j'ai eu beau idéaliser ce voyage, je n'ai pas une seconde réussi à me voir *moi* en train d'atteindre le sommet.

Ce n'est pas d'avoir oublié mon pantalon d'alpinisme qui me fait paniquer.

C'est l'idée que je l'ai peut-être oublié parce que je pensais ne pas en avoir besoin.

– 4 –

LA PROIE DU DIMANCHE

Le dimanche, mon père se levait à 7 heures pour arroser ses fleurs. Dans l'allée du jardin, il y avait un timbre en pierre contenant une demi-douzaine de rosiers aux fleurs ivoire, jaunes, et rose pâle – son bien le plus précieux. Mais on ne peut pas vraiment dire qu'il s'abîmait les mains à s'en occuper. Quand il s'agissait de ses roses, il s'époumonait à distance, en indiquant précisément à Sandra comment les couper. Pour lui, ces fleurs étaient de simples objets de plaisir, et non des êtres vivants dont il aurait dû s'occuper avec soin et à la sueur de son front.

Quoi qu'il en soit, il semblait les aimer autant qu'il nous aimait nous – voire plus.

Un jour, Miguel et moi jouions au *fulbito* avec le ballon en cuir qu'il avait reçu pour son huitième anniversaire. J'avais besoin de me dégourdir les jambes. J'ai toujours adoré la sensation que me procurent mes jambes quand elles bougent. Notre allée en béton faisait office de stade à ciel ouvert, et les fissures dans le sol marquaient les limites de notre terrain de fortune. Lors d'une énième action, j'ai esquivé la tentative de tacle de Miguel, foncé vers les cages, balancé ma jambe en arrière pour prendre de l'élan et frappé la balle de toutes mes forces. Celle-ci est allée s'écraser en plein dans les rosiers et a cassé la tige d'une fleur jaune.

– *¡Carajo, mierda!* a crié mon père depuis l'étage.

Il faisait la sieste dans la salle de télé et avait décidé de jeter un coup d'œil pour nous surveiller précisément à cet instant. Mes oreilles se sont mises à siffler et j'ai couru vers le rosier pour tenter de réparer les dégâts que j'avais causés.

– *Imbéciles*, a-t-il hurlé. *¡Pedasos de mierda!* Imbéciles. Espèces de merde.

Ses pas lourds ont résonné comme un glas.

Miguel a ramassé le ballon tandis que j'essayais de redresser la fleur, mais elle ne tenait plus que par un filament minuscule. *Peut-être qu'elle va guérir. Peut-être que ce n'est pas si terrible*, ai-je pensé, tandis que mon père surgissait dans la cour, sa plus belle ceinture à la main. Une ceinture que je connaissais bien. Noire et élégante, façonnée par Pedro P. Diaz lui-même, le meilleur tanneur de Lima. Mon père s'en servait à chaque fois qu'il nous fouettait. Il avait de l'ambition, même dans ses corrections. Ses traits généralement impassibles étaient contractés et rouges de colère, ses sourcils broussailleux plus froncés que jamais. Que je sois en train d'essayer de réparer mon erreur n'avait aucune importance à ses yeux. Il n'a pas demandé ce qui s'était passé, n'a pas attendu mon explication, avant de faire claquer le cuir épais contre mes jambes nues. Une fois, deux fois, trois fois, la morsure violente du cuir contre mes cuisses et mes mollets.

La douleur était paralysante.

– Papa non, s'il te plaît. Aïïïïïe ! NON.

Ce n'était pas la première fois quc je disais non et qu'il n'arrêtait pas.

Le mot « non » n'avait aucune valeur pour lui.

Quand il s'est arrêté pour reprendre son souffle, j'ai couru me réfugier dans la maison et ai grimpé les escaliers quatre à quatre, mais il m'a rattrapée à mi-chemin. Une autre volée de coups de ceinture. Des explosions en rafale, jusqu'à ce que, hors d'haleine, il balance enfin la ceinture par terre et rejoigne sa chambrc, en criant derrière lui :

– *¡Vete a tu cuarto, pedazo de mierda!* Va dans ta chambre, espèce de merde !

Espèce de merde. *Pedazo de mierda.* C'était vraiment une de ses insultes préférées. Elle roulait si facilement sur sa langue. À chaque fois qu'il la prononçait je m'imaginais tout entière faite de merde. À partir de là, il ne m'aimait plus pendant un moment. Il ne m'aimait jamais après m'avoir frappée. J'ai rejoint ma chambre tant bien que mal, honteuse de l'avoir déçu encore une fois et j'ai regardé mes jambes. Mes jambes rapides et légères, mes petites jambes toutes maigres, criblées de marques rouge écarlate et de petits points de sang sous la surface de la peau.

L'endroit où on est le plus en sécurité, c'est à la maison, disait toujours Mamita. Notre forteresse, notre bouclier. C'étaient les gens dehors qui étaient une menace. « Fais attention. Ne parle pas aux inconnus ! », me grondait-elle tout le temps. Les inconnus, c'étaient eux qui nous faisaient du mal. Le Sendero Luminoso avait envahi Lima. Des voitures explosaient dans les rues. Les kidnappings contre rançon, ou les menaces de kidnapping, étaient notre lot de terreur quotidien. Dans les Andes, les guérilleros avaient saisi des terres appartenant à des particuliers et les avaient déclarées communales. Le village de mon père, Santa Cruz de Chuca, était assiégé depuis un coup d'État et le petit terrain qu'il possédait avec son frère avait été saisi. Il recevait des coups de téléphone cryptiques et menaçants pour lui dire de rester à l'écart. Ils disaient qu'ils le tueraient s'il venait réclamer sa terre. Un jour, c'est moi qui ai décroché.

– Nous te surveillons, a dit une voix rauque et masculine. Fais bien attention au petit bébé.

On était en 1983 et mon petit frère Eduardo venait tout juste de naître.

Je suis restée figée sur place, agrippée au combiné, à écouter le bip de la ligne coupée. Peu importe ce qu'affirmait Mama – que notre maison était une forteresse qui nous protégerait –, je ne me sentais en sécurité ni à l'intérieur de chez moi ni à l'extérieur. Le riz n'était pas assez salé ? On faisait trop de bruit en jouant ? On avait abîmé les roses de mon père ? Les coups de ceinture pleuvaient pour un rien. Segundo tentait en permanence de donner tort à son nom. S'il ne pouvait pas être le premier ailleurs, eh bien il régnerait au moins en maître sur son petit royaume, chez lui. J'ai fini par comprendre que la clé de mon bonheur, c'était de faire exactement ce qu'il disait. Ma survie dépendait de mon respect des règles. Donc quand J fermait la porte et me faisait signe de me taire en m'assurant qu'il ne faisait que suivre les ordres de Segundo, je savais exactement ce qu'il voulait dire.

*
* *

J'étais dehors dans le jardin à chercher des insectes. Mes parents m'avaient donné un microscope et je voulais examiner des cloportes. J'adorais la façon dont ils se recroquevillaient en boule dès qu'on les touchait. Je voulais voir de plus près comment ils se protégeaient.

J'ai entendu le sifflement suave de J planer au-dessus de ma tête et j'ai levé les yeux, en les protégeant avec ma main du soleil blanc et cotonneux. Il m'a fait un signe depuis le balcon du premier étage.

– *¿Que estás haciendo*[23]*?*

– Je creuse à la recherche d'un *chanchito* ! ai-je crié.

– Oh, quelle petite fille adorable.

– Oui, ai-je acquiescé fière de moi. Oui, c'est vrai.

J'ai gloussé à son compliment. Peut-être que mon père lui avait dit de dire ça. Peut-être qu'il avait envoyé J pour me dire ce que lui n'arrivait pas à me dire. Qu'il était fier de moi. Que j'étais une adorable petite fille. Peut-être que c'était sa façon à lui de m'aimer.

– Viens donc ici, a crié J.

J'ai posé le piège à insectes en carton que j'avais fabriqué et ai couru jusqu'au premier étage où J nettoyait la chambre de mes parents, une pièce dans laquelle je n'avais pas le droit d'entrer à moins que Mama m'y ait invitée, ce qu'elle faisait uniquement quand mon père n'était pas là. Je mourais d'envie d'en explorer l'intérieur.

---

23. Que fais-tu ?

– *Sientate acá*[24], a dit J en tapotant le matelas.

Je me suis exécutée.

Il a verrouillé la porte et s'est approché de moi puis a glissé les mains sous mes aisselles et m'a allongée en diagonale sur le lit avant de commencer à m'embrasser doucement sur la bouche. Il n'y avait que les amoureux qui s'embrassaient comme ça. Les maris et femmes à la télé, les couples à l'église, mes parents durant leurs rares moments de tendresse. Je l'ai observé, immobile et silencieuse, baisser mon pantalon et ma culotte à fleurs roses, son index posé sur ses lèvres. Puis il s'est agenouillé et a embrassé mon corps en ligne verticale jusqu'à atteindre mes parties intimes. Sa moustache était luisante et râpeuse sur ma peau douce et imberbe. Puis j'ai senti quelque chose de plus doux, de plus humide, presque mouillé, s'agiter contre moi. Il a placé mes deux mains au sommet de sa tête. Ses cheveux étaient noirs et volumineux. Mes yeux se sont écarquillés un peu plus tandis qu'une pulsation crépitante a fait trembler le bas de mon corps.

J a jeté un coup d'œil dans ma direction, la bouche grande ouverte, la langue sortie. Puis il a replongé entre mes jambes. La sensation n'était pas douloureuse. Cette chose que mes parents lui avaient ordonné de me faire a envoyé une sorte de courant à travers mon torse. Des explosions d'étincelles. Des chatouilles électriques dansaient dans mon ventre, le long de mes jambes et à l'intérieur de mes cuisses. Ma respiration s'est accélérée et ma tête s'est mise à danser de façon désorientée. Je ne savais pas si c'était ça l'amour, mais J semblait si content.

– Ne t'inquiète pas, a-t-il dit. Tes parents sont au courant. Ils m'ont dit de le faire. Ne t'inquiète pas, a-t-il répété comme un mantra en se relevant, en défaisant sa braguette et en sortant son pénis de son slip blanc.

*

* *

24. Assieds-toi là.

J'étais en CM1. Mon professeur de catéchisme nous a dit que c'était l'année la plus importante de nos jeunes vies. Nous venions d'atteindre « l'âge de raison », l'âge auquel l'Église catholique considérait que nous étions suffisamment grands pour comprendre que l'eucharistie n'était pas un simple morceau de pain azyme qui fondait dans la bouche, mais le corps de Jésus-Christ lui-même. C'était l'âge de la maturité morale. L'âge auquel nous étions en mesure de distinguer le bien du mal. Ce qui signifiait que nous étions désormais également capables officiellement de pécher. Nous suivions une heure de catéchisme tous les jours à l'école afin de préparer notre première communion. Nous apprenions les dix commandements. Je les récitais tous les jours, bien déterminée à être la première à les connaître par cœur. J'attendais depuis des années qu'on me donne un recueil de règles moins incohérentes que celles que m'imposait mon père. Au moins, ce que Dieu attendait de moi était clair et net :

Premier commandement : Tu n'auras pas d'autres dieux que moi.

Deuxième commandement : Tu ne prononceras pas le nom de Dieu en vain.

La communion était l'un des sept sacrements, l'une des sept étapes requises, dans la vie d'un bon catholique : le baptême, la communion, la pénitence, la confirmation, l'extrême-onction, les ordres et le mariage. Bien évidemment, les ordres ne concernent que les hommes. Afin d'être suffisamment purs pour recevoir la communion, nous devions d'abord admettre nos péchés et être pardonnés. Père Selestino, le prêtre, avait affirmé que demander pardon était une formalité toute simple, mais plus j'en apprenais sur Dieu, moins il me semblait probable qu'il pardonne facilement. Chaque année, durant la semaine sainte, *Les Dix Commandements* avec Charlton Heston passait à la télé, une saga de quatre heures qu'on divisait en deux soirées consécutives. Au Pérou, Charlton Heston était une star. Les gens vénéraient sa solennité, sa piété et ses muscles.

Cette année-là, nous nous sommes donc retrouvés devant la télé en famille. Coincée sur le canapé entre mes deux parents avec Miguel à mes pieds et bébé Eduardo dans les bras de ma mère, j'ai regardé Heston devenir Moïse. Mon père sirotait son whisky en grognant et en dénigrant tous mes passages préférés. *Ne t'inquiète pas*, ai-je murmuré à Eduardo en lui caressant la tête. Ses cheveux fins et clairsemés étaient comme du velours sous mes doigts. *Je ne le laisserai jamais te faire du mal.* Et alors que Moïse s'agenouillait devant le Buisson ardent, la voix de baryton de Dieu lui a ordonné de guider les Juifs hors d'Égypte.

« Comment arracherai-je mes frères à la servitude ? a demandé Moïse. Quels mots devrai-je prononcer pour qu'ils me suivent ?

– Je t'apprendrai, a répondu la voix de Dieu. Je te montrerai le chemin. »

Moïse a fait tout ce que Dieu lui a demandé de faire, mais après avoir guidé son peuple pendant quarante ans, il a commis une terrible erreur en tapant son bâton sur le rocher et en prétendant que c'était son propre pouvoir qui avait tiré l'eau de la pierre. Pour cette arrogance, Dieu l'a banni de la Terre sainte. Pour toujours.

– Mais pourquoi ? Mama ? Pourquoi Dieu l'a-t-il trahi ? ai-je demandé en tirant sur la chemise de ma mère.

Elle m'a fait signe de me taire et a continué à bercer Eduardo pour qu'il s'endorme.

Moi, Dieu ne me semblait pas du tout clément.

Mon école était petite. Quarante enfants par classe. Cent soixante par promotion. Du CP jusqu'au lycée, tous les élèves partageaient le même campus. Durant la préparation de la communion, les parents devaient assister à des réunions de catéchisme hebdomadaires.

– J'espère que vous en profiterez pour revoir certains principes, a dit le prêtre en divisant les parents en petits groupes. Ce week-end quand vous irez à l'église en famille, vous pourrez parler de ce que nous apprenons ici.

Mes parents connaissaient tout le monde mais n'étaient proches de personne. Nous vivions à l'autre bout de la ville, et à chaque fois que l'école organisait des matchs de football ou des barbecues, mon père partait avant tout le monde ou s'asseyait à l'écart tandis que les autres papas, encore souples et la tête pleine de cheveux, montraient à leurs enfants comment frapper dans une balle et dribbler. Mama, elle, semblait impatiente de passer du temps avec les autres mamans. Le jour de mon anniversaire, elle achetait toujours des Sublime, les chocolats préférés des Péruviens, pour que j'en apporte à l'école. Elle essayait d'inviter d'autres enfants à venir jouer chez nous, sans grand succès.

Quand ça a été son tour d'organiser la réunion de catéchisme, elle a sorti la nappe des grandes occasions et a veillé à ce que la maison soit impeccable.

– Et on se tient à carreau ! m'a-t-elle avertie avant l'arrivée des invités.

– Oui, Mama.

Puis, mon père et elle sont allés accueillir les familles sur le perron, de façon très formelle. Et pendant que les enfants jouaient dans le jardin, les adultes ont eu droit au tour du propriétaire.

– Les architectes ont utilisé du cerisier, a expliqué mon père. C'est le meilleur des bois, il dure des générations. C'est un très bon investissement. Et cet angle ici a été calculé pour laisser entrer un maximum de lumière.

Il a formé un cadre avec ses doigts pour souligner la géométrie de la maison tandis que les autres parents acquiesçaient.

Je n'avais jamais vu mon père comme ça. L'accueil formel sur le perron. L'étrange visite des lieux.

À côté de moi, les parents de Gisela se murmuraient des mots à l'oreille. Son père a caressé les cheveux de sa mère et l'a embrassée tendrement sur la joue. Une vague d'espoir m'a envahie. Peut-être que tout ça allait rapprocher ma famille. Peut-être que tout ce dont mes parents avaient besoin c'était de retrouver le chemin d'une vie pieuse et heureuse. D'une vie d'amour. Peut-être que nous pouvions devenir une de ces familles-là.

Les adultes sont allés au salon pour manger et boire et j'ai rejoint les enfants dehors pour jouer au *fulbito*.

– Faites attention aux rosiers ! ai-je crié en leur faisant signe de s'écarter des fleurs.

Plus tard, alors que les couples s'éloignaient main dans la main, j'ai imaginé mes parents prendre une part plus active au sein de notre église. J'ai vu mon père prendre la parole à des galas de bienfaisance ou en train de plaisanter avec le prêtre. Moi, je m'inscrirais à la chorale et j'apprendrais à jouer de la guitare.

Nous avons commencé à aller à la messe du dimanche tous ensemble. Assise sur les bancs en bois dur, à écouter le sermon, je repensais à Dieu et à Moïse. Quand Moïse est descendu de la montagne, c'était un homme transformé. Le voir rabougri, commandements à la main, m'avait redonné espoir : même mon père pouvait changer.

Mais après avoir suivi les cours de catéchisme pendant trois semaines, mon père a renoncé. Quand ma mère a insisté, il s'est énervé :

– *¿Por que voy a ir a esa mierda? ¡Anda tú sola, diles que tenía que trabajar!* Mais qu'est-ce que je vais aller foutre là-bas ? Vas-y seule et dis-leur que j'avais du travail.

Et du jour au lendemain, nous avons cessé d'aller à la messe en famille. Mon père continuait de s'occuper de ses roses à distance et moi je dévorais les commandements en essayant de compter mes péchés pour me préparer à la confession. J'avais constamment peur de mal faire, à la maison, à l'école et à l'église. Une angoisse qui me rongeait, en classe comme dans mes rêves.

*

* *

Les affaires de mon père ont prospéré et il a fait construire un appartement au deuxième étage de notre maison à côté de l'*azotea*. Miguel, Eduardo et moi y habiterions avec nos familles un jour, avait-il dit. En attendant, l'endroit était vide et sans meuble, à l'exception de la chambre près de la porte d'entrée où on avait parqué un lit double et une table de nuit toute simple en bois près de la fenêtre. Des rideaux en laine épaisse pendaient d'une tringle en fer avec des petits crochets pas plus grands qu'un ongle. On ouvrait les rideaux avec une corde et je me souviens du crissement des crochets contre le métal quand J les fermait pour empêcher le soleil d'entrer, en laissant juste un filet ouvert afin de pouvoir garder un œil sur l'allée du garage.

Je ne me souviens pas de la première fois où J m'a emmenée au deuxième étage – mais ça n'a pas d'importance parce que toutes les fois se ressemblaient. Chaque fois était comme la précédente, on recommençait juste de zéro. Dès que Mamita partait faire des courses, il me faisait signe de le suivre dans les escaliers jusqu'à la chambre du nouvel appartement. Je devais m'allonger sur le lit, dans mon uniforme, avec mes chaussettes qui me grattaient les genoux, et lui allait se planter dans le coin opposé de la pièce, dos à moi. J'entendais d'abord les dents métalliques de sa fermeture Éclair puis voyais le mouvement rythmé de ses omoplates. Quand il se retournait pour me jeter un coup d'œil, je voyais bien qu'il tenait son pénis dans sa main pour le caresser. Il ne me regardait jamais dans les yeux, il se contentait de scanner mon corps immobile comme s'il y cherchait quelque chose.

Comme s'il attendait que je réagisse.

Puis il s'approchait de moi tout doucement. Son corps longiligne projetait une ombre sur mon visage tandis qu'il s'agenouillait au bord du lit. Des effluves métalliques et huileux de cire rouge émanaient de sa chemise. « Soulève tes fesses », me disait-il. Je levais mon pelvis et la tête me tournait. D'un geste sec, il tirait ma culotte jusqu'à mes chevilles. J ne me déshabillait jamais complètement. Il se contentait de relever ma jupe et gardait son pantalon sur ses genoux afin de pouvoir se rhabiller rapidement si mes parents débarquaient. Mon père garait sa coccinelle Volkswagen dans la rue, et il lui arrivait de repasser en coup de vent à la maison récupérer quelque chose qu'il avait oublié. Il se déplaçait sans bruit, d'un pas majestueux. Je l'imaginais en train de fouiller son bureau en bas, en me demandant s'il savait où j'étais.

Il ne m'appelait jamais.

Ma mère conduisait une Impala, un tank qui prenait bien trop de place dans la rue. Elle la garait toujours dans l'allée du jardin. Le portail de la maison était manuel et elle devait donc descendre de voiture pour l'ouvrir, rentrer le véhicule et redescendre pour le fermer. Celui-ci était décoré comme l'entrée d'un château, en bois avec des finitions métalliques et des rivets. Il frottait bruyamment le béton du sol quand on le déplaçait, comme pour prévenir qu'il fallait s'arrêter. Peut-être que ça plaisait à J. D'être à deux doigts de se faire surprendre. Peut-être que, pour lui, ça faisait partie de l'excitation. Voir jusqu'où il pouvait aller. Faire le pari de gagner un peu plus. Un peu plus de temps. Un peu plus de mon corps.

À l'école, les petites filles passaient la récréation à discuter en gloussant de l'avenir qu'on nous faisait miroiter. Nous allions nous marier et avoir beaucoup d'enfants. Nous allions trouver notre prince, ou plutôt lui nous trouverait. Comme la Belle au bois dormant, un baiser et enfin nous pourrions nous réveiller. J faisait ce que j'avais seulement vu les adultes faire. La partie de mon cerveau qui essayait de donner un sens à tout ça a donc décidé que j'étais probablement une adulte. Une adulte mariée.

Personne ne m'avait jamais raconté comment mes parents s'étaient connus. Mais en regardant le pénis de J se durcir et se dresser à la parallèle du lit, je me demandais si leur histoire ressemblait à ça. Mon père était bien plus vieux que Mamita. Est-ce qu'ils s'étaient connus comme ça eux aussi ?

J m'attrapait par les chevilles, me tirait jusqu'au pied du lit et s'allongeait délicatement sur moi. Avec sa main libre, il me faisait signe, encore une fois, de me taire. Puisque mes parents lui avaient donné l'ordre de m'embrasser, les baisers de J devaient signifier qu'il allait devenir mon prince. J'allais me marier dans une robe étincelante et J dans un costume bleu.

Les princes les plus beaux portaient toujours des costumes bleus.

Mon prince bleu.

Il accélérait le mouvement de son corps contre le mien. Encore une fois, cette sensation de chatouille électrique. Ma respiration qui s'accélérait. Je sortais de moi et laissais mon corps vivre sa vie en observant la scène depuis l'extérieur. Le corps lourd, J s'écrasait un peu plus contre moi et je sentais une pression sur mes parties intimes. Puis une douleur aiguë et je ravalais un cri en essayant de rester calme. Il s'arrêtait, frissonnait quelques secondes en grognant. Un liquide qui ressemblait à de la morve coulait le long de ma jambe et à l'intérieur de ma jupe. J l'essuyait avec le torchon qu'il gardait dans sa poche arrière.

Un jour, c'est à cet instant précis que j'ai entendu la porte d'entrée s'ouvrir, deux étages plus bas. Au claquement chirurgical des mocassins contre le parquet vernis, j'ai compris que c'était mon père.

J s'est empressé de me remettre ma culotte et j'ai senti les restes du liquide froid et dégoulinant collé à ma peau. « Chut, chut » a-t-il chanté.

– Chut, chut, a-t-il chanté. *Anda, sigue jugando.* Retourne jouer.

Mon père est allé directement dans son bureau et a claqué la porte derrière lui, comme d'habitude. Les fenêtres de la maison se sont mises à trembler. J'ai eu envie de courir le rejoindre et de tout lui raconter pour qu'il soit content, lui dire que J suivait ses ordres à la lettre. Que nous le faisions tous les deux. Je voulais lui raconter le chatouillement électrique. L'étrange liquide collant. Je voulais qu'il soit fier de moi, j'obéissais si bien. Mais il était enfermé dans son bureau. Et personne n'avait le droit de déranger Segundo dans son bureau.

*
* *

Quand mes parents ont cessé d'aller à la messe, j'ai continué à y aller seule le dimanche matin, à pied. À l'église, on devait se plier aux ordres, ce que je trouvais incroyablement apaisant. Se lever, s'asseoir, s'agenouiller, debout, assise, à genoux, debout, assise, à genoux. Je voulais être obéissante et pensais que la messe ferait peut-être de moi la fille que mon père aimerait avoir. Peut-être que notre famille aurait alors une chance d'être heureuse.

Je profitais du trajet à l'ombre pour donner des coups de pied dans les feuilles rouges des flamboyants qui bordaient ma rue, Domingo de la Presa, *la proie du dimanche*. J'avais beau toujours regarder des deux côtés, je n'étais pas vraiment concentrée quand je traversais l'allée jusqu'au Parque Mariano Santos, l'un des magnifiques parcs qui fleurissaient notre quartier de Lima. Les palmiers dansaient au gré du vent derrière des haies parfaitement taillées, mais je les remarquais à peine. Je ne sentais plus la brise. La moindre sensation me semblait floue. Le chant des oiseaux résonnait de façon monotone. Ces balades étaient sans saveur et froides.

Le monde extérieur était comme un voile qui s'abattait sur moi.

Quelque chose de trouble. Un étranglement auquel j'essayais d'échapper à coups de griffe.

J n'était pas un inconnu mais « *una persona de confianza* » comme disait ma mère. Une personne de confiance. Entre les silences et les colères explosives qui rythmaient ma vie à la maison, J me procurait l'attention et la tendresse que mon père ne m'avait jamais données. Et la petite fille qui vivait en moi en était avide. J'avais envie de lui faire plaisir. J'avais envie que quelqu'un me voie. Que quelqu'un me serre dans ses bras. En revanche, je ne me souviens pas de la date exacte à laquelle j'ai arrêté de rire. Quand tout ça est devenu bien plus qu'un jeu silencieux.

J'attendais patiemment que ma mère m'appelle et me fasse signe de m'asseoir à côté d'elle sur le canapé. Qu'elle m'explique comment allait se dérouler mon avenir. Qu'elle traduise les secrets de J et la colère de mon père pour leur donner un sens. Mama était mon interprète. Mon père ne s'excusait jamais, mon père n'expliquait jamais. Ses actions étaient finales. Ses intentions, même ses sentiments envers moi, étaient obscurs. Ma mère était le seul lien de compréhension entre nous deux.

Entre le monde extérieur et moi. J'attendais qu'elle vienne me parler. J'en ai si souvent rêvé que j'ai commencé à confondre la réalité et les fantasmes de mon imagination.

Elle me demanderait de m'asseoir à côté d'elle, un jour ensoleillé. Une de ces journées où la lumière envahit la maison en rayons diffus, comme sur les peintures de l'Ascension du Christ. Ces jours où le monde semble plus brillant et plus libre. Elle m'appellerait pour que je la rejoigne sur le canapé de la salle de télévision. Notre spot habituel.

– Silvita, viens voir.

Elle tapoterait le coussin à côté d'elle, me serrerait dans ses bras et m'embaumerait de cette odeur qui n'appartient qu'à elle.

– Oui, Mamita, dirais-je.

– J'attendais que tu sois un peu plus grande. Mais maintenant, tu deviens une femme, dirait-elle. Tu grandis. Nous savons ce que J te fait depuis quelque temps.

– D'accord, Mama.

– Nous aimons beaucoup J. C'est un homme bon. Et nous savons qu'il t'a dit de ne rien dire. C'est parce que nous avons décidé ton père et moi qu'il serait ton prince. Comme dans les contes de fées, *hijita*. Comme j'ai épousé ton père, tu épouseras J.

– D'accord, dirais-je en acquiesçant doucement, enfin soulagée. Maintenant je comprends, Mama. Pendant tout ce temps, J faisait ce que Papa et toi lui aviez demandé de faire.

– Nous lui avons dit de ne rien dire parce que nous voulions t'expliquer nous-mêmes ce qui allait se passer. Tu auras des enfants avec J.

– Donc, il m'apprenait ?

– Oui, *hijita*. Tu es une petite fille bien sage qui écoute ce qu'on lui dit, ajouterait-elle. Tu t'es très bien comportée. Nous sommes vraiment fiers de toi. Ton père aussi. Même s'il ne le dit pas.

Je laisserais échapper un soupir de soulagement.

J m'avait déjà dit qu'ils étaient au courant. Mais maintenant je pouvais arrêter de m'inquiéter. Il fallait juste faire preuve de patience. Alors c'est ce que je faisais.

En suivant les rites de la messe tous les dimanches, d'autres questions sont apparues. Des questions que je n'osais pas poser. Même lors de mes conversations imaginées. Je n'ai jamais demandé à ma mère ce qu'était ce liquide gluant. Ni à quel âge j'allais épouser J. Ni si les autres filles de ma classe avait un J elles aussi. Ni si mon père avait été le sien à elle.

Comme disait toujours mon père : « Dans les conversations d'adultes, les enfants se taisent. »

*

* *

Je voulais vraiment bien me comporter. Être sage. Mais j'ai commencé à faire des colères impossibles à chaque fois que Mamita sortait faire des courses. À chaque fois, je courais m'installer sur le siège passager et verrouillais la portière de l'intérieur. Elle frappait comme une dingue sur la vitre, mais je refusais de lui ouvrir avant qu'elle m'ait promis de m'emmener. C'était plus fort que moi. Quelque chose prenait le contrôle de mon corps malgré moi. Comme une explosion d'énergie.

– Toute cette comédie, a-t-elle dit un jour alors que je la laissais enfin monter. Tu regardes trop de *telenovelas*. Il n'y a rien à craindre, tu sais ? Bon allez, viens.

Elle a fait marche arrière dans l'allée.

– Mets ta ceinture.

Nous avons roulé les fenêtres ouvertes.

Le soleil se couchait. Je me suis endormie un instant et quand j'ai rouvert les yeux, nous passions des garages automobiles. Nous étions à La Victoria, son ancien quartier. Mais au lieu de tourner dans sa rue, nous avons viré à droite sur Avenida Esmeraldas et sommes entrées dans Balconcillo. Elle a pris une route terreuse et j'ai rebondi sur mon siège tandis que nous zigzaguions entre les trous et les piles de pierres. Puis, elle a garé la voiture le long d'une série d'immeubles à un étage. Des pans de peinture tombaient des murs en stuc. Au milieu de la route, il y avait un grand terre-plein central poussiéreux qu'on n'avait pas fini de construire. Rien à voir avec les parcs luxuriants de notre quartier. Au loin, j'ai entendu le sifflet du marchand de glaces.

Mamita a éteint le moteur et nous sommes descendues.

– Tu vois cette porte-là ? a-t-elle dit en pointant le doigt vers un immeuble rouge et blanc avec une entrée au niveau de la cave. *Hijita*, je veux que tu coures jusque là-bas et que tu sonnes à la porte. Puis tu reviens aussitôt. Tu n'attends pas qu'on te réponde.

Je l'ai regardée en me demandant si c'était une blague. Des gens étaient rassemblés en petits groupes à chaque coin de rue. On entendait de la salsa hurler à travers les fenêtres ouvertes. Trois enfants d'environ huit ans, l'âge de Miguel à l'époque, sont passés en courant et en criant à côté de nous, le col de leur chemise trop serré, leur short trop grand et taché. Mama s'est assise sur le capot et a scanné la rue. Elle portait la même tenue que d'habitude : une chemise en coton, un jean et des baskets. Toujours prête à partir. Pas de bijoux, pas de maquillage. Ni elle, ni moi n'aimions les robes et nous n'en portions que lorsque nous y étions obligées. Une femme au foyer un peu butch, c'était ça Mama. Une femme pragmatique qui avait toujours des courses à faire.

– Eh bien ? a-t-elle dit en haussant un sourcil.

J'ai regardé à gauche et à droite puis j'ai foncé pour traverser la route poussiéreuse. J'ai appuyé sur le petit bouton noir, ai entendu une sonnerie retentir dans la maison, puis un coup et des enfants qui crient. J'ai retraversé la route en courant et, deux minutes plus tard, Marianela, qui avait vingt ans, et Ramiro, qui en avait seize, ont fait leur apparition. Mes cousins ! Est-ce qu'ils vivaient ici ? Je ne les voyais que pendant les fêtes, chez ma grand-mère ou chez ma tante.

Marianela m'a prise dans ses bras et m'a fait tourner dans les airs, en libérant les papillons dans mon ventre.

– Où est Rolando ? ai-je gloussé.

– Il est sorti, a répondu Marianela en faisant les gros yeux. Avec une fille.

– Laquelle ? Je n'arrive plus à suivre, a dit Mama en serrant Ramiro dans ses bras. Comment ça va le football ? Severo m'a dit qu'on t'avait proposé de jouer chez les moins de dix-sept ans ?

Ramiro a souri fièrement.

Mama a serré les épaules de Marianela.

– Et toi, ça va ? Comment va le travail ?

– Viens jouer avec moi ! ai-je crié en tirant Ramiro par son T-shirt.

– Va jouer toute seule ! s'est énervée Mama. Tu n'as qu'à aller chercher des cloportes ! Je parle avec tes cousins.

– Bon sang, ai-je marmonné avant de m'éloigner en donnant un coup de pied dans un caillou.

J'ai couru jusqu'au terre-plein poussiéreux et me suis mise à fouiller la terre à la recherche d'insectes. Après avoir déplacé plusieurs détritus, aucun signe de *chanchito*, j'ai entendu ma mère rire et me suis retournée. Elle parlait avec Oncle Severo. Je suis revenue en courant et je l'ai agrippé par la taille.

– Tío !

– Silvita, laisse-nous discuter, a dit ma mère en sortant quelques pièces de monnaie de sa poche. Tiens, emmène tes cousins acheter quelque chose à l'épicerie.

– Gansito ! ai-je crié. On fait la course !

Ramiro s'est mis à courir. Il était presque à la boutique du coin de la rue quand Marianela et moi nous sommes mises en marche. Il était allé si vite qu'on avait l'impression qu'un nuage de poussière suivait son sillage, comme dans les dessins animés.

Quand nous sommes revenus à la voiture, des bonbons plein les mains, Ramiro me portait sur ses épaules et Marianela parlait de la vie aux États-Unis.

– Aux États-Unis ? ai-je demandé. C'est loin ça ?

– Très ! a-t-elle ri.

J'ai mangé mon Gansito par petits morceaux, les sourcils froncés. J'avais de la confiture rose plein les doigts.

– *Un besito*, a dit Severo en m'embrassant sur la joue.

Ramiro m'a posée par terre en faisant le bruit d'un avion de chasse et Marianela s'est agenouillée pour me serrer dans ses bras. Ils sont tous trois retournés vers la maison. Maman et moi sommes remontées en voiture, le cuir collant du siège me brûlait les jambes.

– Maman, où est la mère de mes cousins ? ai-je demandé.

– Je ne suis pas sûre. Je crois qu'elle est en voyage, a-t-elle dit en augmentant le volume de la radio tout en démarrant.

Le présentateur du journal du matin parlait d'un énième attentat du Sentier lumineux.

– Ah, et si Papa te demande, nous sommes allées voir ta grand-mère à La Victoria.

– Mais ce n'est pas vrai, ai-je répondu. Nous avons vu mon cousin Ramiro. Et Rolando me manque. Quand pourrai-je voir Rolando ?

Elle a écrasé la pédale de frein et la voiture a pilé.

– Silvita, a-t-elle répété d'une voix dure, les yeux plongés dans les miens. Nous n'avons pas vu Ramiro aujourd'hui. Nous avons vu ta grand-mère.

À l'entendre, j'ai eu l'impression d'avoir rêvé mes cousins, d'avoir imaginé Marianela qui me faisait virevolter et Ramiro courir jusqu'à l'épicerie. Sa voix semblait si certaine, si résolue, que j'ai commencé à me demander si je n'avais pas tout inventé. Ma mère avait si souvent réécrit mes histoires qu'il devenait de plus en plus difficile de distinguer le vrai du faux. Le tissu supplémentaire pour les uniformes scolaires, dire au docteur que j'étais tombée quand mon père m'avait frappée. C'était elle l'adulte. Sa vérité prévalait toujours sur la mienne. Peut-être que nous avions rendu visite à ma grand-mère après tout. Peut-être que j'avais rêvé mes cousins. Mon allégeance envers Mamita ne connaissait aucune limite.

Elle était absolue.

Quatrième commandement : Honore ton père et ta mère.

*

* *

Nous étions encore en voiture. Encore en train de nous dépêcher. Nous étions toujours en retard. Mais cette fois, mon père portait un très beau costume et il avait les cheveux soigneusement peignés en arrière. Mama portait une robe à carreaux noirs et blancs très chic et elle avait même mis du rouge à lèvres et du blush. Mon père s'est garé et nous nous sommes précipités vers le perron d'une église. Je la connaissais. Saint-Antoine de Padoue ! Saint-Antoine était le saint patron des objets perdus, c'était l'église du père Hugo. Je le connaissais lui aussi, il était venu à de nombreuses fêtes à la maison. Mon père était toujours ravi de partager un verre de Ye Monks, son whisky hors de prix, avec le padre Hugo.

– *Salud Padrecito*[25]*!* trinquait-il d'un ton sarcastique.

Hors d'haleine, Mama, mon père et moi avons gravi les marches du perron en courant. Des gens étaient déjà rassemblés devant l'église, les mains pleines de riz. Ce que j'ai vu ensuite m'a tellement choquée que j'ai eu du mal à respirer. À travers les portes en bois sculpté de l'église, J a surgi, main dans la main avec une femme.

– J, nous sommes là, a crié ma mère. Par ici !

J a couru vers nous, sans lâcher la main de la femme. Elle était belle et radieuse dans sa robe blanche. J portait un costume bleu clair. Comme celui que j'avais imaginé.

– *¡Que felicidad*[26]*!* a dit Mama en les embrassant tous les deux. Du fond du cœur, nous te souhaitons le meilleur à toi et à ta nouvelle famille.

– *Felicidades*[27], a dit mon père en serrant la main de J.

Le long de mon corps, mes bras sont devenus mous comme des guimauves. Je n'ai pas prononcé le moindre mot jusqu'à ce que ma mère me donne un petit coup de coude dans les côtes.

– Félicitations, ai-je dit en m'étouffant.

J m'a fait un clin d'œil.

---

25. Santé petit père !
26. Quel bonheur !
27. Félicitations.

– *¡Ay que linda*[28]*!* a dit la mariée en se penchant pour coller un baiser sur le dessus de mon crâne.

– *¡Padre!* a crié Mama. *Padre Hugo*, par ici !

Le Padre nous a rejoints dans son élégant costume et, après avoir échangé quelques plaisanteries, il a conduit le couple vers la petite chapelle derrière l'église pour qu'on les prenne en photo.

Je les ai observés à distance, poser pour leurs photos de mariage, devant la chapelle où j'avais moi-même été baptisée neuf ans plus tôt. Puis, J et sa mariée ont rejoint la voiture qui les attendait, sous les cris de la foule qui leur lançait des poignées de riz. J'ai fermé les yeux pour me protéger des minuscules grains blancs qui pleuvaient sur nous, obsédée par le costume bleu de J.

Tu étais mon prince bleu, je n'arrivais pas à penser à autre chose. *Tu étais censé être mon prince bleu.*

*

* *

Après le mariage de J, je ne dormais plus. Rien n'avait de sens. J'avais passé quatre ans à lui obéir. Je l'avais fait parce qu'il y avait une raison, un avenir. Il serait mon conte de fées. Mon prince. Pourquoi les choses se seraient-elles passées comme ça sinon ? Mais désormais, il était parti. Et je restais seule, prisonnière de moi-même, à attendre encore une fois que quelqu'un me donne un semblant d'explication. Et puis il y avait autre chose. Une nouvelle complication morale. Le quatrième commandement exigeait que j'obéisse à mes parents et je l'avais fait. J'avais ma propre Sainte Trinité : mon père, J et Dieu. Écouter J revenait à écouter mon père et écouter mon père revenait à écouter Dieu. Mais J en avait épousé une autre. Et désormais quand il viendrait dans ma chambre, comment allais-je pouvoir lui obéir sans enfreindre un autre commandement ? Le sixième commandement : *Tu ne commettras point d'adultère.*

---

28. Oh, comme elle est mignonne !

À l'école, on nous avait bombardés d'histoires de paradis et d'anges, de rédemption et de beauté, mais ce qui m'avait le plus marquée, c'était la damnation. J'étais pétrifiée par l'enfer. Par l'idée de brûler éternellement. La seule chose que je craignais plus que la colère de mon père, c'était le courroux de Dieu.

Il fallait que j'arrête J.

Un week-end, alors que nous accélérions dans les *barriadas* où nous étions venus faire quelques courses, je me suis mise à réfléchir à ce que j'allais bien pouvoir lui dire. L'humidité de la fin de l'après-midi me collait à la peau et nous roulions fenêtres ouvertes dans l'espoir d'attraper un peu d'air frais. Les *barriadas*, c'étaient les bidonvilles de Lima. Mes parents m'emmenaient toujours pour que je surveille la voiture pendant qu'ils faisaient leurs courses afin d'empêcher qu'on ne nous la vole. Comme d'habitude, ils se disputaient à l'avant. Mon père a tourné sur Avenida Tomás Marsano, une avenue colorée remplie de petites quincailleries dont les étalages regorgeaient d'outils étranges. Il faisait des embardées autour des motos, klaxonnait et criait à travers sa vitre baissée. Les chauffeurs de mini-vans criaient en retour. Nous avons longé une rue à moitié pavée. Sur le trottoir, des hommes torse nu assis en rang d'oignons buvaient, la bedaine à l'air, devant leurs maisons en nous regardant passer.

– *Esos borrachos*, a grimacé mon père. *No hacen nada. Haraganes*[29]. Des ratés alcooliques. Tu vois cette vie de débauchés, Silvia ? Ta mère vient d'ici.

Ma vitre à moi ne s'ouvrait pas, j'ai donc décidé de m'occuper en comptant les voitures bleues. Dix voitures bleues, puis je choisissais une autre couleur… vert, et en comptais dix autres. Les chiffres, comme les schémas et les systèmes, étaient clairs et ordonnés. Dans le chaos de ma vie, le calcul avait quelque chose d'apaisant. Comme compter une salve.

Dans la cinquième voiture verte, il y avait une famille qui ressemblait presque à la mienne. La mère et le père devant. La fille et le fils à l'arrière. Mais eux ne criaient pas. Ils riaient en

29. Ces ivrognes. Ils ne font rien de leurs journées, ces fainéants.

chantant tous en chœur au son de la radio. Leurs vitres étaient remontées et embuées de la vapeur de leur voix. J'ai essayé de m'imaginer au milieu d'une harmonie pareille, en train de chanter gaiement, mais le feu est passé au vert et mon père a démarré en trombe.

– *¡Y tú que tanto hablas dejando hijos por todos lados!* a-t-il hurlé. Regarde-toi qui abandonne des enfants à tous les coins de rue.

– *¡Cállate Segundo!* Arrête veux-tu, a pesté ma mère.

– Où sont-ils désormais ? Rolando, Marianela et Ramiro. *¡Si eres una puta!* Tu es une putain.

Rolando ? Mes cousins. Je me suis penchée en avant sur mon siège pour mieux les entendre. Mama a planté ses poings dans l'épaule de mon père et s'est mise à sangloter.

– *¡Andate a la mierda, concha de tu madre*[30]*!* a crié mon père.

Au stop suivant, elle a bondi hors de la voiture et s'est enfuie en courant.

– Maman ! ai-je crié.

Mon père s'est penché pour refermer la portière derrière elle puis a redémarré.

– *¡Mamita!* ai-je appelé.

– *¡Cállate carajo*[31]*!* a-t-il aboyé en me regardant dans le rétroviseur. Son visage était aussi dur que de la pierre et je me suis retournée pour voir ma mère devenir toute petite au loin.

Plus tard, une fois que tout le monde était rentré à la maison, elle est venue me trouver alors que je lisais seule sur le canapé de la salle de télé.

On se retrouvait toujours là-bas après une crise, elle se blottissait contre moi pour tenter d'apaiser les choses. Puis on déchiffrait la fureur de mon père. Je me demande parfois à qui étaient vraiment destinées ces conversations. Si elle essayait de diffuser ses colères pour me rassurer ou bien si elle tentait de leur donner un sens pour elle-même.

---

30. Va te faire foutre, espèce d'enfoirée !
31. Tais-toi, putain !

– Silvita, a-t-elle dit. Il faut qu'on parle.

Elle m'a coincée dans le creux de son bras et a commencé par me raconter le reste de sa journée, une façon d'aborder en douceur ses explications. *Ça y est, on y est,* ai-je pensé tandis qu'elle digressait. C'était exactement comme je me l'étais imaginé. Même les rayons poussiéreux du soleil qui éclairaient nos jambes. Elle allait enfin m'expliquer les événements de ces dernières années. M'expliquer comment toutes ces pièces éparpillées formaient un puzzle. J'attendais ce moment depuis si longtemps. Elle allait m'expliquer pour J. Toutes ces choses qu'on avait glissées sous le tapis.

Mais elle n'a jamais mentionné J.

Ni ce soir-là, ni le lendemain, ni durant les semaines ou les mois qui ont suivi.

Au lieu de ça, elle m'a longuement parlé de sa jeunesse. Elle avait tout juste quatorze ans quand son père, mon grand-père, a été assassiné dans les montagnes aux abords de Cusco – un accord commercial qui a mal tourné. Ma grand-mère était trop dévastée et trop pauvre pour subvenir toute seule aux besoins de ses cinq enfants. Elle a donc marié ma mère à quinze ans à un garçon plus âgé du quartier. Il travaillait dans l'armée et, au début, Mama était si heureuse d'échapper à la pauvreté qu'elle ne s'est pas posé la moindre question. Elle détestait être pauvre. Elle a quitté le lycée et, à seize ans, elle a donné naissance à son premier fils, puis une fille puis un autre fils. L'armée a envoyé son mari en poste près de Cusco, non loin de là où son père avait été tué. Mamita s'est retrouvée au milieu des montagnes, seule avec trois bébés.

– J'étais si jeune, a-t-elle dit. Presque un bébé moi-même. Je ne savais pas quoi faire. Alors je me suis enfuie. Je n'en suis pas fière, *hija*, mais je suis partie. Or, j'ai toujours eu l'intention de revenir.

Elle s'est réfugiée dans une ville voisine où elle a trouvé du travail comme secrétaire. Son mari a ramené leurs enfants à Lima et a obtenu leur garde auprès d'un juge. Elle n'avait le droit de les voir que certains jours à certaines heures. Puis Mama est rentrée à Lima, elle s'est installée chez sa mère, à La Victoria, et a essayé de récupérer ses enfants. C'est à cette époque qu'elle a rencontré mon père.

Au début de leur relation, il lui rendait visite chez elle et quand elle avait les enfants, il aidait Marianela à faire ses devoirs de maths. Mama pensait qu'ils allaient former une famille. Qu'elle allait réussir à récupérer ses enfants, qu'être avec un homme comme Segundo pourrait même l'y aider. Il avait vingt ans de plus qu'elle, c'était un homme d'affaires qui s'était fait tout seul, il était très respecté.

Mais au sein de la future belle-famille, les messes basses sur ma mère allaient bon train. Surtout de la part de Tía Emerita, celle dont mon père était le plus proche, qui pensait que ma mère n'était pas suffisamment bien pour lui. À cette époque, au Pérou, être une femme divorcée avec trois enfants avait encore quelque chose d'infamant.

Mais elle était déjà tombée amoureuse de lui. Pour son physique ou pour la sécurité qu'il lui procurait. Peut-être même pour son bon cœur que moi je n'ai jamais connu. Quoi qu'il en soit, il l'a conquise, elle et ses enfants, et lui a promis une vie meilleure. Et puis il a changé d'avis. Il l'a obligée à choisir. Si elle voulait être avec lui, elle devait renoncer à voir Rolando, Marianela et Ramiro, ses trois enfants, et même à mentionner leur nom. Il lui a fait une proposition qu'elle n'a pas pu refuser.

– Tu n'auras plus jamais à travailler, m'a-t-il dit. Je m'étais dit que, *poco a poco*, il se prendrait d'affection pour mes enfants. Que son amour pour moi finirait par triompher. Je me suis dit qu'il changerait d'avis, *hija*. J'étais certaine qu'il changerait d'avis.

Je n'ai rien dit.

Le jour où elle m'avait emmenée à Balconcillo avec elle, où je l'avais suppliée de m'emmener, elle allait en réalité rendre visite à ses enfants – Rolando, Marianela et Ramiro.

Voilà où elle allait tous ces après-midi où elle me laissait seule avec J.

– Ma *cholita berrinchosa*, a-t-elle ronronné en me serrant contre elle. Pas besoin de le dire à Miguel, d'accord ? Il est trop petit. Pour le moment c'est notre secret.

J'ai eu envie de lui demander où j'étais censée ranger tous nos secrets.

*
* *

Après son mariage, J n'a plus mis les pieds à la maison pendant un bon moment. Bien trop occupée à essayer d'intégrer que mes cousins, mes cousins adorés, étaient en réalité mes frères et sœur, j'ai oublié son existence. Mais un après-midi, un mois après mon dixième anniversaire, j'ai entendu un léger sifflement au bout du couloir. Avant même de pouvoir donner un sens à ce bruit, J est apparu sur le seuil de ma chambre. Un immense sourire aux lèvres, il est entré et a refermé la porte derrière lui, comme si rien n'avait changé. J'ai serré les poings. Il a déboutonné son pantalon, s'est planté face au mur et a commencé à s'astiquer.

– Non, ai-je dit doucement quand il m'a allongée sur le lit en commençant à m'embrasser.

J'ai serré les lèvres aussi fort que j'ai pu. J'ai senti ma nuque me brûler, puis mes oreilles. Pour une fois, ma foi était plus forte que les ordres de mon père et que le poids du corps de J. Dieu les dépassait tous les deux. Il nous dépassait tous.

– C'est fini, ai-je dit.

– Quoi ?

– Les commandements.

– Quel commandement ?

– Le sixième, ai-je répondu d'une voix aussi ferme que possible. C'est de l'adultère.

– Qui a dit ça ? a-t-il demandé en me regardant les yeux plissés.

– Padre Pablo. Je vais tout lui raconter. Il le faut. Sinon nous irons en enfer.

J a reculé en écarquillant les yeux. Il m'a regardée comme il ne m'avait jamais regardée auparavant. J'ai vu la peur sur son visage, oui, mais également un voile de tristesse. Comme s'il me voyait pour la première fois. Et mon cœur s'est serré à l'idée de le mettre en colère. Mais la peur du péché était plus forte que tout. Brûler en enfer était pire que tous les coups de ceinture que mon père pouvait m'infliger.

En entendant la porte du garage grincer contre le sol en béton, J a bondi en arrière. *Mamita*. Enfin. Elle était enfin venue me sauver. Je le sentais. Dieu était là lui aussi, il me protégeait. J a reboutonné son pantalon avant de quitter la pièce en courant, en me laissant seule pour me recoiffer et réajuster ma chemise.

Il ne m'a plus jamais touchée après ça et, quand il venait faire le ménage, je faisais de mon mieux pour l'éviter.

J'étais convaincue d'avoir fait ce qu'il fallait. Pourtant, j'ai commencé à me sentir de plus en plus mal.

*

* *

La confession aurait lieu dans la grande basilique, juste à côté de mon école. Les semaines précédentes, je n'étais plus qu'une boule de nerfs. Je craignais de choquer le prêtre ou de lui faire honte. Je craignais qu'il me renvoie de l'école ou, pire, qu'il m'empêche de recevoir la communion. Je craignais qu'il me voie comme Marie Madeleine, comme impure. « Tu n'es plus une enfant de Dieu », l'imaginais-je me murmurer.

Le grand jour est enfin arrivé.

– Pourquoi est-ce qu'elle prend autant de temps ? a murmuré ma mère en pointant du doigt la petite fille qui confessait ses péchés au prêtre, agenouillée à côté de lui. Je veux dire franchement, qu'est-ce qu'elle a pu faire d'aussi grave ?

Mon père s'est mis à rire.

Je me suis demandé combien d'autres filles avaient parlé de leur J au prêtre.

J'aurais préféré que les confessions aient lieu dans un confessionnal traditionnel, à l'abri d'un grillage sombre et d'une porte fermée, mais ce jour-là, pour notre première fois, le prêtre était assis sur une chaise près de l'autel et nous devions nous agenouiller à côté de lui, à la vue de tous.

J'ai remonté la nef jusqu'à l'autel – il était grandiose, en bois sculpté avec des dorures majestueuses. Le dôme imposant de la cathédrale flottait au-dessus de ma tête et j'avais l'impression de devenir un peu plus petite à chaque pas. J'avais les doigts et les orteils gelés, tout mon sang était venu se loger dans ma nuque pour la faire trembler. Je ne voulais pas que le prêtre me regarde dans les yeux et découvre que j'étais une ignoble pécheresse.

On y était. Ma chance de pardon. Ou mon jugement dernier.

– *Ave María Purisima*, ai-je dit en inclinant la tête avant de m'agenouiller face au prêtre. Je vous salue Marie pleine de grâce.

– *Sin pecado concebida*, a répondu le prêtre. Conçue sans péché.

– Bénissez-moi mon père car j'ai péché, ai-je continué. C'est ma première confession et mes péchés sont les suivants : j'ai frappé mon frère Miguel derrière la tête pendant que l'on jouait ; j'ai oublié de laver mon uniforme alors que ma mère m'avait demandé de le faire ; j'ai mangé une tablette de Sublime et j'ai accusé Miguel de l'avoir prise ; j'ai caché mes draps pour ne pas avoir à faire mon lit et j'ai menti à ma mère quand elle m'a demandé où ils étaient.

J'ai hésité un instant.

– Et ?

Il attendait.

Mon cœur s'est mis à battre jusqu'à travers mes yeux, mes mains jointes sont devenues moites. Agenouillée sur le prie-dieu rembourré près du *padre*, j'ai essayé d'ignorer les regards de mes camarades de classe et de ma famille, assis sur les bancs derrière moi. Pendant si longtemps, mon père avait été non seulement l'homme de la maison mais également un dieu. Les colères et les insultes, la nature vengeresse et les réconciliations théâtrales. Ce pouvoir de destruction. Un dieu motivé par la colère et la vanité. Un dieu humain mais indéniable. Un qui me frappait mais que je continuais à adorer. Mais plus j'en apprenais, plus je comprenais que mon père n'était pas celui qui me guiderait jusqu'à Dieu. Le *padre*, en revanche, c'était un lien direct entre Lui et moi.

Je sentais les dentelles de ma robe de communiante s'imprimer dans la peau nue de mon genou et les barrettes qui maintenaient mon voile en place s'enfoncer dans mon cuir chevelu. J'étais convaincue que j'allais prendre feu d'une seconde à l'autre.

– Et… ai-je murmuré. L'adultère.

– Comment ? a demandé le prêtre.

– L'adultère. Avec un homme marié. Le sixième commandement, mon père. J'ai été avec un homme marié.

– Je vois, a-t-il répondu, imperturbable. Ma chère enfant, tu devras réciter quatre « Je vous salue Marie » et trois « Notre-Père ». Je t'absous de tes péchés au nom du Père, du Fils et du Saint-Esprit. Maintenant va-t'en et sois une bonne enfant de Dieu.

Ma poitrine est retombée de soulagement. Ma mère m'a fait un petit signe de la main et un clin d'œil depuis son banc. À côté d'elle, mon père avait les yeux à demi clos et la tête penchée sur le côté. J'ai couru vers le prie-dieu le plus proche et me suis agenouillée pour exécuter ma pénitence, en me demandant pourquoi *el padre* n'avait rien dit d'autre. Aucun conseil, aucune explication. Une partie de moi avait espéré qu'il me fournisse les éléments manquants. Autour de moi, personne n'était plus proche de Dieu que lui. Je m'étais retenue, je pensais que si je me contentais d'attendre et de faire ce qu'on me disait, si *j'honorais mon père et ma mère*, quelqu'un finirait par venir m'expliquer ce qui se passait, bon sang. Mais j'étais seule avec mes pensées, une fois de plus.

En caressant les perles d'un chapelet en verre rose entre mes doigts, j'ai commencé :

Oh Marie pleine de grâce…

Marie, la vierge. Marie la gentille, l'aimante, l'innocente et la tendre. Elle me protégeait. Il n'y avait que les femmes qui me protégeaient. Elles étaient ma seule chance d'être entendue. Je n'attendais jamais que mon père me donne des explications, toujours ma mère. Et même quand je parlais à Dieu, c'était toujours à Marie que je demandais d'abord pardon.

Ce week-end-là, mes parents ont organisé une fête pour ma communion. Tous les membres de ma famille sont venus pour me féliciter. En fin de journée, J est arrivé, radieux, avec sa femme.

Elle était enceinte.

– Félicitations, a-t-elle dit en se penchant pour m'embrasser doucement sur la joue. Tu es une femme maintenant.

La chair de poule a envahi mes bras.

Un peu plus tard, quand les adultes avaient oublié pourquoi ils étaient là et que tout le monde était assis à se couper la parole en essayant de parler plus fort que l'autre tandis qu'un air de salsa hurlait dans le salon, je me suis réfugiée dans la cuisine et j'ai versé un tout petit peu de pisco dans mon jus de fruit. Juste une goutte. Et l'espace d'un bref instant glorieux, la chaleur du liquide a effacé le frisson d'effroi que le baiser de l'épouse de J avait laissé sur ma joue.

*

* *

Un an plus tard, J avait complètement cessé de venir à la maison. J'ai entendu ma mère dire que sa femme était de nouveau enceinte. Mes parents l'avaient aidé à trouver un travail plus stable dans son quartier, qui se trouvait très loin de chez nous.

De son côté, ma mère avait lancé sa propre affaire, un service de traiteur qui livrait des plats à la cafétéria d'une école non loin de la mienne. La maison était constamment pleine de nouvelles têtes, des gens qu'elle avait engagés pour l'aider à cuisiner et à emballer les repas. Certains d'entre eux aidaient également au ménage – une tâche laissée vacante depuis le départ de J.

Au fur et à mesure qu'ils lessivaient les murs encore imprégnés de son sifflement et nettoyaient les chambres qui avaient emmagasiné des années de son ADN, une nouvelle vitalité a envahi la maison. C'était comme si on avait ouvert en grand toutes les fenêtres pour faire sortir la poussière. Mama était occupée et joyeuse, toujours à tester de nouvelles recettes. Elle économisait pour envoyer de l'argent à sa mère et à ses sœurs. Être occupée n'avait rien de nouveau pour ma mère, c'était un être constamment en mouvement. Mais pour moi, elle avait toujours été floue. Or, plus elle travaillait, plus les contours de sa silhouette se précisaient. Comme un portrait dont les couleurs apparaissaient enfin. Elle a commencé à répondre à mon père. À se défendre. Quand Marianela, mon ancienne cousine désormais sœur, a décidé de partir vivre à San Francisco, Mama a exigé qu'on l'invite pour une soirée d'adieu.

Jusque-là, aucun de mes frères et sœur cachés n'avait jamais mis les pieds à la maison.

Puis il y a eu le gros contrat. L'entreprise de traiteur de ma mère avait bénéficié d'un excellent bouche-à-oreille et Wong, la chaîne d'épicerie gourmet de Lima, lui a proposé de commercialiser son fameux poulet farci. Le Pérou est un pays de carnivores et le poulet rôti est un peu notre plat national, mais celui de Mama, c'était autre chose encore. Une sorte de version péruvienne du poulet cordon bleu. Wong lui a proposé de le distribuer dans ses cinq plus grands magasins. Ma mère était aux anges. Elle semblait flotter dans les airs, comme si elle avait été bénie par le pape lui-même. Elle a commencé à s'imaginer ouvrir son propre restaurant. Ou peut-être quelque chose de plus petit, un salon de thé ou un *lonchecito*, quelque chose de simple.

Mais alors qu'elle préparait sa première grosse commande en rêvant à des jours encore meilleurs, les critiques de mon père, qui fluctuaient d'habitude, sont devenues quasi constantes.

– *Teresa, carajo*, la maison est un bordel sans nom, tout est dégueulasse ! criait-il en rentrant le soir quand il tombait sur les employés de ma mère qui travaillaient à la chaîne dans la salle à manger. Pourquoi est-ce que tu cuisines pour tous ces connards ? Tu as déjà un travail : t'occuper de ta famille.

À cette même époque, alors que l'entreprise de Mama décollait, une dame est venue nous rendre visite dans notre classe de CM2, dans le cadre d'une campagne de santé, pour nous parler d'une chose dont personne ne m'avait jamais parlé : comment prendre soin de soi. Elle a d'abord séparé les filles et les garçons puis a envoyé ces derniers dans une autre pièce. Nous nous sommes assises en tailleur sur le carrelage froid, nos grandes jupes grises disposées comme des fleurs autour de nous.

– Un jour, vous allez vous marier, a-t-elle dit. Vous aurez des bébés. Des époux. Un prince charmant ! (Toutes les filles se sont mises à rire.) Mais avant cela, personne ne doit vous toucher là, a-t-elle ajouté en agitant les bras devant sa poitrine, son ventre et son entrejambe. Est-ce que vous comprenez ? Ça, ce n'est que quand vous serez plus grandes. Pour faire des bébés.

Tout le monde a acquiescé. Moi, je me suis assise sur ma main pour m'empêcher de la lever. Je me suis mordu les lèvres pour empêcher les mots de sortir. *Et si moi j'ai déjà été touchée là ?* Je voulais lui demander ce qu'on était censées faire dans ces cas-là. J'avais tant de questions. Je voulais savoir si les autres filles avaient été touchées là elles aussi. Mais à chaque fois que j'ouvrais la bouche pour parler, j'entendais la voix de J : *Tu n'en as parlé à personne, n'est-ce pas ? Souviens-toi, tu ne dois en parler à personne.* Je n'avais pas parlé. À part lors de ma confession avec le prêtre qui n'avait engendré aucune réaction de sa part, je n'avais rien dit à quiconque.

J'ai prié pour que quelqu'un d'autre prenne la parole. À l'école, à l'église ou à la maison, mon comportement devait honorer Segundo. Il me le rappelait constamment. Je ne devais surtout pas être une source de problèmes. Et poser trop de questions, c'était toujours une source de problèmes. J'étais une bonne élève, une sage petite fille catholique. Ma vertu c'était l'obéissance, pas la curiosité.

Ce jour-là, j'ai prié pour que quelqu'un d'autre parle. Pose la question que j'étais incapable de poser.

Mais personne n'a rien dit.

Je me suis effondrée un peu plus sur le carrelage de ma salle de classe, dans cette école qui était la seule que je connaissais, et j'ai regardé ces filles autour de moi qui étaient mes camarades depuis le CP. J'ai compris qu'elles ne savaient rien de moi et, à l'air serein sur leur visage, que ce qui m'était arrivé à moi ne leur était pas arrivé à elles. Comme l'avait dit la dame qui voulait nous aider à prendre soin de nous, ce qui m'était arrivé n'était ni normal, ni juste.

C'était grave.

– Montre-moi tes photos de mariage avec Papa, Mamita ! ai-je supplié en rentrant ce soir-là. À quoi ressemblait ta robe ? Est-ce que c'était un grand mariage ? Est-ce que tu étais heureuse ?

– Elles ont été perdues dans le déménagement je crois, a-t-elle répondu. Tout à l'heure, on regardera tout à l'heure si on les trouve. Pour l'instant, je suis occupée. Viens m'aider à cuisiner.

J'avais envie de la secouer comme un prunier pour faire tomber les réponses. Je voulais savoir ce que le mot « amour » signifiait pour elle. Et ce qu'il était censé signifier pour une fille comme moi.

*
* *

Un soir, mon père et ma mère sont sortis en nous laissant à la maison avec Meche, la nouvelle femme de ménage. Mes deux frères dormaient déjà et j'ai décidé de me faufiler dans la chambre de mes parents où se trouvait l'unique poste de télévision en couleur de la maison. J'ai doucement poussé la porte et suis entrée sur la pointe des pieds. Je pouvais sentir mes orteils s'enfoncer dans la moquette molletonnée et fraîchement aspirée. Leur chambre était un endroit mystérieux. Interdit. Avec la plus grande prudence, j'ai fait coulisser la porte de leur placard. Pendus en rang comme des soldats au garde-à-vous, j'ai découvert les costumes sur mesure parfaitement repassés de mon père. Je les ai caressés du revers de la main, les ai regardés se balancer et s'entrechoquer délicatement. En dessous de chacun d'entre eux, il y avait une paire de chaussures assortie parfaitement cirée. En fouillant au fond du placard, j'ai trouvé une petite valise que je me suis empressée de sortir.

Je l'ai ouverte. Des effluves entêtants de vieux cuir et de cirage s'en sont échappés. La mallette était remplie de cartouches de stylo-plume et de crayons, des Cross et des Parker. De petites montagnes de gommes et de minuscules sachets de punaises et de trombones. J'ai imaginé mon père en train de pianoter sur sa calculatrice dans son bureau en bas, de trier tous ces papiers importants qui le retenaient loin de sa famille et le forçaient à partir en courant pour enchaîner les rendez-vous importants. La mallette glissée sous le bras, comme si j'étais quelqu'un d'important, j'ai grimpé sur le lit et j'ai allumé la télé. Nous n'avions que trois chaînes à l'époque au Pérou, une publique et deux privées. Je suis tombée sur le « 700 club ». Mes parents regardaient souvent cette émission, mais je n'y avais jamais vraiment prêté attention. C'était un talk-show où des adultes parlaient d'un ton monotone mais je savais que les gens qui y participaient étaient de bons chrétiens. Des évangélistes. Ces gens-là nous rendaient souvent visite à la maison et ma mère les invitait parfois à rentrer pour un *tecito*, une petite tasse de thé. Ils nous laissaient toujours des brochures en partant, sur lesquelles on voyait une famille baignée dans les rayons dorés de la lumière de Dieu. Ces mêmes rayons que je m'imaginais danser dans la pièce le jour où ma mère m'expliquerait pour J.

– Aujourd'hui nous recevons quatre femmes qui ont été sauvées grâce à la parole toute-puissante de Dieu, a annoncé Pat Robertson, le présentateur aux cheveux blancs de l'émission.

– *Mujeres de la calle*, disait le bandeau en bas de l'écran. Femmes de la rue.

J'aimais ce message de salut. L'idée qu'une force bienveillante puisse m'élever et me sauver. Restaurer une sorte de pureté dont je rêvais constamment mais que j'avais depuis longtemps perdue.

Je ne comptais plus sur mes parents pour m'expliquer quoi que ce soit. J'avais beau encore espérer que Mama vienne clarifier un jour ce que J avait fait, je savais qu'elle et mon père étaient bien trop occupés par leurs propres mélodrames. Pendant ce temps, mon désir de trouver un sens, de comprendre, de purifier et de sauver, rythmait chaque seconde de chaque jour. J'étais avide d'ordre spirituel. Plus qu'une absolution, je rêvais d'une explication.

Les quatre femmes étaient toutes blondes et bien trop maquillées. Elles vivaient aux États-Unis, un pays où, à en croire ce que je voyais à la télé et dans les films, la vie n'était jamais vraiment *mauvaise*. L'une d'entre elles parlait, sa voix doublée en espagnol.

– Oui, a-t-elle dit. J'ai vécu dans la rue. Et je me suis prostituée. Mais ce n'était pas un choix. Ça a commencé durant mon enfance quand mon oncle a abusé de moi. Il m'enfermait dans une chambre et m'ordonnait de me taire en baissant mon pantalon. Il me violait.

En entendant décrire mot pour mot ce que J m'avait fait, mon cœur s'est emballé.

– J'étais un déchet, a-t-elle continué tandis que de grosses larmes coulaient le long de ses joues. Une fille souillée. Je suis devenue prostituée et toxicomane.

Mon poing s'est resserré autour de la poignée en cuir de l'attaché-case. L'intervenante de la campagne de santé nous avait dit clairement que personne n'avait le droit de nous toucher. Pourtant mes parents avaient bien donné la permission à J de me caresser et de m'embrasser. Et désormais, cette Américaine blonde expliquait à la télévision que c'était un abus. J avait affirmé que c'était ce que mes parents voulaient pour moi. Mes parents voulaient qu'on abuse de moi ? Ils voulaient que je devienne une prostituée ? Un déchet ? Les déchets, personne n'en voulait. Les déchets, on les jetait dehors. Je n'étais donc que des vieux restes. Ces morceaux que Tía Emerita donnait à ses poulets avant de les égorger.

Voilà ce que mes parents voulaient pour moi.

Voilà ce que mes parents voulaient pour moi.

J'ai éteint la télé et rangé l'attaché-case de mon père dans le placard. Je suis allée dans ma chambre, me suis agenouillée devant ma table de nuit et ai commencé à prier en pleurant. *Pourquoi ne l'avais-je pas arrêté plus tôt ?* Je suis retournée en courant dans la chambre de mes parents et j'ai attrapé le petit paquet d'allumettes qu'ils gardaient sur leur table de nuit. Quand j'avais quatre ou cinq ans, ma mère m'a surprise un jour une allumette dans la bouche, à lécher l'extrémité au goût étrange et salé.

– Arrête, m'a-t-elle grondée. Ça va te tuer ! C'est du poison !

Je suis revenue dans ma chambre avec les allumettes et les ai arrachées une à une du petit carton avant de les avaler, pour savourer le picotement du sulfure dans ma bouche. Le suicide était un péché mortel qui condamnait à l'enfer mais peut-être qu'une mort accidentelle et lente m'enverrait au purgatoire.

Jusque-là, j'avais toujours cru que tout ça aurait un jour un sens.

Qu'il fallait juste que je grandisse pour comprendre. Qu'il fallait que j'obéisse aux ordres. Faire ce qui, selon moi, rendait tout le monde heureux. Et parfois ça me rendait heureuse moi aussi. Parfois ça me faisait même du bien. Mais c'était mal. Sale. J'avais honte. Peut-être que tout était de ma faute.

Peut-être que, parce que je n'avais pas su dire non, j'avais vraiment dit oui au fond.

J'ai allumé une allumette, puis une autre, puis une autre, et les nuées de fumée se sont entremêlées jusqu'à former un nuage flou et obscur. Une ombre. Puis mon cœur est devenu une ombre lui aussi et j'ai prié pour qu'elle m'avale tout entière.

– 5 –

LES HAUTS DE L'HIMALAYA

Ce matin, les lèvres de Lucy ont une teinte bleu-mauve, ce qui n'est pas rare à 2 900 mètres d'altitude mais ça me stresse.

– On a mis son rouge à lèvres givré aujourd'hui, Miss Lucy ? dis-je – une plaisanterie pour dissimuler mon angoisse.

Elle me lance un sourire apitoyé et j'ai soudain l'impression d'avoir cent deux ans.

Je suis une boule de nerfs sur pattes. Une *vieille* boule de nerfs sur pattes.

En général, le mal des montagnes ne frappe personne avant Namche, mais Lucy galère depuis le premier jour et ça ne s'est pas amélioré. Elle avance lentement et semble épuisée.

Nous entrons dans le parc national de Sagarmatha qui entoure l'Everest et le reste de la chaîne de l'Himalaya. Les filles se serrent sur un banc en bois tandis que je me dirige vers le minuscule bâtiment en pierre qui abrite le bureau des inscriptions pour montrer nos papiers. Je paie le garde forestier et il me remet nos permis de trekking. Ma main frissonne quand je lui tends les autres papiers, ceux de mon ascension jusqu'au sommet. Le simple fait de penser à l'Everest me donne le vertige. Ehani, qui m'a rejointe, remarque mon tremblement. Dans huit jours, ma randonnée avec les filles sera terminée et je commencerai mon ascension vers le sommet. Mais pour le moment, tout ce que j'arrive à envisager, ce sont nos pieds à toutes le long du chemin. Nous avons deux jours de retard sur notre planning. Nous avons parcouru 15 kilomètres à peine. Mais nous sommes enfin toutes réunies, nous sommes un groupe désormais. Un organisme de huit unités. Une force de la nature.

Aujourd'hui, nous marchons vers Namche Bazaar, la porte d'entrée des sommets de l'Himalaya, là où l'air commence vraiment à manquer.

Le garde forestier me tend mon permis pour l'Everest et je le fourre dans mon sac sans même le regarder. Ehani commence à marcher vers l'entrée du parc. Nous renfilons nos sacs à dos et la suivons.

– Très bien Ehani ! dis-je. C'est toi qui vas donner le rythme.

Shailee traduit pour elle et Ehani tend le bras en l'air en levant le pouce. Shailee et Asha lui emboîtent le pas, puis Shreya et Rubina et, juste derrière, Jimena et Lucy. Je ferme la marche.

Nous sommes sur le point de passer sous la porte Kani, le porche en pierre qui marque l'entrée spirituelle du parc. Nous nous arrêtons devant et nous relayons pour lire les règles affichées à haute voix :

La porte Kani marque votre entrée dans le beyul Khumbu – la vallée sacrée et cachée du peuple sherpa. Durant votre visite dans cet endroit particulier, nous vous encourageons à :

1. Ne tuer aucun être vivant

2. Ne pas vous mettre en colère

3. Ne pas faire preuve de jalousie

4. Ne pas offenser les autres

5. Vous retenir de consommer des substances toxiques

– Trop de règles, plaisante Lucy, et je suis ravie d'entendre son petit sarcasme : elle est toujours en vie.

Les filles prennent un selfie de groupe, langues sorties sur le côté et doigts en V. On dirait une pub pour une colonie de vacances. Le genre de colonies où des Américaines fraîches et pimpantes passent leur été. Le genre d'été qu'aucune d'entre nous n'a jamais connu. Pour ces filles, l'insouciance a toujours été synonyme de danger. Elle l'est encore pour certaines. Mais peut-être qu'ici, elles pourront y goûter un peu.

La voûte de la porte est peinte dans des tons verts et dorés et recouverte de mandalas rose fluo et ocre. Jimena et Lucy tournent sur elles-mêmes et je suis leur regard. Sur les murs, on trouve d'impressionnantes fresques représentant notamment

Bouddha, Jomo Miyo Lang Sangma, la déesse de l'Everest chevauchant son tigre rouge, et Khumbila, le dieu du Khumbu.

Mais c'est un autre personnage qui attire mon attention.

Un qui semble plus menaçant, presque maléfique, mais dont la part d'ombre a quelque chose de grisant. Il a la peau bleu marine et trois yeux, porte une couronne faite de crânes et un pagne en peau de tigre. Des flammes entourent sa tête, comme une crinière. Même ses cheveux sont en feu.

– Très punk rock, dis-je plus pour moi-même que pour les autres.

– C'est Vajrapâni, dit Shreya en me voyant le regarder. Le détenteur de la foudre.

Bien évidemment, je suis attirée par le plus dangereux de tous.

La religion des sherpas s'appelle nyingma, nous explique Shailee et ces dessins nous racontent son histoire. Secte mystique fondée sur la nature, nyingma est la forme la plus ancienne du bouddhisme tibétain. Dans cette partie de l'Himalaya, tous les dieux ont une incarnation naturelle. C'est une des choses les plus sensées que j'ai entendues depuis longtemps.

Sur le mur de droite de la porte Kani, il y a un renfoncement avec des cylindres en métal alignés qui tournent sur eux-mêmes comme les rouleaux en éponge d'un lave-auto.

– Qu'est-ce que c'est ? demande Jimena.

– Un moulin à prières, répond Shailee. On les fait tourner pour purifier son karma. Le bon karma entre et le mauvais karma sort. Ils sont tous recouverts de mantras.

– Personnellement, je suis fan de bénédictions, dis-je en me frottant les mains avec enthousiasme.

J'ai accumulé suffisamment de mauvais karma pour plusieurs vies et une petite purification ne serait pas de refus.

– N'oublie pas d'aller dans le sens des aiguilles d'une montre, dit Shailee. Et longe-les par la gauche. Il faut toujours les longer par la gauche.

– Qu'est-ce qui se passe si on va dans l'autre sens ? demande Jimena.

– Je ne sais pas, répond Shailee en haussant les épaules. Ça annule tout ?

– Tout le karma ? insiste Jimena d'un ton préoccupé.

– Peut-être ?

Nous marchons en file indienne en caressant les cylindres de la main droite. Un, deux, quatre, dix. Ils tournent facilement, dans un bruit de claquement comme deux boules en bois qui s'entrechoquent. Une brise fraîche souffle le long du sentier.

– Il existe des moulins à prières plus grands, vous verrez, dit Shailee. Certains tournent avec de l'eau, d'autres avec le vent. En tournant, ils libèrent les mantras qui diffusent leur bienveillance à travers le monde entier.

Quand j'ai parcouru ce chemin seule jusqu'au camp de base, en 2005, je ne me suis jamais arrêtée pour faire tourner les moulins. Je carburais à l'excitation et à la douleur. J'ai parcouru les 70 kilomètres en quatre jours. Je marchais si vite que mon guide népalais a eu le mal des montagnes et a dû s'arrêter en chemin. J'ai continué sans lui. J'avais cette fureur en moi à l'époque, un démon déchaîné et brûlant qui me poussait au-delà de la peur et de la logique. J'étais fascinée par la montagne, bien sûr, mais j'étais incapable de comprendre ce que tout ça signifiait vraiment, ni ce qui m'avait poussée à venir jusqu'ici. J'étais si concentrée sur mes problèmes que je suis passée à côté de toute la dimension spirituelle qui va de pair avec cette aventure.

– Ils veulent toujours être en mouvement, dit Shailee. Les moulins à prières. Ils veulent toujours libérer les sons de leurs mantras et leur bienveillance dans la nature.

– Comme les drapeaux à prières, ai-je conclu.

– Oui, a dit Asha. C'est du même ordre.

J'aime l'idée qu'on n'ait besoin de personne pour prier. Qu'une prière puisse être portée par le vent. Qu'un simple son puisse être une invocation en soi. Que tout ce que le vent touche soit béni. On est si loin des concepts de péché individuel et de pénitence. De devoir s'agenouiller dans une église et prier pour son salut, les genoux endoloris.

Ehani reprend la route et nous nous rangeons en file indienne derrière elle. Nos pieds battent un rythme sourd contre la terre dense et tiède. Depuis que nous sommes arrivées il y a trois jours, nous n'avons fait qu'enchaîner les taxis, les avions, les hôtels et les questions logistiques. Mais désormais, nous marchons. D'un pas lourd, en ligne, le long du chemin. C'est pour ça que nous sommes ici. Pour marcher. Rien de plus. Bon, peut-être pour quelque chose de plus. Beaucoup, beaucoup, beaucoup plus à en croire mon tableau Excel avec toutes ces sous-catégories. Mais si tout ça échoue, si toute cette aventure n'est qu'un désastre monumental, eh bien, nous aurons au moins marché ensemble.

Et c'est suffisant.

On a tellement écrit et filmé l'Everest, cette minuscule pointe où le sommet perce le ciel. Mais en réalité, ce sont les routes qui y mènent qui bercent la culture de l'Himalaya, des sherpas, ces deux mille cinq cents personnes qui peuplent les minuscules villages en bordure de rivière et les villes construites sur des plateaux pentus à flancs de montagnes.

Nous commençons à descendre la vallée. Elle est jonchée de rhododendrons broussailleux et sombres. Nous passons un énorme mur de pierres, chacune est recouverte de lettres blanches délicatement dessinées, la calligraphie précise du sanskrit. C'est le même message répété des centaines de fois. Une sorte de texte sacré. Je repense aux tablettes de Moïse.

– Ce sont des pierres-mani, explique Asha – elle et Shailee sont désormais à fond en mode « guides touristiques ». Passez par la gauche. Il faut toujours passer les pierres-mani par la gauche.

– Que veut dire l'inscription ? je demande.

– *Om mani padme hum*, dit-elle. Le célèbre mantra tibétain.

– Ah oui, dis-je en faisant semblant de savoir de quoi elle parle. Je le connais.

Enfin, je connais *om* des trois cours de yoga auxquels je me suis traînée pour essayer d'aligner mon corps et mon esprit et de trouver ma prétendue paix intérieure. Mais maintenir une position de yoga, c'est épuisant. Mon corps n'est jamais comme il faut. Trop tendu, ma respiration trop contrôlée. À chaque fois que la prof me dit de simplement *me laisser aller*, je fais exactement l'inverse. Et puis, où suis-je censée *aller* ? Personne ne vous explique jamais cette partie-là. Je préfère une approche douloureuse et rapide. Le sang et la sueur. Un style plus droit au but. Découvrir les limites de son corps en le poussant à bout. Fredonner le « *om* » à la fin du cours de yoga, c'est le seul truc que j'ai réussi à maîtriser, même si je ne sais toujours pas ce que signifie ce mot.

Les arbres laissent peu à peu place aux constructions au fur et à mesure que nous approchons de Jorsale, un petit village en bordure de rivière. De couleur verte, rouge et bleue, les maisons aux toits pointus ressemblent à celles du Monopoly. Nous suivons la courbe de la Dudh Kosi, le rythme de ses courants rapides nous porte. La mélodie de l'eau qui percute les rochers vient couvrir notre silence. Face à nous, un grand pont suspendu se balance au-dessus de la rivière. Et plus loin un autre encore, puis un autre, chacun plus haut que le précédent. Nous nous arrêtons et en comptons cinq en tout, accrochés entre les collines boisées. Une sorte de grand huit naturel qui relie les vallées entre elles. Pour les atteindre, nous devons traverser une épaisse forêt odorante, avec des pins d'un bleu si intense qu'on a l'impression qu'ils ont été peints par-dessus le paysage.

– Nous ne sommes plus très loin de notre destination, dis-je essoufflée – mon premier petit mensonge de la journée. Vous verrez. Quatre, peut-être cinq kilomètres. Franchement, pas plus.

Techniquement, ces chiffres sont exacts. Nous allons parcourir cinq kilomètres aujourd'hui, pas plus. Mais, ce faisant, nous allons monter d'au moins 600 mètres. J'ai omis ce détail numéraire. Je regarde Lucy et Jimena, qui traîne du pied iel aussi désormais, et je me rends compte que je n'ai aucune façon de savoir si je les pousse trop ou non. L'instinct de Lucy m'inquiète, notamment parce que j'ai exactement le même. J'espère seulement qu'elle saura distinguer les moments où il faut insister de ceux où il vaut mieux renoncer. Moi, je n'ai jamais su faire la différence. Comment distinguer le défi du danger ?

Et comment être certaine que, dans un environnement aussi nouveau et étrange que celui-ci, ces personnes se connaissent suffisamment bien pour me prévenir si quelque chose n'allait pas ?

Dans *The Nature Fix*, Florence Williams raconte l'histoire de Ken Sanders, un vendeur de livres rares qui travaille également comme guide de rivière dans l'Ouest américain durant son temps libre. Sanders a remarqué qu'après soixante-douze heures passées à naviguer, la perception des gens commence à changer. Ses amis neurologues ont mené une étude en partant de cette théorie et ils ont découvert qu'au bout de trois jours dans la nature le réseau cérébral de l'attention – la partie qui a trait à toutes nos tâches quotidiennes – se mettait en veille et laissait d'autres parties de notre cerveau prendre le contrôle. Notamment celles liées à la perception sensorielle et à l'empathie.

De nombreuses rescapées d'abus sexuels ont recours à la dissociation à un moment ou un autre, et ces interactions sensorielles peuvent leur permettre de renouer avec leur corps et se le réapproprier. Parler de traumatisme ne suffit pas toujours. Il vit dans notre corps et nous devons l'affronter à travers lui.

Le traumatisme sexuel peut réduire votre instinct en miettes. Parce qu'il vous force à considérer comme normales des choses qui ne le sont pas. Avec le temps, les limites se dissolvent. Des limites qui ne sont pas seulement physiques – ta peau, ma peau, sa peau, leur peau – mais également émotionnelles, énergétiques. Si cela vous arrive jeune, avant que vous ayez vraiment conscience des limites et des contours de votre propre corps, il y a de grands risques que, en grandissant, vous portiez en vous toutes ces choses terribles qu'on vous a infligées. Comme un arbre qui pousserait avec une pierre au cœur de son tronc. Vous allez d'abord éclater puis fusionner jusqu'à finalement envelopper ce qui se trouve en vous, la pierre ou la blessure, en l'avalant avec votre ventre comme si cela faisait partie de vous.

Ehani laisse échapper un sifflement aigu et j'aperçois un trio de dzos, cet animal à mi-chemin entre la vache et le yak, descendre le chemin d'un pas lourd face à nous. Nous serrons à droite.

Le bétail a priorité. De Lukla au camp de base, soit 70 kilomètres en tout, tout se transporte à dos d'animal ou à pied. Ce trek n'est pas qu'une balade en forêt pour des touristes comme nous, mais une voie commerciale, une véritable autoroute.

Guidé par une petite femme à la peau brûlée par le soleil, le bétail au poil hirsute et au dos creux passe lentement à côté de nous, laissant dans son sillage une odeur de pisse et d'argile tiède.

– Hum, ça sent le fauve, plaisante Shailee en prenant une grande inspiration.

Ehani repart, en sifflant de temps en temps pour signaler le passage d'un dzo ou d'un troupeau de yaks. Peu à peu, nous devenons une vague, quittant la piste et y revenant dans un mouvement fluide. Je n'ai jamais vu Ehani aussi sûre d'elle.

Ehani, la silencieuse.

Quand je les ai connues, Ehani, Shreya et Rubina m'ont emmenée chez elles, dans leur village rural du district de Sindhupalchok, à trois heures de Katmandou. La route pour y arriver était dans un état lamentable. Parfois, ce n'était qu'un sentier poussiéreux de colline jonché de rochers de deux mètres qu'il fallait contourner tant bien que mal. Il nous est arrivé plusieurs fois de devoir bondir de l'arrière du 4 x 4 pour le pousser nous-mêmes, en faisant signe aux autres voitures de nous dépasser. J'ai d'abord été choquée par tous ces obstacles. Puis j'ai eu honte d'avoir été choquée. La majeure partie du Pérou est exactement pareille. Pauvre et rurale. Cette route ressemblait à celle qui menait au village de mon père, au milieu de la campagne andine, avec des nids-de-poule un peu partout et des maisons en adobe de plus en plus rares au fur et à mesure que l'on avançait. Le fil qui me séparait de la pauvreté qu'avaient connue mes parents, et de ma tante Emerita qui élevait ses poulets, était très fin, presque translucide. À travers, je voyais presque la vie que j'avais failli avoir. Mais alors que nous nous enfoncions un peu plus dans le Sindhupalchok, j'ai compris que mes parents avaient érigé un mur indestructible entre cette pauvreté et moi.

Sindhupalchok, l'une des zones les moins développées du Népal, est devenue une plaque tournante du trafic d'êtres humains dans les années 1980. C'est une région agricole. Mais elle est si montagneuse que la terre n'a jamais été vraiment fertile et les récoltes ont toujours été minces. C'est un endroit isolé et pauvre – et donc parfait pour en exploiter les habitants.

Leur village se trouvait tout en haut d'une colline qui surplombait une vallée de terrasses en croissants de lune. Des rizières. Et au-delà, un panorama de contreforts – une chaîne de montagnes boisées qui entourait un massif plus élevé. Le brouillard s'accrochait aux crêtes.

Nous approchions enfin quand j'ai senti la main d'Ehani, agréablement tiède, prendre la mienne pour me guider le long du chemin qui traversait le village. Des huttes perchées sur une colline abrupte menacées par un glissement de terrain à chaque saison des pluies. Nous avons croisé des jeunes filles habillées en rouge et des vieilles femmes avec des tikas, ou des bindis, sur le front et des anneaux dorés dans le nez, qui portaient des pierres sur leurs dos jusqu'en haut de la colline. On reconstruisait encore après le séisme de 2015. Deux villageoises nous ont arrêtées. Leurs questions ont semblé irriter Ehani. Elle a fait un signe de tête vers moi, en agitant lentement les mains. Elle avait une posture de danseuse, gracieuse et assurée, parlait de façon animée – très éloignée de l'être timide que j'avais cru rencontrer. Je me suis demandé si cette timidité était due au fossé linguistique qui nous séparait ou à la distance qu'elle avait voulu mettre entre nous pour se protéger.

Je n'étais pas la première personne à lui dire que j'allais l'aider.

Chaque année, des milliers de filles de la région étaient envoyées en Inde, sous des prétextes fallacieux, pour aller grossir les rangs des exploitées sexuelles. On leur avait promis du travail ou une meilleure éducation. Bajir Sing Tamang, un homme très puissant et très dangereux, proche du monde politique, avait orchestré l'exploitation de centaines de filles, dont Rubina, Shreya et Ehani. En poussant leurs filles à partir, la plupart des familles n'avaient pas la moindre idée de ce qui les attendait.

Mais certaines savaient, m'a expliqué Ehani avec un voile de tristesse dans la voix.

J'ai acquiescé. Je savais qu'un endroit que l'on considérait comme sa maison pouvait aussi devenir le symbole de la douleur à laquelle on essayait de réchapper.

Ehani avait douze ans quand son père est mort. Et selon la tradition népalaise, son frère est devenu l'homme de la maison. C'était donc désormais à lui de subvenir aux besoins de sa famille, une tâche qu'il n'a pas vraiment prise à cœur, m'a-t-elle raconté. Il ne faisait rien à l'école et refusait en bloc sa nouvelle responsabilité. Sa mère se saignait aux quatre veines rien que pour les nourrir. Quand elle a eu quatorze ans, Ehani s'est enfuie à Katmandou. Elle a passé un an à travailler dans une usine de tapis pour envoyer de l'argent à la maison.

– Quand j'étais jeune, mon père me répétait que je devais devenir quelqu'un de grand, m'a-t-elle expliqué. Quelqu'un d'important. Mais je ne comprenais pas ce qu'il voulait dire à l'époque. Personne n'était grand dans mon entourage.

*

* *

Nous approchons du pont Hillary.

– On s'hydrate, je crie. Dernière pause.

Cette dernière montée, c'est là que l'altitude va frapper. Nous nous blottissons les unes contre les autres comme une portée de chatons. Deux hommes minces nous contournent avant de coller un autocollant avec le logo de l'université de Harvard sur une poubelle de fortune. J'ai vu le même au lodge à Lukla. C'est une annonce pour une étude sur l'altitude menée par un groupe de médecins à Namche Bazaar.

– C'est vous les médecins ? je leur demande.

Ils se mettent à rire.

– Pas encore !

– Nous ne sommes qu'en deuxième année, dit le plus grand. Je m'appelle Peter.

– Silvia.

– Gabe.

– Mais vous savez, il y a bien un médecin, continue Peter. Elle est dernière nous. Elle avance un peu moins vite parce qu'elle porte tout son équipement.

– Elle a refusé d'avoir recours à un porteur, précise Gabe.

– Ça a l'air d'être mon genre de médecin, dis-je sur le ton de la plaisanterie, mais à l'intérieur je hurle de soulagement.

– Vous savez où elle va dormir ?

S'il y a un médecin, et de surcroît une femme, peut-être que je peux la convaincre d'ausculter les filles pour vérifier que tout va bien. Juste afin de m'assurer que je ne passe pas à côté de signes avant-coureurs. Les symptômes du mal des montagnes sont désormais comme des néons dans mon cerveau, qui clignotent et bourdonnent à tout-va.

– Au Panorama Lodge, dit Peter. Dr Jackie.

Peter et Gabe nous font au revoir de la main. Nous fourrons nos gourdes dans nos sacs et commençons à gravir un escalier en pierre. Ce ne sont pas des marches à angle droit, mais des bouts de pierre arrondis qui sortent de terre comme une rangée de dents tordues. Mi-ruines, mi-escaliers.

– Souvenez-vous, lenteur et régularité, je leur rappelle de ma voix la plus calme. On respire avec le ventre – une inspiration profonde et ensuite une longue expiration.

– *Ay, otra escalera más*[32], bougonne Lucy.

– *Ya llegamos. Arriba no más.*

On y est presque. Mon deuxième mensonge. Qu'est-ce qu'un mensonge, au fond, sinon une autre vérité possible ?

Jimena se met à gémir et je me dis que ça doit ressembler à ça d'élever des adolescentes.

– On embrasse notre Friluftsliv ! dis-je.

Elles m'ignorent complètement (moi qui étais prête à leur expliquer avec enthousiasme ce terme norvégien qui décrit la valeur du temps passé dans la nature) et continuent à grimper

32. Pfff, encore des escaliers.

les marches en soupirant. Encore trois kilomètres. Le visage de Lucy reprend des couleurs, mais Jimena semble ailleurs. Chaque fois que nous croisons quelqu'un, iel se concentre en plissant le front, comme s'iel essayait de résoudre le mystère de cet endroit. Durant les vingt minutes suivantes, je remarque un léger sifflement à la fin de chacune de ses respirations.

– On inspire par le nez et on expire par la bouche ! scande Shreya.

Elle porte ses lunettes de star dix fois trop grandes et les fait glisser sur le bout de son nez pour jeter un coup d'œil inquiet à Jimena.

– Bois, dit Rubina en s'arrêtant pour sortir la Nalgene de Jimena de son sac. Toujours boire de l'eau.

– Attends, est-ce qu'on va monter sur ce truc tout là-haut ? demande Lucy en s'étranglant tout en pointant du doigt deux longs ponts suspendus qui zigzaguent entre les arbres comme des guirlandes.

– Oui, dis-je. Et juste derrière, pas très loin, c'est l'entrée de Namche.

Une fois au pont Hillary, tout le monde se tait. C'est spectaculaire. Un corridor étroit de grillages suspendu au-dessus d'un ravin de roches profond de 120 mètres. Des centaines de khatas en soie et de drapeaux à prières flottent sur les grilles. La tradition veut qu'on les accroche dans des endroits élevés. Comme les moulins à prières, les drapeaux sont recouverts de mantras écrits en tout petit. Et en les accrochant là où le vent souffle, les habitants de l'Himalaya disent que l'esprit des bénédictions s'éparpillera partout sur la Terre. En vieillissant, les drapeaux finissent par se détériorer à cause du soleil, de la pluie et de la neige. Quand il n'en reste plus rien, les prières sont absorbées par l'univers. Nous marchons les unes derrière les autres. Le pont s'affaisse et rebondit sous le vent qui souffle depuis le ravin, faisant claquer les petits drapeaux sur nos visages comme des mèches de cheveux folles.

Juste en dessous de nous, pend le squelette branlant de l'ancien pont Hillary, celui que j'ai emprunté lors de mon voyage en 2005. C'est en le traversant que j'ai compris que mon traumatisme n'était pas la même chose que mon identité. C'est ce que j'espère qu'elles réaliseront. À regarder Jimena, Lucy, Rubina, Shreya et Ehani avancer avec émerveillement et appréhension, je me revois dix ans plus tôt. Moi qui avais tellement hâte d'arriver en haut. De savoir ce qu'il y avait derrière la colline suivante. De savoir si j'allais m'en sortir.

Nous avançons en tenant chacune une partie d'un très long drapeau à prières. Le vent souffle par bourrasques. Le soleil nous a déjà toutes avalées. À cette altitude, il est implacable. Plus blanc que jaune, il prend le dessus sur le ciel et vous enveloppe complètement – on est loin des adorables petits rayons qu'on voit sur les dessins d'enfants.

– Les filles, dépêchez-vous, offrez quelque chose de spécial à la montagne. Et si ça vous tente, vous pouvez aussi faire un vœu.

Ma timidité a failli m'empêcher de prononcer la seconde phrase mais je me pousse comme je pense qu'une meneuse le ferait. Avant d'accrocher notre drapeau au pont, nous prenons un moment ensemble pour nous reconcentrer. Une offrande et un vœu. Qu'apportons-nous et qu'allons-nous emporter ?

Mon seul vœu à cette seconde précise, c'est que les filles restent en vie.

*

* *

Juste après le pont, à mi-chemin de Namche, assise derrière une table pliante et branlante, une femme vend des pommes et du jus à un prix exorbitant. L'équivalent de un dollar américain pour une pomme et de 2,50 dollars pour une canette de jus. C'est dix fois ce que cela coûterait à Katmandou. Mais l'endroit le plus proche pour remplir nos gourdes est à une heure et demie de marche. La loi de l'offre et de la demande dans toute sa splendeur. C'est l'économie de la montagne et j'admire le sens des affaires de cette femme.

– Tournée de jus de pomme pour tout le monde ! je crie en lui tendant l'équivalent de 15 dollars.

La femme sourit et range les billets dans une petite banane autour de sa taille.

– *Namasté.*

– *Namasté*, dis-je en inclinant la tête.

– On s'hydrate ! On s'hydrate ! je prêche en leur tendant les canettes.

Lucy s'allonge sur un petit mur de pierre.

– Moi, je vais m'hydrater à l'horizontale, dit-elle.

Après une courte pause, je les force à se remettre en route, anxieuse d'arriver à Namche avant la nuit. Dans la terre dense sous nos pieds apparaissent des petites pierres qui forment progressivement un chemin puis, alors que le soleil se couche, un escalier que nous gravissons jusqu'à enfin atteindre l'entrée de Namche. Il y a tout un tas de maisons, c'est un vrai village. Le dernier rayon de soleil illumine les rues – comme le bleu chatoyant d'une piscine la nuit. Il se reflète sur la pierre des bâtiments entre lesquels des enfants courent sur des étendues d'herbe sèche.

Depuis une falaise voisine, Bouddha nous regarde entrer dans le village animé en forme de fer à cheval. Namche est la plus grande ville du chemin de l'Everest. Ses rues regorgent de salons de massage et de cafés zen où l'on trouve des pizzas et de la wifi vingt-quatre heures sur vingt-quatre. Des flots de yaks chargés de provisions arpentent d'un pas lourd les étroites rues pavées. Des enfants accourent vers nous pour nous offrir des fleurs en échange de bonbons. Nous passons un autre moulin à prières et tendons toutes le bras droit pour le faire tourner. Un bruissement métallique résonne quand nous entrons au Khumbu Lodge. Pemba, le patron de ce petit hôtel douillet et calme, me serre dans ses bras comme si nous étions de vieux amis.

– Je sais ! Je sais ! De l'eau et une sieste. Je gère, dit Lucy en rejoignant sa chambre après que Pemba a distribué les clés.

– Reposez-vous, dis-je à Jimena tandis qu'iel s'éloigne à son tour sans un mot.

Iel n'a pas beaucoup parlé cet après-midi. Mais j'ai déjà vu Jimena se murer dans le silence. Durant nos randonnées d'entraînement, le week-end à San Francisco, il lui arrivait parfois de marcher devant, sans personne. Nous sommes jumelles d'anniversaire, à presque vingt ans d'écart, et je comprends son attitude. Je crois.

– Pour les autres, c'est quartier libre, dis-je.

*

* *

Nous nous retrouvons un peu plus tard dans la salle à manger et dînons sous les portraits des alpinistes célèbres qui sont passés à Namche – et dont certains ne sont jamais revenus. J'enfouis cette idée tout au fond du gouffre grandissant de mon cerveau. Soudain, je me souviens du médecin.

– Est-ce que tu peux passer un coup de fil pour moi, Pemba ?

Je lui donne le nom du lodge, il compose un numéro et parle un bon moment en népalais avant de me tendre le combiné.

– Allô ?

– Bonsoir, oui, c'est Jackie. Qui est à l'appareil ?

Je lui parle des filles et lui fais part de mes préoccupations. Dr Jackie me propose aussitôt de passer à notre lodge. Je suis tellement soulagée que j'ai envie de hurler. Je les vois désormais, toutes ces choses qui peuvent mal tourner. Ce voyage, c'est comme marcher sur une corde raide. Dès qu'on s'arrête pour boire une gorgée d'eau, je prie en silence pour qu'on réussisse à atteindre la prochaine étape. Les Népalaises semblent aller plutôt bien. Elles ont même l'air heureuses. Je crois qu'elles se débrouillent. Il est possible qu'elles fassent bonne figure et cachent ce qu'elles ressentent vraiment parce qu'elles se mettent la pression pour nous recevoir au mieux. Ou alors c'est une question de fierté. Ces montagnes, ce sont les leurs après tout. Mais Lucy et Jimena sont loin de tout ce qu'elles connaissent. Je ne pensais pas que les pousser hors de leur zone de confort pourrait affecter leur envie de marcher et leur capacité à le faire.

Aussi absurde que cela semble aujourd'hui, j'ai pensé que la montagne serait notre thérapeute. Que, d'une façon ou d'une autre, elle guiderait nos besoins émotionnels et mentaux. J'ai pris le mot « Mère » bien trop littéralement.

Je n'ai pas de plan B.

Si on n'y arrive pas, toute cette aventure, mon ascension jusqu'au sommet comprise, sera bonne à jeter à la poubelle.

Dr Jackie nous rejoint durant le dîner. Elle ausculte rapidement les filles et donne son feu vert à toutes. Elle décide de rester avec nous pour le reste du trek. Il va falloir ajouter une personne supplémentaire à un groupe déjà bien grand, mais c'est un membre du corps médical – notre médecin personnel pour l'expédition qui sera là si quoi que ce soit tourne mal. Je suis aux anges. Je reprends du poil de la bête.

Jimena ne parle pas franchement plus pendant le dîner. Une fois le repas fini, iel me demande de venir dans sa chambre.

– Que se passe-t-il ? dis-je en m'asseyant au bord de son lit jumeau.

– Je dois être honnête avec toi, explique-t-iel. J'ai promis que je serais honnête. Je ne le sens pas vraiment. Je ne crois pas avoir envie de rester.

– Je vois, dis-je d'une voix calme, même si ses paroles me font l'effet d'un coup de poing dans l'estomac.

Les mots exacts que je craignais. Mais je m'attendais à ce qu'ils sortent de la bouche de Lucy, pas de la sienne. Je vois son hésitation, les va-et-vient de son regard, sa tête qu'iel garde baissée en parlant. Chaque mot compte dans un instant comme celui-ci. Je dois choisir les miens avec la plus grande précaution.

– Est-ce qu'il s'est passé quelque chose ? je lui demande. Est-ce que tu as mal quelque part ?

– L'air me gêne. J'ai l'impression que mon asthme reprend. C'est juste que je ne le sens pas vraiment. Je crois que je vais rentrer. J'ai le mal du pays.

Sa dernière phrase m'agace, m'énerve même. L'air, la difficulté, je peux comprendre. Mais le mal du pays ? Jimena était à fond depuis le premier jour, toujours à s'entraîner. Comment peut-iel abandonner maintenant ? S'iel part, il y a de fortes probabilités pour que Lucy lui emboîte le pas. Et je ne peux pas les laisser rentrer seules. Adieu l'Everest. Je vois tout ce pour quoi nous avons travaillé si dur s'envoler sous mes yeux, balayé en une seconde. Tous ces moments de joie et de douleur que j'avais tant espéré vivre me glissent entre les doigts. À cause d'un mal du pays ? Ma colère est un couteau à cran d'arrêt prêt à être déployé. J'ai vu ça tellement de fois. Des gens qui renoncent. Je l'ai fait moi aussi. J'ai renoncé tant de fois à moi-même. J'ai tenté d'arrêter de boire et j'ai renoncé à ça aussi. Nous avons toutes quitté notre foyer pour rejoindre l'Everest et je sais bien que partir ne règle rien, mais ce trek-là était censé être différent. Je pensais que les premiers jours, nous avancerions grâce à l'adrénaline, dans la splendeur de l'Himalaya. Si Jimena se contentait de continuer à marcher, on arriverait sans doute quelque part.

On arriverait sans doute toutes quelque part.

– Écoute, dis-je doucement. Faire demi-tour est une option, mais nous n'avons pas encore atteint la partie vraiment magique. Crois-moi. Donne-moi juste une journée de plus, je te promets que quelque chose d'incroyablement puissant nous attend. Tu dois voir la vue depuis l'hôtel Everest. Demain. Est-ce que tu te souviens de ce que tu m'as dit quand nous nous entraînions ?

– À propos de quoi ?

– À propos de ce voyage, de ce que l'Everest signifiait pour toi ?

– Ouais, dit-iel en haussant les épaules.

– Juste avant notre départ tu as dit : « L'Everest, ça signifie que je peux toucher le ciel. Littéralement toucher le ciel. Qui peut faire ça ? C'est fou, c'est spirituel. C'est du jamais-vu. » Tu as dit que l'Everest t'obligerait à avoir confiance en toi et que ce serait le début d'un nouveau chapitre de ta vie. Un chapitre que j'ai envie que tu écrives, Jimena.

– Je sais, dit-iel. Mais j'ai aussi dit des conneries du genre : « L'Everest, ça veut dire que le bonheur peut être une réalité, pas seulement un espoir. » Je sais ce que j'ai dit. J'ai dit tout un tas de trucs qui sonnent bien. Mais tu sais que je dois aussi faire attention à ma santé mentale. C'est fragile cette merde. Se fixer des objectifs ? Pour quelqu'un comme moi, ça ne consiste pas à rayer des lignes sur une *to-do list* ! Ça veut dire des larmes, de la colère, des angoisses. C'est d'abord être en mesure d'avoir un objectif, rien que ça. J'en avais un et je l'ai atteint. Je suis là.

– Tu as dit que tu n'avais pas suffisamment confiance en toi pour te construire un avenir. Que tu ne croyais même pas en avoir un. Je sais ce que c'est d'être toujours en mouvement, toujours en train de fuir, en train d'essayer de survivre. Je le sais. Écoute, tu peux redescendre, bien sûr, mais ça va être tout un truc. Pourquoi tu n'attends pas au moins demain matin pour prendre une décision ?

Maintenant que je les vois toutes lutter, je me demande si j'ai pris la bonne décision.

Pas seulement pour elles, mais pour moi. Pour ma chance de gravir l'Everest.

*

* *

Le lendemain matin, quand je descends pour le petit déjeuner, Lucy est en train de se maquiller les yeux, sa trousse à maquillage ouverte devant elle sur la table.

– Il fait trop sombre dans cette pièce, s'énerve-t-elle en souriant.

C'est bon signe.

Shreya s'accroupit à côté d'elle et regarde dans le petit miroir de poche le reflet de Lucy en train de tracer un trait d'eye-liner le long de sa paupière d'un geste expert.

– Parfait ! Comment tu procèdes ? Tu veux bien me montrer ?

– Assieds-toi, dit Lucy en tapotant le banc à côté d'elle.

Gourde et ordinateur portable à la main, je pars m'installer à une table à l'autre bout de la salle et ouvre Excel. Je décale tout l'itinéraire de deux jours, calcule les retards et imagine les pires scénarios possibles. Quels sont mon plan A, mon plan B et mon plan C ? Mettre les choses dans des cases m'apaise. Surtout depuis que je ne bois plus. Excel, c'est mon sanctuaire. Un monde ordonné où les limites sont non seulement claires, mais où je peux également les mettre en gras, en pointillé, et ajouter des colonnes. Un monde où il y a une formule pour tout.

Je me tourne et aperçois Jimena qui avance vers moi.

– Je vais y aller, dit-iel.

– Oh.

– À l'hôtel. J'ai fait tout ce trajet. Je devrais au moins voir l'Himalaya.

Je ne pense pas avoir jamais autant souri de ma vie.

– Oui, darling. Oui, tu devrais.

C'est une journée d'acclimatation et nous avons prévu de monter jusqu'à l'hôtel Everest, le plus haut du monde, pour profiter d'un déjeuner de gourmet et de notre premier panorama dégagé sur la montagne. Lucy et Shailee restent au lodge se reposer, tandis que le reste d'entre nous marche, marche, marche et marche encore, sous le soleil implacable. Les filles avancent facilement ensemble, leur amitié est en train de fleurir. Alors que nous prenons le dernier virage, l'Himalaya apparaît enfin devant nous avec, en son centre, l'Everest et son incroyable dent enneigée. Jimena se fige et admire la vue, les yeux écarquillés. J'ai l'impression de me revoir à cet endroit précis, il y a dix ans. Voir l'Everest pour la première fois avait enclenché une mécanique en moi que je n'ai jamais pu arrêter depuis. Je la vois s'enclencher en ellui.

Iel ne dit pas un mot, iel se contente de fixer le panorama, bouche bée.

– Qu'est-ce que t'en dis ? je lui demande doucement.

– C'est froid, fier et puissant, répond-iel.

Nous admirons la vue en silence, quelques secondes de plus.

– C'est comme ma mère, murmure-t-iel.

Je sais pourquoi iel murmure devant l'Everest.

C'est l'émerveillement.

C'est cette sensation d'être à la fois tout petit et de faire partie de quelque chose de tellement plus grand que cette petitesse.

L'émerveillement, c'est la drogue récréative de ceux qui soignent leur traumatisme par la nature.

L'émerveillement, ça se vit. Le traumatisme n'est pas un truc qu'on peut ramasser à la petite cuillère et jeter. Il a son foyer en vous, un foyer dans lequel il vit souvent confortablement, parfois même sereinement, mais qu'il est toujours prêt à mettre à sac à n'importe quelle seconde. Alors que nous redescendons vers Namche, Jimena marche devant nous en scrutant l'horizon, dans ses propres rêveries. Iel avance vite, ce qui je l'espère signifie qu'iel a l'intention de continuer l'aventure. Je comprends que pour aller au bout de ce voyage, chacune de ces filles devra trouver sa boussole intérieure. Nous avançons en terre inconnue. Notre guérison n'appartient qu'à nous. Un algorithme unique, fait de chagrin et d'indulgence. Elles n'écriront pas toute leur histoire durant ces dix jours, désormais huit, même si je meurs d'envie qu'elles y arrivent. Mais je ne peux être qu'un témoin de leurs progrès. Dieu sait que ma trajectoire à moi n'a pas été parfaite.

Quand j'avais l'âge de Jimena, je n'avais même pas commencé à jeter l'ombre d'un coup d'œil à mon traumatisme.

– 6 –

LANCASTER 90210

L'été avant d'entrer au lycée, j'ai coupé tous mes cheveux. Pas une petite coupe mignonne à la garçonne, mais une vraie coupe au bol qui, comme son nom l'indique, donnait l'impression que j'avais renversé un bol sur ma tête et coupé tout autour. C'était moche, rudimentaire et parfait. Moche, c'était précisément l'idée. Je voulais devenir invisible, et la seule façon d'y arriver quand on était une jeune fille à Lima, c'était de devenir laide.

Nous devions encore porter l'uniforme pendant nos cinq années de lycée[33] – les chemises rêches et amidonnées et les jupes en toile épaisse, gris souris. Je haïssais ces jupes. Je haïssais toutes les jupes à vrai dire. Même à l'école, sous l'auréole catholique, une jupe pouvait être remontée. Même l'uniforme facilitait la tâche aux hommes.

Un jour, alors que je rentrais à pied du lycée, des ouvriers de chantier ont commencé à me siffler. J'ai tourné la tête pour ne pas croiser leurs regards mais ils ont quand même continué. Pas exactement de la façon dont J le faisait mais, à ce stade, tous les sifflements étaient les mêmes pour moi. Une façon d'appeler un chien pour qu'il vienne au pied, pour lui ordonner d'obéir.

– *Mira mamacita, que rica, voltea acá*, ont-ils crié en pouffant de rire – un rire qui me hantait déjà. Ah mamacita, quel délice, viens par là.

Est-ce qu'ils le sentaient sur moi ?

Est-ce que tous les hommes pouvaient le sentir sur moi ?

---

33. Au Pérou, les élèves entrent au lycée à douze ans et en sortent à dix-sept.

Est-ce qu'ils savaient ce que J avait fait ?

Et si c'était le cas, est-ce que ça faisait de moi un bien public dont tout le monde pouvait se servir à sa guise ?

Mon corps ne m'appartenait plus de toute évidence.

En même temps, il ne m'avait peut-être jamais appartenu. Peut-être que comme la femme du « 700 club » l'avait dit, j'étais un déchet. Et peut-être que c'était pour ça qu'ils m'alpaguaient sans gêne, même quand j'essayais désespérément de cacher tout ce qu'il y avait de féminin chez moi.

Le Sendero Luminoso était plus actif que jamais. Ils découpaient des civils à la machette. Ils kidnappaient des gens dans la rue et demandaient des rançons. Mais moi, j'avais déjà été prise par le Pérou. Par ses hommes. La ceinture préférée de mon père qui lacérait mes jambes nues. Les mains de J qui remontaient sous ma jupe. Mon corps asservi sous mon propre toit. Et je ne les avais pas arrêtés. Et à cet instant, alors que je descendais la rue en murmurant un « Je vous salue Marie » pour faire taire les remarques libidineuses, je me suis demandé si dire non serait toujours à ce point difficile.

Dès que je rentrais de l'école, je quittais mon uniforme et enfilais ma tenue de civil à savoir un jean taille haute, un polo dont je boutonnais le col jusqu'en haut et une veste de jogging zippée, typique des années 1980. Au début, maman n'a pas dit grand-chose ni sur mes choix vestimentaires, ni sur ma coupe de cheveux. Après tout, tout ça signifiait moins de travail pour elle. Mais avec le temps, elle a commencé à faire des petites remarques ici et là sur les lesbiennes.

– Deux hommes homosexuels, je peux comprendre, mais deux femmes ? (Elle laissait échapper un petit frisson.) Ça me donne la chair de poule. Tu as un si joli sourire, *hija*. Tu devrais le montrer plus souvent.

Mais je ne l'ai pas montré plus souvent. À l'école, les choses ont empiré quand un groupe de garçons s'est mis à me harceler sans merci, en se moquant de ma voix grave et de mon allure masculine. Le peu d'enthousiasme qui me restait s'est éteint. Je ne parlais pour ainsi dire plus.

À la place, j'écoutais du heavy metal américain. AC/DC, Poison, Ozzy Osbourne, Skid Row, tous les plus grands. Je comprenais à peine les paroles mais l'émotion était viscérale, elle explosait dans mes veines comme un médicament obscur. Le heavy metal était un langage que personne d'autre ne comprenait dans ma famille. Et ses arrangements teintés de désespoir me réconfortaient.

*
* *

C'était un samedi. J'étais déjà en classe de seconde. Affalée à la table de la cuisine, j'observais ma mère s'agiter et assaisonner le *arroz con pollo* pour qu'il soit exactement au goût de mon père. Et en la regardant le fixer avec angoisse prendre sa première bouchée, j'ai compris. Ma mère était bien trop faible pour demander à J d'abuser de moi et bien trop fragile pour tenir tête à mon père. Elle avait renoncé à tant de choses pour lui, il la contrôlait complètement. J'ai compris qu'il ne s'agissait pas d'un projet pour mon avenir qui avait déraillé parce que J s'était marié. Non. Mon père avait sciemment voulu me détruire.

– *Oye, imbécil*, redresse-toi, a-t-il aboyé à mon intention.

Un grognement bestial a surgi de ma gorge :

– C'est toi, ai-je dit à travers mes dents serrées d'une voix que je ne me connaissais pas, une voix qui n'avait soudainement plus peur de rien. C'est toi qui m'as fait ça.

Toutes ces années où je savais que ce que faisait J était mal, où je savais qu'on enfreignait les commandements, je ne lui avais jamais rien dit. Pour lui. Toutes ces années à supporter son mépris, ses intimidations, ses corrections, ses semi-vérités et ses vrais mensonges, pour l'honorer.

C'en était assez.

– Tu es l'homme le plus méprisable qui ait jamais existé. Je te déteste.

J'ai bondi de mon tabouret en le faisant grincer sur le carrelage et j'ai quitté la cuisine en courant. J'ai foncé jusqu'au couloir où j'avais tranché la gorge du poulet le jour de mes neuf ans et j'ai gravi les marches de l'escalier quatre à quatre, en sanglots. Une fois tout en haut, je me suis arrêtée pour reprendre mon souffle. Au fond à gauche, il y avait la porte de l'appartement du deuxième étage, là où J m'avait si souvent emmenée. Son sifflement hantait toujours le couloir.

J'ai couru en trébuchant jusqu'à l'*azotea* et me suis effondrée à même le sol, en me recroquevillant en boule. Au-dessus de ma tête, les chemises blanches pendaient comme des oiseaux sur un fil qui agitent leurs ailes dans la brise tiède de l'après-midi. Je pouvais voir la fenêtre du rez-de-chaussée, celle du bureau de mon père. Une petite lampe éclairait encore la table. Je l'imaginais là, tard le soir, à gribouiller des colonnes de chiffres au crayon rouge tout en pianotant sur sa calculatrice.

Toujours le dos tourné vers nous. Vers moi.

J'ai entendu le claquement pressé des *chancletas*[34] sur les marches en pierre et, la seconde d'après, ma mère était à côté de moi.

– Silvia, a-t-elle dit en s'agenouillant avant de s'allonger sur moi comme une couverture. *Oh mi hijita,* ma fille, *ven acá, calmate*[35].

– C'est lui qui m'a fait ça, ai-je répété.

– Que se passe-t-il, *hijita* ? a-t-elle demandé en me tirant pour que je me relève. C'est quoi cette histoire ?

– Il veut me détruire. C'est pour ça que J m'a fait toutes ces choses, ai-je crié en m'étouffant sur mes mots entremêlés et les glaires de ma gorge. C'est mon père qui lui a dit de faire ça.

– *¿Que cosa*[36]*?*

– C'est de sa faute si je suis abîmée. Si je suis un déchet. Bonne à jeter à la poubelle. Comme les prostituées du « 700 club » !

Chaque mot me rendait plus hystérique que le précédent.

34. Tongs.
35. Viens ici, calme-toi.
36. Quoi donc ?

– Voilà combien il me déteste ! C'est pour ça que J m'a fait mal. C'est pour ça qu'il m'est monté dessus. Parce que mon père le lui a demandé. Il lui a demandé de me toucher. D'abuser de moi. Parce qu'il me déteste. Mais pourquoi ? J'ai besoin de savoir pourquoi, pitié Mamita.

J'étais à genoux.

Ma mère a pris mes mains entre les siennes pour les secouer.

– De quoi tu parles ? a-t-elle crié.

– Tant d'années. Pendant tant d'années, J est venu dans ma chambre. Il m'a emmenée ici, ai-je dit en pointant du doigt le studio du deuxième étage. Là-dedans, il s'est frotté contre moi. Il a posé sa bouche sur la mienne.

– Arrête !

Elle a plaqué sa main contre ma bouche. Un par un, j'ai retiré ses doigts, et tandis que le vent faisait cogner la porte de l'*azotea* contre son cadre, j'ai raconté tout ce dont je me souvenais, une litanie d'abus, crachée par bouffées inarrêtables et chaotiques. Je pouvais sentir la bile du traumatisme sortir de moi comme le sang d'une blessure.

– Voilà ce qu'il a fait, ai-je conclu dans un soupir final, épuisée. Et il m'a dit qu'il avait la permission.

– *No, mi hijita.*

La voix de ma mère était étouffée. Ses yeux sombres et fous.

– *Que cosa. Nooooo, nooo.* Tu as tort. Il est dur. Mais mon Dieu, Silvia. Silvita. Ton père ne ferait jamais une chose pareille.

Sa voix a tremblé, mais elle ne s'est pas cassée. Elle m'a bercée contre elle comme elle ne l'avait pas fait depuis des années, et j'ai pleuré dans le creux de ses bras. Elle m'a embrassé le front, en murmurant.

– Ça va aller ma fille, mon adorable fille. Ça va aller. Je t'aime. Ça va aller. Descendons dans ta chambre.

Je me suis sentie protégée.

N'ayant plus de larmes à pleurer, j'ai sombré dans un profond sommeil.

Deux heures plus tard, elle m'a réveillée en me caressant la tête.

– *Mi cholita berrinchosa*, a-t-elle fredonné. Allons manger un sandwich.

Et c'est ce que nous avons fait. Et tandis que je mangeais, elle m'a dit de ne pas m'inquiéter. Que nous allions surmonter ça ensemble. Et en l'écoutant, j'ai compris que c'est tout ce que j'avais toujours voulu. J'avais attendu dix ans une conversation avec mes parents qui n'était jamais venue. Mais je n'avais jamais vraiment espéré qu'elle vienne de mon père – toujours d'elle. Elle n'a pas pleuré une seule fois ce jour-là, ce qui, dans ma famille, est une bonne chose. Ça voulait dire qu'elle était solide et forte, et prête à se battre pour moi.

Mais peu de temps après, elle a sombré. Elle est restée clouée au lit pendant des semaines.

– *¿Estás segura Silvita?* me demandait-elle de nulle part. Est-ce que tu es sûre que c'est arrivé ?

– *Absolutamente Mama.* Je peux te dire ce qui s'est passé ici, ou ici…

– Mais je suis la marraine de ses enfants. Comment a-t-il pu faire une chose pareille ?

Il a fallu qu'Eduardo, qui était encore à la maternelle à l'époque, lui demande si elle allait mourir pour qu'elle revienne à la vie et retrouve son attitude de battante. Elle m'a demandé si je voulais porter plainte contre J, mais ce n'était pas le cas. J'avais beau le détester, je ne me voyais pas témoigner, tremblante comme une feuille, sous les yeux d'un jury suspicieux. Aux informations, dans toutes les émissions, partout dans le Lima du début des années 1990, la femme était toujours celle par qui le scandale arrivait. Une Ève des temps modernes qui payait pour son péché originel. Les victimes étaient attaquées et toujours coupables des actions de pauvres « hommes innocents ». Si un homme explosait de rage et devenait violent, c'était toujours parce qu'une femme l'y avait « poussé ». J'imaginais les gros titres dans mon cas :

UNE PETITE FILLE GÂTÉE DE SIX ANS ATTIRE UN JEUNE HOMME UN PEU PLUS ÂGÉ DANS SA CHAMBRE POUR ASSOUVIR SES DÉSIRS SEXUELS. LE PÈRE DE TROIS ENFANTS BIEN SOUS TOUS RAPPORTS SE BAT AUJOURD'HUI POUR SON HONNEUR.

Non, je ne voulais pas porter plainte. Qu'on m'en veuille alors que je m'en voulais déjà moi-même depuis si longtemps.

– Bon, a dit ma mère, on devrait au moins aller voir un médecin.

Il y a eu deux rendez-vous chez un psychologue durant lesquels il m'a posé des milliards de questions et m'a fait passer plusieurs tests d'intelligence, ce qui était plutôt amusant à vrai dire, et qui a ensuite conclu que je devais quitter le Pérou.

À Lima, la situation politique était cataclysmique. C'était effrayant de voir avec quelle facilité nous nous étions adaptés à toute cette violence. Les bombes et les kidnappings de mon enfance avaient laissé place à une vraie guerre entre le gouvernement péruvien et le Sentier lumineux – qui était désormais officiellement considéré comme une organisation terroriste. J'avais commencé à lire le journal toute seule et j'avais appris qu'il s'agissait de communistes qui se battaient pour déstabiliser et renverser un gouvernement qu'ils considéraient comme corrompu. Mais ils tuaient également des civils. Et une nouvelle faction du mouvement avait fait surface – le Túpac Amaru, ou MRTA (Mouvement révolutionnaire Túpac Amaru) –, inspiré d'un révolutionnaire andin du XVIIIe siècle qui s'était battu contre les colons espagnols. Les soldats du MRTA voulaient redistribuer les terres et les richesses équitablement à travers la nation et concentraient leurs attaques sur des gens très riches. Mon père, un homme né dans les montagnes qui avaient vu naître ce mouvement, un homme qui était parti de rien, était furieux à l'idée que quelqu'un puisse penser avoir le droit de s'approprier la richesse qu'il avait accumulée.

Les gens émigraient aux États-Unis par troupeaux. Ma sœur, Marianela, était déjà partie à San Francisco, et Rolando et Ramiro l'avaient suivie.

Donc quand le psychologue a recommandé que je parte faire mes études aux États-Unis, nous avons tout de suite été d'accord.

Je n'ai jamais dit à mon père pour J et je ne crois pas que ma mère l'ait fait non plus.

Si c'est le cas, il ne m'a jamais dit qu'il était désolé. Une partie de moi pensait toujours qu'il avait eu quelque chose à voir dans tout ça.

Mais je ne l'attendais plus.

Ma mère a entendu parler d'une bourse d'études qui couvrirait mes quatre ans de scolarité si je maintenais mon 16 de moyenne générale et que je passais un bac scientifique. Durant les deux années suivantes, je me suis donc concentrée sur mes études et j'ai travaillé à mon dossier de candidature afin qu'il soit parfait. Je n'avais jamais envisagé de quitter le Pérou mais, du jour au lendemain, il n'y avait plus que ça qui m'intéressait. Les États-Unis. *La Fête à la maison. Beverly Hills 90210.* Un endroit où même les problèmes étaient raffinés et où ils se réglaient à coups de bolides hors de prix et de montagnes de dollars. Un endroit où on ne riait pas au détriment des femmes. Où je pourrais commencer une nouvelle vie sans que personne ne connaisse mon passé.

Ce serait mieux là-bas. Il le fallait.

*

* *

Le jour où je me suis envolée pour les États-Unis – le 24 août 1992 –, l'ouragan Andrew a frappé les États du sud du pays. J'avais été acceptée à la Millersville University située dans la ville éponyme près de Lancaster, en Pennsylvanie. À l'origine, l'université s'était arrangée pour que quelqu'un vienne me chercher à l'aéroport de Philadelphie mais, à cause des retards dus à l'ouragan, j'allais finalement devoir me débrouiller toute seule pour rejoindre Millersville. J'allais m'en sortir, m'avaient assuré les gens de chez Fulbright, l'organisme qui m'avait octroyé ma bourse. Après tout, j'étais bilingue en anglais – c'était en tout cas ce que nous leur avions dit.

Près de vingt-quatre heures après avoir quitté ma famille à Lima, je suis enfin arrivée en Pennsylvanie. Quand les roues de l'avion se sont posées sur le tarmac, j'ai avalé ma première bouffée d'air américain.

– *¡FILADELFIA!* ai-je crié à personne en particulier.

Une fois au carrousel à bagages, j'ai récupéré mes deux énormes valises, entourée de familles qui se prenaient dans les bras et de chauffeurs qui venaient chercher des hommes d'affaires. Je me suis rendue au comptoir le plus proche et je me suis présentée.

– Bonjour, ai-je dit en me raclant la gorge. Je suis Silvia du Pérou et je vais à la Millersville University en Pennsylvanie.

Une femme noire m'a regardée, l'air surprise.

– Quoi ça ? a-t-elle demandé. Melville ?

– Non, je vais à la Millersville University en Pennsylvanie. Est-ce que vous pouvez m'indiquer le chemin ?

– Roger, a-t-elle dit. Est-ce que tu peux aider la jeune fille ?

Un homme blanc plus âgé s'est levé de sa chaise pour rejoindre le comptoir.

– Où est-ce que vous allez ?

– À la Millersville University en Pennsylvanie, ai-je répondu, fière d'être la nouvelle étudiante d'une université prestigieuse. J'avais entendu parler de l'université de Pennsylvanie et pensais que Millersville en était peut-être une annexe.

– Millersville. Millersville ? a-t-il répété, dubitatif. Désolé. Je n'en ai jamais entendu parler.

J'avais laissé ma mère choisir l'université où j'irais étudier, je lui faisais confiance pour sélectionner la meilleure. Nous avions reçu des offres de Pomona College, Pepperdine University, Ithaca College et Wesleyan. J'ai sorti ma lettre de bienvenue de l'école et l'ai tendue à Roger. Il a claqué des doigts.

– Oh, Lancaster ! a-t-il dit.

– Oui, Lancaster oui, ai-je répété en acquiesçant avec enthousiasme.

– Mais personne n'est venu vous chercher ?

– Non, je ne vois personne de la Millersville University en Pennsylvanie.

– OK, OK. Donc vous allez prendre un taxi jusqu'à la gare et acheter un billet pour Lancaster.

– Très bien, ai-je dit. Merci beaucoup monsieur.

Está bien Silvita, todo va a salir bien[37], ai-je scandé pour calmer mes nerfs. La tête haute, j'ai tiré mes valises jusqu'à la porte de l'aéroport. En sortant, je me suis pris un mur d'humidité si épais que de la sueur a commencé à couler le long de mon dos et de mes aisselles, trempant la *cafarena* en coton blanc (ces sous-pulls à col roulé typiques du Pérou) et le pull en alpaga que ma mère avait insisté pour que je porte durant le vol.

« Avec l'ouragan, la météo dans le Nord doit être folle, avait-elle dit alors que nous faisions mes bagages. Je ne serais pas surprise qu'il y ait de la neige. » C'était l'hiver au Pérou. « Tu n'auras jamais froid avec ton alpaga. »

Elle avait fourré dans ma valise deux épaisses couvertures en alpaga, toutes une série de *cafarenas*, deux jeans, trois paires de chaussures et un costume andin traditionnel que je n'avais jamais porté une seule fois de ma vie. « Tu dois partager ton héritage avec fierté », avait-elle insisté quand elle m'avait vue lever les yeux au ciel.

Devant l'aéroport, une douzaine de taxis identiques attendaient en file indienne. Jaune poussin et rutilants, ils n'avaient rien à voir avec les taxis de fortune qui circulaient à Lima (en général des vieilles bagnoles abîmées qui appartenaient à des particuliers). Personne n'a crié pour me pousser à monter à bord du sien.

– Bonjour monsieur, ai-je dit d'une petite voix au premier chauffeur de la file – *il y avait une file ?!* – en traduisant chaque mot de l'espagnol à l'anglais d'abord dans ma tête. Je vais à la gare, s'il vous plaît ?

– La gare de la Trentième Rue ?

– Je vais à la gare, s'il vous plaît.

– D'accord, d'accord, la Trentième Rue. Montez.

Aux abords de la ville, l'autoroute s'est mise à longer une rivière scintillante. J'étais étourdie par les immenses gratte-ciel en verre et les immeubles d'acier étincelant. C'était exactement comme ça que j'avais imaginé les États-Unis. Tellement classe.

37. Ça va, Silvita. Tout va bien se passer.

Tellement modernes. Comme arriver chez les Drummond. Un nouvel avenir dont j'allais faire partie. J'avais tellement hâte de commencer ma nouvelle vie cosmopolite.

Le taxi s'est arrêté devant la gare de la Trentième Rue, un bâtiment majestueux en pierre blanche avec des colonnes romaines. L'endroit semblait tout droit sorti d'un livre d'histoire. J'ai payé la course avec un billet de 20 dollars flambant neuf – ce qui m'a donné l'impression d'être incroyablement sophistiquée. Sur l'épaule, j'avais mon sac à dos du lycée, avec à l'intérieur une encyclopédie de mathématiques et une banane contenant mon certificat de naissance, mon passeport, un chapelet de la Virgen del Carmen et 6 000 dollars en espèces. Suffisamment d'argent pour payer le reste de mes frais de scolarité, la partie que la bourse ne couvrait pas, et mes dépenses du quotidien. Dans ma famille, les cartes de crédit n'existaient pas, tout se payait cash.

À l'intérieur, la gare ressemblait au décor d'un film de l'âge d'or d'Hollywood. Un sol en marbre. Des sièges en bois vernis. Dans mon pays, on n'entretenait pas vraiment les gares. Il n'y avait pas vraiment de tourisme. Le Sentier lumineux avait fait fuir même les étrangers les plus téméraires et le gouvernement était sur le point d'imploser. Dépenser de l'argent pour embellir les gares n'était pas vraiment une priorité.

Au guichet, j'ai demandé un billet pour la Millersville University en Pennsylvanie, à Lancaster.

– Oh, Lancaster, a répondu la guichetière. Ouais, Harrisburg.

– Hamburger, ai-je répondu.

– Non, a-t-elle dit en se levant avant de se mettre à crier lentement : VOUS DEVEZ ACHETER VOTRE BILLET AU COMPTOIR POUR LANCASTER. C'EST LA LIGNE DE HARRISBURG. VOUS VOYEZ CE C-O-M-P-T-O-I-R, ALLEZ LÀ-BAS.

– Merci beaucoup, Miss, merci beaucoup. C'est très aimable à vous.

J'ai rejoint le comptoir suivant.

– Bonjour, j'aimerais un billet pour Lancaster, pour aller à la Millersville University en Pennsylvanie.

– Un aller simple ou un aller-retour ? a demandé la femme.

– Excusez-moi. J'ai besoin d'un ticket pour aller à Lancaster, à la Millersville University en Pennsylvanie.

– Est-ce que vous voulez un ALLER-RETOUR ? Est-ce que vous revenez ?

Je ne comprenais toujours pas ce qu'elle disait, donc je me suis contentée d'acquiescer en souriant.

– Voilà votre ticket. Montez dans le train pour Harrisburg. SUIVANT !

Au centre de la gare, il y avait une immense horloge avec un côté un grand panneau d'affichage dont les lettres tournoyaient constamment pour annoncer les prochains départs et arrivées. J'étais fascinée par tous ces noms de villes que je n'avais jamais entendus. Puis j'ai vu les grands noms – New York, Washington DC –, oh, et Harrisburg ! Quai numéro 9. Peut-être que Harrisburg était célèbre elle aussi.

Pour moi, les États-Unis étaient une étendue floue et glamour avec deux villes importantes : New York et Los Angeles. Je ne connaissais San Francisco que parce que ma sœur Marianela y avait emménagé et que ma mère lui avait rendu visite.

En montant dans le train, alors que je hissais mes valises sans roulettes en haut du marchepied, une subtile vague d'air froid m'a enveloppée. Au Pérou, nous n'avions l'air conditionné ni dans les voitures ni dans les maisons. Je me suis installée sur mon siège et j'ai posé mon front contre le verre glacé de la fenêtre. Le train s'est mis en route et, au bout de dix minutes, le chauffeur a annoncé le premier arrêt. *Ardmore !* Le paysage était magnifique, des bosquets luxuriants de chênes entrecoupés de vieux bâtiments en pierre. Les rues étaient propres, sans aucun détritus. Ça ne klaxonnait pas dans tous les sens et les voitures avançaient en ordre entre des lignes blanches et jaunes. Tout le monde s'arrêtait au feu rouge et personne ne redémarrait avant qu'il soit vert. Des bus avec des néons roulaient paisiblement et tous les passagers étaient à l'intérieur. Pas un seul ne dépassait en dehors, accroché tant bien que mal à la porte, comme c'était courant à Lima. Il n'y avait même pas de préposé aux billets.

Et pas de nuage de pollution. Ça, c'était la chose la plus étrange. Aucun nuage de pollution nulle part.

C'était donc ça, la banlieue américaine.

Plus que quelques arrêts avant Lancaster. Perchée au bord de mon siège, j'étais prête à sauter dès que j'entendrais l'annonce.

Le contrôleur est arrivé et a oblitéré mon billet.

– Lancaster ?

– Oui monsieur. Je suis Silvia du Pérou et je vais à la Millersville University en Pennsylvanie. J'ai répété ma phrase pour la douzième fois de la journée, reconnaissante, pour une fois, des manières que mon père m'avait inculquées.

Le contrôleur a eu un petit sourire en coin.

– Eh ben tu n'es pas arrivée, alors détends-toi. Tu en as encore pour une bonne heure.

Une heure ? Nous avions roulé à peine dix minutes pour atteindre le premier arrêt. Peut-être que c'était l'heure de pointe et que le train s'arrêtait pour laisser passer les voitures. Je me suis laissée retomber contre le dossier de mon siège en regardant la ville rapetisser derrière nous. Une grappe de maisons le long de la seule route. Une station essence. Une épicerie. Puis tout a disparu pour laisser place à des étendues d'herbes jaunies à la pointe, du maïs sans doute, oui, des champs de maïs à perte de vue, et le soleil qui se reflète en parcelles argentées. Le ciel cousu à l'horizon aussi loin que le regard porte.

L'angoisse a eu raison de mon excitation. Mon cœur s'est mis à s'emballer. Pourquoi étions-nous aussi loin de la ville ? J'avais toujours vécu en ville, et là j'étais arrivée au pays des vaches apparemment. C'était ça, la Millersville University, la Millersville University en Pennsylvanie ?

Impossible.

J'avais posé ma seconde valise sur le siège à côté de moi et je me suis allongée dessus. Tout à coup, j'ai eu faim. J'avais envie de beignets à la vapeur. De *lomo*. De ma maison. J'étais debout depuis presque vingt-quatre heures et ne tenais que grâce à l'adrénaline et le plat que j'avais englouti dans l'avion depuis Miami. Dans ma valise, entre les couvertures, ma mère avait fourré un paquet de piments séchés ají, jaunes et rouges, et un exemplaire de la bible de la cuisine péruvienne, *¿Qué cocinaré hoy*[38]*?* qui rassemblait les meilleures recettes de ceviches, de *lomos*, de ragoûts et de *chifa*, un de mes plats préférés. J'ai fermé les yeux en rêvant à la cuisine de ma mère.

« Tu pourras cuisiner pour tous tes amis et partager avec eux notre délicieuse nourriture, m'avait-elle dit avant de partir.

– D'accord, Mamita », avais-je répondu pour abonder dans son sens.

Elle m'avait embrassée doucement sur la tête et, lorsqu'elle s'était redressée, j'avais aperçu un éclair de tristesse dans ses yeux. Cela faisait trois ans que je lui avais avoué pour J, et une fois sa dépression surmontée elle avait gardé toutes ses émotions à l'intérieur. Mais je savais que me voir partir lui déchirait le cœur. « Chacun de mes enfants est une extension de mes doigts, avait-elle l'habitude de dire. De ma propre main. »

Désormais quatre d'entre nous avaient quitté le Pérou.

– Regarde, regarde, regarde, les voilà ! a crié le couple assis à côté de moi.

J'ai frotté le sommeil de mes yeux et j'ai regardé la route. À la place des voitures, un vieux buggy, une de ces carrioles tirées par des chevaux qu'on voit dans les westerns américains, trottait au milieu de la route.

Puis il y en a eu deux autres. Le premier était conduit par un homme au visage grave qui portait une longue barbe pointue, un chapeau de paille plat et un long pardessus noir boutonné jusqu'au cou. À côté de lui, une femme était blottie contre trois enfants, tous vêtus d'une longue cape noire et d'un petit bonnet étrange, qui me rappelait celui que Padre Pedro portait à la messe du dimanche. Mon Dieu, et moi qui pensais être trop habillée ! Ils devaient mourir de chaud par ce temps.

– Le pays amish ! a dit la femme derrière moi.

– Le pays amish ? ai-je murmuré pour moi-même, incrédule.

38. Que vais-je cuisiner aujourd'hui ?

Mais qu'est-ce que c'était que cette Amérique ? Est-ce que ma mère avait la moindre idée d'où elle m'avait envoyée ? Elle avait forcément commis une erreur. Mon estomac s'est serré. J'ai fouillé le wagon des yeux, à la recherche du contrôleur.

– Lancaster prochain arrêt ! Lancaster, Pennsylvanie, a beuglé sa voix dans le haut-parleur tandis que le train ralentissait.

J'ai traîné mes deux valises sur le quai puis le long d'une rampe qui menait vers un panneau clignotant sur lequel était inscrit SORTIE. J'étais en sueur, affamée et à deux doigts de la crise de nerfs. Mais en arrivant à la station de taxis, j'ai enfin vu un visage familier. Un homme latino.

– Taxi ? a-t-il demandé avec un accent que je n'arrivais pas à identifier.

– Oui, j'ai besoin d'un taxi. Je suis Silvia du Pérou et je vais à la Millersville University en Pennsylvanie.

– *¿Habla español*[39]*?*

– *¡Sí!*

J'étais tellement contente que j'ai failli m'effondrer sur le trottoir et me mettre à pleurer. Si ce n'était pas pour la voix de mon père qui me répétait au fond de mon cerveau – *être poli, ça ne coûte rien* –, je l'aurais fait.

– *Hola. Sí, soy Rafael.*

– *¿De donde es usted?*

– *Boricua.*

– *¿Perdón, boricua?*

Je n'avais jamais entendu ce mot auparavant.

– *De Puerto Rico*, a-t-il souri.

– *¿Ah, hola que tal como está*[40]*?*

Je savais que Puerto Rico était une île au large des États-Unis, mais je n'avais pas la moindre idée du rapport entre boricua et les États-Unis. Tout ce que je savais, c'était que Rafael était un

---

39. Vous parlez espagnol ?

40. Bonjour. Oui, je m'appelle Rafael / Et d'où venez-vous ? / Je suis boricua / Pardon, boricua ? / De Puerto Rico / Ah très bien et comment allez-vous ?

ange tombé du ciel pour venir m'accueillir. Après trente heures de voyage, entendre parler espagnol était un soulagement. En chemin pour Millersville, Rafael m'a expliqué que lui et sa famille avaient fui New York pour Lancaster il y a quelques années, parce que le Bronx, où ils vivaient, était devenu trop dangereux. Je ne lui ai pas dit que je fuyais moi aussi, mais il y avait quelque chose d'étrangement réconfortant dans le fait d'avoir ça en commun. Rafael aimait de toute évidence son travail et jouait les guides en conduisant. Il m'a notamment raconté l'histoire de la région et m'a expliqué qui étaient les Mennonites et les Amish – et comment ils vivaient toujours sans électricité. J'ai repensé aux énormes black-out de Lima et me suis demandé qui, en Amérique, le pays de la liberté, pouvait bien vivre comme ça de son plein gré.

En traversant le centre de Lancaster, j'ai retrouvé le dynamisme de la ville. Des immeubles en briques rouges magnifiques et une superbe horloge. Des parcs parfaitement entretenus, des rues pavées et des petits cafés au charme désuet. Rafael m'a assuré que même si on était en pays amish, la communauté internationale de Lancaster était en pleine expansion. Peut-être que je ne serai pas si mal ici, me suis-je dit. Et puis les vaches et le maïs ont repris le dessus, avec de temps en temps une maison au milieu de plaines immenses, très *La Petite Maison dans la prairie* ou, comme on l'appelle au Pérou, *La Familia Ingalls.*

Est-ce que j'allais battre du beurre ? Porter des bonnets pour étudier la biologie moléculaire ?

Tout ça me semblait fou.

Quand Rafael m'a déposée, je lui ai fait une bise sur la joue droite comme c'était la tradition et il m'a tendu sa carte de visite.

– Tu m'appelles quand tu as besoin d'un taxi !

Je venais officiellement de me faire mon premier ami aux États-Unis.

Le lundi suivant, alors que je sortais de la librairie de l'université avec un sac rempli de livres de sciences, j'ai aperçu une photo de Rafael tout sourire à la une du *Intelligencer Journal*, le quotidien le plus lu de Lancaster.

– Eh ! C'est mon copain, ai-je crié à personne en particulier.

Je me suis approchée pour lire le titre :

SLAIN TAXI DRIVER WAS FATHER OF FOUR

Slain ? Je ne connaissais pas ce mot, j'ai donc parcouru l'article en prenant les mots d'anglais que je connaissais pour essayer de reconstituer le puzzle. Samedi soir, juste après m'avoir déposée, Rafael avait été assassiné par un passager qui s'était ensuite suicidé. J'ai eu le souffle coupé. Ce genre de choses arrivait au Pérou, mais pas ici. Pas en Amérique. Pas en pays amish, pas à Vacheville, USA. Comment Rafael avait-il pu quitter le Bronx pour finir assassiné ici ?

Plus rien n'avait de sens. Plus rien du tout.

*

* *

Sur mon dossier de candidature de bourse, nous avions stipulé que je parlais couramment anglais et, en théorie, c'était vrai. J'avais étudié l'anglais des années au Pérou, mais toujours avec des enseignants péruviens qui l'avaient eux-mêmes appris d'autres enseignants péruviens. Je savais lire et écrire mais, une fois passé le laïus d'introduction de mes cours, quand mes professeurs sont entrés dans le vif du sujet, j'ai pataugé. Mes camarades parlaient si vite que tout ce que je pouvais faire c'était acquiescer et sourire. J'ai passé la plus grande partie de ma première année à faire du surplace.

L'été suivant, j'ai reçu un message de ma mère : « Silvita, s'il te plaît, appelle-nous, c'est urgent. » Terrifiée à l'idée qu'un drame soit arrivé, je l'ai aussitôt rappelée.

La voix de ma mère tremblait quand elle a décroché.

– *¿Mama, que pasó?*

– Je ne peux pas parler, *hija*. C'est un véritable drame.

– Maman ! Que se passe-t-il ?

– Clae, a-t-elle dit avant de laisser un blanc. Clae, Silvia. Ils ont fait faillite.

Clae était une banque d'investissement qui avait fait sensation au Pérou en promettant 20 % de retour sur investissement à ses clients. Ce qui semblait impossible à première vue avait pourtant rendu beaucoup de gens très riches. Et en très peu de temps. À tel point que même mon père, l'investisseur le plus frileux qui soit, avait fini par être piqué de jalousie. Attiré par le succès de Clae, il avait donc décidé, ce que je ne savais pas, d'y investir toutes ses économies, y compris le compte épargne destiné à nos études universitaires.

– Je suis désolée Silvita, a reniflé ma mère. Nous avons tout perdu.

– Mama, ce n'est pas grave, ai-je répondu. Ce n'est pas grave.

Ma bourse serait toujours là, et je me disais naïvement que l'on trouverait bien une solution. Contrairement à ma mère, je n'avais jamais vécu avec l'épée de la pauvreté au-dessus de ma tête.

– Je vais trouver un boulot ici, ai-je dit. Pas de problème. Je vais trouver une solution.

La bourse payait la majeure partie de ma scolarité mais j'avais besoin d'argent pour la nourriture et le reste. Mon visa d'étudiant ne me permettait de travailler que dix heures par semaine, pas plus. Mais si je pouvais prouver que ma situation financière s'était aggravée, l'école pouvait lever cette restriction. Mes parents m'ont envoyé des lettres certifiées de leur banque et j'ai obtenu la permission de travailler vingt heures par semaine.

Ma mère a dit qu'elle demanderait à ma tante Flor de m'aider financièrement pendant un temps. Flor était de Trujillo, une petite ville du nord du Pérou où on avait envoyé vivre mon père à la mort de sa mère. Tía Flor avait immigré aux États-Unis quatre ans auparavant, mais je n'avais jamais su où exactement. Ma mère m'a dit qu'elle tenait un restaurant péruvien à New York. J'étais surexcitée. J'avais toujours rêvé de visiter New York City. Peut-être que je pourrais même changer d'université et aller étudier là-bas. Ma mère m'a donné l'adresse de ma tante – 123 Main Street à Port Chester – en m'expliquant que Tía Flor avait été prévenue et qu'elle m'attendait. Avec rien d'autre que son numéro de téléphone griffonné sur un bout de papier fourré au fond de ma poche, j'ai pris le train à Lancaster. En approchant Manhattan, j'ai eu honte de la fille qui avait trouvé que Philadelphie était une ville cosmopolite. Quelle naïveté. Elle n'avait vraiment rien vu. New York, c'était mon nouvel horizon. Une île minuscule où la majeure partie des puissants de ce monde se concentrait. L'éclat de la richesse, l'énergie, la topographie vertigineuse. Une *skyline* de gratte-ciel étincelants et de murs de briques poussiéreux recouverts de graffitis.

Je pensais que j'allais simplement avoir à prendre le métro pour rejoindre le 123 Main Street, mais après toutes une série de conversations ponctuées de gesticulations avec de gentils New-Yorkais à Grand Central, j'ai découvert que Port Chester ne se trouvait pas à Manhattan, mais dans un comté du nom de Westchester, complètement en dehors de la ville. Je m'en moquais. Je me frottais enfin à la Grosse Pomme et m'émerveillais de ces immeubles que je n'avais vus que dans les films et à la télévision. J'ai tournoyé sous le dôme céleste de la gare, la tête levée pour m'imprégner des constellations dorées et du ciel bleu marine. Même si mes parents avaient tout perdu et que nous étions désormais officiellement ruinés, je savais que les étoiles s'aligneraient pour jouer en ma faveur. J'étais la seule personne à sourire pendant toute l'heure du trajet de la ligne Metro-North.

Une fois à Port Chester, j'ai sauté dans un taxi. Il a suffi d'un seul coup d'œil du chauffeur pour qu'il se mette à me parler dans un espagnol impeccable.

J'ai repensé à Rafael.

– *¿A dónde va?*

– El Norteño, ai-je répondu. Celui du nord.

– C'est là.

Il a pointé du doigt une enseigne en néon à un coin de rue, à quelques pâtés de maisons.

Et c'est donc à 21 heures, un vendredi soir, que j'ai pénétré pour la première fois dans l'entrée exiguë du Norteño. Tía Flor était debout derrière le bar, avec son grand sourire. C'était une belle femme à la peau claire et aux yeux d'un marron profond.

– Silvita ! Tu es venue, a-t-elle dit, d'une voix douce et voix mesurée. Bienvenue.

Tío Jorge a surgi de la cuisine. C'était un grand Péruvien d'environ 1,80 mètre au teint clair et à la moue boudeuse – un peu comme Betty Boop. Jorge avait travaillé dans l'entreprise familiale de Tía Flor à Trujillo pendant des années. Il avait une femme au Pérou mais quand on lui avait proposé de venir travailler aux États-Unis, il avait sauté sur l'occasion.

C'était l'associé de Tía Flor et aussi un peu son petit ami.

– Salut ! a-t-il tonné en m'attirant contre lui pour me serrer dans ses bras ce qui, à ma grande surprise, m'a aussitôt fait me sentir en sécurité. Sa force joviale m'apaisait. Tía Flor était plus réservée. Je leur ai raconté mon voyage et ils ont eu l'air estomaqué que je sois venue de New York toute seule sans me poser de question.

– J'ai rencontré ta mère, a dit Tío Jorge. Toujours en train de s'agiter, n'est-ce pas ? Je l'ai surnommée Coca-Cola. Tu dois tenir d'elle, donc on va t'appeler Coca-Cola Jr.

Il m'a désigné une table. J'étais à peine assise qu'une serveuse portant un T-shirt blanc moulant et une minijupe a posé un *lomo saltado* fumant sous mon nez – du bœuf sauté avec des tomates, de l'oignon et des frites dans une sauce au soja et au vin rouge servi avec du riz blanc –, un de nos plats nationaux, que j'adorais. Comme le hamburger pour les Américains, c'était le test crucial pour n'importe quel restaurant péruvien. Si vous maîtrisiez le *lomo*, on pouvait vous faire confiance pour tout le reste. Et je n'avais jamais mangé de meilleur *lomo* que celui du Tío Jorge. Pas même au Pérou. J'étais stupéfaite.

J'ai passé le week-end avec mes *tíos* et le Norteño n'a jamais désempli. Les douze tables, qui ressemblaient à celles d'un *diner* classique, étaient toujours pleines, et il y avait constamment une queue devant la porte pour la vente à emporter. La grande majorité de la clientèle était péruvienne, mais il y avait aussi des Colombiens, des Salvadoriens, des Guatémaltèques et des Mexicains, sans oublier les Équatoriens occasionnels et quelques Brésiliens. J'étais surprise de voir autant de Péruviens à New York.

Je n'ai appris que plus tard que la plus grande concentration de Péruviens aux États-Unis se trouvait à Paterson, dans le New Jersey – la ville avait même été surnommée *Little Lima*. Avec ses rôtisseries et ses *pupuserías* aux devantures en stuc, surmontées de stores crasseux qui avaient un jour dû être colorés mais qu'on n'avait pas nettoyés depuis dix ans, Port Chester me rappelait les quartiers ouvriers de Lima. Surtout La Victoria, où mes demi-frères et sœur avaient grandi.

À Lima, tout le monde cohabitait avec la pauvreté et la violence, même si elles ne faisaient pas partie de notre quotidien, c'était le tissu de la ville. Mais l'Amérique, c'étaient des villes éclatantes et des feuilletons glamours pour adolescents – un lieu d'abondance, de liberté et de sécurité. Ce week-end-là à Port Chester, j'ai commencé à comprendre pourquoi mes parents avaient choisi Millersville. La vie d'un immigré aux États-Unis était bien plus dure qu'elle n'en avait l'air. Même dans l'utopie rurale où mes parents m'avaient envoyée, les gens qui me ressemblaient, qui ressemblaient à Rafael, pouvaient être assassinés en faisant leur travail.

La majeure partie de la communauté immigrée de Port Chester cumulait plusieurs petits boulots – la plupart n'avait pas de papiers –, tout ça pour toucher le salaire minimum, juste de quoi subvenir aux besoins de leurs familles restées au pays et venir se régaler au Norteño le week-end. Moi, j'avais un visa étudiant et on avait payé ma première année. Mais désormais, j'étais moi aussi une immigrée, j'avais juste vécu dans un étrange conte de fées amish. Maintenant que la richesse de mon père s'était envolée, je comprenais ce que le rêve américain signifiait vraiment.

*

* *

Ce premier dimanche-là, en plein service du brunch tamal, j'ai vu Roxana, une superbe serveuse colombienne batailler pour servir une table de clients blancs. Même s'il y avait surtout des immigrés à Port Chester, nous étions à la frontière du

Connecticut et de Greenwich, l'une des villes les plus riches de la côte Est, qui se trouvait juste de l'autre côté du pont. Le week-end, ses habitants les plus téméraires débarquaient au restaurant goûter une cuisine exotique et bon marché.

– *Silvia, mi amor*, a dit Roxana en courant vers moi. Est-ce que tu peux m'aider ? Je n'arrive pas à comprendre ce qu'ils veulent commander. S'il te plaît, j'en peux plus.

– Bien sûr, ai-je répondu.

J'avais passé le week-end à m'empiffrer gratuitement, donner un coup de main était la moindre des choses.

En prétendant être une serveuse du restaurant, j'ai poliment approché la table en question et ai pris le temps de leur expliquer chaque plat avec emphase, de décrire avec enthousiasme tous ces mets que j'adorais. Mon anglais n'était pas parfait, mais je m'étais nettement améliorée à l'oral depuis les bourdes mémorables de mon arrivée à l'aéroport de *Filadelfia*.

Une fois l'addition réglée et les clients partis, Roxana a débarrassé leur table avec un immense sourire.

– J'adore aider les Gringos, a-t-elle dit en emportant une pile d'assiettes à la cuisine. Ils sont si généreux, bien plus que les Latinos. Ils m'ont laissé 20 % de pourboire !

20 % ? Pour un pourboire ? J'étais épatée. Au Pérou, le pourboire c'était une pièce de monnaie. Un *sol* ou deux, surtout dans un restaurant de quartier comme le Norteño. J'ai eu vite fait de faire le calcul. En travaillant même uniquement le week-end, j'aurais de quoi payer ce que ma bourse ne couvrait pas et que mes parents avaient payé jusqu'ici.

En plus, je pourrais explorer New York.

Quand j'ai fait part de mon idée à mon oncle et à ma tante, Tío a plissé les yeux.

– Et la tenue ? a-t-il demandé d'un ton paternel.

Tío avait trois serveuses qui portaient toutes une tonne de maquillage, des minijupes et des T-shirt blancs moulants. Je voyais bien que leurs looks sexy attiraient l'attention (et fidélisaient) les clients masculins de Tío. Et plus ces derniers buvaient, plus ils devenaient entreprenants. De temps en temps, une serveuse partait danser et boire avec un client après la fermeture. Tous les feuilletons péruviens que j'avais vus en grandissant rangeaient les femmes en deux catégories seulement : la jeune et jolie écervelée ou l'épouse usée et casse-pieds. J'avais juré devant Dieu de ne devenir aucune des deux. Je me suis demandé si Tío avait demandé aux autres serveuses ce qu'elles pensaient de leur tenue elles aussi, ou s'il me considérait différemment parce que je faisais partie de sa famille, ou encore parce que j'avais le style vestimentaire d'un garçon manqué – une chose était sûre : je n'avais jamais porté de jupe aussi courte et moulante que celle de Roxana.

Mais puisqu'il s'agissait de gagner de l'argent plutôt facilement, je me suis convaincue que je pouvais être sexy si nécessaire. Et puis je me sentais en sécurité avec Tío Jorge.

– Tu sais, la plupart des immigrés ici ne vont pas à l'université, Silvita, a dit Tío. J'ai peur des tentations. Et si tu abandonnes la fac, ton père me découpera en morceaux.

Je ne lui ai pas dit qu'il n'y avait aucune tentation pour moi ici. Avec les hommes, il n'y en avait jamais vraiment.

– Ce n'est pas un problème, ai-je répondu en acquiesçant. Je vais continuer mes études et je ne travaillerai que le week-end. Et je porterai ce qu'il faut porter.

J'ai été surprise de l'aisance avec laquelle je suis devenue serveuse. On asseyait tous les clients qui parlaient anglais dans ma section mais je traitais tout le monde de la même manière, comme ma mère me l'avait enseigné. Même les Péruviens qui, après un énorme dîner, pliaient un billet de un dollar en quatre pour donner l'impression qu'il était quatre fois plus gros – voire ne laissaient rien du tout. Les gens venaient au Norteño pour la nourriture, mais ce qu'ils trouvaient vraiment là-bas, selon moi et je crois pour beaucoup d'entre eux, c'était une communauté. Tío, c'était « le parrain », le crime en moins. En guise de cocaïne, il trafiquait du ceviche et des *saltados*. Bien évidemment, il connaissait des gens du milieu – Pablo Escobar était au zénith de sa puissance. Il lui arrivait de m'emmener dîner dans les restaurants chic de New York. Il me racontait alors autour d'un verre de vin – il m'avait obtenu une fausse carte d'identité – des histoires folles et incroyables, en murmurant comme s'il s'agissait de secrets d'État.

– Est-ce que je t'ai raconté l'histoire de mon ancien barman ? Il a emprunté de l'argent à des dealers du coin et quand il ne les a pas remboursés à temps, ils l'ont fourré dans un sèche-linge. Ceux qu'on trouve dans les laveries publiques et qu'on fait tourner avec des pièces de 25 cents !

Il éclatait de rire et se resservait du vin. Il avait une longue liste de restaurants qu'il rêvait d'essayer, mais il était très timide à cause de son mauvais anglais. Je lui traduisais le menu et, tandis que nous mangions, il fermait les yeux et savourait son plat, en énumérant chaque ingrédient. Plus tard, il me faisait vérifier ce qu'il avait cru deviner auprès du serveur. Il avait si souvent raison que j'ai commencé à croire tout ce qu'il disait de manière générale. Il avait un palais instinctif et un instinct infaillible. Il aimait la nourriture comme l'aimait ma mère, et pour ça je l'adorais.

Quand Tía Flor n'était pas là, il me parlait des autres femmes qu'il avait « connues » à New York.

– Qu'est-ce que je peux y faire ? disait-il en haussant les épaules. Elles se jettent sur moi.

Et il avait raison. Elles se jetaient sur lui. Et même si j'avais vraiment envie de lui en vouloir, même si j'avais vraiment envie de lui balancer à la figure tous ces clichés qu'il incarnait et que je détestais chez les hommes latinos, j'en étais incapable. Parce qu'il incarnait également ce qu'il y avait de meilleur en eux. Contrairement à mon père, il était tendre, généreux, hilarant et surtout, très paternel, et pour ça je lui pardonnais tout le reste.

Les quatre heures de route qui séparaient Millersville de Port Chester ne me dérangeaient absolument pas.

Tío Jorge m'a aidée à acheter ma première voiture, une vieille Nissan 200SX de 1987, avec un toit ouvrant et des phares qui s'ouvraient et se refermaient. J'arrivais à New York vers 18 heures, entrais dans Manhattan en me trompant toutes les deux rues, en grillant des feux rouges et en admirant les immeubles, bouche bée, émerveillée par leur immensité. Vue de l'intérieur, la ville était colossale. Et je n'étais qu'une minuscule fourmi. Insignifiante. C'était excitant d'une façon que je ne saisissais pas encore. Il y avait toujours un dîner qui m'attendait au Norteño, mais la plupart des soirs, je m'arrêtais dans un boui-boui de Chinatown pour savourer des dim sum. Des beignets à la vapeur. Des raviolis chinois et des beignets à la crevette. Des choses que j'avais adorées à Lima et d'autres que je découvrais. J'errais dans les rues de Lower Manhattan, près de ses boîtes glamours comme le Limelight, le Palladium et le Tunnel, devant lesquelles des hordes de gamins branchés avec leurs chaussures à semelles compensées de 10 centimètres et leurs immenses chemises à carreaux faisaient la queue. Les cheveux fluo dressés sur la tête et maquillés comme des chanteurs d'opéra, ils étaient bruyants et libres et je me demandais ce que ça faisait de se sentir comme ça.

Moi, j'étais Alice au pays des merveilles. Je cherchais un trou dans lequel tomber. Je n'allais pas en boîte à l'époque. Je ne me considérais pas suffisamment à la mode. Mais passer devant faisait office d'aphrodisiaque. Mes années d'adolescence avaient été tristes, sérieuses et stressantes. Je n'avais jamais connu le vertige du premier amour ni l'intoxication des fêtes jusqu'au bout de la nuit. Ni le soulagement extatique des drogues que j'étais certaine que ces gamins branchés consommaient. Tapie au coin de la rue, à les regarder rentrer en boîte ou se faire refouler et hurler sur le videur, j'ai compris que mon corps n'avait jamais éprouvé cette liberté-là.

– 7 –

RIDUM

Le matin apporte l'odeur prononcée du beurre de yak fondu. On entend le cliquetis des casseroles qui s'entrechoquent dans la cuisine du lodge, tandis que le chef prépare notre petit déjeuner. Assise sur une chaise en bois dure, une immense banderole de drapeaux à prières enroulée autour de moi, je griffonne les noms de nos donateurs sur les étiquettes blanches que j'ai cousues sur chaque petit drapeau quand nous étions à Katmandou. Plus de cent personnes ont aidé à financer ce voyage. Je leur ai promis que nous laisserions leurs noms au camp de base et je n'ai eu de cesse de repousser la tâche. Je n'étais pas sûre qu'on y arrive.

Mais c'est notre sixième jour sur la montagne et nous avons trouvé notre rythme. Pas d'Internet. Pas de distraction. Aucun de ces mélodrames qui polluent la vie quotidienne. Nous avons trouvé un accord avec la montagne. Un peu comme pour une cure de désintox. Les deux premiers jours, ça va, puis vous rêvez désespérément d'un fix, puis vous finissez par y renoncer et vous rendre. Nous sommes arrivées à Deboche hier soir depuis Namche. Maintenant que Dr Jackie est avec nous, je suis plus rassurée.

J'essaie d'être dans l'instant, de marquer une pause à chaque fois que j'écris le nom d'un donateur pour lui signifier ma gratitude, mais je suis distraite par la photo panoramique de l'Everest qui trône au-dessus de la table. Son sommet a quelque chose de menaçant. J'ai l'impression qu'il se moque de moi.

Shreya traîne près de la porte de la cuisine et discute avec les cuisiniers en népalais, à grand renfort de gesticulations. Durant un trek, les repas sont toujours assez informels. Il arrive souvent que les cuisiniers du lodge vous invitent à attendre dans la cuisine pour les regarder préparer votre repas. Le reste du groupe débarque en vociférant et en saluant le propriétaire d'un signe de tête.

– *Namasté, Namasté.*

– Allez viens, c'est l'heure du petit déjeuner Silvia, m'alpague Shailee. Est-ce qu'il t'arrive de dormir ?

– Je dormirai dans ma prochaine vie, dis-je en riant et en chassant cette impression tenace que celle-ci arrivera plus tôt que tard.

Je pose les drapeaux et les rejoins puis me glisse sur le grand banc en bois entre Lucy et Rubina.

Shreya arrive avec une soupière fumante remplie d'une soupe à l'ail au parfum âcre, le remède himalayen par excellence contre le mal des montagnes. Je les force à en manger à chaque repas, leur verse d'immenses louches en leur lançant un regard noir jusqu'à ce qu'elles aient ingurgité l'intégralité du bouillon vert laiteux. Surtout les Américaines.

– Au moins on n'aura pas de souci à se faire pour les vampires himalayens, grommelle Lucy.

Madame la petite maligne est de retour. *Dieu merci.*

À l'autre bout de la table, Dr Jackie, Shailee et Ehani sont en pleine conversation. Dr Jackie ausculte les yeux d'Ehani à l'aide d'une petite lampe.

– Ses yeux lui jouent des tours, explique Shailee. Elle n'a jamais vu d'ophtalmo. Mais elle a été au centre médical de Katmandou et ils lui ont dit qu'elle aurait sans doute besoin de se faire opérer. Ouvre les yeux encore plus grand, ordonne-t-elle à Ehani en lui montrant comment faire. Oui, oui, comme ça.

Dr Jackie attrape son téléphone, trouve un test oculaire en ligne puis brandit l'appareil devant les yeux d'Ehani.

– D'accord, maintenant couvre ton œil droit, dit-elle. Entre l'image 1 et 2, laquelle est la plus nette, la 1 ou la 2 ?

– Mmmmm, hésite Ehani.

– Vous auscultez ses yeux ici ? s'étonne le reste des filles.

– En mangeant une omelette, on ne peut pas rêver mieux, n'est-ce pas ? répond le Dr Jackie.

Shreya fait des allers-retours entre la cuisine et la table, en équilibrant des assiettes pleines de curry, d'omelettes disposées autour d'un dôme de riz et de papadums coincés sur les rebords.

– Merci beaucoup, ma petite Shreya, roucoule Jimena d'une voix douce.

– Je crains que le diagnostic… finit par annoncer Dr Jackie tandis qu'Ehani retient son souffle, soit un peu plus simple qu'une opération chirurgicale. Il se trouve que ce dont vous avez besoin, mademoiselle, c'est d'une bonne vieille paire de lunettes.

Nous crions de joie tandis qu'Ehani sourit puis baisse la tête, embarrassée.

– Eh, le look intello est à la mode, dit Jimena en pointant les lunettes rectangulaires violettes qu'iel porte en permanence.

Shailee et moi nous regardons, il faudra suivre cette histoire de lunettes pour Ehani à notre retour.

– Attendez, dit Jimena en bondissant sur ses pieds alors que nous nous apprêtons à attaquer nos plats. C'est une super photo.

Iel attrape son téléphone et grimpe sur un banc à l'autre bout de la pièce, puis tourne l'appareil plusieurs fois avant de trouver le bon angle.

– Les couleurs sont juste parfaites !

Je suis un peu ailleurs ce matin, mon cerveau passe déjà en revue notre itinéraire du jour – les nonnes, Lama Geshe, Pheriche – je n'avais donc pas vraiment observé la pièce. J'avale une grande gorgée de thé au gingembre, la vapeur épicée me débouche aussitôt les narines, puis je regarde autour de moi à travers les yeux de Jimena. Iel a raison. Le lodge est une explosion de couleurs. Des fleurs et des fruits partout – des tapisseries fleuries aux couleurs vives et mal assorties recouvrent les murs, les bancs et les tables. Un rideau bleu canard avec des roses fuchsia et orange sert de toile de fond à ce décor. Le banc sur lequel nous sommes assises est recouvert d'un châle rouge pétard avec des fleurs roses et bleu tibétain. Quant à la table, c'est un bloc de bois qui ne fait pas plus de 30 centimètres de large recouvert d'une toile cirée turquoise bordée de fruits tropicaux d'une couleur si vive qu'on aurait presque envie de les manger.

– Mon Dieu, dit Jimena. Ça me rappelle les douze apôtres assis à table, mais d'une bonne façon.

La Cène.

À travers les yeux de Jimena, c'est facile de voir l'art dans tout ce qui vous entoure. Nos assiettes et nos tasses forment une nature morte moderne. Nous sommes neuf, assises en rang sur un immense banc. Nous ne nous regardons pas, nous sommes tournées dans la même direction, vers l'horizon. L'espace d'un instant, c'est comme si nous étions déjà arrivées. Nous sommes majestueuses, princières, audacieuses. Nous trônons au milieu des fruits et des fleurs. Dans notre lodge de l'Himalaya, entourées par des monastères, nous réécrivons nos histoires en peignant par-dessus notre propre version de la sororité. Nous sommes connectées à la féminité sacrée – mais habillées en alpinistes plutôt qu'en costumes de nonnes.

Enfant, mon moment préféré de la semaine sainte, c'était la rediffusion des *Dix Commandements* et de la mini-série *Jésus de Nazareth*. J'étais émerveillée par leur force et leur réalisme. Chaque fois que je regardais la scène du dernier repas, j'espérais qu'elle ait une autre issue. Mais Jésus savait parfaitement ce qui allait arriver.

Et il dînait quand même.

Parce qu'il voulait que les siens, les apôtres, se réunissent et s'unissent, et qu'ils sachent qu'ils seraient pardonnés pour leurs trahisons et leurs péchés. Même pour ceux qu'ils ne savaient pas encore qu'ils allaient commettre.

– Prends mon bon profil, dit Lucy en se recoiffant.

Shreya rit et se tourne du même côté qu'elle. J'ai mon tour de cou remonté autour de mon crâne, on dirait un bonnet de nuit de vieillard. Asha tire dessus pour le replacer autour de mon cou. Les séances photos glamours ne sont pas franchement mon truc.

– Souriez, dit Jimena, et tout le monde brandit son thé au gingembre.

Ehani est concentrée sur son téléphone.

– Ehani ! crie Jimena. Regarde-moi.

Iel prend quelques photos puis saute du banc.

– OK, dit-iel en faisant signe à un serveur de nous prendre à son tour. Il faut que je sois dessus moi aussi !

Son visage est lumineux, ses sourcils lisses. Difficile d'imaginer qu'iel voulait tout abandonner il y a encore quarante-huit heures.

Je prononce un *merci* silencieux qu'iel ne l'ait pas fait.

Je regarde les doux visages de toutes ces filles.

« Sous l'armure que se sont forgée les survivants de traumatisme, il existe une essence intacte, écrit le psychiatre Bessel Van der Kolk dans *Le corps n'oublie rien*. Un soi qui est confiant, curieux et calme, un soi qui a été préservé de la destruction par ces boucliers qu'ils ont fait l'effort de créer afin d'assurer leur survie. »

La Cène est un moment triste, mais c'est aussi l'heure du bilan. La trahison et la mort conduiront à la Résurrection, et finalement au pardon.

Je sais que nous devrons toutes autour de cette table trouver une façon de nous pardonner nous-mêmes.

*
* *

Après une courte marche à travers une forêt de rhododendrons, le chemin de pierre que nous suivons s'ouvre sur une grande cour poussiéreuse dans laquelle on trouve une longue rangée de moulins à prières en cuivre. Nous tournons les chevilles en bois et les moulins se mettent en route, dans un bruit de métal froissé. Derrière le bruit de ferraille, j'entends une toux. Dr Jackie. Elle a toussé toute la matinée.

De l'autre côté de la cour, sous une arche en pierre, Ani Chockle, la nonne principale, vient nous accueillir. Derrière elle s'étendent les vestiges en pierre du couvent de Deboche – certaines parties ont été détruites lors du tremblement de terre de 2015. Ani Chockle, calme, chauve et enveloppée dans sa toge bordeaux, s'incline pour nous saluer, avant de m'adresser un petit signe de tête supplémentaire. Quand j'ai rencontré les nonnes l'année dernière à Katmandou, l'une d'entre elles portait un manteau en léopard qu'on lui avait donné et riait en expliquant combien ce vêtement n'était pas en accord avec sa vocation sacrée. Je me suis alors mis en tête de leur trouver des manteaux plus dignes d'elles et j'ai passé deux jours à arpenter Katmandou à la recherche de vestes de montagne et de gants bordeaux. Les vendeurs de Thamel m'ont d'abord prise pour une de ces touristes difficiles qui refusait d'acheter la première couleur qu'on lui montrait. Mais j'avais besoin de ces vingt vestes bordeaux, la couleur des nonnes de Deboche, et j'en avais besoin rapidement. J'ai fini par trouver un atelier de couture qui fabriquait des vestes. J'en ai commandé vingt avec des gants assortis et ai demandé que le tout soit livré avant que l'hiver arrive. Je sais la nécessité d'avoir un uniforme adéquat.

Deboche est le plus vieux couvent bouddhiste du Népal, mais les nonnes ne sont pas formées pour être institutrices ou médiatrices comme elles le sont en général ailleurs. Ce sont des nonnes cérémoniales qui voyagent à travers la région du Khumbu pour célébrer la puja. Même si Deboche vit dans l'ombre du monastère voisin, celui de Tengboche, connu pour être le plus haut du monde, j'ai toujours préféré sa beauté calme et je trouve que la genèse de ses nonnes est bien plus cool. On raconte que leur fondatrice, Ani Ngawang Pema, était une superbe jeune fille dont de nombreux hommes se disputaient la main. Mais celle-ci ne voulait pas se marier et elle finit par s'enfuir en se glissant par la fenêtre d'une salle de bains qui donnait sur la falaise. Elle se réfugia ensuite à Deboche, où elle vécut isolée du monde dans une hutte en pierre pendant cinquante et un ans en ne mangeant que deux repas modestes par jour et en priant tous les matins pour soulager la souffrance de tous les êtres vivants. Après l'occupation du Tibet par les Chinois en 1950, un groupe de nonnes tibétaines déterminées à préserver leurs croyances religieuses l'ont rejointe et, toutes ensemble, elles ont franchi le col traître du Nangpa La et atteint Deboche.

C'est comme ça que leur sororité est née.

Elles mènent une vie modeste, une vie que j'avais hâte de montrer aux filles. Je pensais que nous les saluerions brièvement et reprendrions la route. Je suis donc surprise quand Ani Chockle nous guide jusqu'à leur temple de fortune – un petit bâtiment en pierre – et dépose sur les épaules de chacune d'entre nous une khata jaune en soie au fur et à mesure que nous entrons. Asha lui rappelle que je vais tenter d'atteindre le sommet, elle murmure quelque chose puis me tend une khata blanche à la place. Le blanc, c'est une bénédiction supplémentaire. J'incline la tête, reconnaissante.

Au centre de la pièce, trois anis chauves sont assises en tailleur, emmitouflées dans leur toge bordeaux. L'une d'entre elles porte d'immenses lunettes à la monture dorée. On dirait des Dolce & Gabbana. Des rayons de lumière poussiéreux éclairent l'autel coloré et les petits bols d'encens alignés sur la table qui sépare la pièce en deux. Contre le mur, une autre table sur laquelle sont posées une ribambelle de statues de Bouddha, des bougies et une boîte en bois rouge toute simple avec le mot « donations » peint en blanc à la main. Une autre statue : Miyolangsangma. La déesse qui chevauche un tigre rouge que nous avions vue à l'entrée du parc de Sagarmatha. Miyolangsangma est l'une des cinq sœurs tibétaines de longue vie et fut d'abord une démone avant d'être convertie par le Guru Rinpoche, l'un des fondateurs du bouddhisme tibétain. Les vallées et les sommets de l'Everest sont son terrain de jeu et les alpinistes ne peuvent atteindre le sommet qu'avec sa bénédiction. C'est la déesse du Don inépuisable. J'espère que ce don durera suffisamment pour me permettre d'atteindre le sommet.

Nous errons dans la pièce, incertaines du protocole à suivre.

Shailee explique à Ani Chockle notre intention pour ce voyage, mais alors qu'elle est au beau milieu de sa phrase, l'une des nonnes se met à chanter, d'une voix grave et scandée, puis deux autres la rejoignent, jusqu'à ce que toutes se mettent à fredonner à l'unisson. Le son est ondoyant et entraînant – on dirait plus une litanie qu'un chant, comme lorsque je priais avec mon chapelet.

Nous nous agenouillons côte à côte le long du mur du fond, et penchons la tête en avant. Les bougies vacillent dans des chandelles en cuivre poli tandis que le son remplit progressivement la pièce. Son sillage doux se referme lentement sur moi jusqu'à ce que je n'entende plus rien d'autre. Ni ma propre respiration, ni un oiseau, ni un bavardage provenant de l'extérieur. Le chant est un cercle fermé. Son début et sa fin fusionnent jusqu'à ce que les mots se confondent et que le tout ne soit plus qu'une vibration continue.

Il pénètre mes oreilles puis ma gorge et me purifie. À l'instant où il descend dans ma poitrine, je le sens exploser en lumière – comme si un million de minuscules faisceaux illuminaient désormais mes veines. Je rouvre les yeux d'un seul coup et retiens mon souffle. *Dieu tout-puissant.* Je jette un coup d'œil au bout de la rangée, vers Rubina, Shreya et Ehani, mais elles ont l'air impassibles, sereines même, les mains posées sur leurs cuisses. Jimena fronce les sourcils, pour montrer son respect. Les paupières palpitantes et le sourire calme de Lucy lui donnent des airs de chérubin. Tout le monde agite la tête au rythme du chant.

Grâce à un test qu'il faisait passer aux survivants de traumatisme, Bessel Van der Kolk a découvert qu'il leur était quasi impossible de se détendre physiquement. Durant un cours de yoga, il a relevé les constantes des participants pendant le *shavasana* – la posture du cadavre – le moment de relaxation censée conclure une session. Quand on leur dit de se détendre et de « se laisser aller complètement », leur activité musculaire augmente. « Plutôt que de sombrer dans un état de détente totale, les muscles de nos élèves continuent à se préparer à combattre des ennemis potentiels », écrit Bessel. L'un des plus grands défis quand on se remet d'un traumatisme, explique-t-il, c'est d'être capable de se relâcher complètement, de s'abandonner tout en se sentant en sécurité.

Se laisser aller est dangereux, trop dangereux pour certaines d'entre nous. Mais la petite pièce en pierre nous berce et les filles sont assises, en paix, les yeux fermés, dans la pénombre.

La seule chose qui essaie de s'enfuir, c'est mon cerveau. Il fuse à un million de kilomètres à l'heure, en cherchant une issue de secours.

À leur âge, je n'avais plus foi en quoi que ce soit de sacré.

Lucy ouvre les yeux et croise mon regard. Elle sourit et s'empresse de tourner la tête, ses doigts caressent machinalement la khata en soie qui entoure ses épaules.

Je prends une profonde inspiration et referme les yeux. Le chant m'avale. Les voix des nonnes deviennent du vent, séparées de toute personne ou de tout objet. Elles voguent librement, abondantes et prêtes à ce que nous les recevions. Les bouddhistes décrivent de la même façon la valeur de la prière. Elle est inconditionnelle. Détachée de tout jugement, de toute performance. Tout ce que j'ai à faire c'est être. Et je serai alors aimée. Je ne sais pas d'où vient cette pensée, mais elle est si radicale, si étrangère à tout ce que j'ai connu que sa simplicité me casse presque en deux. Je ressens un bruit physique au creux de mon cœur.

Les chants se tarissent et laissent place au silence. J'ouvre les yeux et découvre les filles qui me regardent. Les visages des femmes qui sont dans cette pièce sont chaleureux et tendres. Je ne suis pas certaine de savoir combien de temps a passé. Une minute. Dix. Une heure. Je suis en train de pleurer. Mon visage est trempé de larmes et des petits ruisseaux de morve coule le long de mon menton. Embarrassée, je souris et m'empresse de m'essuyer avec ma manche.

– Merci, dis-je en m'inclinant devant les nonnes. Merci beaucoup, je promets que je n'avais pas prévu de pleurer aujourd'hui.

Les rires envahissent la pièce, mais les nonnes semblent comprendre exactement ce dont je parle. Elles s'inclinent pour nous dire au revoir – elles ont une autre bénédiction à Pangboche. Shreya et Ehani me prennent les mains pour m'aider à me relever puis me serrent dans leurs bras.

– Ça va aller Silvia, dit Ehani.

– Je sais, dis-je. Ce sont des larmes de joie ! Promis.

Je n'avais pas la moindre idée que les nonnes avaient prévu une puja. Je n'avais jamais rien vécu de tel. Peut-être que les Népalaises, oui.

Alors que nous partons, les nonnes nous promettent de prier pour nous tous les jours et de prier pour moi jusqu'à ce que j'atteigne le sommet.

– Mais envoyez-nous un message quand vous serez tout là-haut, dit Ani Chockle d'un ton tout à fait sérieux. Que nous puissions arrêter de prier !

Je ris. Je suppose que même l'amour inconditionnel a ses limites.

*

* *

Nous flottons toujours sur un nuage quand Rubina se remet en route et ouvre la marche. Prochain arrêt : Pangboche, pour rendre visite au célèbre Lama Geshe, le plus réputé de la région du Khumbu. Lors de mon premier voyage sur l'Everest, je ne me suis pas suffisamment intéressée aux coutumes et aux traditions religieuses himalayennes. J'étais trop avide de réponses, d'explications, de révélations. Coincée sur un grand huit de comportements autodestructeurs, je souffrais et cherchais une sorte de bénédiction spirituelle instantanée. Je m'étais dit que si l'Everest était une expérience transformatrice, alors plus vite j'arriverais au camp de base, plus vite ma prise de conscience et ma « guérison » – quelle que soit la définition vague que j'avais de ce mot à l'époque – auraient lieu.

Je cherchais une solution logique à un problème spirituel.

Et je buvais encore alors.

Je buvais encore il y a deux mois.

Nos bavardages se tarissent vite. Nous sommes désormais à 3 800 mètres d'altitude et chacun de nos pas demande un peu plus d'énergie que ceux d'hier. L'air est froid et sec. Comme dans le désert. Même sous le soleil implacable, nous sommes emmitouflées dans nos polaires et nos bonnets. Nous sommes au mois d'avril, mais ici il n'y a pas de printemps. Pas de fleurs sauvages en floraison. Le flanc de la colline est jauni. De l'herbe marron et broussailleuse, avec de temps en temps un arbre qui s'accroche. C'est une palette poussiéreuse. Des marrons secs et cendrés. Des jaunes et des beiges mornes. Un bleu ardoise. Du gris. Tellement de gris. Je ne suis pas une artiste, mais même moi je peux voir que le gris absorbe tout ici. Les montagnes au loin s'étendent et passent progressivement du cendré au gris tourterelle, du gris pierre au gris fumée, en passant par le gris métal. Plomb, silex, étain, nuage. Graphite, galet et fumée. Dans nos tenues d'alpinistes flambant neuves, nous sommes la chose la plus colorée en vue – une encoche de parkas fuchsia, bleu vif et mandarine, presque comique, sur le fond gris et usé de ces monstres géologiques. C'est le point du chemin où l'on comprend vraiment que les montagnes sont des roches. Des fossiles ancrés dans la terre.

Nous marchons le long d'un chemin étroit – une ligne tracée au crayon dans le flanc pentu de la montagne. Du sable couleur fauve craquelle sous nos pieds. Nos bottes laissent des empreintes poussiéreuses, comme sur la lune. Nous sommes des femmes de la lune. Des astronautes de la terre. Des exploratrices. Les montagnes sont le Grand Ouest que nous devons conquérir.

Des centaines de mètres plus bas, la rivière coule, d'un vert écumeux. Elle s'amenuise un peu, rétrécit pour révéler des rives de roche calcaire ici et là. Loin des courbes gracieuses et des courants bouillonnants, la rivière ressemble à un collier jeté sur une commode, abandonné là où il a atterri. Au-dessus de nos têtes, les maisons du Monopoly réapparaissent. Mais les couleurs primaires du début de notre trek ont disparu, plus de paysage verdoyant, plus de rivière qui déborde. Ici, les maisons sont bleues comme un jean délavé ou vertes comme les murs d'un hôpital. Nous sommes au cœur des hauts de l'Himalaya désormais. Ici, la vie est rare.

J'ai le bout des doigts tout engourdi.

– Rubina, dis-je doucement en trottinant pour la rattraper. Comment as-tu trouvé les cérémonies d'aujourd'hui ?

– Bien, très bien, répond-elle.

– Ces nonnes sont si pures et tellement pleines d'amour !

– Oui, c'est sûr, dit Rubina.

En quittant le couvent, les filles avaient les yeux humides et les traits détendus, de toute évidence émues par cette cérémonie, mais Rubina, elle, semblait presque stoïque. Ehani ne parle pas beaucoup elle non plus, sans doute à cause de la barrière de la langue et de sa timidité naturelle, mais le silence de Rubina est différent… Je ne sais pas jusqu'où la pousser. Tout le monde effectue un travail d'équilibriste entre pousser son corps et pousser son esprit. Je ne sais pas où se trouve la limite…

Avant que j'aie le temps d'ajouter quoi que ce soit d'autre, une nuée d'enfants surgit de nulle part et nous entoure. Leurs rires me font penser à des petites cuillères qui s'entrechoquent. Deux jeunes filles aux longs cheveux noirs, avec des grands T-shirts américains et des sandales usées, nous dépassent. Trois garçons qui se suivent par ordre de taille grimpent en soufflant, le soupir bruyant du plus petit à la fin de chaque respiration me fait rire.

– Est-ce que vous êtes coréenne ? demande une fille en jean taille haute et sandales déchirées, en pointant Shreya du doigt. Vous êtes actrice ?

– Ooooh ! glousse Shreya de toute évidence flattée.

Elle fait la moue et baisse ses lunettes de soleil de star pour la regarder.

– Non, elle est mannequin, dit Rubina.

– Allez, Miss Mannequin ! crie Lucy.

– Si seulement ! dit Shreya en lui attrapant la main. Peut-être si tu me montres tous tes trucs de maquillage.

Rubina et Shreya sont cousines. Durant les cinq derniers jours, j'ai vu un feu naître en Shreya. Elle semble plus audacieuse et plus joyeuse, tandis que Rubina reste plus en retrait. Elles portent leurs histoires de façon si différente, pourtant celles-ci sont liées.

Durant la saison des moissons à Sindhupalchok, les maisons des voisins de Rubina regorgeaient toujours de nourriture – des paniers de riz, de millet et de maïs – tandis que la sienne était vide. Son grand-père était riche mais il refusait d'aider Rubina et ses sœurs parce qu'elles étaient des filles. On considérait que les filles avaient moins de valeur parce qu'elles ne travaillaient pas et ne gagnaient donc pas d'argent. Leur seule valeur, c'était le mariage.

Son grand-père répétait tout le temps : « Avec les filles, quand certains trouvent de l'or, vous trouverez de la merde. »

Mais la mère de Rubina était bien déterminée à envoyer ses filles à l'école et à les faire sortir de la pauvreté. Elle travaillait aux champs plusieurs jours par semaine avec les hommes, et a fini par gagner suffisamment pour les inscrire à l'école. Hélas un jour, lors d'un terrible accident, la sœur aînée de Rubina a été attaquée par un léopard qui errait dans le village. Ses parents ont dû emprunter une somme considérable pour la faire soigner. Ils étaient ruinés mais les villageois n'ont eu aucune compassion envers eux. « Vos filles vont s'enfuir pour se marier de toute façon, disaient-ils. Vous ne pourrez jamais nous rembourser. Donc pourquoi devrions-nous vous donner de la viande ? » Sa famille s'est mise à faire les poubelles juste pour survivre. C'est un parent proche qui leur a le premier parlé de l'Inde.

S'ils y envoyaient Rubina, affirmait-il, elle pourrait recevoir une éducation et trouver un travail.

Ils n'ont pas hésité une seconde.

Rubina refuse de parler de ce qu'elle a subi en Inde, de ce qu'elle a ressenti quand elle a vu Shreya, sa petite cousine, débarquer là-bas elle aussi, ou de ce qu'elles ont toutes les deux enduré avant de se retrouver ici aujourd'hui, sur cette montagne avec nous.

Shreya était jeune quand Rubina a quitté le village. Et quand ses parents ont entendu dire combien celle-ci avait réussi, ils ont décidé d'y envoyer leur fille eux aussi. Elle avait douze ans à son arrivée en Inde. Ça ne ressemblait à aucune des écoles qu'elle avait connues jusque-là. Elle s'attendait à ce qu'on lui donne des devoirs, mais à la place on la gardait isolée dans une chambre sombre. Tous les matins, une jeune fille lui apportait de délicieux plats et des vêtements propres. Elle ne voyait que rarement sa cousine. De sa chambre, elle ne pouvait pas voir grand-chose à vrai dire. Elle a donc appris à écouter.

Un jour, elle a entendu l'homme qui l'avait conduite jusqu'en Inde parler à voix basse à la vieille femme qui arpentait les couloirs, un énorme trousseau de clés accroché à la taille.

– Nous allons déplacer la nouvelle, a-t-il dit. Oui, oui, un meilleur endroit. Les vierges rapportent bien plus là-bas.

Elle n'a eu aucun mal à comprendre. On était en train de la remplumer et de lui refaire une beauté, de prendre soin d'elle comme d'une vache sacrée, pour qu'elle ait l'air saine et forte et qu'elle soit vendue au plus offrant, comme du bétail. Il n'y avait pas d'école. Et la vierge, c'était elle.

Tout ça était la faute de Rubina. Sa propre cousine avait menti à sa famille et l'avait trahie. Comment avait-elle pu ? Et pourquoi ? Durant les jours suivants, Shreya a désespérément tenté de contacter Rubina. Elle a fait passer des messages via les filles qui venaient la voir, des notes cryptiques pour supplier sa cousine de venir lui parler. Puis une nuit, on a frappé à la porte et la voix murmurante de Rubina l'a réveillée. Elles se sont disputées à voix basse, à travers la porte.

– Comment as-tu pu me faire une chose pareille ? a pleuré Shreya.

– Ce n'est pas moi, a répondu Rubina. Je ne savais pas non plus.

– Où est-ce que nous sommes ? C'est quoi cet endroit ?

Mais elle connaissait déjà la réponse. Elle avait entendu les histoires de filles qui disparaissaient, surtout dans leur région. Elle avait quand même besoin de l'entendre de la bouche de sa cousine.

– Nous sommes dans une maison close. Je suis désolée.

– Comment je peux sortir de cette pièce ? Il faut qu'on s'en aille, il faut qu'on quitte cet endroit.

– Non, non, a répondu Rubina. Si tu arrives à rejoindre la route et qu'ils te rattrapent, ils te découperont en morceaux… C'est déjà arrivé, a-t-elle ajouté à voix basse.

– *Ma timilai maya garchu*, a dit Shreya. Je t'aime. Mais si tu ne viens pas, tant pis. Si j'arrive à rejoindre le Népal, je reviendrai te chercher avec toute notre famille. Si je n'y arrive pas, alors tu mourras ici et moi dehors. Je préfère mourir sur la route. Au moins j'aurais essayé. Nous devons essayer.

*
* *

En descendant dans le ravin, nous passons un long mur de pierres-mani. Au bout du chemin, nous pénétrons dans les gorges de la rivière Imja Khola, un affluent de la Dudh Kosi, et sommes entraînées par le son féroce de l'eau qui rugit à travers la vallée. Un pont cassé est couché aux abords du nouveau passage, ses rampes en métal tordues et déchiquetées pourrissent le long de la rive.

Deux sherpas surgissent derrière nous en portant des charges surhumaines sur leurs têtes, lesquelles ne tiennent que grâce à des bandes de tissus nouées à leur front. Le premier porte un sweat à capuche et le second un T-shirt, ce dernier porte également une table sur son dos. Alors que nous nous décalons pour les laisser passer, je me rends compte que d'autres sacs sont accrochés avec une corde au plateau de la table, comme une civière, et qu'il fait levier avec son corps pour la soulever ou la poser.

Nous attaquons une colline éreintante, en remontant un chemin creusé dans la façade rocheuse d'une façon presque artistique.

– Oh mon Dieu, évidemment ! Encore une montée, ironise Lucy.

L'altitude la frappe à coups de marteau mais elle continue à avancer comme un tank. Ehani est collée à ses semelles. De temps en temps, elle sort sa bouteille de son sac pour la forcer à boire. La toux du Dr Jackie a l'air d'empirer. Shreya réajuste ses lunettes de star et fonce la tête la première, un léger sourire en coin.

Jimena marche devant – iel suit son propre chemin désormais.

Et puis, au détour d'un virage, l'Himalaya apparaît devant nous, avec ses dents de granite qui percent une épaisse couverture de nuages cotonneux, des anciens ruisseaux de sédiment qui tombent en cascades le long des façades, comme des chutes d'eau. La montagne la plus proche, c'est l'Ama Dablam, l'une des plus majestueuses. Elle ressemble un peu au mont Cervin en Suisse. Certains disent qu'on dirait les bras d'une mère qui entourent son enfant pour le protéger.

– Je vais le gravir ! dit Shreya en pointant du doigt le sommet le plus éloigné.

L'Everest. Une pointe de flèche. Entouré du blanc le plus pur qui soit.

– Un jour, dit-elle.

Prises en sandwich au beau milieu de la chaîne de l'Himalaya qui s'élève de toutes parts, nous avons vraiment l'impression d'être prisonnières des montagnes. Rien ne m'a jamais fait me sentir plus en sécurité et plus terrifiée à la fois.

*

* *

En haut de la colline éreintante, nous arrivons enfin à Pangboche et escaladons une autre colline éreintante pour rejoindre la maison du Lama Geshe – le lama en exercice et prêtre officiel de tous ceux qui tentent d'atteindre le sommet. C'est toute une opération. Une femme nous guide jusqu'à une pièce faiblement éclairée où des volutes d'encens ondulent entre des étagères remplies à ras bord de babioles, de rubans rouges et d'enveloppes. On se croirait dans une papeterie sacrée, un mélange hilarant de spirituel et de commercial, ce qui résume assez bien les treks vers l'Everest de nos jours. Un vieil homme aux épaisses lunettes noires est assis derrière un bureau. Lama Geshe. Il a le visage tanné et parsemé d'excroissances, son dos est courbé en permanence sous sa toge rouge et il affiche un sourire en coin comme s'il venait juste de nous faire une farce et qu'il attendait patiemment que l'on s'en rende compte. Grâce aux interprètes, il accepte gentiment de nous bénir chacune à son tour, une cérémonie courte et plaintive que personne ne semble vraiment comprendre, durant laquelle il glousse et s'adresse aux femmes qui gèrent en réalité toute l'affaire du début à la fin.

Le lama n'a pas le temps pour notre déférence.

En effet, quand Lucy s'agenouille devant son bureau et s'incline presque complètement, il explose dans un ricanement et lui marmonne de se relever en népalais. « Debout, debout ! je l'imagine dire. Redresse-toi, femme. C'est quoi tout ce tralala ? »

Quand vient mon tour, je regarde les photos d'alpinistes du monde entier qui ornent les murs autour de moi. La plupart sont au sommet. J'essaie de ne pas penser à ceux qui sont passés se faire bénir ici avant moi mais ne sont jamais redescendus. Ma puja a lieu dans cinq jours au camp de base et le compte à rebours qui fait tic-tac au fond de mon cerveau s'est un peu calmé. Je tends au lama mon argent et ma khata et il marmonne dessus, puis me fait signe de me pencher vers lui. Il tente de nouer une ficelle rouge autour de mon cou, mais elle s'emmêle aux colliers que je porte déjà – le chapelet de ma mère et deux autres représentant la Virgencita del Carmen. La Virgencita promet à tous ceux qui la portent que, s'ils meurent, ils iront directement du purgatoire au paradis. Depuis la fois où j'ai perdu mon collier en tombant alors que j'escaladais la façade du mont Blanc, j'en porte toujours deux, juste au cas où. Hors de question de risquer mon billet coupe-file pour le paradis. Il n'y a que la Vierge elle-même qui sait combien de temps je suis censée rester au purgatoire.

Je bloque la file tandis que Lama Geshe, un moine on ne peut plus respecté, tente laborieusement de démêler tous mes petits pièges religieux pour nouer une simple ficelle autour de mon cou. Me voilà qui apporte déjà mon fardeau spirituel à la montagne.

– Bah, dit-il en agitant la main, renonçant enfin, avant de terminer la cérémonie en lançant une poignée de riz au-dessus de ma tête.

Je ris quand les grains s'abattent sur moi. Il aura fallu que je marche jusqu'à l'Himalaya pour avoir enfin droit à un mariage catholique digne de ce nom.

– *Om bolo sat guru bhagavan ki jai!* scande-t-il en plongeant ses yeux dans les miens. *Om bolo sat guru bhagavan ki jai! Om bolo sat guru bhagavan ki jai!*

Il répète ce mantra d'une voix de plus en plus insistante, en agitant la tête vers moi jusqu'à ce que je comprenne et répète après lui. Voilà ce que je dois emporter avec moi. Je comprends. Il me tend une image dans une enveloppe et son assistante m'explique qu'il faut que je l'emporte avec moi tout en haut de l'Everest et la lui renvoie ensuite.

Je suis touchée par la confiance qu'il me témoigne. J'ai l'impression que ça rend mon rêve plus probable.

*
* *

La lumière sur le chemin a changé. On entend des cloches tinter au loin tandis que la température tombe et que le ciel bleu autour de l'Everest s'estompe pour laisser place à un rose pâle glacial. Mes doigts ne sont plus du tout engourdis, comme si les bénédictions d'aujourd'hui m'avaient procuré un shot d'oxygène.

Je repense à Rubina et à son histoire. Je n'ai jamais connu la pauvreté qu'elle a connue – une pauvreté qui pousse des parents à envoyer leur fille loin de chez eux dans l'espoir qu'elle ait une vie meilleure –, mais je sais ce que l'on ressent quand les gens dont vous dépendez pour survivre sont ceux qui vous font du mal. Il se produit un schisme. Une fracture mentale. La confiance devient un cercle vicieux. Un serpent qui se mord la queue. Une partie de moi a encore l'impression que j'ai mérité ce que J m'a fait subir. Que les mauvaises choses arrivent aux mauvaises personnes et que les bonnes choses arrivent aux bonnes personnes. Je sais que ce n'est pas vrai et qu'affirmer ça a quelque chose de puéril, mais la honte n'a pas de logique.

C'est une chape de plomb avide.

Le cordon ombilical qui nous relie toutes les unes aux autres durant ce trek.

Je repense au grand-père de Rubina qui affirmait grosso modo que les femmes étaient inutiles. Une autre vérité qui m'est hélas bien familière. Qui nous est hélas familière à toutes. Plus j'en apprends sur l'histoire de chacune, plus je constate que nous portons toutes une part de l'autre en nous, comme une même bouteille qui se serait cassée une fois jetée à la mer et dont les morceaux de verre auraient fini éparpillés sur différentes rives. Nous avons survécu à des atrocités commises par des hommes, et nous n'étions pas les premières de notre famille à le faire.

Nous perdons l'Everest de vue. Au fur et à mesure que nous descendons dans cette vallée appelée « Paris », la colline verdoyante recouverte de pins se transforme en un terrain aride et hivernal. C'est ici que vivent les Rais, un petit peuple indigène du Népal, l'un des plus anciens groupes ethnolinguistiques du pays. Les Rais n'ont ni dieu, ni temple, ni livre sacré, ni idole. Leur religion est fondée sur le culte des ancêtres et leur pratique fondamentale, c'est le *ridum*. Chaque région et chaque groupe a son propre ridum, pas seulement les gens, mais les arbres et les pierres également – les êtres vivants comme les objets inanimés. Et chacune de ces choses porte en elle l'histoire de son héritage depuis la nuit des temps jusqu'à aujourd'hui.

Le ridum est moins un acte de foi qu'un acte narratif. Un héritage. Les Rais *racontent* et *font* le ridum. Notre héritage ancestral vit en nous tous. Et en *racontant* ces histoires, en *accomplissant* les rituels qui les font revivre, les Rais se rappellent d'où ils viennent et qui ils sont censés être. Ce n'est qu'en racontant le passé qu'ils comprennent qui ils sont.

Si nous héritons tous des histoires de nos ancêtres, alors peut-être que je ne suis pas la seule à devoir les porter. Peut-être que le don inépuisable de Miyolangsangma, ce n'est pas seulement le martyre. Peut-être qu'il ne s'agit pas de finir exsangue pour prouver notre valeur, que si ce don est inépuisable c'est parce que nous en sommes tous la source.

Le soleil disparaît de plus en plus vite derrière l'horizon.

– Je vais passer devant, dit Asha en accélérant le pas. Et réserver au lodge !

– Moi aussi, crie Jimena. Attends !

– Quoi ? demande Asha qui est déjà 30 mètres plus bas.

– Elle veut venir avec toi ! hurle Shreya. Attends.

– Iel, corrige Jimena en se tournant vers Shreya. Iel, répète-t-iel d'un ton ferme.

– Hein ?

– Mon pronom, c'est *iel*, répète-t-iel.

– Iel ? Hum, oh, oui. Tu es iel.

Shreya rit nerveusement et je sais qu'elle s'inquiète d'avoir offensé Jimena.

Tout le monde se tait.

– C'est bon, dit Jimena en prenant Shreya par le bras. Nous allons continuer d'apprendre ensemble.

Asha les rejoint et glisse son bras sous celui de Jimena. Et voilà que les trois partent vers Pheriche, le point culminant de notre voyage. Même quand le vent commence à hurler autour de nous, leur pas reste guilleret et sautillant.

– Shailee, dis-je. C'était quoi ce que chantaient les nonnes ?

– Un chant de compassion.

– De compassion pour qui ?

Shailee me dévisage et me répond d'un ton pince-sans-rire :

– Eh bien pour les yaks, évidemment.

J'ai dû lui lancer un sourire un peu perplexe parce qu'elle explose de rire.

– Qu'est-ce que tu crois ? De la compassion pour soi-même, bien évidemment. C'est seulement comme ça qu'on peut en avoir ensuite pour les autres.

Je ris et acquiesce, comme pour dire : « Bien sûr, bien sûr, je le savais. »

La compassion, comme je l'apprendrais plus tard, c'est ce qui permet à la douleur et à l'amour de cohabiter. C'est s'autoriser à vraiment recevoir l'amour et la protection dont on nous inonde durant ces bénédictions himalayennes. Porter le traumatisme de mon abus et la responsabilité morale d'y mettre un terme a laissé peu de place pour la compassion dans ma vie.

Ni envers les autres ni envers moi.

Quand nous quittons la vallée du « Paradis », nous marchons à neuf femmes. J'ai l'impression que Miyolangsangma nous écoute. Toutes nos bénédictions, nos conversations et la terre que nous traversons ont un seul et même message : vous n'êtes pas seules. Vos ancêtres sont là – pour le meilleur et pour le pire ! La seule façon de défaire ce qui a été fait, c'est de continuer à raconter ces histoires et de les corriger en chemin. Faire confiance aux autres et à soi, même après avoir été trahi et blessé. Et accepter les gens, quelles que soient nos opinions et nos limitations.

La compassion, cela signifie respecter les expériences des autres même si on ne les comprend pas, même si elles ne nous parlent pas. Je, nous n'avons pas à comprendre l'expérience de Jimena pour lui témoigner notre respect et éprouver de la compassion à son égard. Nous devons juste lui permettre d'*être*.

– 8 –

ÉTAGÈRE DU HAUT

Lors d'une fête durant ma dernière année à Millersville, Yoshiko, une nouvelle étudiante germano-japonaise, s'est approchée de moi pour me dire que je lui plaisais énormément. J'étais stupéfaite – pas tant pour ce qu'elle avait dit, mais parce qu'elle n'avait pas pris feu sur le coup. Dans mon monde à moi, l'homosexualité était un Péché, avec un P majuscule.

Je sortais avec des hommes. J'avais même eu un petit ami sérieux durant mes premières années de fac, Huib, mais après ça je m'étais contentée de flirts en soirée. Je trouvais les hommes plutôt attirants, ça allait. Mais je n'avais jamais considéré sortir avec une femme – je n'avais de toute façon pas la moindre idée de comment les gays se réunissaient. Pourtant, Yoshiko avait clamé haut et fort son désir pour moi, quand d'autres auraient sans doute hésité à le faire.

Et alors que je me tenais à côté d'elle, suffisamment près pour sentir la chaleur qui émanait de son corps, j'ai laissé ses mots m'imprégner. Quelque chose de profond et de vrai est venu secouer mes entrailles. Quelque chose que j'avais follement envie d'explorer. Hélas, ni elle ni moi n'étions suffisamment à l'aise à l'époque pour vivre ce genre d'histoire. Je n'étais pas prête pour quoi que ce soit de physique, de toute façon. Durant l'année qui a suivi, Yoshiko et moi avons entretenu une amitié intense et presque romantique. Nous ne nous touchions pas, mais notre relation était intime et chargée d'émotions. Je ne savais pas comment la qualifier, mais elle était différente de tout ce que j'avais connu auparavant. Nous avions prévu de déménager ensemble à New York après la fac. Là-bas nous serions anonymes.

Nous pourrions aller grossir les rangs des gamins branchés qui font la queue devant les boîtes de nuit. Nous pourrions prendre le temps de comprendre ce qu'il y avait entre nous.

Juste avant notre déménagement, je suis allée passer l'été avec mes demi-frères et sœur en Californie. À ce stade, Marianela, Ramiro et Rolando vivaient tous à San Francisco. Rolando sortait avec Caleña, une Colombienne dont le meilleur ami Tony était un gay flamboyant et latino.

– Appelle-moi Tony, *preciosa*, m'a-t-il dit le jour où je l'ai rencontré.

– Non, son nom c'est To-to-to-to-ny, s'est moqué Rolando.

Tony était surexcité à propos d'un truc qu'il appelait la Gay Pride.

– C'est le plus grand festival inclusif, Silvita, tu dois venir ! C'est comme un carnaval géant.

Mes sentiments pour Yoshiko étaient forts, mais nous ne nous étions toujours pas embrassées. Est-ce que Tony avait senti quelque chose chez moi ? Est-ce que mes frères et sœur l'avaient vu eux aussi ?

– Moi, je vais passer mon tour, a déclaré Rolando. Pas moyen que je me fasse peloter par tout un tas de gays.

– Tu es dingue ! a répondu Tony. Les gays de San Francisco ont bien trop bon goût pour te courir après.

Ce dimanche-là, Caleña, Tony et moi avons pris le BART jusqu'à San Francisco. En arrivant à Oakland, notre wagon était déjà plein à craquer de gens qui portaient des mini-shorts à paillettes, des boas en plumes et d'énormes bottes à semelles compensées. Il y avait des arcs-en-ciel partout. Ces couleurs m'étaient familières – c'étaient celles des arcs-en-ciel de Tahuantinsuyu. L'empire Inca.

Est-ce que les Incas étaient gays ?

Est-ce que tout le monde était gay ?

Wouhou ! criaient les gens en s'entassant dans le train.

Happy Pride tout le monde !

Des sifflets de carnaval ponctuaient ce joyeux remue-ménage.

– Ça veut dire quoi *Happy Pride* ? ai-je demandé.

– C'est un dicton de la Gay Pride, a répondu Tony. Une célébration du fait d'être gay et de l'assumer.

Je n'étais pas prête à être gay et encore moins à l'assumer.

Nous sommes descendus à Montgomery et il y avait plus de monde dans la station qu'à la procession du Señor de los Milagros de Lima. Je n'avais jamais vu autant de gens dans un même endroit. Depuis mon arrivée, j'avais souvent pris le BART le matin pour aller en ville depuis chez ma sœur. Je regardais les passagers en imper avec leurs attachés-cases et leur look sérieux mais très à la mode. Ça me rappelait les costumes de mon père.

Une partie de moi voulait suivre cette tradition.

Mais quand nous sommes entrés dans Market Street, en voyant les confettis voler dans tous les sens autour de nous, en entendant le roulement des sifflets et le cliquetis des maracas, j'ai soudain été envahie par une joie nouvelle. Nous avons zigzagué au milieu de la foule et avons trouvé un endroit où nous poser derrière une de ces barrières qui séparaient la chaussée du trottoir.

Accoudée au métal froid, j'ai regardé émerveillée les chars qui défilaient et leurs DJ qui passaient de la techno à s'en faire exploser les tympans. Sur un char, des drag queens avec de grands cheveux violets dansaient. Sur un autre, des hommes aux corps sculptés entourés de chaînes agitaient leurs fouets tandis que des femmes torse nu qui s'étaient peint le corps aux couleurs de l'arc-en-ciel s'embrassaient ouvertement sous nos yeux. J'ai lutté contre mon envie de tout contrôler et mes hanches se sont soudain mises à remuer en rythme, mes épaules à se secouer et quelque chose coincé depuis longtemps en moi s'est défait. Nous n'étions plus qu'un organisme, tous à danser, à crier, à irradier une liberté débridée et une acceptation féroce que je n'aurais jamais crue possible. Les rues n'étaient plus qu'une vague d'euphorie.

Même le maire de San Francisco, Willie Brown, est passé en voiture en nous faisant un petit signe de la main.

Waouh, ai-je pensé. *Même le maire est OK avec tout ça ?*

Ma foi, mes parents et la majeure partie de mes compatriotes considéraient que ce mode de vie était un péché. Mais la joie débridée du défilé avait quelque chose d'enivrant. Être gay semblait être synonyme d'être heureux. Je comprenais ce que Tony avait essayé de dire.

La fierté, c'était le contraire de la honte.

– *¡Ay Dios, que bendición*[41]*!* s'est exclamée ma mère quand je lui ai annoncé que j'allais emménager à San Francisco à la fin de mes études.

Rien n'aurait pu la rendre plus heureuse que de savoir tous ses enfants enfin réunis. Elle n'avait pas la moindre idée de ce qui l'attendait.

Yoshiko voulait toujours aller à New York.

Nous nous sommes fait nos adieux les larmes aux yeux. Et sans jamais nous être touchées.

*

* *

– Est-ce que je peux vous aider ? m'a demandé la jolie réceptionniste blonde qui, à en croire son badge, s'appelait MARIKKA.

– J'ai un entretien avec M. Mitch, ai-je timidement répondu.

– Ha ha ! M. Mitch. Bien sûr, ma belle. Assieds-toi sur le canapé là-bas. Je vais appeler *M. Mitch*.

Elle a gloussé en pointant du doigt la salle d'attente, une pièce avec un plafond de verre, remplie de canapés en cuir blanc très modernes. La moindre surface était recouverte de bouteilles bleu roi, savamment arrangées, sur lesquelles on pouvait lire en lettres dorées : SKYY.

La vodka SKYY avait été lancée par un jeune inventeur aussi génial qu'excentrique du nom de Maurice Kanbar. Il avait fait fortune dans les années 1970 en inventant le D-Fuzz-It, un peigne à laine pour nettoyer les pulls. Il possédait une douzaine d'autres brevets – pour des objets aussi éloignés qu'un décapant à varices ou un puzzle Tangoes pour les enfants. On raconte que Maurice n'était pas un grand buveur mais qu'il s'était un jour réveillé avec une atroce gueule de bois après avoir bu deux cocktails à base de vodka la veille au soir. Il avait alors interrogé un ami chimiste

41. Mon Dieu, quelle bénédiction !

qui lui avait expliqué que la gueule de bois était causée par une substance chimique appelée substance organoleptique. La vodka suivait en général un processus de distillation en trois étapes pour limiter ces substances organoleptiques. Maurice a alors eu l'idée de rajouter une étape supplémentaire, en se disant qu'il réussirait ainsi à créer une vodka « sans gueule de bois ».

Bien évidemment, je ne savais rien de tout ça ce jour-là, dans les bureaux de SKYY de la Van Ness Avenue, assise aussi délicatement que possible dans mon costume Lord & Taylor bleu marine bien trop moulant que j'avais acheté la veille chez Ross Dress for Less dans un moment de panique. J'ai sorti mes notes et j'ai ajouté un *y* supplémentaire à « SKY ». The *sky's the limit*, ai-je pensé. J'étais diplômée depuis trois mois, je venais d'emménager à San Francisco et je cherchais désespérément un emploi. J'avais encore droit à un an sur mon visa d'étudiant étranger, une période post-universitaire qu'on appelait « pratique professionnelle ». Si je voulais rester aux États-Unis au-delà, j'allais devoir trouver un travail qui accepterait de me sponsoriser pour un visa H-1B, un programme de trois ans pour les travailleurs étrangers. Nombre de mes amis étrangers à Millersville n'avaient jamais réussi à aller au-delà de la « pratique professionnelle ». Une fois mon diplôme de comptabilité en poche, j'avais envoyé ma candidature à toutes les start-up de la région, puis étais passée aux cabinets de comptabilité, mais les lettres de refus s'empilaient sur mon bureau. L'insouciance dont j'avais fait preuve durant mes premières années d'études me revenait comme un boomerang. SKYY était probablement le deux centième poste que j'essayais de décrocher.

Si personne ne me sponsorisait, j'allais devoir rentrer au Pérou.

C'était hors de question.

Les États-Unis étaient désormais ma maison. J'étais en sécurité ici. Suffisamment loin du Pérou pour que la douleur ait pu s'estomper. Je me souvenais de mon traumatisme comme d'une histoire triste qui était arrivée à quelqu'un d'autre, dans un autre endroit, il y a longtemps. Mais je ne pouvais pas rester sans papiers. C'était trop précaire. Il fallait que je puisse rentrer chez moi si ma famille avait besoin de moi. À l'époque où je travaillais pour Tío Jorge, il m'avait dit admirer ma volonté tenace et mon sens du travail. C'était rare, disait-il. Il ne savait pas que je luttais simplement pour survivre.

– M. Mitch va te recevoir, ma belle, a dit la réceptionniste en pointant du doigt une porte ouverte au bout du couloir.

– Alors Silvia, m'a demandé Mitch le directeur financier aux cheveux bouclés tandis que je m'installais en face de lui. Est-ce que vous avez déjà entendu parler de SKYY ?

Il a souri derrière son bureau. Ses petites lunettes d'intellectuel en métal et son air soigné ont un peu calmé mes nerfs.

– Oui, bien sûr, ai-je répondu, surprise de voir avec quelle facilité je pouvais mentir.

Mitch s'est lancé dans un long monologue sur l'histoire de l'entreprise. J'acquiesçais de temps en temps, en souriant, penchée sur les notes incompréhensibles que je faisais semblant de gribouiller.

Quand j'ai relevé la tête, Mitch me regardait d'un œil interrogateur.

– Je… Je… pardon ? ai-je bafouillé.

– Je vous ai demandé si vous aviez déjà entendu parler de Mensa ?

Je ne savais absolument pas que Mensa était un club de personnes au QI élevé, le plus vieux du monde, et qu'il venait de m'expliquer que lui et Maurice y appartenaient et que c'était comme ça qu'ils s'étaient connus.

Le creux de mes genoux s'est mis à suer contre la chaise rembourrée.

– Bien évidemment, ai-je de nouveau menti. Mensa !

À en croire Rolando et Ramiro, tout le monde à San Francisco était gay. Dans Mensa, il y avait « men », donc c'était probablement une sorte d'acronyme pour un club homosexuel. Est-ce que Mitch était gay ? J'ai jeté un œil à sa chemise rayée et à son pantalon en toile beige, étudié les traits de son visage à la recherche d'un indice.

Mon père portait toujours un costume. Les hommes en costume n'étaient pas gays.

Mais à quoi ça ressemblait un gay exactement ?

– Donc… Millersville, a-t-il dit en regardant mon CV par-dessus ses lunettes. C'est juste à côté de Franklin and Marshall, n'est-ce pas ?

– Oui, ai-je répondu en acquiesçant vigoureusement. De nombreux professeurs de F and M enseignent également à Millersville.

Un autre petit mensonge. Franklin and Marshall était une université privée très cotée, la fierté du comté de Lancaster. Il arrivait qu'un de leurs professeurs vienne donner une conférence à Millersville.

– Nous sommes une petite équipe, a-t-il dit. Douze personnes en tout dans l'entreprise. Mais le produit décolle. Nous sommes une sorte de start-up, la technologie en moins. Ça veut dire que tout le monde fait un peu de tout. Est-ce que vous pensez en être capable ?

J'avais déjà les yeux pleins d'étoiles. *Une start-up, la technologie en moins.* Peu importe ce que ça voulait dire, pour moi qui adorais coder, c'était comme me chanter la mélopée. La Californie du Nord, c'était le Grand Ouest des start-up. J'avais l'impression d'assister à l'aube d'un nouveau monde que mes pairs à Lima n'avaient même pas commencé à envisager. Travailler pour une compagnie qui opérait comme une start-up, quelle que soit la définition de ce terme, ça valait tout autant qu'une vraie. Si je ne pouvais pas travailler dans l'informatique, je pouvais quand même travailler avec des ordinateurs. Plus les minutes passaient, plus je crevais d'envie d'obtenir ce boulot.

L'entretien a duré deux heures. Quand il s'est terminé, vers 18 heures un vendredi, Mitch m'a offert un poste tout en bas de l'échelle, comme spécialiste des comptes recevables. J'ai essayé de ne pas pleurer. J'ai essayé. J'avais été refusée partout ailleurs, mais Mitch a parié sur moi sans souligner l'évidence – que j'étais une étudiante assez médiocre diplômée d'une petite université d'État perdue au beau milieu du pays amish. Je me suis juré de lui prouver que m'engager était la meilleure décision de sa vie.

Après nous être serré la main comme de vrais hommes d'affaires américains – j'ai dû me retenir pour ne pas le serrer dans mes bras –, Mitch a voulu me montrer la « salle aux trésors ». Nous avons remonté un long couloir puis il a ouvert une porte qui donnait sur une sorte de grand dressing. Nous avons baissé la tête pour entrer. Les murs étaient recouverts d'étagères sur lesquelles se trouvaient, en rangs ordonnés, des bouteilles de vodkas SKYY de toutes les tailles imaginables – de la mignonnette qu'on sert dans les avions au fût avec des poignées. Tout ce verre bleu projetait une ombre aquatique à travers la pièce. Des lettres dorées – S-K-Y-Y – scintillaient comme des pierres de lune et, d'un seul coup, j'ai eu de nouveau neuf ans. J'étais sous les escaliers dans la cave à vin de mes parents, à admirer la ménagerie de bouteilles aussi étranges que belles. Derrière le parfum du désodorisant bon marché qui sentait la fleur, j'ai senti une légère odeur de renfermé que je connaissais. Une odeur d'astringent.

– Vous avez droit à deux litres par mois en tant qu'employée, a dit Mitch avec un petit signe de tête.

– Waouh, ai-je répondu. C'est vraiment gentil.

J'ai fait le calcul. Deux bouteilles d'un litre, cela faisait donc 2 000 millilitres, soit trois fois la quantité d'une bouteille normale qui n'en contenait que 750. Qui boit autant de vodka en un mois ? J'ai haussé les épaules et me suis emparée de mon premier bonus avec fierté, avant de dire au revoir à Mitch d'un signe de la main en berçant mes bouteilles dans chaque bras, comme des nouveau-nés.

– Merci ai-je crié en passant la porte. Merci encore. À lundi !

*

* *

Ne pas avoir de carte de résident permanent aux États-Unis a fait germer en moi une angoisse très particulière. Chaque jour, j'étais vingt-quatre heures plus près du jour où mes papiers seraient périmés. Mais devenir une disciple de SKYY a calmé mes inquiétudes. J'arrivais tous les matins à 7 heures au bureau et j'étais en général une des dernières à partir tous les soirs. Nous n'étions pas une simple entreprise qui vendait de l'alcool. Nous étions une marque de l'étagère du haut.

C'était Dave, notre vendeur blond et stylé, qui me l'avait expliqué.

– Quand tu entres dans un bar, tu ne vois que l'alcool placé sur l'étagère du haut, le plus cher, a-t-il dit. Les trucs bon marché sont cachés, entassés à même le sol contre le mur. Tu ne veux surtout pas être en bas. N'oublie jamais ça.

J'ai acquiescé avec enthousiasme.

Quand j'ai appelé mes parents pour leur faire part de la bonne nouvelle, mon père n'a pas pris la peine de me féliciter et a tout de suite commencé à me parler compta.

– Je suis curieux de savoir quels genres de livre de comptes et de système organisationnel les Américains du Nord utilisent, a-t-il dit. C'est une discussion technique très intéressante que nous aurons un jour.

– Arfff, ai-je grommelé.

Je n'étais pas prête pour une discussion technique sur la comptabilité de SKYY. À Millersville, j'avais passé mes premiers dix-huit mois à étudier la biologie moléculaire. En vain : je n'arrivais vraiment pas à saisir cette science. La passion pour les ordinateurs que j'avais eue enfant a donc refait surface. Mais quand j'ai dit à mon père que j'allais changer de cursus et m'inscrire en informatique, il a menacé de me rapatrier au Pérou. Pour lui les ordinateurs ne pouvaient pas être pris au sérieux, ce n'était qu'une mode. « Une calculette, ça c'est un objet sûr, disait-il. Comme le boulier. Les ordinateurs, ce sont des études techniques. Tu as besoin d'un domaine fiable. » Je me suis donc inscrite en comptabilité. Je n'ai jamais pensé que je suivais ses pas. Je me disais plutôt que je faisais ce que j'avais à faire pour rester aux États-Unis. Mais je suis sûre que lui voyait les choses d'un œil différent.

– Tu dois être prête à prendre des notes à n'importe quel moment ! a-t-il martelé. Le moindre nouveau concept est important. Aie toujours un stylo et un papier sur toi. Le pire que tu puisses faire, c'est de déranger les gens en leur demandant un stylo ou un papier.

– Oui chef, ai-je répondu. Tu as tout à fait raison.

Ma mère, elle, s'intéressait plus aux questions financières.

– Ton père et moi avons travaillé très dur pour nous assurer que tu reçoives une bonne éducation, a-t-elle dit d'une voix lente. Nous avons tant sacrifié pour toi Silvita. Nous avons fait un trait sur les vacances, sur les dépenses pendant les fêtes, pour pouvoir subvenir à tes besoins et à ceux de tes frères. Bientôt, ce sera à toi de nous aider.

– Bien sûr, Mamita. Comment pourrais-je l'oublier ? Laisse-moi juste le temps de prendre mes marques ici et je vous enverrai de l'argent.

C'était étrange que mes parents me demandent de l'argent. Le travail était la seule chose qui ait jamais compté aux yeux de mon père, et si tout ce qu'il avait réussi à construire s'était envolé du jour au lendemain, cela voulait dire que rien dans ce monde n'était vraiment en sécurité.

*

* *

SKYY a sponsorisé mon visa, me rapprochant un peu plus d'une vie éternelle aux États-Unis. Nous étions une jeune compagnie, plutôt niche, et attirions une clientèle VIP à la mode et artistique. Les *aficionados*. Nous sponsorisions des défilés de mode, des vernissages extravagants et le Festival du film de San Francisco – Maurice était fou de cinéma, il avait même aidé à financer un ou deux films à Hollywood.

Je fréquentais donc des Américains sexy et étincelants tels que je les avais toujours imaginés. Ces personnages de *Beverly Hills 90210*. Les codeurs de start-up, les mannequins squelettiques et les entrepreneurs qui parlent à toute vitesse. J'avais vingt-trois ans et je vivais la grande vie dans l'une des villes les plus géniales du monde à la fin des années 1990. C'était le Grand Ouest. Le Far West numérique. Tout le monde était sélect. Les employés de SKYY ne fréquentaient que des endroits chic et à la mode. J'ai appris à sortir les clients, à les emmener dîner. Je suis très vite devenue une experte en vodka mais également de tous les autres alcools qui existaient. Des bourgognes aux bourbons les plus exquis, j'ai appris à imiter la façon de parler des gens du Who's Who, en adoptant le plus américain des mantras : *Work hard, play hard*[42].

J'apprenais à devenir une fêtarde professionnelle.

Débarquer au bureau avec la gueule de bois tous les matins faisait presque partie du cahier des charges. Et comme nous nous sustentions des mets les plus chers et que nous nous soûlions à l'alcool le plus raffiné, notre mode de vie n'avait rien de honteux, c'était celui de l'élite.

Même en dehors du travail, fréquenter les bars les plus à la mode était une obligation. Après un événement professionnel, mes collègues et moi allions prendre un verre au Boulevard ou au Jardinière, ou dans le dernier endroit hype. Les barmans nous payaient des tournées. Après trois ou quatre cocktails, on nous inondait de plats hors de prix – des huîtres, des calamars frits, des dattes entourées de prosciutto. C'était une situation gagnant-gagnant. Tous les barmans voulaient le swag de SKYY. Tous ces superbes shakers bleu ciel et ces kits à cocktail au design impeccable. J'avais décoré mon appartement avec tout le merchandising de l'entreprise jusqu'à ce que ma colocataire finisse par dire stop. J'en ai rempli des valises pleines quand je me suis rendue au Pérou. Ma mère n'a jamais été une grosse buveuse. Elle buvait un verre, un verre et demi à tout casser, mais s'arrêtait toujours dès qu'elle sentait ses joues rosir. Mais ma fierté devait être contagieuse parce qu'elle parlait constamment, à ses amis, ses voisins, tous ceux qui voulaient bien l'écouter, du poste de sa fille au sein d'une entreprise prestigieuse de boissons, comme si nous embouteillions de l'eau bénite et non pas de l'éthanol. La première fois que je suis rentrée au Pérou, elle avait posé une bouteille de SKYY d'un litre sur le napperon à côté du portrait de famille, comme s'il s'agissait de la petite dernière.

Même mon père, qui avait un gros faible pour le luxe, était fier de SKYY. Aucune importance que notre produit soit embouteillé

42. Travaille à fond, amuse-toi à fond.

chez Frank-Lin Distillers à San Jose, le même distillateur que les vodkas de l'étagère du bas contre lesquelles Dave m'avait mise en garde. Nous, nous avions le processus de distillation supplémentaire.

Nous étions à part, nous étions différents.

Nous étions *l'étagère du haut*.

Un an plus tard, je vivais une double vie.

*

* *

J'ai été aveuglée par une lumière fluorescente. J'ai cligné des yeux, une fois, deux fois. Tout était blanc. Un blanc si étincelant que j'ai dû plisser les paupières pour supporter son éclat. Tout autour de moi, j'entendais des stridulations et des bourdonnements, des souffles graves, une série de longs bips, puis courts, puis de nouveau longs. Tout était si blanc. J'avais l'impression que mes membres étaient en ciment. J'étais peut-être en train de rêver. J'ai fermé les yeux pour essayer de me réveiller encore une fois, mais je n'ai vu que le même néant de blanc. Et le même sifflet de bips constant autour de moi. J'avais la langue en papier de verre.

– Où *suis*-je ? ai-je croassé.

J'avais la tête en vrac et j'ai regardé mes mains. Sur la gauche, j'avais des strips qui maintenaient en place un petit tube fin et transparent. J'ai lentement suivi le tube des yeux, le long de mon avant-bras puis jusqu'à mon épaule. Une grande perche en fer me surplombait. Une poche, presque vide, de liquide transparent pendait à un petit crochet. Une intraveineuse. Mon cerveau est parti dans tous les sens. J'ai regardé mes jambes. J'étais allongée sur un brancard. J'ai refermé et rouvert les yeux une fois de plus. Toujours au même endroit. Étais-je en train de faire un cauchemar atrocement réaliste ? Peut-être que je pouvais me contenter d'en sortir en marchant. Ça fonctionnait parfois quand j'étais enfant.

J'avais l'impression que la pièce était sur le point de se renverser. J'ai attrapé la barrière du lit pour l'empêcher de tourner.

C'est à ce moment-là qu'une infirmière est entrée.

– Waouh ! a-t-elle dit en sifflant. Vous êtes enfin réveillée.

J'ai désigné mon bras sans rien dire.

Elle s'est approchée de moi, a arraché les strips, tiré sur l'intraveineuse et recouvert le point de piqûre d'un minuscule pansement.

– Comment vous sentez-vous ? a-t-elle demandé d'une voix plus douce.

Je n'étais pas prête à parler.

Elle a haussé les épaules et quitté la pièce. J'ai roulé hors du brancard et j'ai regardé autour de moi, à la recherche d'une sortie. Personne n'a rien dit quand je suis passée devant le bureau des infirmières, la tête baissée. Peut-être que c'était un rêve. Une fois dehors, j'allais me réveiller.

Il faisait jour. Le même blanc éclatant que dans la chambre d'hôpital.

Un panneau au coin de la rue. Sacramento et Buchanan.

Un autre panneau.

En rouge.

URGENCES.

Que s'était-il passé ?

Je n'avais pas de porte-monnaie. Où était mon porte-monnaie ? Je portais un jean noir délavé et un crop top moulant blanc avec des taches jaunâtres séchées.

Mes clés. J'ai fouillé les poches de mon jean. Rien

Je me suis souvenue que Sacramento Street n'était qu'à deux pâtés de maisons de Bush, où je vivais. J'ai décidé de marcher pour voir si ma colocataire était à la maison. Par chance, elle venait tout juste de finir sa journée dans le magasin de linge de maison haut de gamme d'Union Square où elle travaillait et m'a ouvert à l'interphone. Je lui ai dit que j'avais oublié mes clés et j'ai foncé dans ma chambre, j'ai défait les couvertures, me suis hissée dans mon lit et ai sombré dans un sommeil profond, en espérant que la prochaine fois que j'ouvrirai les yeux, ce rêve serait enfin terminé.

Le crépuscule tombait quand je me suis réveillée.

Je portais toujours les mêmes vêtements tachés et j'ai essayé d'assembler les pièces du puzzle. Il y a d'abord eu un vide abyssal. Rien.

Puis, petit bout par petit bout, ça m'est revenu. Comme des diapositives. Des images en noir et blanc de la vie de quelqu'un d'autre. Tout dans le désordre. Sans légendes. Sans contexte.

Attendre, danser, des basses assourdissantes et des corps. Des lumières – violettes, vertes et roses – qui tourbillonnent. Des cocktails. Des rires. Fumer. Fumer. Fumer. D'autres corps. Suer et sourire. Des mains et des seins. Les miens. Ceux d'autres personnes. Des femmes partout.

Club Q.

Nous étions samedi. Et donc hier, vendredi. Le premier du mois. La légendaire soirée spéciale filles. Dans un immense entrepôt sur Townsend à SoMa, Club Q était la soirée lesbienne la plus branchée de la côte Ouest. Organisée par le célèbre DJ Page Hodel, la fête avait lieu une fois par mois. Des femmes débarquaient de toute la région de San Francisco et faisaient la queue pendant une heure juste pour avoir une chance d'entrer.

J'avais fait le calcul et compris que, statistiquement, c'était là que j'aurais le plus de chances de rencontrer une femme, même si je n'étais toujours pas certaine de savoir ce que je ferais d'elle quand je la rencontrerais. Je faisais donc la queue seule, avec mille cinq cents autres personnes, et essayais même parfois d'aborder quelques filles – mais elles semblaient toutes vouloir rester dans leur propre clique.

J'étais bien trop naïve à propos de ce monde pour être embarrassée.

Mes collègues et moi faisions la fermeture des bars hétéros. Puis ils rentraient chez eux et moi je continuais. Seule. Dans des bars gays. J'y allais toujours seule. J'étais incapable d'aller dans une boîte hétéro seule mais dans un endroit comme Club Q, je me sentais en sécurité, cachée au milieu de la foule, à déambuler anonymement entre ces femmes en sueur et ivres, en essayant de me frayer un chemin vers quelque chose qui ressemblerait à un sentiment d'appartenance. En essayant de voir mon reflet en elles.

Au début, j'étais juste une fille perdue qui errait au milieu d'une terre inconnue et étrange. Un Shangri-La gay avec des femmes qui allaient de pin-up à butch en passant par des styles plus neutres, comme le mien. Janet Jackson et P. Diddy hurlaient dans les enceintes tandis que des Noires, des Asiatiques, des Latinas et une poignée de Blanches se retrouvaient dans une sorte de fête de famille qui aurait dégénéré. Des corps éclairés par des néons, luisants de sueur et de paillettes. Des gogo-danseuses habillées en cuir qui s'agitaient sur des scènes et des échafauds. Des acrobates qui tourbillonnaient dans des anneaux argentés qui pendaient du plafond. C'était un peu comme si on avait mélangé « The Grind » de MTV et le Cirque du Soleil. J'éprouvais cette même sensation de sécurité et de liberté que j'avais ressentie lors de ma première Gay Pride – sauf que désormais, j'étais au cœur de l'action et non plus en train de regarder tout ça à distance.

Peut-être qu'un jour, je reviendrai ici avec ma bande à moi, me disais-je souvent en errant dans l'immense entrepôt pour m'imprégner de chaque pièce, en apercevant dans le carré VIP des joueuses de WNBA et des footballeuses que j'avais vues à la télé. Le statut de VIP que j'avais gagné en travaillant chez SKYY ne se voyait pas ici. Rien de ma vie à l'extérieur ne transparaissait.

Je ne savais pas comment aborder quelqu'un. Donc j'errais de pièce en pièce, en espérant avoir de la chance et tomber sur une belle femme qui me montrerait les ficelles. Il m'est arrivé de me demander certains soirs ce qui se passerait si je rencontrais quelqu'un que j'aurais eu envie de revoir. À quoi ressemblerait ce genre de vie-là ? À chaque fois que j'essayais d'imaginer l'avenir, je voyais toujours un mari et un enfant. Avec mes parents en arrière-plan, fiers de moi. Je ne pouvais pas me défaire de cette image. Il y avait bien trop en jeu.

Bon sang, comment j'avais fait pour atterrir aux urgences ? Peu à peu, j'ai commencé à me souvenir : je me suis préparée chez moi puis je suis arrivée au club vers 22 h 30, motivée comme jamais. *Ce soir, c'est ma chance. Ce soir, c'est mon soir.* Mais une fois à l'intérieur de Club Q, je n'ai dragué personne et personne ne m'a draguée. En revanche, j'ai bu, encore et encore, jusqu'à ne plus voir droit. J'avais tellement l'habitude de noyer ma honte.

Je me souvenais du show de minuit – trente danseuses harnachées avec du rouge à lèvres carmin qui s'agitaient au son du dernier single de Missy Elliott *The Rain*. Mon corps imbibé d'alcool s'est détendu. J'ai sauté sur scène et j'ai fait sortir toutes les tensions de ma vie, en m'agitant en rythme, couverte de sueur, ma chemise trempée collée à ma poitrine, en espérant à la fois que quelqu'un me regarde et terrifiée à l'idée que ça puisse être le cas.

Après ça, tout était noir.

J'ai pris une douche rapide et ai enfilé des vêtements propres, puis suis retournée sur les lieux du crime. Il n'y avait plus la moindre trace de Club Q, l'endroit était redevenu une boîte hétéro classique. J'ai reconnu le videur qui vérifiait les cartes d'identité des buveurs du début d'après-midi. Un grand Noir avec un air à ne pas se laisser emmerder.

– Tiens, tiens, regardez qui vient en redemander.

– Bonjour monsieur, ai-je dit penaude, d'un ton étonnamment formel que je n'employais que lorsque j'avais honte.

Comme si la politesse pouvait contrebalancer la mauvaise impression que j'avais laissée aux gens. Dans ce cas précis, je ne savais pas ce que j'avais fait précisément, mais j'avais la sensation que ce n'était pas positif.

– À vrai dire, j'espérais que vous m'aidiez à savoir ce qu'il s'était passé hier soir. Je me suis réveillée aux urgences et je suis toujours un peu perdue.

– Perdue ? s'est-il exclamé. Moi, je suis juste content que tu sois en vie !

Je l'ai fixé d'un air confus.

– Ah bon ? D'accord.

Il a secoué la tête, incrédule, puis m'a raconté qu'à la fermeture j'étais encore sur la piste à danser et qu'il m'avait ensuite vue partir avec deux superbes femmes.

– Waouh, ai-je dit, l'ego requinqué. Je devais être en pleine forme. Deux superbes femmes ? Est-ce que vous vous rappelez à quoi elles ressemblaient ?

Peut-être que j'avais encore mes chances avec l'une d'entre elles.

– Bon sang meuf, concentre-toi ! m'a-t-il grondée. Tu es partie avec elles. Tu es montée dans une voiture. Tu bégayais et trébuchais. Cinq minutes plus tard, la voiture est revenue en crissant des pneus, elles ont ouvert la portière, t'ont balancée juste là près du trottoir, avant de déguerpir.

– Quoi ? Wow !

– Ouais. Elles criaient que tu avais vomi dans la voiture. Mais putain, c'était plutôt cruel de te jeter comme ça. J'ai essayé de te réveiller mais ça n'a pas marché donc j'ai appelé une ambulance. D'où les urgences.

J'étais sonnée. Ma fin de soirée digne d'un conte de fées, une fille à chaque bras, avait tourné au cauchemar honteux et répugnant.

– Je suis désolée pour le dérangement, ai-je murmuré. Vraiment. Je suis désolée. Merci de vous être occupé de moi.

– Je suis content que tu sois en vie. Va te reposer. Tu iras mieux lundi. Et je suis sûr que je te reverrai le mois prochain.

Pas moyen. C'est terminé.

– Oh, une dernière chose. Vous n'auriez pas vu mon portefeuille ?

– Si. Les ambulanciers l'ont pris. Tu devrais retourner aux urgences.

Une heure plus tard, la réceptionniste de l'accueil de l'hôpital me tendait mon portefeuille et, une fois encore, je me confondais en excuses d'un ton formel comme si elle m'avait elle-même fait un lavage d'estomac. Elle n'a pas eu la moindre réaction et s'est contentée de retourner à ses papiers. Toute la journée, les gens m'avaient regardée avec un mélange d'exaspération et de pitié. J'avais passé mon temps à présenter mes excuses et j'avais désespérément besoin que quelqu'un les accepte. Que quelqu'un dise quelle serait ma pénitence. J'ai sorti mon permis de conduire et j'ai regardé la photo avec dégoût. Ce sourire. Je détestais ce sourire. Est-ce que quelqu'un pouvait voir la montagne de honte qui se cachait derrière ?

Idiote. Idiote !

J'ai répété ces mots pour mieux me flageller.

Imagine si quelqu'un au travail te découvrait. On te renverrait au Pérou.

SKYY est une incroyable occasion pour toi et tu vas tout détruire.

Ce pays est ta chance d'une vie meilleure. Est-ce que tu veux tout gâcher, espèce de petite merde ?

« *Pedazo de mierda.* » J'ai entendu la voix de mon père résonner.

Tu seras une moins que rien. Une clocharde. Une ivrogne. Un déchet sur le trottoir qui attend qu'on vienne le ramasser.

Chaque critique était ponctuée d'un coup de la plus belle ceinture Pedro P. Diaz de mon père. Il n'y avait personne d'autre pour me gronder ou me forcer à assumer mes responsabilités, parce que personne ne savait ce que j'avais fait. Mes seuls amis étaient mes collègues – mes compagnons d'ivresse, mes camarades de gueule de bois –, mais avec eux, je prétendais être hétéro. Ils ne savaient pas pour le Club Q. Et je ne m'étais toujours pas fait le moindre ami gay dans cette ville.

Me réveiller à l'hôpital m'a fait rester sobre pendant un moment. Mais comme ma mère disait toujours : « *Borrón y cuenta nueva.* »

On efface tout et on repart de zéro.

C'est donc ce que j'ai fait.

*

* *

Caleña, la petite amie de mon frère, m'a donné l'adresse d'un club de foot local, Las Atrevidas. *Celles qui osent.* Le club appartenait à la ligue de football féminin du Golden Gate – et à sa division la plus basse. Nous jouions un match tous les samedis. Jouer au football me ramenait à mon enfance. Je me revoyais jouer dans l'allée de notre garage avec Miguel ou courir pendant les cours d'athlétisme de l'école. Je retrouvais le sport et le mouvement dont j'avais toujours été si avide et que ma famille considérait sans intérêt. Ma mère était trop occupée et mon père préférait le pragmatisme à la récréation. Pratiquer un sport n'avait aucune valeur, encore moins pour une fille. Au lycée, mon père n'est jamais venu à mes compétitions d'athlétisme et ne m'a jamais prodigué de conseils comme les autres papas.

Mais j'étais faite pour courir. Et avec Las Atrevidas, je n'avais peur de rien. J'ai appris à dribbler toute seule, pas toujours avec un franc succès. Mais mon sprint était inarrêtable. Je me moquais d'être blessée. J'avais un instinct de tueuse. J'étais constamment à l'affût d'une balle perdue. Je n'aimais rien plus que l'attraper entre mes pieds et courir avec le long du terrain, en laissant tout le monde derrière moi. En courant plus vite que ma propre honte.

– Cours, Forrest, cours ! criaient mes coéquipières depuis le banc de touche, et c'était exactement ce que je faisais, à ma plus grande joie.

Je suis devenue la meilleure buteuse de notre division, entre trois et quatre buts par match.

Avec Las Atrevidas, j'ai trouvé une communauté que je n'avais jamais eue auparavant. La plupart des joueuses étaient queer et les deux tiers étaient, à vrai dire, en couple les unes avec les autres – ce qui compliquait parfois les choses les jours de matchs quand certaines débarquaient sur le terrain accompagnées de leurs disputes.

– Carole, fais une passe à Yana ! m'arrivait-il de hurler.

– Jamais de la vie ! criait Carole en dribblant le long du terrain. Je ne lui parle plus ! C'est une salope de menteuse et une Marie-couche-toi-là.

– Mais je ne la regardais pas comme ça, criait à son tour Yana depuis le centre du terrain. Elle me servait juste un café !

Après les matchs, nous allions toujours faire un barbecue et danser chez quelqu'un. Peu importe l'heure, le barbecue était une étape obligatoire – et avec, des Coronas à volonté. Si le match commençait à 10 heures du matin, on était en train de boire à midi et on dansait jusqu'à bien après la tombée de la nuit. Faire partie des Atrevidas m'a permis non seulement d'explorer la culture queer en plein jour, mais aussi de replonger dans la culture latino qui m'avait tant manqué. Avec elles, je pouvais être celle que j'étais en train de devenir.

Mais il y avait toujours l'alcool. Les seuls endroits où j'envisageais la possibilité de sortir du placard étaient également les endroits où je me bourrais constamment la gueule.

Nous étions une équipe – une famille dysfonctionnelle, alcoolique et passionnée. Même en dehors du terrain. Nous étions à fond dans les soirées latinos du Bench and Bar à Oakland, où je dansais la salsa et la cumbia, en laissant mon corps s'éveiller à la joie et à cette sensation de sécurité que me procurait le fait de danser avec une personne du même sexe. Où je chantais les paroles des chansons avec lesquelles j'avais grandi – Alejandra Guzmán, Maná, Shakira –, en espagnol, à pleins poumons. Tous ces éléments de la culture latino que j'adorais mais qui avaient été entachés par la misogynie, ainsi que les restrictions et les abus que l'on avait imposés à mon corps. La musique ne peut rien contre la peur, pourtant la musique sortait enfin de moi. Je désapprenais le concept du foyer, de la maison. Ou bien peut-être que je commençais à comprendre que, pour moi, la maison signifiait quelque chose de complètement différent.

Au travail, personne ne savait pour Las Atrevidas.

J'avais tellement de secrets que cloisonner les différentes parties de ma vie n'était pas qu'une façon de me protéger, c'était devenu un mode de vie, quelque chose de naturel. Je gardais un contrôle étroit sur tout ce qui touchait à ma sexualité. Je l'explorais selon mes propres termes.

Ma consommation d'alcool, en revanche, m'avait complètement échappé.

Quand Marianela et son mari Beto, péruvien lui aussi, ont acheté leur première maison, ils ont décidé de célébrer ça de la seule façon acceptable : en organisant une énorme fête. J'ai débarqué à leur pendaison de crémaillère, ma bouteille de SKYY sous le bras, et suis vite devenue la barmaid par défaut de la soirée, à secouer des litres de Cosmopolitan, le comble du chic niveau cocktail à l'époque. Nous avions beau repousser toutes les limites, boire des Cosmo donnait une aura classe à la soirée. Sans oublier la théorie péruvienne qui affirme que danser comme un dingue jusqu'au bout de la nuit compense tout l'alcool qu'on ingurgite.

Nous allions bien. Nous étions suffisamment sobres.

Quand les gens ont commencé à partir, les « alcoolos », comme nous appelait affectueusement Marianela, se sont regroupés autour d'un dernier verre. J'avais prévu de dormir sur place donc j'avais suivi le rythme des hommes plus âgés et bu autant de bières qu'eux. Mais à ce stade, nous étions passés aux cocktails prétentieux. Marianela, qui n'était pas une grande buveuse, est partie se coucher. Les autres ont fini par tomber eux aussi et je me suis retrouvée seule avec Beto, mon beau-frère, les derniers encore debout et nous nous en sommes jeté « juste un dernier », accoudés au comptoir de la cuisine. La seconde d'après, nous étions en train de nous embrasser.

Pour une raison ou une autre, ma sœur est redescendue en pyjama, elle a remonté le couloir jusqu'à la cuisine et a allumé la lumière.

– Beto ! a-t-elle hurlé.

J'ai immédiatement dessoûlé.

Le lendemain matin, nous avons discuté et elle m'a demandé calmement si son mari me plaisait.

– Marianela, ai-je dit. Non. Absolument pas. Écoute-moi s'il te plaît. J'étais au-delà de bourrée et je ne sais même pas comment on s'est retrouvés à s'embrasser. S'il te plaît ! Ça ne voulait vraiment rien dire. Rien du tout. Zéro.

J'étais anéantie. Je ne me souvenais absolument pas de la soirée, ni de qui avait embrassé qui. Tío Jorge avait raison. Quand je travaillais à Port Chester, il m'avait dit un jour quelque chose que je n'avais jamais oublié : « *Mujer Borracha, hasta el perro se la cacha.* » Ça m'avait marquée. Une femme ivre, même le chien peut la baiser.

Nous n'avions pas grandi ensemble, mais Marianela m'avait accueillie comme une vraie sœur et m'avait aidée à m'installer à San Francisco. J'aurais fait n'importe quoi pour ne pas la perdre. Mais j'avais dépassé les bornes. Elle me regardait avec suspicion et je savais qu'elle se moquait de savoir ce dont je me souvenais ou non.

Il ne me restait qu'une seule solution : renoncer à ma couverture.

– Marianela, ai-je dit en lui prenant la main. Je te promets que je ne cherche pas à le séduire. Je te le promets parce que… Je suis gay.

Voilà comment j'ai officiellement fait mon *coming out*.

Pour la première fois. Et non parce que je voulais partager qui j'étais avec ma sœur, mais parce que je l'aimais et que mon alcoolisme l'avait blessée. Et même en prononçant ces mots, je ne savais pas s'ils étaient vrais. Soit, tous les mois je comptais les jours jusqu'à la soirée du Club Q et je passais mon temps libre à courir sur un terrain avec des Latinas queer. Mais pour une raison ou une autre, je pensais encore qu'il n'y avait pas besoin de clamer tout ça haut et fort. Je n'avais encore jamais touché une femme. Les filles qui me plaisaient au foot ne savaient même pas que j'existais. J'étais suffisamment attirée par les hommes pour penser que je finirais par vivre avec l'un d'entre eux. Peut-être que je pouvais fréquenter des femmes en même temps. J'espérais que mon homosexualité serait un choix. Je pourrais décider de l'allumer ou de l'éteindre. Je pourrais faire plaisir à ma famille et trouver l'amour, voilà ce que je me disais.

J'ai écrit ma première règle ce jour-là.

« Règle n° 1 : Ne plus jamais boire devant ma sœur. Même aux réunions de famille. »

Boire à San Francisco était toujours permis, évidemment. C'était presque une obligation professionnelle. Mais j'allais devoir me passer d'alcool durant les fêtes familiales si je voulais réparer ma relation avec Marianela.

Quelques mois plus tard, bien qu'elle m'ait pardonnée et soutenue dans mon *coming out*, je ne mettais plus les pieds à la moindre fête de famille.

– 9 –

RIEN DE CE QU'ON FAIT N'EST PETIT

Dans le film que je me fais dans ma tête, nous marchons vers un zénith. Je ne parle pas seulement du camp de base mais d'un moment de catharsis. L'instant où nous nous assiérons, pleines de poussière et de courbatures, et réaliserons comment ce voyage nous a permis de reprendre le pouvoir. Je me dis que ce moment viendra naturellement. Parce qu'il est écrit dans le scénario. Mais nous sommes à trois jours du camp de base et il ne s'est toujours rien passé. À la fin de nos journées, nous n'avons pas vraiment l'énergie nécessaire pour affronter le poids du passé. Au fond c'est l'idée, je le comprends désormais. D'être ici et dans le présent. Là les unes pour les autres. Des corps, les nôtres, qui gravissent la montagne.

Mais il y a autre chose.

Une angoisse qui me ronge et que j'ai pris soin de faire taire à coups de panoramas majestueux et d'itinéraires quotidiens. De bénédictions en chaîne. De nonnes et de lamas, de moulins à prières et de khatas. De dîners autour de poêles remplis de bouse de yak. J'ai choisi de guider ces jeunes survivantes donc si je ne leur apprends rien, si elles n'ont pas la révélation que j'ai eue moi la première fois que j'ai gravi l'Everest, quelle sera ma valeur à moi ? S'il n'y a pas de grand moment, est-ce que j'aurais manqué à mon devoir ?

Entre l'ascension brutale et le mal des montagnes du Dr Jackie qui empire, c'est un miracle que nous ayons atteint Pheriche hier soir. En arrivant, nous avons foncé droit au poste médical.

– Votre nom de famille ? m'a demandé le médecin en gribouillant sur sa tablette en bois.

C'était une jeune femme athlétique et à la mode. Sans son stéthoscope autour du cou, je l'aurais probablement prise pour une alpiniste lambda.

– *Vásquez-Lavado.*

– *¡Lavado! ¿Habla español*[43]*?*

– *¡Sí! Soy Peruana. ¿Y tú*[44]*?*

– Je m'appelle Isabel et voici… a-t-elle dit en désignant une femme avec un gros bonnet tout mou et une chemise en flanelle, plongée dans un bouquin derrière nous… ma petite amie Raidi.

Raidi nous a fait un signe de la main avant de retourner à sa lecture.

– C'est vraiment… ai-je dit. C'est vraiment cool de vous croiser ici, en général je suis, comment dire…

– La seule ? a répondu Isabel en riant.

– Je n'aurais pas dit ça comme ça mais, maintenant que vous le dites, oui !

– Est-ce qu'il y a une autre façon de le dire ?

Elle avait raison.

J'ai tellement l'habitude d'avoir la peau mate dans un monde de Blancs, d'être une femme dans un monde d'hommes, que je ne me suis jamais imaginé ce que cela ferait de croiser des gens comme moi durant un trek au milieu des montagnes. Je mens souvent quand on me demande si je partage ma vie avec quelqu'un ou je formule ma réponse d'une façon qui laisse à penser que mon mari n'a pas pu m'accompagner parce qu'il travaille. Dans la majeure partie du monde, être une femme seule, qui plus est une femme qui aime les femmes, c'est un défi en soi. Voir Isabel et Raidi ensemble ici dans les montagnes m'a donné l'espoir que les choses étaient en train de changer, pour le mieux, et que peut-être je referais un jour ce trajet avec une compagne, sans me cacher.

43. Vous parlez espagnol ?

44. Oui, je suis péruvienne. Et toi ?

Les filles se sont mises en rang pour qu'on les ausculte. Raidi est passée à côté de nous, les bras pleins de paperasse, et en a profité pour embrasser Isabel sur la joue.

– Enchantée ! a-t-elle dit en agitant la main.

Je me suis demandé ce que ça faisait d'être ici avec sa compagne. Quelqu'un avec qui gravir la montagne.

Dr Isabel a donné son feu vert à tout le monde pour terminer le trek mais elle nous a ordonné de rester nous reposer un jour de plus à Pheriche.

– Je ne sais pas, ai-je répondu, hésitante. Nous avons un planning à respecter. Je pense qu'on peut y arriver.

Nous étions déjà en retard et prendre un jour de repos supplémentaire signifiait que je n'arriverais pas au camp de base à temps pour ma puja de l'Everest.

– Écoutez, a dit Dr Isabel. Même le médecin de votre équipe est malade. Ça devrait vous mettre la puce à l'oreille. C'est inutile de jouer les Wonder Woman sur ces montagnes. Vous devriez le savoir. Vous vous reposez ou vous échouez. C'est tout.

Son ton sévère m'a donné des petits frissons le long de la colonne. J'avais besoin de fermeté. Les montagnes m'envoyaient un message à travers Isabel. Mon boulot, c'était d'écouter.

– Oui docteur, ai-je dit. Vous avez raison. OK l'équipe, on va prendre un jour de repos.

– Dieu merci ! a dit Lucy comme pour ponctuer le chœur de soupirs qui émanait du groupe.

Est-ce qu'elles bataillaient toutes ? Même les Népalaises ? Rubina et Ehani semblaient si robustes. Shreya ne se plaignait jamais. J'ai scruté leurs visages à la recherche de signes d'épuisement. L'eau. La nourriture. L'altitude. Ces choses-là, je les contrôlais constamment. Mais comment allaient-elles ? Je ne voulais jamais me montrer trop curieuse par peur d'envahir leur intimité. Mais il était temps de savoir.

Plutôt que de les laisser se reposer toute une journée, j'ai prévu une réunion pour le lendemain après-midi.

Juste un check rapide, leur ai-je dit en passant déjà en revue dans ma tête les différents ordres du jour comme si j'organisais un sommet du G7.

Comment va tout le monde ? commencerais-je par dire.

Oh, ce que j'adore dans cette randonnée, c'est… répondraient-elles. *Voilà ce que j'ai appris, voilà ce que je veux améliorer. J'ai trouvé une nouvelle force, X, Y ou Z, etc.* Et toutes rapporteraient trois – *oui trois, c'est bien* –, trois choses qu'elles ont apprises, puis nous déterminerions nos buts et nos objectifs en tant que groupe pour les derniers jours du trek. Ce serait plié en quarante-cinq minutes, une heure au grand max, puis tout le monde pourrait retourner dans sa chambre pour se reposer.

L'après-midi suivant, nous nous retrouvons dans la chambre d'Asha et de Shailee emmitouflées dans nos polaires et nos parkas, les bras chargés de couvertures que nous avons apportées de nos chambres. Plus on monte en altitude, moins les lodges semblent chauffés. Nous poussons les deux lits jumeaux l'un contre l'autre puis contre un mur pour fabriquer un lit double et nous disposons toutes les couvertures dessus pour créer une sorte d'immense couette. Nous grimpons sur le lit, nous glissons sous les couvertures et formons un grand demi-cercle en nous blottissant les unes contre les autres, suffisamment près pour sentir la respiration de chacune et que nos orteils se touchent au centre. Je suis à l'extrémité du demi-cercle, à côté de Shailee et juste en face de Rubina. Dr Jackie est restée se reposer dans sa chambre.

– Tout le monde est bien installé ? je demande.

J'entends un chœur de murmures, de *oui, hummm, bien, ça va.*

– Alors, dis-je. Je voulais prendre le temps de savoir comment vous alliez. Comment vous vous sentez de façon générale ?

– Bien.

– Ça va.

– Affamée.

– Fatiguée.

– OK, bien sûr, évidemment, oui. Ça me semble normal. Mais… Quoi d'autre encore ?

Je grimace en entendant ma voix qui essaie de les orienter – je pensais que ça viendrait plus naturellement.

– Est-ce que quelqu'un veut partager son expérience du trek ?

Je les observe mais ne vois que des haussements d'épaules, des regards vides et baissés, comme si j'étais leur professeur et qu'elles n'avaient pas fait leurs devoirs. Je commence à ronger mes cuticules.

– Quel a été votre moment préféré du voyage jusqu'ici ? intervient Shailee.

Shailee, que Dieu te bénisse.

– L'hôtel Everest, répond Jimena en acquiesçant avec détermination. La première fois que j'ai vu la chaîne de l'Himalaya.

– Les nonnes, dit Rubina, ce qui me surprend un peu.

Je me souviens de son stoïcisme pendant la puja et de son silence durant le reste de cet après-midi-là.

Tandis que le groupe se remémore les moments forts, je repense mon approche. Je sors une photo de la poche avant de mon sac à dos et la pose sur la couverture devant moi.

– Certaines d'entre vous connaissent une partie de mon histoire, dis-je. Mais j'ai envie de partager un peu plus de mon passé avec vous. Comment j'en suis arrivée à grimper et à organiser ce voyage.

J'attends que Shailee traduise rapidement.

– De mes six à mes dix ans, mes parents m'ont régulièrement laissée avec un ami de la famille qui travaillait chez nous. Il a abusé de moi sexuellement et m'a fait croire que mes parents étaient au courant.

Je me tais pour reprendre mon souffle tandis que Shailee traduit.

– J'ai attendu des années qu'ils viennent m'expliquer pourquoi ils lui avaient dit de faire ça. J'ai attendu des années que ça s'arrête. Mais je n'ai jamais rien dit, et toute la douleur que j'ai engloutie s'est transformée en ténèbres si profondes qu'elles ont jeté une ombre sur tout le reste. J'étais une ombre ambulante. Or, quand je suis venue sur l'Everest la première fois et que je suis montée au camp de base, j'ai eu l'impression de pouvoir respirer plus facilement.

– Bah ! laisse échapper Lucy de façon sarcastique.

– Je sais ! C'est trop bizarre, mais j'ai découvert que j'arrivais mieux à respirer quand il y avait moins d'oxygène. L'ombre de la montagne était la seule chose suffisamment grande pour avaler mon ombre à moi. Je ne savais pas pourquoi, mais je faisais plus confiance à la montagne qu'à n'importe qui d'autre dans ma vie jusque-là. La mère Everest est si robuste. Des siècles de roches. Rien ne peut la faire trembler.

Shreya acquiesce et joint ses mains en prière.

– Merci, dit-elle timidement en anglais. De nous avoir amenées ici.

– Merci à toi, dis-je en regardant ma montre. Il nous reste trois bons quarts d'heure. C'est bien suffisant pour que tout le monde prenne la parole.

Rubina est en face de moi. Je lui fais un petit signe de la tête. Elle se racle la gorge et prononce une phrase très vite en népalais.

Shailee se met à rire et nous explique que Rubina lui a donné un ordre très clair :

– Elle a dit : « Shailee, t'as intérêt à traduire ce que je vais dire impeccablement ! »

Tout le monde se met à rire. Sauf Rubina. Le visage impassible, elle prend une grande inspiration et reprend la parole, toujours aussi vite.

Shailee l'écoute attentivement, en acquiesçant et en laissant échapper un petit *hin hin* de temps en temps pour montrer qu'elle est attentive. Lucy et Jimena observent Shreya et Ehani pour voir leur réaction immédiate. Ces dernières semblent perplexes.

Nous regardons Shailee, impatiente.

– Elle dit qu'elle ne regarde jamais de films en général. Ça ravive trop d'émotions et de souvenirs. Mais cette année, elle en a déjà regardé quatre. Quelque chose est en train de changer en elle.

Rubina continue, à voix basse, plus méthodique qu'à son habitude. Elle s'arrête toutes les trois ou quatre phrases pour laisser à Shailee le temps de traduire, ce que celle-ci s'empresse de faire. Elle nous explique que les parents de Rubina ont passé un accord avec un ami de la famille qui s'est révélé être un trafiquant. Comme la plupart des parents de filles trafiquées, ils ne se doutaient de rien. Ils avaient accumulé d'énormes dettes après les multiples opérations de sa sœur, à cause de l'attaque du léopard. L'ami leur a affirmé qu'en envoyant Rubina étudier et travailler en Inde, elle serait à même de rembourser rapidement tout ce qu'ils devaient.

Durant mon premier voyage à Katmandou, j'ai appris que la majeure partie du trafic de Népalaises reposait sur ces dettes – une forme d'esclavage moderne que le gouvernement a pourtant officiellement interdit en 2002, mais qui continue sous d'autres formes. Dans les régions agricoles comme Sindhupalchok, où Rubina, Shreya et Ehani sont nées, les familles pauvres et sans terre doivent souvent emprunter de l'argent aux grands propriétaires. Quand elles ne peuvent pas payer leur dette ou qu'elles en héritent d'une, envoyer un membre de la famille travailler dans un pays qui a une économie plus forte est une façon de la rembourser. Mais ceux qui organisent ces voyages, qui parfois débouchent bien sur des emplois légitimes, exigent souvent des intérêts si élevés et prélèvent des pourcentages si importants sur les salaires, notamment pour le logement et les billets d'avion, que, en arrivant, les travailleurs ont accumulé encore plus de dettes qu'ils n'en avaient au début. C'est un cercle vicieux pour la plupart de ces personnes. Et celles qui finissent prostituées sont souvent stigmatisées par leur communauté quand elles rentrent chez elles, même une fois la dette remboursée.

Chaque année, entre 12 000 et 15 000 Népalaises âgées de six à seize ans sont envoyées en Inde où elles travaillent pour rembourser les dettes familiales, un client après l'autre. Certaines filles voient jusqu'à quatre hommes par jour. Des chauffeurs de taxi. Des étudiants. Des propriétaires de restaurants. Des touristes. Des hommes mariés. Et même des policiers pour qu'ils ne ferment pas les maisons closes.

La plupart de ces fameuses dettes ne dépassent pas 80 dollars.

Quand Rubina est arrivée en Inde, la dette de sa famille était si importante qu'elle savait qu'elle serait à la merci des trafiquants toute sa vie. Là-bas, nous explique Shailee, ses bourreaux la forçaient à appeler ses parents un couteau contre la gorge, pour l'obliger à mentir et leur dire que tout se passait bien à l'école et au travail. Si bien, à vrai dire, que son oncle et sa tante se réjouissaient d'envoyer Shreya, sa cousine, la rejoindre.

– Quand j'ai vu Shreya arriver en Inde, dit Rubina, ça m'a brisé le cœur. J'ai essayé de passer un accord avec le trafiquant. Je lui ai dit que je rembourserais plus encore que ma dette s'il la laissait partir. Mais il a refusé. Il m'a dit que ma dette était si élevée qu'il me faudrait trois vies pour la rembourser. J'avais honte. Shreya était si jeune, elle avait douze ans, et elle était là, seule, enfermée dans une pièce en pierre comme celle-ci, explique-t-elle en montrant du doigt la pièce autour de nous, mais en plus sale et plus froide. Et moi, je n'avais aucun moyen de la protéger.

Je regarde Shreya qui est assise en face de moi, son long visage, ses pommettes saillantes, ses sourcils impeccablement maquillés. J'essaie de l'imaginer, son assurance et son glamour en moins, recroquevillée en boule dans le coin d'une pièce sombre. Avec une planche de bois en guise de lit, un coussin taché et sans couverture. Des barreaux à la fenêtre. Je sais qu'ils la nourrissaient bien, pour qu'elle fasse envie, comme une bête qu'on prépare pour le marché, dans le seul but de l'abattre ensuite.

C'est insupportable à imaginer.

– Shreya était déterminée à s'échapper, explique Rubina. Je la connais et je savais que si quelqu'un pouvait le faire, c'était elle. Mais je ne pouvais pas la laisser partir seule. Alors que nous mettions au point notre plan, deux autres filles ont tenté de faire la même chose. Nous ne les avons jamais revues à la maison close. Nous n'avons jamais su si elles avaient réussi ou si quelque chose d'horrible leur était arrivé. Peu importe, Shreya était décidée, nous avons donc continué à réfléchir à ce que nous pouvions faire.

J'imagine les cousines en train de préparer leur cavale à coups de murmures volés. Tantine, la mère maquerelle du bordel, prête à leur balancer une claque au moindre chuchotement suspicieux. Le langage secret qu'elles ont dû inventer pour se parler pendant le dîner, dans la queue des toilettes ou durant les rares sorties dans les rues bondées de Sonagachi, l'un des plus grands quartiers de prostituées d'Inde, où les rickshaws roulent dans des flaques boueuses, où les marchands vendent du chaï brûlant à la criée et où les hommes font du lèche-vitrine, à la fois pleins de désir et de mépris pour ces si jeunes filles.

– Notre plus gros problème, c'était le portail, continue Rubina.

– Argh, gémit Shreya.

– Devant la maison, il y avait un immense portail en fer avec un énorme verrou. Il était si lourd qu'on ne pouvait même pas le secouer. Pendant trois jours d'affilée, durant notre marche quotidienne, nous avons réussi à nous échapper et avons tenté d'ouvrir le verrou de toutes les façons possibles. Rien ne fonctionnait. Le quatrième jour, tout le monde a quitté la maison pour se rendre à un enterrement, même le garde. Nous savions que c'était notre seule chance. Il était 11 heures du matin quand nous avons couru vers le portail. Je l'ai secoué aussi fort que j'ai pu mais il n'a pas bougé d'un pouce. Shreya s'est tournée vers moi et, est-ce que tu te souviens de ce que tu m'as dit ? Elle m'a dit : « Connecte-toi à Dieu. Pas besoin d'être dans un temple. Pas besoin de lui faire des offrandes. Contente-toi de te connecter à Dieu. »

– Oui, confirme Shreya en regardant l'Himalaya par la fenêtre comme pour tenter de replonger dans son histoire et de se souvenir de ce jour-là. J'ai dit : « Si tu pries fort, si tu pries vraiment depuis l'intérieur, ça fonctionnera. »

– Et à cet instant précis, dit Rubina, j'ai secoué le portail pour la centième fois et il s'est ouvert avec une telle violence que j'ai failli tomber à la renverse. Puis il y a eu les marches qui descendaient jusqu'à la rue – je me souviens qu'elles étaient énormes, on les avait construites comme ça exprès, pour que les gens ne puissent pas courir dans un sens ou dans l'autre. Nous avions passé le portail, mais chaque pas vers la rue était un nouveau défi. J'avais du mal à respirer tellement j'avais peur.

– Quand nous avons rejoint la route principale, intervient Shreya, nous nous sommes mises à courir pieds nus. Aussi vite que possible. Les rues étaient sales, je sentais la bouse de vaches et les graviers me glisser entre les orteils, les insectes me piquer les jambes. Nous avons couru à travers un dédale d'allées, les pieds recouverts de merde, mais nous n'avions pas d'autre choix : nous devions continuer à avancer.

– Nous n'avons jamais regardé en arrière, dit Rubina.

– Quand nous avons atteint la limite du quartier des prostituées, nous sommes tombées sur un groupe de chauffeurs de taxi, explique Shreya. Des Indiens. Rubina s'est approchée d'eux. Elle parlait leur langue à ce stade.

– Je leur ai dit que j'étais la fille d'un membre de l'armée et que j'avais besoin de rejoindre un bus qui allait au Népal, dit Rubina. Je savais que les Indiens craignaient l'armée et que c'était la seule chance pour qu'ils m'écoutent.

– Et ils l'ont fait ! crie Shreya. Ils ont écouté.

Elles parlent plus vite désormais, complètent les phrases de l'autre, comme si elles revivaient leur fuite en temps réel.

C'est la première fois que j'entends leur histoire en détail et elle me brise le cœur. L'espace d'une seconde, mon cerveau se remet en mode stratège et je me demande si Rubina va enfin parler du trek. Si je ne devrais pas la réorienter et lui demander ce qu'elle a appris durant notre séjour ici. Mais je chasse violemment cette idée. Mon exercice est absurde face à ce qu'elles ont traversé. Les autres filles sont captivées. L'ingéniosité dont elles ont dû faire preuve pour s'échapper. L'audace et la persévérance qui leur ont été nécessaires pour rejoindre le Népal.

Au diable les buts et les objectifs.

– Nous étions terrorisées en montant dans le bus, dit Shreya. Nous pensions que si nous nous endormions, le chauffeur tenterait peut-être de nous vendre à son tour. Il était vraiment vieux et avait des poils qui sortaient des oreilles.

Elle se met à rire, mais des larmes coulent le long de son visage.

Est-ce que ce sont des larmes de joie ? Je ne sais pas.

– Il nous a fallu deux jours pour rejoindre la frontière népalaise, poursuit Rubina. Nous n'avions rien à boire, rien à manger. Mais juste avant de franchir la frontière, le bus s'est brusquement arrêté. Le chauffeur a dit que nous n'avions payé que jusqu'ici et que nous devions descendre. Nous l'avons supplié de nous laisser dormir dans le bus pour la nuit. Sinon, nous étions certaines d'être découvertes et emmenées par la police. Il a laissé échapper un grognement avant de s'éloigner en nous laissant à bord. Aucune d'entre nous n'a dormi cette nuit-là bien entendu. Le lendemain matin, nous avons traversé la frontière à pied. Et alors que nous franchissions la limite avec le Népal, des policiers m'ont arrêtée. Shreya avait encore l'air d'une petite fille à l'époque, ils n'ont donc pas fait attention à elle.

Shreya a fait une moue amusée.

– J'ai continué à marcher, précise-t-elle. Je ne me suis même pas retournée. Je ne voulais pas laisser ma cousine, mais si aucune d'entre nous ne rentrait à la maison, nous étions fichues pour de bon. Il y avait plusieurs bus et, tandis qu'ils interrogeaient Rubina, je me suis faufilée dans celui qui allait à Katmandou.

– Les policiers ont fini par me dire : « Va chercher ta sœur ! » Je leur ai dit que je revenais. J'ai trouvé le bus de Shreya, et au moment où je suis montée dedans la portière s'est refermée et il a démarré. Nous sommes parties pour Katmandou en laissant la police derrière nous.

Shailee nous traduit les derniers mots. Lucy, Jimena et moi restons figées, estomaquées, sans voix. La pièce est si silencieuse que je peux entendre le vent balayer l'herbe jaunie juste sous la fenêtre. Rubina relève la tête, elle a les yeux qui brillent, comme s'ils avaient capté toute la lumière de la pièce.

Vu de l'extérieur, ces filles semblent immaculées. Leur visage est si jeune, si frais et si pimpant.

Toutefois, en y regardant de plus près, je remarque que leurs traits ne sont pas teintés de jeunesse mais de résilience. Chaque élément de leur histoire ne tient qu'à un fil. Si le portail ne s'était pas ouvert. Si les chauffeurs de taxi n'avaient pas cru le bluff de Rubina. Si le bus n'avait pas démarré exactement au bon moment. Si tous les détails qui pouvaient mal tourner avaient effectivement mal tourné… comme pour tant de femmes qui ne s'en sortent pas.

Ça n'a pas été pas le cas.

Je comprends désormais mieux le silence de Rubina, son stoïcisme.

– Je n'arrive pas à croire que vous vous en soyez sorties, dit Jimena la bouche pincée, en levant le poing vers Rubina par solidarité.

– Nos parents non plus, dit Shreya en lançant un regard attendri à sa cousine. Ils n'avaient pas la moindre idée de ce qui se passait.

La seule fois où je suis allée à Sindhupalchok, j'ai rencontré la famille de Rubina. Sa mère, son père, une de ses jeunes sœurs et son grand-père. Ils ont insisté pour que je vienne prendre le thé chez eux, un cabanon de trois mètres sur six que la famille partageait avec tout un troupeau de chèvres. Sa mère a dû tellement souffrir en entendant ce qui leur était arrivé.

Ma mère ne savait pas, elle non plus, ce que J me faisait. Tellement de mères ne savent pas. Quelle souffrance cela doit leur infliger. Je ressens un peu de cette colère maternelle à chaque fois que je pense au fait que ces filles ont été punies simplement pour avoir aspiré à une vie un peu meilleure. Elles ont été bernées à coups de fausses promesses. On s'est servi de leurs rêves, ceux de recevoir une éducation et de pouvoir aider leurs familles, pour les exploiter. On les a retournés contre elles. Je soupire aussi fort qu'un taureau et Lucy sursaute.

– Ah ! dit-elle. Tu m'as fait peur. Bon sang. Je t'ai prise pour un yak.

Nous nous mettons toutes à rire, et c'est là qu'Ehani prend la parole.

– Moi, quand je suis rentrée à la maison, tout le monde s'en moquait, murmure-t-elle en népalais.

Elle parle d'une voix si basse que Shailee nous fait signe de nous taire pour mieux l'entendre.

– J'étais partie depuis deux ans.

Nous nous penchons toutes un peu plus près.

– Personne ne m'a acceptée après ça. Après ce qu'on m'avait fait. J'étais marquée, vous comprenez ? Gâchée. Je n'avais qu'une seule envie, c'était de mourir.

Shailee traduit et nous acquiesçons à l'unisson. Nous savons toutes ce qu'Ehani veut dire. Quelles que soient les spécificités de nos histoires à chacune, nous avons toutes éprouvé ce sentiment.

– J'avais quinze ans quand je suis arrivée en Inde et, comme Shreya et Rubina, on m'a enfermée dans une maison close. Au bout de six mois, la police a débarqué et nous a toutes jetées en prison. Là-bas, l'eau était si trouble que je ne voyais jamais le fond de ma tasse. Nous mangions des restes de riz infesté de verre et de graviers. À chaque repas, il fallait ratisser la nourriture à mains nues pour récupérer ce qui était mangeable. Quand nous avons enfin été libérées un an plus tard, peut-être un an et demi, la police nous a directement renvoyées à la maison close. On m'a placée dans un autre établissement, mais c'était encore pire parce qu'il était dirigé par l'épouse d'un policier.

– Oh, mon Dieu, murmurent Jimena et Lucy de concert tandis que Shailee finit de traduire.

– Sous sa surveillance, poursuit Ehani, il n'y avait aucune échappatoire possible. Celles qui essayaient de s'enfuir, nous disait-on, étaient découpées en morceaux. Mais je me suis liée d'amitié avec une fille plus âgée qui avait accès aux clés. Il y avait cet homme, un client, qui était tombé amoureux d'elle et il a décidé de nous aider à nous échapper. Nous avions prévu d'emmener une autre amie également, une femme qui avait toujours les jambes enflées. Elle était atteinte d'une maladie, mais personne ne savait laquelle. Peu avant notre départ, elle m'a dit : « Laissez-moi. » Elle avait peur de nous retarder. « Je ne te laisserai pas, lui ai-je dit. Hors de question. »

Ehani s'arrête et avale une bouffée d'air comme s'il s'agissait d'une gorgée d'eau.

Shailee traduit et nous retenons notre souffle.

– Un matin, poursuit Ehani, juste avant l'aube, l'homme qui était amoureux de la femme qui avait accès aux clés a débarqué en taxi et nous avons toutes les trois couru vers la porte d'entrée. Nous nous sommes ruées dans la voiture. Notre cavale a commencé. Nous avons traversé une autre partie de l'Inde pendant un bon moment, pour éviter les policiers et les patrouilles de frontières. La femme aux clés et l'homme qui l'aimait se sont mariés. Au bout de quelque temps, j'ai fini par retrouver le chemin de Katmandou.

Captivées et bouche bée, nous écoutons Shailee nous traduire cette histoire d'amour improbable au milieu d'une cavale tragique. J'ai un millier de questions qui me brûlent les lèvres. Comment est-elle rentrée à Katmandou sans argent ? Combien de temps a-t-elle voyagé en Inde ? Est-ce qu'ils s'étaient déguisés ? Où est-ce que le couple s'était marié ? Le couple s'était vraiment marié ?! Qu'était-il arrivé à la femme aux jambes enflées ?

Mais ce n'est pas le genre d'histoire qu'on interrompt avec des questions logistiques et une curiosité excessive.

Aucune de ces histoires ne l'est.

Par respect, je ne demande pas de détails. Le peuple népalais est un peuple gracieux qui tient à son intimité. Ce que les gens choisissent de partager doit suffire. Et c'est le cas. C'est plus que suffisant. Leurs histoires sont complètes, même si elles sortent par bribes.

– Dans notre région, des centaines de filles, probablement des milliers, ont été victimes du trafic, explique Rubina. De toutes ces filles, nous ne sommes que six à avoir saisi la justice. Nous trois plus trois autres. Des gens puissants ont voulu nous faire taire. Ma famille a été menacée à de multiples reprises.

On leur a proposé des sommes astronomiques pour régler ça en dehors des tribunaux. Mais si ma famille voulait une chose plus que tout au monde, c'était qu'on me rende justice.

Elle se tourne pour regarder Shreya dans les yeux.

– Et c'est pour ça que ma famille est désormais ma seule idole, dit-elle en plissant les yeux. Je ne crois plus en Dieu.

La pression dans la pièce retombe. Tout le monde tend un peu plus l'oreille.

– C'est Dieu qui a ouvert le portail ! crie Shreya. Tu le sais.

– Pas ce Dieu-là, répond Rubina. Lui, je n'y crois plus. Où était-il quand nous souffrions autant ? Il n'y a que ma famille qui a été là pour moi.

– Moi, personne ne m'a défendue, dit Ehani. Pas une seule personne de ma famille ne m'a défendue. Quand je suis allée au tribunal pour porter plainte, les greffiers m'ont harcelée de questions. Si j'étais votre sœur leur ai-je dit, me poseriez-vous les mêmes questions ? À cet instant, j'ai compris que je ne pouvais laisser personne m'intimider, peu importe combien ces personnes étaient puissantes. Plus jamais de ma vie. Ma famille était faible, c'est vrai, mais moi j'avais déjà parcouru tant de chemin seule que je savais que je pouvais aller au bout. Et puis j'avais les filles de Shakti Samuha. C'étaient les seules à m'écouter.

– Les filles de Shakti n'ont peur de rien, confirme Shreya.

Je vois les yeux parfaitement maquillés de Lucy devenir humides. Des sanglots silencieux roulent le long des joues de Jimena. Je pleure aussi doucement depuis un moment, en essuyant mes larmes sans m'en rendre compte.

– Ces hommes ont également essayé de me corrompre pour que je retire ma plainte, murmure Ehani. Je leur ai dit : « Je discuterai le jour où vous pourrez nous rendre ce que nous avons perdu. »

*

* *

Je n'avais jamais entendu Ehani parler autant. Elle est enflammée. Je suis épatée. À son âge, je me soûlais pour oublier mon histoire. Je commençais mon ascension dans le monde de l'entreprise, convaincue que la réussite serait mon ticket de sortie de mon traumatisme. J'ai dû escalader les sommets les plus hauts du monde, cinq d'entre eux jusqu'ici, simplement pour trouver une once de la vulnérabilité et de l'honnêteté qui ont cours dans cette pièce. Notre conversation n'a rien à voir avec le moment de fausse catharsis que j'avais imaginé. J'ai honte d'avoir voulu forcer ces filles à réciter niaisement une liste absurde de leurs forces et de leurs faiblesses. D'avoir pensé qu'elles avaient besoin de moi pour leur enseigner quoi que ce soit. J'essaie de m'abandonner à l'instant. De dompter mon désir de contenir, de contrôler. Mon esprit est un tableau blanc où se mélangent les plannings et les tableaux Excel. Une chaleur irradie depuis le centre des couvertures. J'ai les aisselles trempées.

– Tu veux bien ouvrir un peu la fenêtre, s'il te plaît Jimena ? je demande. Waouh ! Je veux dire. Juste, waouh ! Merci d'avoir partagé ces histoires incroyablement puissantes et douloureuses. Je suis… on devrait peut-être faire une petite pause ?

Je ne sais pas si la question leur est destinée à elles ou à moi… Mon ventre gargouille et je regarde de nouveau ma montre. Deux heures ont passé. Je sors un sachet d'amandes de la poche de ma polaire et leur en propose.

Tout le monde secoue poliment la tête. Non aux amandes. Non à la pause.

Personne ne fait le moindre mouvement, pas même pour boire une gorgée d'eau.

Quelque chose a été libéré et se déploie à son propre rythme. Nos corps forment une masse solidaire, nous respirons à l'unisson, nos voix s'élèvent, chacune à son tour. Nous sommes distinctes et collectives à la fois.

C'est une forme que je n'arrive pas complètement à distinguer. Un cercle sur lequel je n'ai aucun contrôle.

– Ça me fait du mal d'entendre vos histoires, dit Lucy.

Nous nous tournons toutes vers elle. Ses joues rondes sont plus roses que d'habitude. Elle est anormalement silencieuse aujourd'hui, blottie entre Rubina et Jimena comme un chat. Une brise fraîche envahit la pièce et elle ferme les yeux.

– J'ai été retenue prisonnière moi aussi, dit-elle. Par quelqu'un que je connaissais et en qui j'avais confiance.

Shailee se remet à traduire, désormais de l'anglais au népalais.

– Peut-être que j'étais trop naïve, ajoute Lucy.

– Tu n'avais que seize ans, intervient Jimena.

– Ma petite sœur avait un petit ami plus âgé. Un jour, un ami de ce garçon lui a dit qu'il pouvait nous emmener mon petit frère et moi à l'école. Il a déposé mon petit frère devant l'école primaire. Mais ensuite, il m'a emmenée dans une maison étrange au milieu de nulle part et il m'a violée. Il m'a gardée toute la nuit. Il faisait si noir que j'étais incapable de dire où j'étais. Il m'a dit qu'il me tuerait si j'essayais de m'enfuir ou si je racontais quoi que ce soit à ma famille. Le lendemain, il m'a ramenée chez moi en prétendant m'avoir trouvée. Tout le monde m'attendait, il y avait même la police. Ils étaient tous morts d'inquiétude. Je l'ai dénoncé, malgré tout. Après ça, ma famille m'a renvoyée au Mexique pour que je suive une thérapie. Puis je suis rentrée aux États-Unis. Ma mère vivait encore à San Francisco, elle et moi ne nous entendions pas du tout. On se disputait tout le temps parce que j'avais l'impression qu'elle faisait toujours passer ses petits amis avant nous, ses enfants. Il lui arrivait de disparaître pendant des semaines. Alors moi aussi je me suis mise à disparaître. Quand j'étais au lycée, avant que j'abandonne les études, je vivais un peu chez elle, un peu dans des refuges et un peu dans la rue.

Elle s'arrête pour prendre une longue inspiration et Shailee traduit pour les Népalaises, assises les bras croisés à attendre patiemment la suite.

– Shailee, dis-je en tendant ma Nalgene. Tu veux un peu d'eau ?

– Ça va.

– Tu es sûre ? demande Lucy.

– Certaine, répond Shailee. Vous devriez savoir à ce stade que je suis à moitié chameau. C'est une des raisons pour lesquelles je suis aussi douée dans mon travail.

– Ça doit être ça, répond ironiquement Lucy.

– Continue, allez continue, dit-elle.

Même après des passages d'une longueur épique, Shailee ne perd pas une miette de ce qui est dit. Je me demande comment elle arrive à avoir autant de mots dans la tête en même temps.

– D'accord, dit Lucy. Donc après ça, je vis par intermittence dans la rue. Un jour, je vais chez une amie pour récupérer des vêtements, je passe devant une station-service et là, boum, tout devient noir. Je me réveille à l'arrière d'une voiture et comprends que je suis dans un garage. Il est 2 heures du matin. Il y a une horloge sur le mur. Le même homme, l'ami du petit ami de ma sœur, est là, et il me garde enfermée dans ce garage pendant une semaine. Sans nourriture, ni toilette. Au lieu de mettre au point un plan pour m'échapper comme vous l'avez fait, dit-elle en agitant la main vers Rubina et Shreya, je n'ai pu faire qu'une chose : essayer encore et encore de comprendre pourquoi tout ça m'arrivait à moi.

Jimena glisse son bras autour de ses épaules.

– C'était l'anniversaire de mon frère cette semaine-là, et j'ai demandé à l'homme si je pouvais utiliser son téléphone pour lui envoyer un message et lui souhaiter un bon anniversaire. En réalité, j'ai envoyé un texto à une amie pour lui dire d'appeler la police. J'ai effacé le message, mais quand l'homme a récupéré son téléphone, il a vu que ma copine avait répondu « QUOI ?! » Il m'a rouée si fort de coups que quand les flics sont arrivés je gisais au sol dans une mare de sang. Mais j'étais encore en vie. J'étais en vie. Il a été déporté au Mexique pour ce qu'il avait fait, mais il n'y a jamais eu aucune poursuite judiciaire. Puis, il y a deux ans, j'ai appris qu'il était de retour à San Francisco. Ça me fait peur de vivre dans la même ville que lui. De savoir qu'il est là dehors. Mais il ne va pas me prendre ma vie. Je suis l'aînée et je dois être un modèle pour ma petite sœur et mon petit frère. J'ai vécu dans la rue pendant toute mon adolescence vous savez, mais maintenant j'ai mon chez-moi et je viens de m'inscrire à l'université. J'étudie les sciences sociales. Je suis une *entrepreneuse de la justice sociale*. C'est ça, mon destin.

– Et tu vas y arriver, dit Jimena. Tu y arrives déjà.

– Je voulais participer à ce voyage parce que l'Everest, ça me semblait vraiment épique, reprend Lucy. Magique. Rien que l'entraînement pour venir ici, c'est la chose la plus dure que j'ai jamais faite. Enfin, la chose la plus dure *physiquement*. Et je n'ai pas renoncé. Et ça, c'est grâce à vous toutes.

Des larmes coulent le long de ses joues et Rubina la serre dans ses bras. Shailee traduit le reste de l'histoire pour les Népalaises et, quand elle termine, Ehani se met à pleurer et Shreya renifle pour essayer de ne pas craquer.

Dès le jour où je l'ai rencontrée, lors de notre première réunion, je me suis tout de suite sentie liée à Lucy. Nous étions toutes les deux des immigrées et comprenions tacitement notre entêtement mutuel, le fait d'enfouir notre douleur derrière notre franc-parler, mais Lucy ne m'avait jamais raconté son histoire en détail. Je suis scotchée. Même quand elle se plaignait, même quand elle bataillait, sa nature joviale a été un rayon de soleil dans ce voyage – sa repartie et ses sarcasmes, sa gentillesse, sa réserve inépuisable de vannes. En écoutant son histoire aujourd'hui, mon affection pour elle se transforme en quelque chose d'entièrement maternel. Je veux être sa mère à travers tout ça et encore après. Je veux rester proche d'elle une fois le trek terminé.

Ehani semble pensive.

– Nous avons le pouvoir de mettre les gens face à leurs responsabilités, dit-elle. Notre procès m'a appris ça. L'homme que nous avons accusé était un monstre et il était craint partout. Il dirigeait l'un des réseaux de trafic les plus importants du Népal. Des centaines de milliers de femmes. Mais avec l'aide de Shakti, les six jeunes femmes que nous sommes ont réussi à le faire condamner à cent soixante-dix ans de prison. Il n'y avait jamais eu de sentence pareille dans toute l'histoire du Népal. À la maison, dans notre région, les gens parlent encore vous savez. Il nous appelle *les idiotes*. Ils disent qu'on finira par se faire tuer.

– Mais le trafiquant est mort depuis, dit Rubina. En prison. Son associé, en revanche, s'est échappé, on ne l'a toujours pas retrouvé.

– Mais on ne s'en fait plus à son sujet, intervient Shreya.

– Ça non, dit Rubina en haussant les épaules, le visage impassible. Si on le trouve, on le tabasse à mort.

Jimena se met à rire.

– Désolée, dit-iel. Putain, merde. Pardon. J'essaie encore d'enregistrer tout ça. Vos histoires sont incroyables. Je ris juste parce que je faisais partie d'un groupe féministe radical à la fac qui faisait la même chose. Un groupe de femmes noires et latinas, ainsi que quelques Asiatiques. Notre point commun, c'était que personne ne nous avait crues quand nous avions affirmé avoir été agressées. C'est pour ça que nous avons décidé de nous rassembler. Nous connaissions une fille qui avait été violée et nous sommes littéralement allées chez le type pour le défoncer.

– Wow, dit Shreya en acquiesçant d'approbation. Vous êtes des reines !

– Est-ce que vous avez déjà entendu parler du Gulabi Gang ? demande Jimena.

– Gulabi ?

Ehani s'adresse à Shreya en népalais.

– Les activistes qui s'habillent en rose ? demande Shreya.

– Ouais, répond Jimena. Les Indiennes. Bref, ça me fait penser à elles. Ce que vous avez dit ça me fait penser à elles. Nous nous protégeons nous-mêmes.

– Nous nous protégeons nous-mêmes, répète Shreya.

La tension dans la pièce est palpable.

– Quant à mon histoire, dit Jimena le regard lointain, j'ai parfois du mal à me souvenir de ce qui est réel et de ce qui ne l'est pas. Parce que ça a duré si longtemps. Si longtemps… Et j'ai essayé d'en parler. Mais dans mon monde, le confort des hommes l'emporte toujours sur la sécurité des femmes.

Toutes les filles acquiescent et on entend une vague de « oui » murmurés.

Le prix que les femmes paient pour le confort des hommes n'est pas limité à un seul pays ou une seule culture.

– J'ai grandi avec deux mères, continue Jimena. Des lesbiennes. L'une d'entre elles, ma mère bio, celle qui m'a donné naissance – c'est comme ça qu'elles appellent ça, une mère bio –, a été reniée par sa propre mère à cause de son homosexualité. Ma grand-mère, une fervente catholique mexicaine, ne lui a pas adressé la parole pendant vingt-cinq ans. Sachant ça, vous vous dites que ma mère saurait faire preuve de compassion. Qu'elle saurait m'écouter. Mais comme vous le savez, le traumatisme engendre le traumatisme qui engendre le traumatisme, etc.

Tandis que Shailee traduit cette dernière partie, Ehani hausse les sourcils en acquiesçant pour montrer qu'elle comprend.

– Mes mères se sont séparées quand j'avais huit ans. Ma mère bio et moi sommes allées nous installer chez ma grand-mère. Celle à qui elle n'avait pas adressé la parole depuis vingt-cinq ans. Nous étions neuf enfants : ma mère était famille d'accueil pour plusieurs gamins – je ne sais pas comment on appelle ça au Népal ? Nous vivions tous dans un mobile home de deux chambres, dans un quartier latino de Californie du Sud. La première fois que le petit ami de ma grand-mère a abusé de moi, je l'ai dit à ma mère, qui l'a dit à ma grand-mère. Elles étaient toutes les deux en mode « chut, chut ». Elles m'ont ordonné de me taire parce qu'elles ne voulaient pas faire d'histoires. Il venait me voir la nuit alors que ma petite sœur dormait juste à côté de moi. Ça me terrifiait. Je me rappelle avoir été capable de facilement me dissocier, de vraiment me détacher et flotter loin de mon propre corps.

Je tremble. Je me souviens de cette sensation moi aussi.

Celle d'être à la fois le ballon qui flotte au loin et la petite fille qui pleure parce que le ballon lui a glissé des mains.

– Un jour, poursuit Jimena, nous avons organisé une brocante dans le jardin. Ma mère vendait toutes mes peluches parce qu'elle avait besoin d'argent. À un moment, elle m'a dit de courir chercher de la monnaie pour un client. Quand mon beau-grand-père m'a vue entrer dans le mobile home, il m'a tirée dans un coin et a abusé de moi juste là, en pleine journée, alors que tout le monde était dehors à vendre des vieux T-shirts et des jouets. Je n'avais pas trouvé la monnaie qu'on m'avait envoyée chercher, mais j'allais lui rendre celle de sa pièce. Une fois qu'il a eu fini, je suis sortie comme une furie de la caravane et je me suis mise à courir en hurlant sur ma mère. J'ai couru vers une lumière blanche devant moi et j'ai vu ma mère filer dans l'autre sens. Elle est retournée dans le mobile home, a attrapé un couteau et a poursuivi son beau-père tandis que je me suis jetée par terre en pleurant. Et je ne me disais qu'une chose : c'est ma faute. Tout ce chaos, c'est ma faute.

Jimena nous a raconté que quand les policiers sont arrivés un peu plus tard, deux hommes blancs, sa mère avait disparu. Jimena a donc dû répondre à leurs questions sans l'aide de personne. Son récit était si clair et concis qu'ils ne l'ont pas crue.

– J'ai toujours parlé de façon bien trop articulée pour qu'on me croie, nous explique Jimena, le visage dur.

Ehani se tourne vers Shailee et murmure en népalais avant de regarder Jimena.

– Je n'arrive pas à croire qu'il y ait les mêmes problèmes en Amérique, dit-elle.

– On pensait que, là-bas, tout le monde était blond, beau et heureux, ajoute Shreya en riant.

Jimena et Lucy gloussent en secouant la tête.

– Pas du tout.

– Tu sais quoi Ehani, dis-je en souriant pour moi-même, je pensais la même chose.

– Après avoir abandonné mon corps pendant si longtemps, dit Jimena, j'ai dû le récupérer. C'est un processus de resensibilisation. Désormais, il m'arrive d'être ultrasensible aux personnes qui m'entourent. C'est pour ça que parfois, comme vous l'avez remarqué, je me mure dans le silence. Je n'ai pas envie de dire que c'est parce que je suis en train de guérir, parce que ça signifierait que je suis malade. Et je ne le suis pas. J'essaie de transcender mon traumatisme. Pendant très longtemps, j'ai malmené mon corps. Je l'ai traité comme je l'avais été. Mais ce voyage change les choses pour moi. Je brise des barrières. Comme a dit Lucy, j'ai traversé bien plus mentalement, émotionnellement et même physiquement que ça. (Elle me regarde d'un air accusateur.) Mais ça – ce voyage –, c'est l'épreuve physique la plus difficile que j'ai *choisi* de traverser.

Je souris.

– Et je crois que c'est ça l'important, continue Jimena. Toutes ces autres choses que mon corps a subies. Je n'ai pas eu le choix.

Ehani fait signe à Shailee de traduire tandis qu'elle commence à parler en népalais.

– Quand je vivais à Shakti et que j'essayais de retourner à l'école, j'avais cet ami au travail, explique-t-elle. C'était le seul qui me soutenait. Il avait pris la place dont mon frère de sang ne voulait plus. On avait l'habitude d'écouter un programme de radio très populaire qui passait le jeudi. L'animateur disait toujours : « Rien de ce que vous faites n'est petit. Tout commence là. »

– Ah ! dit Shailee. J'adore. Elle répète doucement en anglais : « Rien de ce que nous faisons n'est petit. »

– Exactement ! dis-je en dégageant les couvertures et en brandissant mes poings en l'air comme si nous venions de découvrir un remède contre le cancer.

Ehani a dit précisément ce que je n'arrivais pas à exprimer.

Rien de ce que nous faisons n'est petit.

Au début de notre voyage, à Shakti, Jimena a affirmé que la sororité n'était pas un concept. C'était un acte.

Une force créée par toutes les personnes présentes dans la pièce.

Je sais désormais ce qu'iel voulait dire.

Nous nous blottissons un peu plus les unes contre les autres et répétons à haute voix toutes ensemble : *Rien de ce que nous faisons n'est petit !* – un mélange de voix et de rires, tandis que des larmes coulent le long de nos joues, qui se transforment en incantation, puis en cri de ralliement.

La pièce est purifiée. Comme la fraîcheur de l'air après un orage violent.

J'expire tout mon stress de l'échéance et prends une bouffée de cet air nouveau. Je regarde ma montre. *Waouh*. Cinq heures ont passé. Dr Jackie doit nous attendre.

– On va dîner ? dis-je.

Elles acquiescent toutes et se glissent doucement hors du cocon, étirent leurs jambes, récupèrent leurs gourdes et leurs manteaux. Elles traînent les pieds jusqu'au couloir, bras dessus, bras dessous, et je reste pour fermer les fenêtres. Face à la vitre, je m'imprègne du paysage. Pheriche est situé sur la partie plate d'un énorme saladier, une toundra lunaire et glacée entourée d'un cercle de sommets en dents de scie. Dehors, de la fumée ondule des cheminées de bâtiments municipaux en pierre et stagne, comme une écriture dans le ciel, comme un message qu'on n'aurait pas fini de rédiger. L'Himalaya n'est plus un concept lointain. Nous sommes en plein dedans. Le soleil commence à peine à se coucher et ses rayons font ressortir la silhouette du Lobuche dans le cadre de la fenêtre. Et derrière, l'Everest. Là depuis le début. À nous regarder par la fenêtre, à écouter tranquillement nos histoires et à absorber les ombres de nos vies.

Chomolungma fait partie de notre cercle.

La Mère du monde est notre témoin, là où nos propres mères n'ont pas su l'être.

Un énorme sourire envahit mon visage et je sens une bouffée de confiance.

On va toutes s'en sortir. On va toutes réussir.

*

* *

Aujourd'hui, je dois participer à ma puja de l'Everest. C'est une cérémonie obligatoire pour quiconque tente d'atteindre le sommet. Un lama présidera la cérémonie, il demandera à la montagne la permission de l'escalader et lui fera des offrandes en échange de sa bénédiction et de sa protection. Tous les membres de mon équipe sont déjà au camp de base. Ils sont en train de faire connaissance – entre eux et avec les autres équipes qui vont tenter l'Everest cette saison.

Je ne pensais pas que mon trek avec les filles durerait jusqu'à mon excursion au sommet. Nous étions censées avoir déjà fini. Nous étions censées être en train de nous reposer au camp de base. Je m'imaginais les emmener pour qu'elles assistent à cette énorme puja avant de redescendre. Mais si ce voyage m'a appris une chose, c'est que chacun avance à son propre rythme – nous sommes encore à deux jours du camp de base. Ce qui signifie qu'aujourd'hui sera une journée double pour moi. Je suis en mission « il-faut-arriver-à-temps-pour-la-puja-coûte-que-coûte ». Les filles m'ont encouragée à partir devant en me promettant de me rejoindre à leur rythme, avec Shailee et Asha pour guides, jusqu'à Gorak Shep, notre prochaine étape, qui n'est qu'à 1,5 kilomètre. De mon côté, je vais parcourir les cinq heures qui me séparent du camp de base, arriver à temps pour la puja, puis redescendre les retrouver à Gorak Shep. De là, nous marcherons de nouveau toutes ensemble jusqu'au camp de base.

Je ne pensais pas avoir de problème pour trouver ma cérémonie de puja, mais quand j'arrive en haut de la dernière colline, en sueur et en panique, mon estomac se noue. Le camp de base est immense. Je n'étais jamais venue ici en haute saison, quand tout le monde tente d'atteindre le sommet et que toutes les tentes sont installées. L'endroit fait la taille d'un petit bidonville, on se croirait dans les baraquements de fortune sur les hauteurs qui entourent Lima.

– Tu nous verras, m'avait dit Anthea, la responsable du camp de base d'Adventure Consultants. On a un grand chapiteau bleu et cinq tentes jaunes les unes à côté des autres.

Mais il y a des chapiteaux bleus partout.

Et au milieu de ce paysage rocailleux et stérile, des centaines de tentes jaune fluo, comme des nuées d'abeilles qui se confondent.

Au centre de ce village, de larges allées enneigées s'enchaînent, bordées de tentes en forme de cabanes avec des enseignes qui annoncent « réfectoire » ou « poste technique ». Il y a des tentes pour les toilettes, d'autres pour les loisirs, de longues tentes tubulaires rouge et blanc pour les urgences et d'autres encore en forme de dômes – je ne sais pas pour quoi exactement. Des milliers de gens s'installent temporairement ici, pour s'entraîner, monter, descendre, attendre la fenêtre parfaite pour atteindre le sommet. En regardant autour de moi, je prends enfin conscience de ce que je suis sur le point de faire.

Voici ma maison pour les deux prochains mois.

Je secoue la tête pour chasser cette pensée.

Commençons par le commencement. Trouver la puja.

Je me presse au cœur de ce village de fortune et demande à des alpinistes portant de superbes vestes North Face s'ils savent où a lieu la puja principale, mais n'ai droit qu'à des regards perplexes en guise de réponse. Un hélicoptère plane au-dessus de l'héliport, ses hélices fendent l'air et mes cheveux viennent fouetter violemment mon visage. Tout est si high-tech et dernier cri. C'est un peu un choc après mon excursion à la cool avec les filles, à manger des repas simples en nous concentrant sur notre guérison, sur le lien qui nous unit et sur le simple fait de mettre un pied devant l'autre. Un guide finit par s'arrêter et m'expliquer que chaque expédition a sa propre puja et qu'il faut donc que je trouve mon groupe. Il m'indique où se trouve le camp d'Adventure Consultants.

– C'est tooooooooout au fond, dit-il. Vous devez suivre le chemin pendant une trentaine de minutes encore.

Et merde.

J'espérais vraiment que mon camp se trouverait près de l'entrée principale. Je remonte le chemin en courant presque, agacée – plus contre moi que contre qui que ce soit d'autre. Je bondis sur un rocher verglacé et tombe à droite, me rattrape juste à temps mais en me tordant un peu la cheville. Ma colère se calme au fur et à mesure que je ralentis. Je serpente, saute avec prudence de rocher en rocher, me concentre sur le fait de rester debout et ignore les énormes glaciers dans mon champ de vision. Je ne vois toujours pas le bout du camp.

Mais juste devant, je vois un groupe d'hommes.

Je trottine jusqu'à eux. Dix grimpeurs occidentaux qui se ressemblent tous, fringués en Patagonia et en North Face, sont assis sur une bâche orange fluo face à un autel en pierre entouré d'images satinées de dieux bouddhistes. Et derrière, une masse glaciale et luisante émerge de la vallée et vient fendre le ciel bleu immaculé. Face à l'autel, Ang Dorjee est debout à côté du lama, qui est déjà en pleine incantation. Juste à côté d'eux, un grand type blanc en Ray-Ban. C'est Mike – le chef de mon expédition. Des drapeaux à prières tibétains flottent au vent au-dessus de leurs têtes. Un demi-cercle d'environ cinquante sherpas et Népalais debout entoure le groupe assis. Hormis Anthea et Lydia, et deux autres femmes blanches assises sur des chaises en retrait, il n'y a quasiment que des hommes : les sherpas, les cuisiniers, ceux qui s'occupent des cordes, les grimpeurs et les médecins. Il y a quatre-vingts personnes dans l'équipe d'expédition d'Adventure Consultants et elles sont toutes là pour la puja.

Je sens leurs yeux se poser sur moi – l'étrangère irrespectueuse et en retard – alors que j'essaie de me faufiler parmi eux en silence, toujours haletante après mon marathon.

Il y a un coussin vide deux rangs derrière Anthea. En m'asseyant, le froid glacial du sol sous le coussin se glisse à travers mon pantalon. Un jeune sherpa s'approche avec un petit tabouret bleu et me fait signe de m'asseoir.

C'est gentil, mais je ne veux pas le moindre traitement de faveur. Je viens juste d'arriver et vous me donnez un siège ? C'est juste parce que je suis une femme, j'en suis sûre. Je n'ai pas besoin de siège.

Je souris poliment, murmure *namasté* du bout des lèvres et pose le tabouret à côté de moi.

Au centre de l'autel se trouve un brasero en pierre rempli de branches de pins fraîchement coupées. D'épaisses volutes de fumée boisée s'agitent autour de nos têtes. Les sherpas continuent leurs incantations en attrapant de pleines poignées de riz dans une assiette puis en les jetant dans le feu. Je regarde autour de moi et aperçois plusieurs hommes blancs costauds assis sur des tabourets. Je n'aurai donc pas l'air faible si je le fais moi aussi, et décide de m'asseoir quelques secondes.

Je passe les quatre-vingt-dix minutes suivantes complètement perdue. Je chante à l'unisson et suis les ordres qu'on nous donne, *mangez ceci, buvez cela*, en avalant un mélange particulier de thé, de biscuits, de beurre, de chocolat et de Sprite. On dirait une eucharistie pour étudiants de première année. Je suis dans un état de transe et de béatitude tel que lorsque mon voisin me passe la dernière offrande je manque de l'avaler sans réfléchir. Par bonheur, je jette d'abord un œil au liquide ambré qui flotte dans la tasse. Son odeur boisée et sucrée ne laisse aucune place au doute. Du whisky. Je n'ai pas bu une seule goutte d'alcool depuis deux mois, mais l'idée de faire l'impasse sur une bénédiction me terrifie. J'ai besoin que la Mère Everest soit à 100 % de mon côté et si le lama me dit que j'ai besoin de whisky pour être bénie, qui suis-je pour le contredire ? Si c'est dans un but sacré, ça ne compte pas. J'avale le liquide brûlant avant d'avoir le temps de réfléchir un peu plus. La brûlure familière me saisit la gorge. Les pointes de mes oreilles me chatouillent. Un flot d'extase liquide.

De la farine se met à tomber du ciel. Les sherpas passent parmi la foule des grimpeurs pour en verser un peu dans les mains de chacun. Je forme un bol avec les miennes, prête à recevoir la communion. Un homme au visage buriné les remplit. Je jette la farine en l'air et le vent vient aussitôt l'éparpiller partout sur ma veste. Tout le monde prend son voisin dans ses bras en étalant la farine sur le visage de l'autre, une tradition sherpa pour exprimer l'espoir que nous vivrons jusqu'à ce que nos cheveux et notre barbe deviennent blancs.

De l'eau bénite, le mercredi des cendres, offrir la paix à son voisin.

Que la paix soit avec vous.

Le visage enfariné, blanc comme celui d'un fantôme, je m'empresse d'aller me présenter à Mike, puis tente de m'éclipser aussi vite à coups de *namasté*. Alors que je m'éloigne, je l'entends crier par-dessus les bavardages : « OK tout le monde, dîner dans une heure. » Je tourne la tête mais personne ne me regarde. Ils sont tous agglutinés autour de Mike, à bavarder comme de vieux potes.

Alors que je redescends le chemin rocailleux, une lune dorée s'élève le long du versant du Nuptse. Ce soir, c'est ma dernière soirée avec ma petite famille – je suis sur le point de tenir une promesse que j'ai faite à la montagne il y a dix ans –, et je suis partagée. D'un côté, ces jeunes filles courageuses qui m'ont fait suffisamment confiance pour me suivre dans ce voyage me comblent de joie – et j'ai vraiment hâte de voir leurs têtes quand elles atteindront le camp de base. Pour Ehani, Shreya et Rubina, c'est un peu un pèlerinage. Comme les Péruviens se rendent au Machu Picchu.

D'un autre côté, je suis dévastée de devoir les laisser partir et passer le relais à Shailee et Asha qui se chargeront de les faire redescendre. Je pensais que si je respectais ma partie du contrat en les emmenant toutes jusqu'au pied de l'Everest, d'une façon ou d'une autre la montagne se chargerait de notre guérison. Néanmoins, les écouter partager en détail les passages les plus douloureux et honteux de leurs histoires, non pas cachées dans la pénombre d'une boîte de nuit au fond d'un verre d'alcool mais au grand jour, m'a donné une belle leçon d'humilité. Qu'elles puissent entendre la vérité, la leur comme celle des autres, sans tenter de l'embellir, de la minimiser, de la noyer dans l'alcool ou le travail, m'a clairement prouvé qu'elles avaient déjà en elles la force que j'avais rêvé que ce trek leur donnerait.

Leurs histoires m'ont montré à quel point ma vision de la guérison était étroite et limitée.

J'ai toujours vanté les mérites du matriarcat et du *women power*, mais j'ai oublié en chemin que j'étais une survivante moi aussi. J'ai donc géré ce groupe comme une force extérieure, en passant mon temps à m'assurer que nous atteignions nos objectifs, à les pousser de force vers la catharsis. Je les ai poussées comme si je m'étais poussée moi. Comme l'aurait fait un père.

Tout ce que je sais faire, c'est pousser.

C'est comme ça que j'ai survécu, et j'ai toujours cru que survivre était l'essentiel.

Si je survis, cela veut dire que j'ai vaincu mon passé.

Si je surmontais J, si j'arrivais à rejoindre les États-Unis et si je réussissais là-bas, alors j'allais forcément bien. Mais survivre, ça ne veut pas dire qu'on va bien. Ça ne veut pas dire qu'on va mieux. Ça veut juste dire qu'on est en vie. Et fonctionner, même bien fonctionner, ce n'est pas guérir. De la même façon qu'il ne suffit pas d'enchaîner les bénédictions et d'appeler ce trek un voyage vers la guérison pour qu'il en soit un.

Ce n'est que lorsqu'elles – ces courageuses – ont eu la bravoure de raconter leurs histoires en toute vulnérabilité, que tout ça est devenu vrai. La vulnérabilité dont elles ont fait preuve est une chose dont j'aurais été incapable à leur âge.

Dont je suis sans doute toujours incapable.

Soudain, je sens un gargouillis dans mon ventre. Un gargouillis familier et de mauvais augure.

Non, non, non, non. Pas maintenant, pitié ! Pas maintenant.

Mon estomac a été sage pendant tout le trek. Mais maintenant, il tourne et gargouille, plein de Sprite, de whisky et de thé. Je cours le long du chemin à la recherche d'un coin tranquille où m'accroupir, en remerciant intérieurement mon père, Segundo, de m'avoir au moins enseigné une chose : toujours emporter un rouleau de papier toilette avec soi, où qu'on aille.

Au Pérou, le papier toilette était considéré comme un luxe occidental – un que mon père comptait bien s'octroyer. Il en gardait toujours un rouleau dans sa voiture. Et j'en range toujours un dans mes bagages, une manie pour laquelle je suis particulièrement reconnaissante à cette seconde où je me vois forcée, après toutes les bénédictions et les révélations de ces dernières heures, de courir me cacher sur le flanc de la montagne et de gérer ma merde.

– 10 –

LA COW-GIRL PÉRUVIENNE SANS PASSÉ

C'était l'été 2002 et je passais mon temps à chasser. On était loin de mes débuts maladroits. La prise du jour variait. Elle était en général grande et ultra-féminine – tout ce que je n'étais pas – mais plus la nuit avançait plus mes exigences diminuaient.

Le club Q avait fermé ses portes depuis un an mais d'autres endroits chic et hype avaient fleuri un peu partout. Les lesbiennes les plus puissantes du monde de l'art et de la tech s'entassaient chez Mecca, un nouveau restaurant ultra-chic au coin de Market Street et de Dolores dont tout le monde parlait. Betty Sullivan, femme d'affaires éminente de la communauté LGBTQ+, y avait lancé les Ladies Night du jeudi soir, réservées aux *working girls* homosexuelles. C'était le lieu de pèlerinage parfait pour faire des conquêtes.

Mecca avait un somptueux bar circulaire toujours bondé dès 20 heures. Il y avait une sorte de salon en retrait avec des box en cuir huilé marron – une alcôve tamisée parfaite où exprimer ma nouvelle assurance. Les jeudis soir me garantissaient une prise, voire souvent de quoi me nourrir jusqu'au dimanche.

Je les ramenais rarement dans mon appartement. Dormir chez elles limitait les désastres potentiels du lendemain. À chaque fois que je me réveillais avec une gueule de bois pas possible, complètement désorientée dans un lit inconnu, je me faisais ma propre version de la méthode d'autoquestionnement de Byron Katie.

a) *Est-ce que je suis morte ?* Non, question suivante.

b) *Est-ce que je suis à l'hôpital ?* Si c'est le cas, où sont mes habits ? Si ce n'est pas le cas, question suivante.

c) *Est-ce que je suis dans mon lit à moi ?* Si oui, tant pis pour toi, espèce de looseuse. Si non, question suivante.

d) *Dans le lit de qui suis-je ?* Peu importe. Lève-toi, prends tes affaires et dégage.

Dans la lumière crue du matin, les yeux charbonneux et les lèvres rouges avaient inévitablement dégouliné. Et le désir charnel qui avait motivé une nuit de passion déjà oubliée était immanquablement remplacé par le malaise de devoir renifler l'haleine du matin d'une inconnue. Nos vêtements, que nous avions arrachés fiévreuses la veille, gisaient par terre dans une pile triste. Je me sentais toujours abattue et minable en me levant et en renfilant mon jean.

– Il faut que j'y aille, mais on se croise un de ces quatre, disais-je en enfilant ma chemise froissée et en fonçant vers la porte d'entrée avant qu'elle puisse me coincer avec un petit déjeuner ou des questions sur mon enfance.

La vulnérabilité me semblait une chose complètement surestimée. J'avais réussi à me défaire de mon passé comme un serpent de sa peau. J'étais une nouvelle personne. Une personne stoïque et sexy. Une personne impossible à connaître.

La cow-girl péruvienne sans passé.

De retour chez moi, je me déshabillais et sautais sous la douche pour mes ablutions du lendemain. Je frottais jusqu'au dernier centimètre de péché sur mon corps et me lavais deux fois les cheveux pour faire bonne mesure. Je bossais comme une dingue sur la fusion imminente entre SKYY et Campari quand une chose vraiment étrange a commencé à se produire. Mes cheveux, qui avaient toujours été épais et raides, ont commencé à boucler. Pas de petites ondulations mais de vraies bouclettes à la Shirley Temple. Et avec elles, un sentiment inexplicable de virilité.

J'étais un Samson des temps modernes, je puisais une nouvelle force dans mes cheveux. J'ai donc laissé mes boucles pousser en prenant soin d'éviter toutes les femmes qui s'appelaient Dalila.

Toutes les autres, en revanche, étaient des cibles légitimes. Je sortais tous les week-ends et couchais avec quelqu'un de différent tous les soirs. J'avais l'impression d'échouer sinon.

Mon plan, c'était de coucher avec cent personnes. Et j'ai réussi.

J'ai eu des plans à trois.

J'ai couché avec une ancienne patronne.

J'ai couché avec des femmes hétéros et homosexuelles.

Si une femme me disait qu'elle n'était pas lesbienne, je me disais pour moi-même : « Pas encore. »

Je chopais tout le monde.

Je n'avais aucune limite. Je me moquais de savoir si vous étiez en couple. Tous les murs étaient perméables. Les miens comme ceux des autres, peu importe. J'ai couché avec la petite amie d'une amie alors qu'elle était partie prendre soin de ses parents malades. *Deux fois.*

Certaines amies sont devenues des ex-amies mais j'ai continué, en mettant ces pertes sur le compte de… de rien, à vrai dire. Je ne cherchais ni réponse ni leçons de vie.

Je chassais pour m'oublier.

Et plus je couchais, plus j'en voulais. Je voulais savoir où se trouvait le bord du précipice. Je crois qu'une part de moi espérait tomber droit dedans.

*

* *

Ma mère nous rendait visite, à mes demi-frères et sœur et moi, dès qu'elle le pouvait. Ma vie n'avait pas pris le tournant qu'elle espérait quand elle m'avait mise dans cet avion pour Millersville mais elle ne le savait pas. Je lui cachais celle que j'étais devenue parce que je savais qu'elle aurait été déçue.

Les secrets étaient devenus ma deuxième maison – une cave sombre et tiède où je pouvais me réfugier, une cape confortable que j'enfilais pour protéger les autres. C'est du moins ce que je me racontais. Mais plus j'avançais dans la vie, moins je tolérais mon silence.

Moins je tolérais les mensonges et les secrets.

Lors de mon dernier voyage au Pérou, j'avais décidé qu'il était temps d'être honnête avec ma mère. Un jour, je lui ai donc demandé de s'asseoir et j'ai pris ses mains dans les miennes.

Mon plan, c'était de lui annoncer puis de m'enfuir à l'aéroport.

– Maman, écoute-moi, ai-je dit. Je sais que tu n'approuveras pas, mais il faut que je te dise quelque chose. J'ai une petite amie.

Je n'avais pas de petite amie à l'époque, donc je suppose que je n'en avais pas tout à fait fini avec les mensonges, mais je trouvais que c'était plus facile que de lui expliquer que j'avais l'intention de coucher avec cent femmes.

Elle m'a regardée droit dans les yeux pendant ce qui m'a semblé une éternité, puis elle a doucement secoué la tête.

– Mais il y a tant d'hommes bons. Tu en trouveras un gentil.

J'avais aimé les hommes à l'époque où je ne savais pas qu'aimer les femmes était une option – à l'époque où je croyais encore qu'être homosexuelle était un choix.

Des larmes se sont amoncelées au coin de ses yeux, mais elle ne les a pas laissées s'échapper. Pas encore.

– Tu me tues ma fille. *No tengo palabras*[45].

Son regard était lourd de déception.

– Ce n'est pas un choix, Mamita, ai-je dit d'une voix brisée.

Nous avions déjà tant perdu toutes les deux que nous ne pouvions pas nous perdre l'une et l'autre.

Oh, Silvita. C'est moi qui n'ai pas le choix, tu comprends ? Comment puis-je te montrer que ce que tu fais est mal ? Je me suis occupée de J pour que tu reprennes le cours de ta vie. Tu n'es pas obligée de faire ça.

– De quoi tu parles ?

– Un jour, j'ai appelé J et je lui ai demandé de venir à la maison et Meche et moi – elle m'a aidée –, nous l'avons attaché à une chaise. Puis j'ai rempli la grande casserole avec de l'eau et

45. Je n'ai pas de mots.

je l'ai mise sur le feu. Et quand elle s'est mise à bouillir, je l'ai apportée jusqu'à J et je l'ai renversée sur lui, doucement mais sûrement.

J'étais estomaquée. Pourquoi ne m'avait-elle jamais parlé de cette histoire ?

– Tu vois, J n'a plus aucun pouvoir sur toi, a-t-elle continué. Tu n'as pas à avoir peur des hommes.

Les larmes qu'elle retenait ont commencé à couler lentement le long de ses joues.

C'est vrai que j'étais terrifiée par les hommes. Mon père, J, le machisme latin que j'avais vu écraser tant de femmes de ma famille. Mes premiers souvenirs des hommes étaient des souvenirs de souffrance, mais ce n'était pas pour ça que j'aimais qui j'aimais.

Je n'aime pas les femmes à cause de J.

J'aime les femmes malgré J.

– Je suis désolée Mamita, ça ne change rien.

Elle a suffoqué en entendant l'assurance dans ma voix puis m'a regardée dans les yeux pendant un long moment, sans rien dire. Elle a fini par retirer ses mains des miennes, s'est recoiffée et a essuyé ses yeux.

– Je dois t'accepter comme tu es parce que tu es ma fille. (Elle m'a serrée dans ses bras, son parfum a envahi tous mes sens en même temps.) Et je t'aime.

– Je t'aime aussi Mamita.

Puis sa voix s'est transformée en murmure :

– En revanche, ne le dis à personne s'il te plaît. Surtout pas à ton père.

*
* *

Juste après avoir fait mon *coming out* à ma mère, j'ai déménagé dans le quartier de la Marina de San Francisco pour être plus près du travail. En vidant mes cartons dans mon nouvel appartement, je suis tombée sur une photo de moi en CP, dans mon école de María Reina.

Sur le cliché, je porte un jogging en Lycra turquoise pas du tout à ma taille, ce qui signifie que c'était jour de sport. Un jeudi. Je m'en souviens très bien. C'était le jour de la photo de Noël annuelle, et nous étions en pleins préparatifs pour la Nativité. Chaque élève de CP avait été assigné à une table avec vingt de ses camarades – la mienne, c'était la table 1B. Nous parsemions des maisons en crayons de faux flocons de neige et transformions des bandes de velours rouge en hauts-de-forme pas vraiment droits. Je fredonnais joyeusement des airs de Noël tout en découpant du papier bleu en nuages et en entassant des boules de coton trempées dans la colle pour créer un bonhomme de neige. Nous fabriquions un Noël que nous n'avions jamais connu. Un de ceux qu'on voyait dans les films américains, avec des rennes, des bonhommes de neige et tous les personnages de *Noël Blanc*. Avec un Père Noël bedonnant sur son traîneau qui apporte la joie à tous les enfants sages. Nous allions à la messe et accrochions des ornements scintillants, chantions et ingurgitions des Lentejas, les Smarties péruviens, mais la neige était un concept que nous ne pouvions qu'imaginer.

Noël au Pérou, dans l'hémisphère Sud, était toujours une saison ensoleillée.

Nous n'avions jamais vu la neige de toute façon.

Ma mère est arrivée tôt pour s'assurer que la séance photo se passe bien.

– Regarde l'appareil et souris, a roucoulé le photographe.

Mais je ne voulais pas sourire. Il me manquait deux dents de devant et puis pourquoi aurais-je souri ? J'étais mal à l'aise dans mon propre corps. Le Lycra me collait à la peau. Mon haut était trop serré et trop court.

Comment aurais-je pu sourire quand je ne savais jamais ce qui m'attendait à la maison ?

Le mieux que j'aie pu faire, c'est un vague sourire en coin. J'apprenais lentement à prétendre que tout allait bien.

– Suivant ! a crié le photographe.

Seule dans mon appartement vide de San Francisco, entourée de cartons et de bouteilles de SKYY à moitié vides, j'ai retourné la photo et vu la date notée de l'écriture ronde de ma mère : *octobre 1981.*

Mon Dieu, je détestais ce jogging. Ce sourire stupide. Cette petite fille faible. Elle avait peur de tout. Impuissante. Pathétique. J'ai eu envie de détruire la photo mais je n'avais pas le courage de déchirer son visage en deux. J'ai donc décidé de l'enterrer à la place. Tout au fond d'un carton, dans un coin sombre, sur l'étagère la plus haute du placard de l'entrée.

J'ai continué à l'enterrer ensuite, encore et encore, nuit après nuit, dans un cercueil fait de bouteilles de SKYY.

*
* *

J'ai été réveillée par le bruit de quelqu'un qui tambourinait à la porte d'entrée. Le soleil inondait la pièce à travers la fenêtre arquée. Ma tête palpitait. Mes trois derniers shots de tequila 1800 n'étaient pas bien passés. J'avais des crampes à l'estomac à cause de la faim. J'étais rentrée affamée la veille au soir. Oh, mais j'avais fait du poulet ! Peut-être qu'il y avait des restes. Est-ce que j'avais vraiment fait du poulet ? Je me suis souvenue du souffle glacial du congélateur quand je l'avais ouvert pour sortir un sachet de cuisses congelées. De l'avoir posé dans l'évier pour les dégeler. D'avoir allumé le four. Mais je ne me souvenais pas de les avoir mangées.

– Silvia !

Des poings se sont de nouveau déchaînés contre ma porte d'entrée. L'intérieur de mon crâne était une caverne tremblante. Chaque bruit était un séisme.

– Ouvre cette putain de porte !

Oh merde. Merde.

Je me suis levée et la douleur m'a parcourue si fort que j'ai failli m'évanouir. J'ai titubé jusqu'à la porte d'entrée, en traversant la cuisine. Il y avait une drôle d'odeur. Une odeur de brûlé. Une odeur pourrie de cendres. De longues échardes de bois pendaient de la porte d'entrée comme si quelqu'un avait voulu la défoncer. Je me suis collée contre le mur qui entourait la porte pour me préserver d'un coup de poing potentiel, d'un coup de pied ou d'un mandat d'arrêt. Les lendemains de cuite, je ne savais jamais à quoi m'attendre. J'essayais de me souvenir des grandes lignes de ma nuit, mais tout était flou.

J'ai tourné la poignée en priant pour mon salut – qui à cet instant aurait consisté à ingurgiter trois litres d'eau et à me précipiter vers une mort rapide en me jetant dans le vide par l'escalier de secours. Debout dans le couloir, les dents serrées si fort qu'on aurait dit qu'il se retenait de sourire, se tenait Sy, mon voisin du premier étage.

– Putain, qu'est-ce qui s'est passé ? a-t-il hurlé.

Je suis restée sans voix.

Son visage avait quelque chose de terrifiant.

– Tu devrais avoir honte de toi, a-t-il beuglé. Tu aurais pu tous nous tuer. Tu aurais pu tuer Madame Lueck.

Madame Lueck possédait la moitié de l'immeuble mais on ne la voyait jamais parce qu'elle avait quatre-vingt-dix ans. Sy et sa femme tenaient un restaurant italien à North Beach et géraient ses appartements pour elle. Il m'a tendu une feuille de papier avec le mot EXPULSION tamponné en rouge tout en haut.

– Les pompiers ont dû défoncer la porte parce qu'ils n'arrivaient pas à te réveiller, a-t-il dit.

Quelque part dans les recoins brumeux de ma mémoire, j'ai vu un homme prendre mon pouls et essayer de me redresser, puis moi retombant sur le lit.

– Tu as quarante-cinq jours, a-t-il ajouté.

– Sy ! ai-je crié, mais il était déjà loin.

C'était ma troisième expulsion.

Le préavis à la main, j'ai rejoint la scène de crime. La hotte au-dessus du four était recouverte d'un résidu noir et huileux. Dans la casserole, le poulet n'était plus qu'un énorme bloc de charbon. En toussant, j'ai tout jeté à la poubelle puis me suis laissée tomber par terre, pour savourer le froid du parquet contre ma peau fiévreuse.

Je n'avais aucun problème avec l'alcool.

C'est juste que l'alcool créait parfois des problèmes.

J'allais diminuer ma consommation. Ne plus boire d'alcool fort. C'était la cause des vrais problèmes. Plus de shots, ni de cocktails. Juste quelques bières de temps en temps. Un bon verre de rouge.

*

* *

La réunion commerciale annuelle de SKYY avait lieu mi-juillet. Nous venions d'acquérir plusieurs autres marques, cette année serait la plus grande de toutes. Des équipes ont débarqué de tout le pays. Après les longues journées de réunions dans nos salles de conférences flambant neuves, nous nous retrouvions pour l'apéritif. Après dîner, les fêtards filaient chez AsiaSF ou au Gold Club, la boîte de strip-tease la plus célèbre de San Francisco. Puis nous terminions la soirée en prenant un dernier verre au bar du bureau ou bien à celui du Marriott de Fisherman's Wharf, où séjournait la majeure partie de nos collaborateurs qui n'étaient pas d'ici.

Ma libido était hors de contrôle. Se bourrer la gueule ne suffisait plus à nourrir la bête, il lui en fallait plus. Il fallait que je couche avec quelqu'un tous les soirs. J'étais comme un monstre de sexe auquel il suffisait d'ajouter quelques gouttes d'eau pour qu'il sorte de sa tanière. Mais mon eau à moi, c'était l'alcool. Plus je buvais, plus j'avais le feu au cul. Plus je couchais, plus j'avais besoin de plus. Je me disais que c'était juste une phase. Une crise d'adolescence sur le tard. Un *coming out* sexuel. Plus je couchais, plus j'avais l'impression d'exister. Je carburais à l'énergie masculine qui vivait en moi. Le machisme. La conquête.

La meilleure défense, c'est l'attaque.

Après trois verres, j'étais inarrêtable. Quand les couples se formaient pour la nuit, je paniquais, scannais le club, le bar, la table du dîner, à la recherche de quelqu'un avec qui rentrer. Quand on annonçait la fermeture et que mon verre était vide, je n'avais plus aucun critère de sélection.

La plupart des responsables des ventes et du marketing de SKYY étaient des filles magnifiques. Des mannequins engagées via des entreprises de promotion, qui se servaient de leur *sex-appeal* pour obtenir le meilleur placement possible pour nos produits. Tous les mecs hétéros les draguaient grossièrement et sans relâche. Moi, je n'avais pas le courage de les aborder, donc je bavais en secret. Mon équipe de San Francisco avait beau enfin savoir que j'étais gay, personne ne m'avait jamais vue avec une femme. Quant aux autres équipes du pays, celles qui nous rendaient visite, elles étaient principalement constituées d'hommes blancs républicains du Midwest qui assumaient parfaitement leurs opinions très conservatrices. Des gens avec de vraies « valeurs familiales ».

Mon boulot était la seule chose qui se passait bien dans ma vie et j'étais déterminée à gravir les échelons. Je n'avais pas l'intention de faire quoi que ce soit dont on pourrait ensuite se servir contre moi. Et puis, je ne voulais pas mettre ces femmes mal à l'aise. Les hommes qui les reluquaient, c'était une chose. Mais hors de question de passer pour la lesbienne insistante de service.

Le dernier soir de la conférence des ventes, plusieurs d'entre nous ont fini au Marriott. Nous étions tous complètement ivres. Les irréductibles étaient accoudés au bar à beugler pour obtenir un dernier shot. D'autres se lançaient des regards pas vraiment subtils avant de disparaître dans leurs chambres. Je suis entrée en mode panique et, pour une raison ou une autre, je me suis rapprochée de Nick, un cadre senior. Nick venait souvent avec sa petite amie aux événements de boulot. Mais elle n'était pas présente ce soir-là. Alors que nous quittions le bar, je suis restée en arrière à tituber sur la moquette épaisse du couloir, et quand Nick est arrivé à ma hauteur, je me suis penchée vers lui et lui ai murmuré à l'oreille : « Nick, je vais prendre un dernier verre dans ta chambre. »

Il m'a regardée, ses grands yeux bleus écarquillés.

– Bien sûr, a-t-il dit en souriant, viens.

Le minibar de sa *master suite* était plein. On s'est enfilé deux shots de tequila à 20 dollars l'unité et je me suis transformée. En mode séduction, je devenais une tout autre personne.

Une force serpentine faisait courir mes mains le long de son corps, poussait ma bouche vers la sienne, ma langue sur la sienne. Toute la retenue dont je faisais preuve dans ma vie professionnelle s'envolait dès que le désir prenait le dessus. J'avais envie de quelque chose d'animal et je me disais que Nick allait me le donner.

Mais ce soir-là, mon fantasme ne s'est pas révélé aussi érotique et passionné que je l'avais espéré. Entre le corps flasque de Nick et le fait qu'on avait trop bu, tout ce qu'on a su faire c'est se tripoter quelques minutes avant de s'évanouir nus sous la couette blanche immaculée. La fraîcheur des draps a suffisamment apaisé la chaleur de ma peau pour que je m'endorme.

Je me suis réveillée avec la couette remontée jusqu'au nez et une douleur étrange entre les jambes, comme cette pression désagréable qu'on ressent en enfilant un tampon sec. J'avais les yeux collants et les paupières lourdes. J'ai respiré doucement pour essayer de me calmer et ai passé en revue ma liste de questions habituelle post-beuverie.

Morte ? *Non.* Hôpital ? *Trop calme.* Mon propre lit ? J'ai passé mes mains sur les draps. *Non, bien trop propre.* Le lit de qui alors ? *Il est temps de s'en aller.*

J'ai ouvert les yeux d'un coup sec et la pièce s'est mise à tourner tandis que je l'observais sous mes paupières mi-closes. La lumière du jour inondait la fenêtre. Nous n'avions pas baissé les stores. Vaseuse, j'ai cligné des yeux pour me préserver du soleil et me suis retournée. J'ai sursauté en me rendant compte que Nick était au-dessus de moi. *Nick ?* Nick ! Merde. Que se passait-il ? Il s'agitait doucement d'avant en arrière en gémissant. Il avait relevé la couette en partant du bas du lit, juste assez pour me pénétrer.

– Arrgh, argh, aaaargh, a-t-il grogné comme pour essayer de me mettre dans l'ambiance.

Il m'a fallu un moment pour comprendre ce qui était en train de se passer parce que même si tout donnait à penser qu'il était en train de coucher avec moi, je ne sentais absolument rien. Mon corps était engourdi, encore à moitié mort de la nuit précédente.

Mais je ne me rappelais pas que Nick m'ait embrassée ou ait tenté de me séduire pour une petite séance de sexe matinale. Je suppose que, pour lui, mon oui d'hier soir suffisait.

Oh mon Dieu, est-ce qu'il utilisait un préservatif au moins ?

Les poings serrés, j'ai ravalé un hurlement. J'ai eu envie de le dégager d'un coup de coude mais c'était Nick, Nick le cadre, Nick le cadre senior, donc je suis restée couchée là, à prier pour que ça s'arrête. À attendre le bruit de la porte du garage qui s'ouvre. Celui des chaussures de ma mère qui claquent contre le parquet verni de notre maison. À attendre qu'il se relève d'un bond en l'entendant m'appeler : « Silvia ! Je t'ai rapporté quelque chose. Silvita ! »

– Silvia ? Silvia !

– Hein ? Quoi ?

Nick était assis à côté de moi, l'air satisfait, à me dévisager avec ses yeux injectés de sang.

– J'ai dit : « Est-ce qu'il y a quelque chose que je peux faire pour toi ? »

Sa voix éraillée des lendemains de fête était comme une râpe contre ma peau.

– Est-ce que je peux t'offrir quelque chose ? a-t-il insisté en me faisant un clin d'œil.

« Une nouvelle vie ! » ai-je eu envie de hurler.

Toutes les fois où j'avais couché avec quelqu'un, ce qui était si fréquent à cette époque que j'avais perdu le compte, j'avais toujours été consentante. Même durant les deux années où j'avais passé ma vie à courir les rues comme une *conquistadora* sexuelle, j'avais toujours été consentante. J'avais voulu coucher, mais mon fantasme d'une nuit passionnée et sensuelle s'était transformé en cauchemar, en coup d'un soir qui avait dérapé.

Nick était intouchable, moi j'étais remplaçable.

La honte s'est abattue sur moi comme un nuage menaçant.

Je m'étais mise dans cette situation toute seule après tout. À quoi m'étais-je attendue ? J'ai repensé à la femme du « 700 club ». *Je suis un déchet. Je ne suis rien.* Elle avait raison. Mais cette fois, ma mère ne me suivrait pas jusqu'à l'*azotea* pour me serrer fort dans ses bras. J'étais seule. Encore une fois.

Je me suis extirpée du lit en silence. On était vendredi matin, il fallait que je me douche et que j'aille au travail. Chez SKYY, il y avait une règle tacite : on pouvait faire la fête comme des oiseaux de nuit dégénérés du moment qu'on se pointait le lendemain matin frais comme un gardon.

Plus tard dans la journée, la secrétaire de Nick m'a demandé si j'étais libre pour dîner avec lui le soir-même. Elle nous avait réservé une des meilleures tables d'un steakhouse à la mode. Ne sachant pas comment décliner son invitation tout en gardant mon poste, j'ai accepté à contrecœur.

Quand je suis arrivée au restaurant, toujours avec la gueule de bois, Nick m'attendait avec une bouteille de sauvignon millésimée. En vraie professionnelle, je suis remontée en selle et ai commandé un Campari avec un zeste d'orange pour m'aider à avaler l'amertume d'être là. Puis j'ai fait tournoyer un délicieux rouge dans mon verre et l'ai siroté en écoutant Nick déblatérer sur ses problèmes avec sa petite amie. Sans que je l'encourage à aucun moment, il m'a confié qu'il comptait mettre un terme à leur relation et, tandis que je savourais mon filet mignon saignant et un autre généreux verre de vin, j'ai compris qu'il s'attendait à ce que je rentre avec lui.

J'ai poliment décliné.

Un mois plus tard, l'annonce de ses fiançailles faisait le tour du bureau.

*

* *

Deux semaines plus tard, Nick n'était plus qu'un lointain souvenir. Une de mes anciennes patronnes de SKYY m'a invitée chez A16, un restaurant italien très sympa situé dans le quartier de la Marina. Je ne pouvais pas refuser parce que j'avais couché avec elle deux mois plus tôt, juste avant mon expulsion. À l'époque, elle n'avait jamais couché avec une femme, et quand elle m'a avoué que je l'attirais, j'ai eu l'impression de voler sur un petit nuage. Choper une hétéro, c'était le coup de maître absolu.

Assises au comptoir, à plaisanter avec le barman, nous avons partagé un délicieux repas italien assorti de tout un tas de plaisirs alcoolisés : un prosecco en apéritif, deux bouteilles de vin en mangeant, un verre de porto de 1974 et du sambuca en digestif pour finir en beauté. Vers minuit, j'ai reçu un texto d'une amie pour me rappeler qu'il y avait une soirée réservée aux filles à Castro, un quartier qui se trouvait juste de l'autre côté de la Marina.

On a fait la fermeture du A16 vers une heure du matin. Mon ancienne boss est montée dans un taxi en me faisant au revoir de la main, et moi j'ai titubé, sûre de moi, vers ma Jetta noire, un sourire idiot aux lèvres.

Au début, j'ai fait très attention. Les mains à 10 h 10. Je marquais bien tous les stops et roulais à peu près droit. Mais la route qui avait le moins de feux était également celle qui traversait les collines les plus abruptes – un défi déjà difficile pour un conducteur expérimenté et sobre. Mais pour un conducteur ivre, se rendre là-haut équivalait à conduire un wagon de grand huit en priant pour que celui-ci ne dérape pas.

Après avoir passé plusieurs collines avec succès, j'ai propulsé la Jetta dans une côte quasi verticale, ai perdu le contrôle et suis allée percuter un Muni, un de ces bus de San Francisco, garé sur le bas-côté. Mon pare-chocs avant gauche s'est écrasé contre la porte arrière du bus, en se cassant en deux et en me propulsant contre le volant par la même occasion. De ce que je pouvais voir, le bus n'était pas endommagé, j'ai donc accéléré jusqu'en au haut de la colline, en traînant mon pare-chocs qui ne tenait plus que par un minuscule bout de plastique.

Le pare-chocs grinçait et rebondissait sur la chaussée, mais j'ai continué. Il était trop tard pour s'arrêter. Castro m'attendait. Ma proie du jour était prête à être ferrée. Si des expulsions, des visites multiples aux urgences, d'innombrables gueules de bois et un lendemain matin que je n'arrivais toujours pas à me résigner à qualifier de viol ne m'avaient pas arrêtée, ce n'était pas un petit accrochage de rien du tout qui allait le faire. J'ai mis les Guns N' Roses à plein volume. Je jouais de la batterie contre le volant, en chantant à tue-tête sur *Welcome to the Jungle* à travers les vitres baissées, tandis que ma voiture claudiquait à coups d'embardées, en traînant son pare-chocs comme un membre amputé.

J'ai freiné au stop suivant, suis descendue de la voiture et ai arraché le pare-chocs qui pendouillait. Je suis remontée et j'ai accéléré sans me retourner en essayant de me fondre dans la nuit. En sang et pleine de bleus, le cœur engourdi, je voulais aller à cette fête coûte que coûte. Mais un habitant du quartier résidentiel que je venais de traverser avait dû m'apercevoir, parce que juste au moment où je suis arrivée à l'intersection de Divisadero et de Bush Street, une sirène bleu et rouge a fendu la nuit.

– Arrêtez le véhicule ! m'a ordonné une voix. Police de San Francisco.

Oh mon Dieu. Oh mon Dieu. Merde. Putain ! Reste calme, Silvia. Ce n'est pas ton premier tour de manège. Si tu le dragues, peut-être qu'il te laissera partir avec un simple avertissement.

– Madame, est-ce que vous savez que vous avez percuté un bus Muni ? (Le flic s'est penché à ma hauteur et a inspecté l'intérieur de ma voiture.) Il s'agit d'un bien public et donc d'un délit passible de sanctions. Il semblerait également que vous ayez laissé votre pare-chocs, quelques rues derrière.

– Azec tout vot' respectetete mon-monsieur, ai-je bégayé, j'vois pa d'tout de kwa vous parlelez.

– Madame, je vais vous demander de descendre du véhicule.

Avec une maîtrise calculée, je suis sortie de la voiture et ai passé toute une série de tests de sobriété, selon moi avec brio. Ma peau me chauffait et je pouvais sentir l'alcool qui émanait de moi, mais j'avais ce sourire idiot, persuadée que j'avais réussi à tromper la police. Enfin, jusqu'à ce que l'officier me retourne brusquement en plaçant mes bras derrière mon dos. Mon alcoolémie était de 0,28 % m'a-t-il annoncé. Presque quatre fois la limite légale.

Je ne me souvenais pas de la dernière fois où j'avais considéré ma vie comme ayant de la valeur, à vrai dire je ne savais pas si ça m'était déjà arrivé, mais je n'avais jamais eu l'intention de mettre celle de qui que ce soit d'autre en danger. J'avais eu si peur de la prophétie mélodramatique du « 700 club » que j'avais tout fait pour lui échapper : je pensais que si ma vie semblait suffisamment respectable vue de l'extérieur, peu importe ce que je faisais derrière des portes closes, dans les recoins enfumés des boîtes de nuit ou durant la débauche tolérée des soirées organisées par les entreprises de spiritueux. J'avais beau être hors de contrôle depuis un moment, je me raccrochais à mon boulot tendance et à mon mode de vie clinquant – c'était la preuve que j'étais venue à bout du destin. Mais ma douleur s'était simplement adaptée à mon environnement. Je ne me vendais pas pour de l'argent mais je me vendais tous les soirs à la bouteille. Quelque part entre le brouillard de l'alcool, la colère et la honte, l'ombre qui vivait en moi s'était transformée en serpent. Et celui-ci me bouffait de l'intérieur.

En entendant le clic des menottes qui se resserraient autour de mes poignets, j'ai laissé échapper un soupir de soulagement. Enfin.

Il était temps que quelqu'un m'arrête.

– 11 –

MARCHER ENSEMBLE

– Silvia, est-ce que je peux entrer ?

– Bien sûr, dis-je tandis que Lucy pousse la porte de la chambre que je partage avec Shailee.

Les chambres des lodges sont à peu près toutes les mêmes – des murs en contreplaqué, deux lits jumeaux en bois avec des couvertures qui ressemblent à des châles de prière. Parfois une petite fenêtre à laquelle on a accroché des rideaux à froufrous cousus main.

Ce matin, je m'imprègne du moindre détail.

C'est mon dernier jour dans une vraie chambre pour les six prochaines semaines.

– Je voulais te donner quelque chose, dit Lucy en sortant une petite poupée de chiffon habillée comme une indigène, les cheveux coiffés en deux longues couettes.

On dirait une de ces poupées qu'on vend au marché artisanal andin au Pérou.

– Ça vient de ma ville au Mexique, dit-elle. Je l'ai depuis que je suis arrivée aux États-Unis, elle m'a protégée. Je veux que tu la prennes pour le reste de ton voyage.

– Waouh, Lucy ! Merci. Ça me touche vraiment énormément, je réponds en retenant mes larmes avant de fourrer la poupée dans la poche avant de mon sac à dos, à côté de mes photos et du rouleau supplémentaire de papier toilette.

– Nous partons bientôt, dis-je pour enfouir dans la logistique du jour la cascade d'émotions qui me submerge. Prépare tes affaires. Et s'il te plaît, s'il te plaît, avant qu'on s'en aille, bois au moins deux litres d'eau tiède. Rajoute le Gatorade en poudre pour t'hydrater davantage. Et passe le mot aux autres !

– Oui, maman, répond Lucy en ricanant.

– Je ne rigole pas, dis-je en grimaçant. Nous n'avons pas encore terminé !

Aujourd'hui, c'est notre journée de marche la plus courte. J'ai parcouru le même chemin hier pour me rendre à la puja et j'étais heureuse de constater combien ce dernier tronçon était court. Mais il n'est ni facile, ni droit. C'est un chemin rocailleux, fin comme un crayon, fait de zigzags constants et de lacets où les montées et les descentes sont parsemées de glace et de neige. Entre l'altitude, le climat glacial et le terrain rocailleux sans arbres, nous avons atteint le point de non-retour. Toute trace de civilisation a disparu.

Nous sommes au fond du ventre de la nature.

Devant le Bouddha Lodge de Gorak Shep, les filles attendent, emmitouflées dans leurs parkas, leurs polaires, leurs bonnets, leurs gants épais, leurs pantalons de ski isolants et leurs sous-vêtements longs. Le thermomètre affiche –20 °C. Les lèvres de Rubina et d'Ehani sont d'un violet bleu glacial. Il doit me rester quelque chose de mon voyage en Antarctique parce que je me sens étonnamment bien. À la fin de l'année dernière, j'ai passé trois semaines à escalader le massif Vinson, son point culminant. Au sommet, il faisait en moyenne –33 °C, avec une brise glaciale. J'ai dû affronter le froid et les vents ainsi que le mur de glace le plus pentu que j'aie vu de ma vie. Je n'avais jamais eu aussi froid, mais tout ça m'a préparée pour ma tentative d'atteindre le sommet de l'Everest. J'avais besoin de croire que j'étais prête.

– Camp de base, nous voilà ! crie Asha en prenant la tête du groupe.

Jimena la suit, puis Shreya avec le Dr Jackie, qui se ménage. Son mal des montagnes semble aller mieux ce matin, mais le risque est plus élevé à cette altitude, il peut surgir à n'importe quel moment. Parfois de façon tragique.

Shailee et Lucy avancent en bavardant. Ehani et Rubina les suivent doucement. Quant à moi, je ferme la marche. Il ne nous reste que trois kilomètres et je veux savourer chaque pas.

M'imprégner du balancement de leurs bras et du son mélodique de leurs pas pour que, une fois séparées, je puisse me souvenir de cet instant où nous étions presque arrivées mais pas tout à fait encore. Ou le pire était derrière nous et le meilleur juste devant. Se lever tous les jours pour ne faire que marcher, c'est une prière d'un genre spécial. Le monde extérieur a disparu, progressivement, au fur et à mesure que nous avons pris l'habitude de nous lever avec le soleil, de siroter nos tasses d'eau tiède et d'avaler nos énormes bols de soupe à l'ail nauséabonde dans des réfectoires de lodges.

– Prenez votre temps, dis-je. On n'est pas pressées aujourd'hui !

Elles se tournent toutes vers moi comme si une troisième tête m'était poussée. Qui est cette Silvia qui se la joue cool ?

Je me pose la même question.

En file indienne et en silence, nous naviguons à travers les rochers du chemin tandis qu'une immense vallée s'étend sur notre droite. On se croirait dans une carrière sur la lune, de la poussière et du gris aussi loin qu'on puisse voir, jusqu'au pied de l'Himalaya, dont les dents cassées et glacées entourent l'horizon, léchées par des nuages mousseux. À 5 000 mètres, il n'y a plus aucune flore. La terre n'est qu'une cathédrale austère et vaste faite de pierre et dc glace.

Il n'y a vraiment aucune façon d'appliquer l'échelle humaine à l'Himalaya.

Zoom arrière, nous sommes des points minuscules, plus petits que des fourmis, marchant vers un horizon surréaliste. Tous les villages sont derrière nous. Les alpinistes ne sont plus très nombreux et le bétail est désormais rare. Des drapeaux à prières jonchent le paysage. Certains sont flambant neufs, accrochés aux rochers qui longent le chemin comme les guirlandes d'un sapin. D'autres gisent par terre, abîmés par le soleil et depuis longtemps oubliés. Le vent est comme un couteau. Son sifflement aigu et le froissement des pantalons en Nylon sont les seuls bruits qui nous bercent. Nous trouvons notre rythme, en nous abandonnant à la percussion satisfaisante de nos pieds qui frappent la terre.

Il nous a fallu dix jours – dix jours à marcher ensemble, à mouvoir nos corps à l'unisson, dix jours de blagues idiotes et de bavardages insignifiants, admettre notre vérité sans se flétrir sur place – pour enfin réussir à être à l'aise en marchant en silence. Un silence qui n'est ni solitaire, ni chargé de tension ou de peur.

Un silence intime et satisfait.

Un lieu sûr.

Dans ce silence, je remarque plus de détails, comme la façon différente qu'a Rubina de marcher depuis Pheriche. Ses épaules, qui étaient jusque-là collées à ses oreilles tant elle était tendue, sont retombées et se sont ouvertes. Elle marche désormais le torse bombé, comme si on lui avait ôté un poids. Mais en regardant de plus près, je vois autre chose encore.

Elle marche plus lentement que d'habitude, elle traîne presque des pieds.

Nous sommes toutes fatiguées.

Ehani glisse son bras sous celui de Rubina et accorde son pas au sien.

Au début de notre aventure, je leur ai demandé de choisir un mot ou plusieurs mots qu'elles voulaient emporter avec elles. Rubina a choisi « s'abandonner », et en la voyant s'appuyer sur Ehani, on dirait bien que c'est ce qu'elle a fait. À Pheriche, quand Shreya et elle nous ont raconté leur histoire, j'ai remarqué la honte qui envahissait par instants son visage. La honte d'avoir poussé sa petite cousine à venir en Inde. Une honte qu'elle n'avait pas à porter. Mais la honte a cela d'étrange, elle est volumineuse. Elle aspire tout l'air qui vous entoure et, avec le temps, elle peut devenir la colonne qui vous permet de tenir debout. C'est également le noyau sombre qui vous avale en poussant comme un arbre autour de tout ce qui vous transperce, jusqu'à ce que ces choses, qu'il s'agisse d'un fil, d'une pierre ou d'une cicatrice, fassent partie de vous.

Certaines d'entre nous vivent avec leur honte depuis si longtemps que nous ne savons plus comment tenir debout sans. Quand la honte est excisée, nous nous retrouvons avec un trou béant. Une poche molle, à vif, qui crie désespérément pour qu'on la remplisse. Mais si nous réussissons à résister à cette envie impérieuse – qui a très souvent pris le dessus dans mon cas – de remplir, de panser, de distraire ; de boire, de fumer, de trop travailler, afin de pouvoir déclarer le plus tôt possible que nous sommes guéries et fortes, alors nous arriverons peut-être enfin quelque part.

J'espère que c'est ce qu'on fait pour Rubina, pour chacune d'entre nous. Créer une palissade, une barrière physique avec nos corps, nos neuf torses, nos dix-huit bras et jambes, à contracter nos muscles au maximum pour qu'elle, qui que ce soit en elle, puisse rester tendre. Pour qu'on puisse exposer nos blessures à l'air de la montagne et les laisser respirer, en sachant que personne ne nous abandonnera sur la route.

Alors, nous aurons une chance de redevenir vraiment libres.

Il fut un temps où nous étions libres d'agiter nos bras et de secouer nos hanches. D'avoir le souffle coupé et de le retrouver.

Il fut un temps où rien de tout ça n'était dangereux.

« Pour changer, les gens doivent avoir conscience de leurs sensations et de la façon dont leur corps interagit avec le monde qui les entoure, a écrit Van der Kolk. Avoir conscience de soi physiquement, c'est le premier pas pour se défaire de la tyrannie du passé. »

Se défaire de la tyrannie du passé.

J'espère que c'est ce que nous faisons par ce simple acte de marcher.

*

* *

Deux heures plus tard, nous ne sommes qu'à la moitié de notre trek censé durer deux heures. Mais je ne suis pas inquiète. Nous nous arrêtons à l'ombre d'un rocher et Ehani s'y adosse, en inspirant profondément par le nez et en expirant calmement. Elle pose la main sur sa poitrine qui monte et descend.

– Ça va ? lui demande Shailee en posant la main sur son épaule.

Ehani fait non de la tête, ce qui veut dire oui au Népal.

Je sors mon oxymètre de pouls et l'ausculte. Saturation en oxygène à 75 %. Pas génial, mais rien d'alarmant à cette altitude. Puisque la machine est sortie, je teste tout le monde. Ehani a le taux le plus bas. Sa toux chronique m'angoisse depuis le début et je l'ai entendue tousser hier soir dans la salle à manger. Quand elle a débarqué ce matin, plus le moindre signe de toux. J'ai senti tout mon corps se détendre. Je ne savais pas que je retenais tout ça, chaque joie, chaque douleur, dans mes membres. Je m'inquiétais qu'elles y arrivent, je m'inquiétais qu'elles n'y arrivent pas. Je m'inquiétais de trop les pousser. Je m'inquiétais de ne pas suffisamment les pousser.

– Un hélicoptère ! crie Rubina.

Volant bas au-dessus des glaciers en direction du camp de base, les hélices d'un hélico six places viennent fendre le silence. C'est déroutant d'entendre le bruit d'un moteur au milieu de ce paysage lunaire. La réalité de ce qui m'attend au camp de base – des équipements high-tech, des alpinistes d'élite du monde entier – ne m'a pas encore totalement atteinte. Je la chasse en savourant mes derniers instants de simplicité.

Lucy sort un sachet de bonbons épicés mexicains. Tout le monde se rassemble autour d'elle et se bouscule pour regarder à l'intérieur et en choisir un.

– *¡Pulparindo por favor!* dit Jimena en tendant la main.

À l'écart, j'avale un peu d'eau sucrée et suce un bonbon au citron péruvien.

Alors que nous renfilons nos sacs à dos, trois hommes blancs plus âgés nous dépassent. « Bonjour », disent-ils. « *Namasté* », carillonnons-nous, le salut traditionnel sur les routes de l'Himalaya.

L'un d'entre eux s'arrête et nous observe, toutes en rang, comme si nous étions des poupées sur une étagère.

– Est-ce que vous faites partie d'une sorte de sororité ? demande-t-il.

Les gens n'ont pas l'habitude de voir autant de femmes ensemble. Surtout ici.

– Quelque chose comme ça, dis-je, trop fatiguée pour expliquer.

– Non, intervient Jimena. À vrai dire, aucun rapport. Vous avez déjà entendu parler du Gulabi Gang ?

L'homme fronce les sourcils en fouillant son cerveau.

Rubina laisse échapper un gloussement et murmure quelque chose à l'oreille d'Ehani qui plaque sa main sur sa bouche pour s'empêcher de rire.

– C'est quoi une sororité ? demande Shreya tandis que les hommes nous font un signe de la main avant de reprendre leur chemin.

– C'est une confrérie de femmes, dis-je. Aux États-Unis, les jeunes étudiantes en intègrent souvent une en entrant à l'université. Elles vivent toutes ensemble dans des grandes maisons et organisent des fêtes.

– Oh ! s'émerveille Shreya. Ça a l'air bien.

– On est un peu une sororité, dit Lucy.

– Mais en plus *badass* ! ajoute Jimena.

– Ouais, dit Shailee en contractant ses biceps. On est des dures à cuire.

– Écoutez, dit Lucy en battant des cils. On peut être une dure à cuire tout en portant des faux cils, OK ? C'est ça le féminisme.

– Au temps pour moi, très chère, répond Shailee en inclinant la tête.

Tout le monde se met à rire et Lucy semble contente d'elle. Jimena et Shreya réajustent leurs sacs et ouvrent la marche d'un pas plein d'entrain. Nous les suivons une à une.

Je reprends ma place à l'arrière, là où je peux toutes les regarder. Il y a plus de grimpeurs désormais, des sacs à dos pleins de Nalgene et de boîtes de Pringles hors de prix. Le chemin est fait d'une terre épaisse recouverte d'une fine couche de glace. Lucy, Rubina et Ehani ont du mal à rester debout et plantent méthodiquement leurs bâtons de marche dans le sol glissant pour garder l'équilibre. Lucy patine encore plus et s'accroche à deux mains à chaque rocher qu'elle croise. Elle se retourne vers moi et nos regards se croisent. Ses yeux se radoucissent, comme pour me dire que tout va bien. Qu'elle bataille mais que ça ira. Que je n'ai pas à lui faciliter la tâche.

Je me demande si c'est vrai. Est-ce qu'elle ira bien ? Est-ce qu'elles iront toutes bien ?

*

* *

Nous ne voyons pas encore l'Everest mais à l'horizon s'élèvent le Pumori, le Lingtren et le Khumbutse, une chaîne adjacente de sommets monstrueux. À leur pied, j'aperçois des formes qui de loin ressemblent à des amas de neige en bord de route, de la taille d'un bus, recouverts de graviers et de poussière. Mais lorsqu'on s'approche, la couleur blanc sale s'efface pour laisser place à un bleu néon sublime qui semble briller de l'intérieur. Des glaciers.

Nous nous arrêtons brusquement en nous cognant les unes contre les autres comme des dominos. Jimena montre quelque chose au loin à Shreya.

– Qu'est-ce que c'est ? halète Lucy à l'arrière, en s'appuyant sur son bâton pour se redresser.

Nous suivons le regard de Jimena sur le flanc du Nuptse, où deux colonnes de fumée laiteuse émanent de la neige. Étrange, me dis-je, personne ne campe de ce côté de la montagne. Un coup de tonnerre retentit et l'écho d'un souffle sourd résonne à travers la vallée, tout ça en moins de soixante secondes. Je comprends que les colonnes ne sont pas faites de fumée mais de neige, et qu'elles fusionnent pour créer un raz-de-marée blanc qui dévale la montagne en hurlant et en faisant jaillir des plumes atomiques de poudre dans son sillage.

– Putain de merde, murmure Jimena.

– Le woumf, dis-je en retenant mon souffle. Mes doigts s'engourdissent.

– C'est quoi le woumf ? siffle Lucy, le menton calé sur mon épaule. C'est quoi ça ?

– Une avalanche, dit Asha, en s'approchant. C'est une avalanche.

– C'est là que tu vas ? couine Lucy.

– Oh non, ne t'inquiète pas chérie, dit Shailee en lui serrant l'épaule. Elle va dans un endroit bien pire.

Shailee ricane et je ris moi aussi. Mais personne ne remarque le petit tintement creux dans ma voix – l'écho de ma peur.

*

* *

Face à nous, un énorme rocher marque la fin du chemin et l'entrée informelle du camp de base. Sur notre droite, au-dessus d'une crête rocailleuse, j'aperçois les tentes jaunes, les toits bleu pétard des urgences et l'héliport, et au-delà de toutes ces installations humaines, la mer gelée du glacier Khumbu.

Je dépasse les filles pour prendre la tête du groupe, et leur montre comment répartir leur poids sur les graviers glissants de la pente afin de contourner le rocher et atteindre l'entrée – un endroit un peu décevant.

Ici, pas de pancarte fluo pour vous accueillir et vous dire : VOUS Y ÊTES. VOUS ÊTES ARRIVÉS. Elles ne se rendent même pas compte que nous sommes au bout du chemin. Je ne dis rien. Je les laisse contourner le rocher l'une après l'autre. Pendant ce temps, la tête penchée en arrière, je regarde le ciel. C'est un dôme nuageux de gris et de bleus impressionnants. Deux vautours fauves de l'Himalaya planent au-dessus de nous. Ils fendent l'air sans effort en scrutant le sol à la recherche de dépouilles, d'os, de tout ce qu'ils pourraient récolter.

Ici, j'ai presque l'impression qu'on pourrait s'envoler nous aussi. Que si je me mettais à courir et que je me jetais du haut de cette falaise rocailleuse à cette seconde, je pourrais planer avec les vautours fauves.

Shreya est la première à me rejoindre et je la serre contre moi. Elle se redresse, regarde autour d'elle, pas sûre de comprendre ce qui se passe, puis laisse retomber sa tête sur mon épaule.

– Oui, dis-je à voix basse. Oui. Nous sommes arrivées.

Jimena comprend tout de suite et fonce dans mes bras, le visage tordu par l'émotion.

– Oui, je répète avec une fierté maternelle.

Rubina est juste derrière. Elle nous prend dans ses bras sans dire un mot.

– Oui, je murmure. *Oui.*

Puis apparaissent Ehani, Asha, Shailee et le Dr Jackie. Elles ouvrent toutes leurs bras aussi grand que possible pour nous entourer et nous ne sommes plus qu'un câlin géant de neuf personnes.

– Oui, oui, OUIIIII ! j'explose.

Lucy est la dernière. Au creux de son bras, elle berce un ours en peluche marron foncé avec les mots *I love you* brodés en rouge sur le ventre. Celui que sa petite sœur lui a donné. Celui qu'elle serrait dans ses bras durant notre vol agité vers Lukla, tandis que Jimena regardait par le hublot, les sourcils froncés, dans ses pensées.

Voir Lucy en train de bercer son ours a presque raison de moi. On dirait qu'elle est redevenue une petite fille.

Que nous le sommes toutes.

Nous avons six, neuf, douze et quinze ans. Nous attendons que ce sifflement résonne au fond du couloir. Nous sommes coincées dans une pièce sombre à préparer notre fuite. À retirer les vers du riz pourri pour pouvoir manger quelque chose. Nous flottons au-dessus de nos corps quand notre propre sang nous trahit. Nous sommes prisonnières dans un garage, paralysées, à nous demander pourquoi – pourquoi ça, pourquoi *nous* ?

Et puis… une image efface toutes les autres. Celle d'une petite fille qui me prend la main et me guide vers les montagnes, qui me pousse à trouver d'autres filles comme moi. Des filles qui se sont également vu arracher leur innocence mais qui sont désormais prêtes à exiger qu'on la leur rende.

Lucy rejoint le groupe et glisse son bras libre autour de cette nuée de corps.

– Oui, je réussis à dire une dernière fois avant que ma voix se brise.

Nous ne sommes plus qu'une. Une masse oscillante de doudounes et de sueur, qui respire par bouffées courtes et froides. Je ne sais pas qui pleure, mais nous le sentons toutes et, l'espace d'une seconde, c'est nous toutes qui pleurons. J'essaie de graver ce souvenir en moi, ce que ça fait d'être si vivante, si exposée, mais je ne tiens pas beaucoup plus longtemps.

– Nous avons réussi ! je crie en brisant la mêlée.

– Wouhou ! s'élèvent les cris étouffés. Wouhou ! Yes !

Mais elles n'ont pas lâché et me tirent à nouveau contre elles, me serrent fort. La joue écrasée contre le bonnet de Jimena, des mots auxquels je ne m'attendais pas sortent de ma bouche.

– C'est sacré, ce que nous avons fait, dis-je. C'est spécial, vous m'entendez ? Posez toutes les questions maintenant, posez-les à la montagne.

Je pleure. Je me redresse en essuyant mes yeux.

– OK, à trois. Que devrions-nous dire ?

– Camp de base, dit Rubina.

– D'accord, j'acquiesce en souriant.

– Un, deux, trois… CAMP DE BAAAAASE !!!

Et puis le charme se rompt. Les filles regardent les rochers qui nous entourent, incertaines de savoir quoi faire. Elles sont épuisées et elles ont besoin de leur énergie pour retourner à Gorak Shep avant la tombée de la nuit, donc je ne les emmène pas jusqu'au cœur du camp. Nous nous ferons nos adieux ici.

– Eh bien nous y voilà, dis-je en riant. Au pied de la plus grande montagne du monde. Vous arrivez à y croire ?

– Attends, attends une minute. Pause, dit Jimena en levant la main. C'est vrai ? La plus grande montagne ? Genre du monde entier ?

– Ouiiiii ! susurre Shreya.

– Pourquoi, t'en connais une plus grande ? pouffe Shailee.

– C'est juste… reprend Jimena d'une petite voix. Je ne sais pas. Je n'avais pas percuté.

– Hein ? se moque Rubina. C'est juste maintenant que tu fais le lien ?

– Mais où avais-tu la tête en marchant au pied de la majestueuse Chomolungma ? la gronde Shreya en s'inclinant théâtralement.

Jimena regarde ses pieds en rougissant. Mais cela me rappelle qu'il y a de nombreuses façons de gravir une montagne, d'avancer dans le monde. Une expérience n'a pas besoin d'être la plus grande ou la meilleure pour vous transformer. D'une certaine façon, la hauteur du sommet n'a jamais eu aucune importance. Iel n'était pas là pour escalader une montagne mais quelque chose de bien plus abstrait. Un terrain intérieur.

– Et maintenant ?

– Les drapeaux à prières ! dit Shailee.

Nous sortons les drapeaux que nous avons achetés à Katmandou de nos sacs et grimpons sur la crête rocailleuse où de longues guirlandes de drapeaux à prières sont accrochées à un rocher et pointent dans tous les sens, comme les rayons d'une roue.

– Ce que vous avez fait était vraiment très difficile, dis-je. Ça n'avait rien de simple.

– J'ai voulu abandonner à la moitié, admet Lucy. Mais vous m'avez toutes aidée à tenir bon. J'ai accompli un truc énorme.

– Au début du trek, je répétais tout le temps : « Je n'arrive pas à croire que je suis en train de faire ça », dit Jimena. Mais j'ai fini par arrêter de le dire. J'arrive à croire que je suis en train de faire ça. D'une certaine façon, je n'aurais jamais réussi sans votre soutien à toutes. Mais au bout du compte, c'est moi et personne d'autre qui ai porté mon corps jusqu'ici. Et c'est une immense fierté. Je me sens invincible !

Iel s'accroupit et se met à graver quelque chose dans la pierre avec un bâton.

– J'ai emmené tous mes frères et sœurs avec moi, continue-t-iel. J'énumère chacun de leurs noms dans ma tête.

Nous attachons les ficelles des drapeaux les unes aux autres, en faisant maladroitement des triples nœuds avec nos doigts gantés tout en veillant à serrer suffisamment fort pour qu'ils résistent aux claquements du vent.

– Rien de tel que l'odeur du caca de yak pour clore tout ça, dit Jimena en fronçant le nez.

Shailee nous donne des ordres en népalais et nous nous exécutons en trébuchant. Au rythme de nos reniflements (à cause de nos larmes, du froid et de nos rires), nous tentons de créer une forme avec les drapeaux. Chacune des filles a entamé ce périple avec une constellation unique de souffrances mais, au fur et à mesure que nous attachons chaque drapeau au suivant, cette souffrance se transforme en force. Pas une force musculaire qui ne sait que pousser sans relâche, mais la force de la tendresse, de l'abandon, celle de laisser les autres entrer en nous. Les drapeaux volent désormais simultanément dans le vent glacial, en emportant nos vœux et nos prières jusqu'aux cieux.

– Tout le monde a un coin sombre en soi, dit Rubina. Et j'ai remarqué que nombre de nos sœurs vivaient toujours dans ce recoin. (Elle agite la main vers elle, Ehani et Shreya). Celles qui comme nous ont réussi à s'échapper, ici au Népal, ont tendance à s'empresser d'épouser le premier homme qui veut bien d'elles. Les hommes considèrent ce qu'on a traversé comme une faiblesse, et les femmes pensent qu'elles doivent se contenter d'être heureuses si l'un d'entre eux accepte leur passé souillé. Pour moi la question n'est plus de savoir si un homme m'acceptera ou non, mais si moi je vais l'accepter, lui.

Lucy et Jimena claquent des doigts en chœur – les applaudissements des poètes –, puis caressent le dos de Rubina.

– Mon passé n'est plus ma faiblesse, continue-t-elle.

– Tout ce dont nous avons besoin, c'est d'un rêve, dit Shreya. Et s'il vient du cœur, il se réalisera. Je vais guider des gens jusqu'ici moi aussi, comme Silvia. Et un jour là-bas.

Nous suivons le doigt qu'elle pointe au-delà du Khumbutse, vers l'Everest.

Voilà l'esprit qui lui a permis de fuir l'Inde. Avec Rubina.

Rubina regarde sa cousine, attendrie.

– Et tu le feras, ma Shreya. Je sais que tu le feras.

*
* *

Atteindre le camp de base a une signification différente pour chacune d'entre nous, mais pour les Népalaises, c'est plus qu'un voyage de guérison spirituelle ou un test d'endurance physique. C'est un accomplissement que la plupart de leurs paires n'auront jamais la chance de tenter.

– J'ai décidé de participer à ce voyage parce que je savais que c'était une occasion de grandir, dit Ehani. Voilà ce que je veux. Toujours. Grandir. L'année dernière, je me suis mariée et, dans mon contrat de mariage, j'ai expliqué à mon futur mari que cette union n'aurait lieu qu'à une seule condition : que je puisse continuer à faire ce que je voulais.

À Pheriche, Jimena a dit qu'iel voulait transcender son traumatisme et je me souviens de m'être demandé où iel avait trouvé ce genre de vocabulaire. Je n'ai jamais été capable de formuler ce que j'avais vécu aussi bien. Mais désormais, ici au camp de base, je me demande si ce n'est pas ce que j'étais en train de faire, ce que nous étions toutes en train de faire, d'une certaine façon.

Nous ne montions pas, nous transcendions. Nous transcendions nos attentes. Nous transcendions la douleur. Si le traumatisme peut être transmis d'une génération à l'autre, nous avons également le pouvoir de briser la malédiction. En changeant nous-mêmes, nous pouvons guérir la douleur pour la génération suivante.

Le mot qu'Ehani avait choisi pour le trek était : *douceur*. Elle m'a montré que la force n'était pas nécessairement bruyante, ni autoritaire. Elle peut aussi être tendre et aimante. Quelque chose de plus sous-jacent. Une montagne. Un Everest. Le père d'Ehani lui a dit qu'elle devait devenir « quelqu'un de grand ». J'ai envie de lui dire qu'elle l'est déjà.

Je bouillonne, pleine de tout ce que je veux leur dire avant qu'elles s'en aillent, mais quand j'ouvre la bouche, les mots restent coincés dans ma gorge.

Nos drapeaux désormais noués à tous les autres emportent nos vœux et nos rêves les plus secrets vers les cieux. Chacune part de son côté, quelques minutes, observer les montagnes, s'asseoir sur un rocher et s'imprégner de tout ce qui nous entoure. Jimena continue à énumérer à voix basse tous les noms qu'iel grave dans la montagne. Shailee, Asha, Dr Jackie – qui va rester à Gorak Shep – et moi discutons à voix basse de logistique, de comment ramener tout le monde jusqu'en bas en sécurité. Lucy est debout sur la crête rocailleuse qui surplombe le chemin et me fait signe de la rejoindre. Dans une main elle tient un paquet entouré d'un tissu vichy, dans l'autre, un bâton de sauge blanc. Elle me tend le paquet. À l'intérieur se trouve un petit amas de terre rouge.

– *¿Que pasó*[46]*?*

– Ça vient du Mexique, dit-elle. De chez moi. Nous allons faire une offrande, toi et moi, à l'esprit de la montagne, pour nous avoir protégées durant notre voyage. Et pour que tu arrives tout en haut de la montagne et reviennes saine et sauve.

– D'accord, dis-je à voix basse.

Je suis émue. Nous fermons les yeux une minute puis attrapons une poignée de terre et la lançons en l'air. Elle retombe sur le sol rocailleux.

– Puis-je faire une offrande moi aussi ? je lui demande.

– Mmmh, mmmh, dit-elle.

Je reprends une petite poignée de cette terre si particulière.

– Voici une offrande pour vous toutes, pour que vous preniez ce que vous avez appris ici et que vous vous envoliez. Aussi haut que possible. Aussi haut que cette montagne et au-delà encore. Voilà pour toi Lucy.

Je lance la terre vers le ciel.

Lucy allume le bâton de sauge et le fait tourner en cercles, créant un halo de fumée boisée autour de nous. L'espace d'un instant, je crois comprendre la nostalgie douce-amère que ressentent les mères.

Personne ne m'a demandé de jouer les mamans. C'est juste arrivé.

---

46. Que se passe-t-il ?

Durant cette excursion, j'ai pu voir le genre de mère que je serais. Pas aussi aimante que je l'avais imaginé – ou espéré – mais entièrement dévouée à une cause : laisser chacune découvrir et explorer ses propres forces. Même quand nous avancions incroyablement lentement, quelque chose de maternel en moi a su faire taire l'esprit de compétition de l'alpiniste qui m'habite. Une force maternelle qui savait que c'était nécessaire. Non seulement pour elles, mais également pour moi. Car cette force savait que nous avancions au rythme limité de la douleur qui quitte le corps.

*

* *

Nous nous agglutinons pour un dernier selfie. Je tends le bras pour prendre la photo.

– À trois, dis-je. Un, deux, trois…

– CAMP DE BASE ! crions-nous de nouveau, les doigts en V et la langue tirée sur le côté.

Certaines sourient, d'autres restent sérieuses, mais toutes fixent l'appareil photo, conscientes d'être en train d'immortaliser un moment qui vivra à jamais en nous. Je ne suis pas prête pour les adieux. Là d'où je viens, pleurer ouvertement est une marque de faiblesse. Ma mère n'a pour ainsi dire jamais craqué devant ses enfants. « *Una madre nunca debe llorar delante de sus hijos, por más dolor que tenga* », avait-elle l'habitude de conseiller ses amies. Une mère ne devrait jamais pleurer devant ses enfants, peu importe la douleur qu'elle éprouve.

Mais alors que nous nous étreignons toutes une dernière fois, je me retrouve écrasée par la chaleur de leurs corps et les larmes se mettent à couler.

Il n'y a aucune faiblesse dans les larmes. Ma mère ne m'a peut-être pas appris ça, mais la montagne, oui. Ces filles aussi.

Jimena se tourne vers le groupe.

– Je me sens juste tellement… en sécurité.

Nous nous redressons.

Nous nous sentons toutes plus en sécurité depuis cette dangereuse aventure.

*

* *

– Au revoir ! je crie tandis qu'elles se mettent en route.

– Au revoir !!! se retournent-elles en agitant la main.

– Au revoir ! Au revoir ! je crie encore quand elles contournent le rocher.

– Au revoir ! répondent-elles sans se retourner.

– Au revoir ! je hurle en courant derrière elles le long du chemin tandis qu'elles s'engagent dans le premier virage.

– Au revoir…

Leurs voix s'évanouissent.

– Au revoir, dis-je à voix basse en regardant ma famille devenir toute petite à l'horizon.

Je pensais qu'en laissant les filles au camp de base pour escalader l'Everest jusqu'au sommet je terminerais un voyage et en commencerais un autre. Mais alors qu'elles disparaissent de mon champ de vision, je comprends que nos histoires n'ont ni commencement, ni milieu, ni fin. Elles sont un continuum. Le voyage continue avec moi. J'emporte leur résilience et leur courage avec moi, et c'est tout aussi important que n'importe quelle autre pièce de mon équipement. Je ne les ai pas formées, elles m'ont formée moi pour que je monte tout en haut de la montagne. Peut-être que j'y arriverai, peut-être que je mourrai en essayant. Je ne sais pas. Ce que je sais, c'est que de la même façon que je suis les pas de tous ceux qui sont passés ici avant moi, je dois laisser mes empreintes pour tous ceux qui viendront ensuite. Pour tous ceux qui se sont perdus et qui ont besoin de retrouver leur chemin.

Personne ne gravit seul la montagne.

Je prends une profonde inspiration et murmure un dernier « au revoir » à mes filles courageuses puis dévale la colline en trottinant jusqu'au camp.

J'ai du pain sur la planche.

– 12 –

QUAND TOUT S'EFFONDRE

Ce dimanche-là à 6 heures du matin, un van blanc sur lequel était inscrit Caltrans s'est arrêté devant un immeuble quelconque de Morris Street, le point de rendez-vous qu'on m'avait donné. C'était le premier jour de mes travaux d'intérêt général (une commutation de ma peine pour conduite en état d'ivresse).

Quelqu'un a fait glisser la portière latérale de l'intérieur pour l'ouvrir. J'ai aussitôt bondi à bord puis suis allée m'installer sur les sièges du fond.

Une femme avec un sweat à capuche blanc s'est tournée vers moi.

– Eh ! m'a-t-elle interpellée. T'es là pour quoi ?

– Conduite en état d'ivresse, ai-je murmuré en regardant droit devant moi.

– Mon petit ami a eu pareil, a-t-elle répondu en acquiesçant. Moi, je suis là pour vol à l'étalage.

– Vol à l'étalage ? est intervenue la blonde aux yeux cernés assise à côté d'elle. Moi aussi.

– Fraude à l'assurance, a lancé une voix grave depuis un siège à l'avant. Soi-disant.

Je n'ai pas fait l'effort de regarder qui avait parlé et suis restée les yeux rivés sur le pare-brise et la route devant moi, un sourire poli collé au visage. Mon plan, c'était de purger ma peine et de m'en aller. Ne pas se faire d'amis, ni d'ennemis.

– Eh Michael ! a crié la femme au sweat à capuche blanc vers l'avant du véhicule en pointant son doigt vers moi. Elle est là pour conduite en état d'ivresse elle aussi !

Je me suis enfoncée un peu plus dans mon siège.

Personne n'était au courant que j'avais été arrêtée pour conduite en état d'ivresse. Ni mes amis, ni ma famille, ni qui que ce soit chez SKYY – qui, ironiquement, avait une tolérance zéro pour ce genre de choses. Personne ne savait que depuis deux mois je passais tous mes samedis après-midi à Fort Mason, à suivre une formation sur les dangers de l'alcool – ordre du tribunal – qui consistait à regarder des vidéos atroces de gens qui se retrouvaient mutilés ou perdaient la vie à cause de conducteurs ivres. L'avocat hors de prix que j'avais engagé avait réussi à m'éviter la prison ferme. En échange, je ramassais les ordures. Je passais désormais mes dimanches matin à collecter des déchets sur le bas-côté de la route 101. Le chauffeur nous déposait à différents endroits et nous nous acquittions de nos travaux d'intérêt général, un déchet après l'autre, huit heures durant.

C'était ma nouvelle façon de passer le jour du Seigneur. Un peu comme une messe – sans la gloire de Dieu mais avec toute la damnation et la pénitence. Chaque papier de bonbon, chaque mégot de cigarette était une bille à mon chapelet.

Je vous salue Marie pleine de grâce.

Les semi-remorques et les grosses berlines filaient à côté de nous et leurs souffles rabattaient mes boucles sur mes yeux, faisaient voler les vieux journaux et les canettes de Coca comme des graines de pissenlits après lesquels nous courions. Mes camarades évoquaient leurs conquêtes de la veille ou se racontaient leurs derniers délits en parlant par messages codés. Moi, je gardais la tête baissée en essayant d'être la première à remplir mon sac-poubelle. Je n'étais pas comme eux. J'avais eu un moment d'égarement. J'avais perdu le contrôle de ma voiture dans une rue de San Francisco connue pour être dangereuse.

Ça aurait pu arriver à n'importe qui.

*

* *

L'essor de la Silicon Valley a été stratosphérique. Des petites start-up devenaient du jour au lendemain des géants mondiaux cotés en Bourse. J'avais acquis une expérience à l'international durant la fusion entre SKYY et Campari, et des recruteurs m'appelaient toutes les semaines. Mais tous ceux qui quittaient SKYY étaient considérés comme des parias. Pire encore s'ils démissionnaient pour une position subalterne – ils devenaient alors l'objet de méchantes blagues durant nos *happy hours*. Nous étions tellement défoncés à notre propre produit que nous ne pouvions pas envisager que quelqu'un veuille quitter notre prestigieuse famille imbibée de vodka. J'avais prêté allégeance à SKYY. Partir alors que c'était grâce à eux que j'avais obtenu un visa pour rester aux États-Unis, ça aurait été une trahison.

Mais le vernis a fini par s'écailler. Chaque dossier que je déposais auprès de notre autorité de régulation – le Bureau des alcools, du tabac, des armes à feu et des explosifs – mettait un peu plus en évidence la dangerosité du produit dont je faisais la promotion. Je n'avais peut-être renversé aucun piéton avec ma voiture, mais mon métier tuait bien des gens par inadvertance. À force de travailler chez SKYY, j'avais touché le tiercé gagnant : accro à l'alcool, accro au boulot, accro au sexe.

Protéger ma famille avait un coût.

Plutôt que de faire preuve d'introspection, d'assumer la responsabilité de mes actes ou de réfléchir au *pourquoi* de mon comportement, il m'a semblé plus facile de changer d'air. J'ai commencé à prendre les appels des recruteurs, charmée par les sirènes des avantages sociaux de chaque entreprise. Je m'imaginais déjà en grande patronne de la tech. Je m'abandonnais au rêve de celle que je pourrais devenir au lieu de gérer celle que j'étais vraiment.

*
* *

Mon ami Shereen organisait une petite fête pour Halloween. Je venais de terminer mes trois mois de travaux d'intérêt général et j'avais récupéré mon permis. La honte que je continuais d'éprouver m'avait permis de rester sobre jusque-là. J'essayais de m'en sortir à la force du poignet, comme on dit. Faute d'alcool, j'allais devoir trouver autre chose pour m'occuper l'esprit à cette fête. Je me suis dit que changer d'identité m'aiderait à contrôler mon envie de boire.

– Mademoiselle Sylvie à votre service, ai-je gazouillé avec un très mauvais accent français quand Shereen m'a ouvert la porte. Je suis là pour nettoyer les squelettes de votre placard.

– Oh chérie, vise-moi ces gambettes ! a sifflé Shereen.

En dehors des matchs de foot, je ne montrais jamais mes genoux calleux à qui que ce soit. Mais Mademoiselle Sylvie étant une servante coquine, elle montrait ses cuisses à l'envi en agitant son plumeau avec sensualité.

J'ai entendu quelqu'un siffler derrière Shereen et, en avançant dans le salon plein à craquer de gens en sueur pour voir qui c'était, j'ai croisé le regard d'un ange.

En plus de son auréole en plumes et de sa baguette magique surmontée d'une étoile, l'ange en question avait des yeux ronds d'un vert noisette intense, une peau dorée et des cheveux châtain clair qui tombaient en cascade sur ses épaules. Même dans son costume excentrique, c'était la beauté américaine par excellence. Pas de fioriture. Une pub vintage pour Ralph Lauren. Le genre de fille capable de charmer un cow-boy tout en attrapant son cheval à coups de lasso. Un grand sourire étincelant qui révélait deux rangées de dents blanches éclatantes, comme si elle n'avait jamais rien eu à cacher.

J'étais si époustouflée que je n'ai pas remarqué que ses yeux parcouraient mes jambes de bas en haut. Son sourcil piercé légèrement haussé, elle m'a lancé un regard que j'aurais reconnu entre mille. J'avais inventé ce regard. Celui qui disait : toi, tu vas avoir des ennuis.

– Silvia, a-t-elle dit en tapotant sa baguette magique sur mon plumeau. Le monde des gays est vraiment minuscule.

J'ai dû afficher une mine déconfite parce qu'elle a explosé de rire.

– Ne t'inquiète pas, a-t-elle dit. Le Red Devil ? Ozomatli ?

– Oh, bien sûr ! Mon Dieu. Pardonne-moi s'il te plaît, ai-je répondu. Je rencontre tellement de gens dans le travail. J'ai parfois du mal à remettre les visages et les noms.

Ce n'était pas un mensonge, pas tout à fait.

Elle m'a fait un clin d'œil et son petit anneau argenté a scintillé au-dessus de son sourcil droit.

– Je suis Lori.

Mon Dieu. C'était la fille au perfecto. Mon cœur s'est emballé. Je l'avais brièvement rencontrée à un concert d'Ozomatli, un mois auparavant. Elle portait un blouson de motard noir. Elle exsudait cette sorte de nonchalance brute que j'avais essayé d'adopter durant mon époque de cow-girl péruvienne. Elle incarnait vraiment la fureur de vivre. J'avais toujours besoin de quelque chose pour parler à ces femmes-là. Sans alcool, tout mon courage disparaissait. Depuis que j'avais arrêté de boire, j'avais aussi arrêté les coups d'un soir.

Le soir où je l'avais connue, j'avais essayé de la faire danser, mais elle avait gentiment refusé. S'était ensuivie une conversation où j'avais essayé de la cerner un peu mieux. Elle semblait hétéro, la plupart du temps, mais peut-être homo aussi, ou peut-être que c'était simplement ce que j'avais envie qu'elle soit. Bref, je n'avais pas réussi à obtenir de réponse claire.

Et désormais elle était là, un ange à une fête on ne peut plus gay.

Apparemment, le cliché de la servante coquine n'était pas seulement une caricature de *telenovelas* mais un fantasme universel. Mon costume, surtout mon plumeau, a eu un succès fou pendant la soirée.

Vers minuit, les gens se sont mis à scander comme des ivrognes dans tout l'appartement : « EndUp ! EndUp ! EndUp ! » Le EndUp était un endroit qui portait très bien son nom : c'est là qu'on finissait la nuit. Un club d'after enfumé et sans fenêtre où on dansait au rythme des stroboscopes jusqu'à s'écrouler.

– Je peux conduire ! ai-je déclaré, fière de pouvoir jouer les filles sobres et responsables pour une fois.

Nous nous sommes entassés à six dans ma Jetta noire : deux couples, Lori et moi.

Une fois sur la piste du EndUp, les couples ont disparu. Lori et moi tentions tant bien que mal d'éviter les assauts répétés des mecs hétéros qui nous entouraient. Elle était contre moi, collée à mon oreille pour se faire entendre par-dessus la musique. Elle avait grandi à Denver et avait vécu sur la côte Est avant de s'installer à San Francisco. Journaliste pour un magazine d'alimentation, elle essayait de faire prendre conscience à l'industrie agro-alimentaire de l'importance du bio.

– Mais ma vraie passion, c'est d'écrire de la fiction.

Elle avait dit ça avec tant d'honnêteté et de conviction que ça avait éveillé en moi une tout autre forme de désir. Un désir sain.

Je suis certaine que j'ai dû lui raconter des trucs moi aussi, des petits bouts de ma vie. Mais tout ce dont je me souviens, c'est de la boucle d'oreille en coquillage accrochée à son lobe. De mon souffle chaud. Du rose de ma joue qui bourdonnait d'électricité tandis que son visage flottait près du mien et que ses lèvres frôlaient la courbe extérieure de mon oreille dès qu'elle riait à mes mauvaises blagues.

Ivre, ma libido devenait une force palpitante et brute qui n'avait qu'un seul objectif. Mais sobre, mon corps éprouvait de nouvelles sensations. J'écoutais Lori parler et l'électricité qui naissait entre mes jambes remontait le long de ma colonne pour chatouiller chaque vertèbre.

*

* *

Et là, les rythmes contagieux et sexy de *Naughty Girl* de Beyoncé ont envahi la boîte. Cette fois je n'ai pas eu à insister pour que Lori danse avec moi. Elle s'est contentée de m'attraper la main et de me tirer vers la piste.

Nos corps ont doucement fusionné dans la danse. Nous étions liées par une sensualité tendre, affectueuse. J'ai pris mon courage sobre à deux mains et ai crié :

– Est-ce que je peux t'embrasser ?

Un haussement de sourcil sexy, son anneau argenté qui se reflète dans la lumière violette des stroboscopes, Lori m'a donné toute la permission du monde.

*

* *

Pour notre premier vrai rendez-vous, je l'ai emmenée dans un restaurant péruvien et j'ai commandé les classiques (tous ces plats qui nous permettent à nous, les Péruviens, de juger un restaurant de chez nous) : un ceviche de fruits de mer, un poulet rôti et bien sûr la pièce de résistance : un *lomo saltado*.

La conversation était fluide.

– Tu as l'air vraiment passionnée par ton travail, ai-je dit.

– Ce n'est pas le job le plus sexy de la terre, a-t-elle répondu. Mais je pense sincèrement qu'on peut faire la différence. Ces industries gaspillent tellement. Et personne n'en parle. Ils ont juste besoin que quelqu'un les secoue.

J'ai acquiescé en plantant ma fourchette dans un tendre morceau de *lomo*. Elle parlait sans jamais me quitter des yeux. Ce n'était pas une technique de séduction. Plutôt une façon de voir ce qu'il y avait vraiment en moi, au-delà de ce que je voulais bien lui montrer.

– Par exemple, a-t-elle continué en avalant une gorgée d'Inca Kola. J'ai écrit un article sur Tyson il y a quelque temps. Tu sais, l'usine de poulets ? Et pour une raison incompréhensible, ils se sont dit que pour me faire connaître leur produit, il fallait m'envoyer 50 kilos de poulets. Et c'est ce qu'ils ont fait. Maintenant que j'y pense, c'était sûrement une façon de m'acheter. Elle rit. Bref, j'ai dû fourrer toute seule une gigantesque palette de poulets dans mon coffre et partir à toute vitesse trouver un refuge de sans-abri à qui les donner avant que la viande ne se gâte.

– Incroyable, ai-je dit de nouveau charmée par la pureté de son envie de faire le bien. Tu sais, le jour où on s'est rencontrées, j'ai vraiment essayé de te cerner. Ton blouson en cuir disait : peut-être gay.

– Laisse les blousons en cuir en dehors de ça. Ils sont androgynes et c'est très bien comme ça.

– Pardon.

– Mais non, dit-elle, je suis bi. J'ai vécu avec deux femmes et viens juste de rompre avec un homme.

On m'avait déjà quittée pour un homme. La douleur n'était pas du tout la même. Quand une femme partait pour une femme, au moins elle restait dans l'aquarium des lesbiennes. Je pouvais la recroiser un jour et peut-être que si le destin et le timing jouaient en ma faveur, nous nous remettrions ensemble. Mais quand une femme vous quittait pour un homme, elle partait pour toujours – engloutie par le royaume de l'hétérosexualité. Retourner à un homme, quel qu'il soit, c'était retourner à tous les hommes. Mais Lori semblait plus libre que ça et j'avais envie de lui faire confiance. Quelque chose m'attirait vers elle. C'était plus que de la familiarité ou du confort. Je ne comptais pas sur elle pour combler un vide dans ma vie. Dans la culture hawaïenne, on dit que sept générations de vos ancêtres vivent dans votre colonne vertébrale. Si c'était vrai, j'avais l'impression à cet instant qu'ils étaient tous réveillés et dansaient sur la mienne, en me confirmant que j'étais exactement là où j'étais censée être. En m'ordonnant de ne pas tout foutre en l'air. Et s'il s'agissait vraiment de *mes* ancêtres, je savais qu'il ne fallait pas remettre en doute la façon dont ils me guidaient

J'étais prête à accepter tout ce que Lori voudrait bien m'offrir.

– J'ai l'intention de rester célibataire un moment, a-t-elle dit en engloutissant une cuillère pleine de riz. Ou du moins… (Elle a levé les yeux vers moi, ses yeux noisette et vert d'eau)… j'en *avais* l'intention.

Je n'avais jamais cru au destin avant de ressentir ce que j'ai ressenti à cet instant-là.

Après dîner, nous avons marché avec nos énormes boîtes remplies de restes de poulet et de riz. Je comptais tout laisser à Lori. En descendant Market Street, nous sommes passées devant un homme accroupi dans un coin. Dans la lumière du réverbère, j'ai vu qu'il était emmitouflé dans une couverture, le visage sombre. Il nous a interpellées. J'ai accéléré mais Lori m'a arrêtée.

– Attends, a-t-elle dit en attrapant le sac de restes et en courant vers la pénombre pour le lui donner.

Qu'avais-je à offrir à une femme comme elle ? Quelqu'un qui s'arrêtait dans la rue pour donner son repas à un inconnu. Qui traînait des palettes de poulets à travers la ville au beau milieu de la journée. Tout ce qu'elle faisait était tourné vers l'extérieur : vers la planète, sa communauté, ceux qui étaient dans le besoin. Elle travaillait pour faire de cet endroit un monde meilleur et moi je travaillais, d'arrache-pied qui plus est, pour l'argent et la loyauté. Une loyauté malsaine. Celle qui dit que même si ça nous tue, on se pointe et on sourit. On ne déçoit pas la famille. Le truc avec les traumatismes et les addictions, c'est que ça vous enferme à l'intérieur de vous-même, dans une sorte de « jour sans fin ». Je voulais exploser en dehors de ma peau. Je voulais voir ce que ça faisait d'agir pour les autres – sans attache.

Les six mois qui ont suivi ont été un rêve éveillé.

Mon plus jeune frère, Eduardo, a émigré aux États-Unis et nous avons trouvé un loft ensemble à l'angle de la 11e et de Harrison dans le quartier de SoMa. Eduardo travaillait le matin comme agent de sécurité dans un magasin de bijoux, et Lori et moi alternions entre son appartement et le mien. Durant l'automne et le long hiver gris qui a suivi, nos brunchs du dimanche sont devenus mon moment préféré de la semaine.

Lori avait une incroyable recette de pain perdu, à base de pain, de lait et de pommes de terre. Nous sirotions des mimosas pendant qu'elle cuisinait, tout en écoutant Al Green, son chanteur préféré. Elle ne buvait pas beaucoup et j'essayais de calquer ma consommation d'alcool sur la sienne, d'avoir une consommation responsable. Je rêvais de renaître, de devenir une buveuse occasionnelle. Le genre de fille qui peut profiter d'un verre et s'arrêter. Lori n'était pas au courant de mon arrestation pour conduite en état d'ivresse. Elle ne connaissait pas l'étendue de mon problème avec l'alcool. Elle ne connaissait aucun de mes secrets. J'avais décidé de prendre un nouveau départ y compris dans mes relations.

L'époque des mauvais coups d'un soir et des matins d'amnésie aux urgences était révolue.

Nous mangions tandis que la voix suave et sensuelle d'Al envahissait le loft. Bien déterminée à obtenir ma danse, j'obligeais Lori à se lever de sa chaise et la faisait tournoyer jusqu'au milieu de la salle à manger, avec le soleil de l'après-midi qui filtrait à travers l'immense baie vitrée. Je posais ma tête sur son épaule et parfois je la laissais là, envahie par la sensation agréable que, pour une fois, ce n'était pas à moi de prendre les choses en main.

Parfois, je la laissais même mener.

Let's Stay Together était sa chanson préférée, elle la passait en boucle tout l'après-midi. Je chantais en chœur, en me disant que, vraiment, Al m'ôtait les mots de la bouche.

*

* *

Plus je tombais amoureuse plus j'avais peur de la perdre. Certains matins, je me réveillais avec la boule au ventre, convaincue qu'elle allait m'appeler pour me dire qu'elle était tombée amoureuse de quelqu'un d'autre. Un homme. Lori ne faisait pourtant rien pour cultiver mes angoisses. Elle prenait toujours soin de me présenter comme sa petite amie et me tenait la main partout où on allait. Mais j'avais beau apprendre à aimer et à être aimée de nouveau, à vivre à deux, à voir et à m'autoriser à être vue, la peur de l'intimité était toujours là – nébuleuse, constante, latente. C'était un courant sous-jacent et profond dans toutes nos interactions, surtout quand il s'agissait de la chose qui la passionnait plus que tout au monde, cette chose qui selon elle allait faire passer notre relation à l'étape supérieure, nous rapprocherait plus que n'importe quoi d'autre : Burning Man.

Burning Man est un festival de neuf jours qui se tient au beau milieu du désert du Nevada en plein mois d'août. On considère que le premier a eu lieu en 1986, à Baker Beach à San Francisco, quand un artiste a brûlé un homme en bois de 2,50 mètres qui symbolisait « the Man », comme symbole de contre-culture. Vingt ans plus tard, c'était devenu une fête annuelle qui mélangeait art et drogues et attirait des milliers de personnes qui venaient du monde entier pour braver les tempêtes de sable quotidiennes et vivre quelques jours dans un monde où le commerce n'existait pas. Les créas de la tech ont tout de suite adoré. Ils passaient un an à économiser et à se construire un alter ego déjanté qui irait se déchaîner au milieu du désert.

On les appelait les Burners. C'était la famille de cœur que Lori s'était choisie.

Elle aidait à gérer l'un des plus gros camps du festival. Il fallait bien un an de travail pour planifier, financer et construire un de ces camps. Pour collecter des fonds, ils organisaient des soirées ultra-sexe qui rappelaient Burning Man et où se mélangeaient des sculptures d'artistes locaux, des femmes aux seins nus, le corps peint et recouvert de plumes, ainsi que des hommes efféminés aux yeux maquillés à l'eye-liner. La plupart de ces hommes étaient des rêveurs aux traits fins, juste suffisamment androgynes me disais-je, pour plaire à une fille bisexuelle comme Lori. Les Burners étaient souvent de riches cadres de la tech. Ce cocktail de libres-penseurs communautaires, à la richesse indubitable et aux excès capitalistes propres au boom technologique de Californie du Nord, faisait de ce festival un événement hippie et friqué, sur fond de musique house. Je voulais désespérément en faire partie, tout en n'ayant rien à voir avec eux.

Ce printemps-là, au fur et à mesure que les matins brumeux laissaient place à des journées plus longues, Lori a commencé à me supplier de venir avec elle. « Burning Man va te changer », disait-elle. Mais j'avais beau vouloir donner un sens plus profond à ma vie, une expérience polyamoureuse n'était pas vraiment ce que je recherchais. Pour Lori, Burning Man était une utopie idéale, une alternative à notre mode de vie accéléré et capitaliste. Un endroit où apprendre ce que l'amour signifiait vraiment, disait-elle – ce qui ne faisait que conforter mon impression que tout ça n'était rien d'autre qu'une partouze géante entre camés.

Qui a besoin d'être aussi libre, franchement ?

De mon côté, je me suis lancée corps et âme dans la recherche du job de mes rêves. Si j'arrivais à obtenir un poste dans le secteur de la tech, ma vie dissolue retrouverait le droit chemin.

L'atmosphère à cent à l'heure de ce milieu viendrait combler mon besoin de vitesse et l'avant-garde de ses idées me tiendrait en alerte. Pour moi, ce serait le symbole ultime de ma réussite.

J'ai passé le printemps à induire Lori en erreur en lui laissant croire que j'irais à Burning Man, tout en espérant secrètement qu'elle finirait par lâcher l'affaire. J'étais terrifiée à l'idée de devoir lui dire non sans raison. Ce festival semblait si important à ses yeux – une partie de son identité que, d'une certaine façon, je n'avais ni l'envie ni la force de découvrir. Mais je savais que si je n'y allais pas, je perdrais cette partie d'elle.

*

* *

Cette année-là, en 2005, la Gay Pride de San Francisco avait lieu le dernier week-end de juin. Nous étions invités à une fête chez un riche designer gay de sous-vêtements qui vivait dans un sublime penthouse avec vue sur le Golden Gate Bridge. Les placards de Lori débordaient de fourrures, de trucs en plumes et en paillettes, et de bottes compensées (des restes des éditions précédentes de Burning Man), bref de tout ce qu'il fallait pour assurer la Pride. Alors que nous nous préparions, je me suis allongée sur son lit et l'ai regardée fouiller dans ses piles de costumes.

– Non, non, non, a-t-elle dit en balançant des tutus et des chaînes de corps.

Je me suis souvenue de ma première Pride, huit ans auparavant. Vingt-deux ans, un teint de porcelaine, à me demander ce que ça ferait d'embrasser une femme. À célébrer avec abandon. À me sentir suffisamment joyeuse dans mon propre corps pour éprouver une sensation de liberté et une aisance que je n'avais jamais connues auparavant. C'était cette promesse de liberté qui m'avait attirée à San Francisco. Désormais, à l'aube de mes trente et un ans, j'essayais de retrouver cette joie et cette liberté, mais quelque chose m'en empêchait.

Recouvert de papier peint léopard avec des liserés dorés, le penthouse ressemblait au plateau du film *Boogie Nights*, avec des gogo dancers à moitié nus, des rivières d'ecstasy et de cocaïne partout où on regardait et des mares de Veuve Clicquot.

Les meilleures fêtes homos avaient lieu le samedi, avant le grand défilé du dimanche. J'avais déjà fait la fête dans ma vie, mais le monde de SKYY n'avait rien à voir avec cet endroit. Nous n'étions qu'une poignée de femmes, Lori, moi, notre copine Anne, quelques autres lesbiennes et deux ou trois filles à pédés accompagnées de leurs mecs. Tous les autres hommes étaient gays, au moins pour la nuit.

Alors que j'essayais de me mettre dans l'ambiance, Lori m'a traînée jusqu'aux toilettes du couloir et m'a tendu une petite pilule bleu ciel sur laquelle était imprimée une colombe en relief. Une sainte petite pilule. Elle en tenait une autre dans la main et la poudre bleue laissait déjà des traces sur ses paumes moites.

– Prête ? m'a-t-elle demandé avec une étincelle dans les yeux.

– Il le faut bien, ai-je ri nerveusement en haussant les épaules.

Nous avons jeté les pilules d'ecstasy dans nos bouches et les avons fait passer avec du champagne. Les basses de la musique faisaient trembler le lustre en cristal au-dessus de nos têtes.

Je portais une nuisette sexy que Lori m'avait choisie. Elle, elle avait un haut blanc transparent et un fédora rose pétard. Nous avons rejoint le salon transformé en boîte de nuit pour l'occasion, et tous ces corps à demi nus, étincelants, qui se tortillaient dans tous les sens. Anne a tiré Lori sur la piste et j'ai fait une embardée en direction du bar, bien déterminée à rester hydratée au champagne. Verre après verre, les bulles pétillantes et fraîches me saisissaient la gorge. J'attendais que l'euphorie frappe.

Cinq minutes ont passé, ou bien une heure, et quand je me suis retournée Anne et Lori étaient en soutien-gorge, en train de danser sur une enceinte, entourées d'hommes dont les visages s'étiraient et se déformaient au fur et à mesure que je les voyais se transformer en créatures efféminées et ondulantes. L'un d'entre eux a attrapé une rose dans un vase sur le rebord de la cheminée et l'a tendue à Lori. Elle a arraché les pétales et, en les regardant retomber au ralenti sur le visage du type comme une pluie rose, mes jambes se sont figées. Une montée de rage, de jalousie, de déception. Lori était juste là mais je ne pouvais pas la toucher. J'étais en train de la perdre. Ces types m'avaient battue. Pas si je partais la première.

*

* *

À 6 heures du matin, nous nous sommes traînées jusqu'à l'ascenseur. Ma tête n'était plus qu'un carillon. Mon corps, une serpillière trempée.

– Quelque chose ne va pas, ai-je grommelé.

– Comment ça, bébé ?

Le visage de Lori scintillait de sueur, ses joues parfaitement roses. Elle était *parfaite*. Trop parfaite. Et libre.

– Tu ne t'es pas amusée ? a-t-elle soufflé en poussant la porte de l'immeuble pour rejoindre la fraîcheur de l'aube.

J'ai hélé un taxi. Pendant le trajet, Lori s'est émerveillée du soleil qui se levait sur la baie tandis que moi j'ai sombré en silence dans les ténèbres de plus en plus agitées de mon esprit. Quand le taxi nous a déposées, j'ai compris qu'il ne me restait plus qu'une chose à faire.

– Je le sais d'avance, ai-je maugréé plus pour moi que pour elle. (Les mots étaient comme une mare de boue qui dégoulinait de ma bouche.) Tu finiras par me quitter.

Elle s'est retournée brusquement et son expression avait déjà changé. Fini le bourdonnement joyeux de l'aube, bienvenue dans le gouffre sombre de mes mots.

– Qu'est-ce que tu viens de dire ?

J'ai regardé son ravissant visage qui, au lieu de m'apaiser, a piqué un peu plus ma colère.

– Je suis désolée, Lori, c'était sympa toi et moi. (Je n'arrivais pas à croire les mots qui sortaient de ma bouche. Ils étaient froids, presque mécaniques). Mais je ne peux pas continuer.

– C'était *sympa* ? a-t-elle presque craché.

J'ai vu les larmes qui lui montaient aux yeux. Ses pupilles dilatées ont plongé dans les miennes.

– Rends-moi mes clés, Silvia.

Elle était étrangement calme. J'ai obéi et les ai retirées de mon porte-clés avant de les lui tendre.

Elle les a fixées dans le creux de sa main, estomaquée. Sans un mot, elle a ouvert la porte de son immeuble et y est entrée. J'ai regardé sa silhouette rétrécir tandis qu'elle montait dans l'ascenseur, le dos tourné. Les portes latérales argentées se sont refermées, elle est devenue de plus en plus étroite, jusqu'à devenir une bande verticale, et puis plus rien.

Elle était partie.

Je ne comprenais pas encore ce que j'avais fait. Plutôt que d'être dévastée, j'avais l'impression d'être dans mon bon droit, d'avoir fait ce qu'il fallait pour m'éviter une peine de cœur encore plus grande plus tard. Pour une fois, je faisais preuve de maturité.

J'ai recommencé à boire comme un trou dès le week-end suivant.

*

* *

Il n'y a pas cent façons de s'oublier. Mon alcoolisme n'avait rien de nouveau. Mes samedis soir n'avaient rien de nouveau. Les bars que j'enchaînais n'avaient rien de nouveau. Faire un black-out dans l'appartement d'un inconnu ? Rien de nouveau non plus.

La seule nouveauté c'est qu'un dimanche matin, alors qu'il s'apprêtait à partir bosser à la bijouterie, Eduardo m'a trouvée ventre à terre dans le couloir du loft.

Il s'est accroupi à côté de moi et m'a secoué le bras.

– Silvia ! *¡Hermana!* Bon sang, qu'est-ce qui se passe ? Est-ce que ça va ? Tu respires ?

– Arrghh.

Je me suis redressée sur mes coudes et ai essuyé ce qui restait de vomi sur mon visage. Mon haleine empestait, de la vieille tequila mélangée à du vinaigre. Une vinaigrette qu'on aurait laissée trop longtemps en dehors du frigo. Ça m'a redonné envie de vomir. En même temps j'avais l'habitude. J'étais déjà passée par là. Au moins cette personne-là, je la connaissais.

Je savais ce qui venait ensuite.

– Je me sens pas très bien, il faut que je m'allonge.

J'avais du mal à parler. Eduardo m'a aidée à marcher jusqu'à ma chambre. Dans la salle de bains du rez-de-chaussée, il y avait du vomi partout sur les murs et le sol. Il en faut beaucoup pour tapisser une pièce comme celle-ci. Je me suis écroulée sur mon lit et j'ai regardé par la fenêtre en essayant de me souvenir de la nuit passée. J'ai vaguement entendu Eduardo parler d'une voix inquiète, suivi du *tap-tap-tap* de ses bottes sur le parquet et du *clic* de la porte d'entrée qui se referme. J'ai essayé de retracer mes pas. L'enquête criminelle des lendemains de cuite. Mais j'étais fatiguée. Pas de ne pas avoir assez dormi ni d'avoir trop bu, j'étais fatiguée à l'intérieur. Fatiguée de courir, de gâcher tout ce qui était bon, de détruire des murs juste pour les reconstruire plus hauts encore derrière. J'étais si fatiguée de garder autant de secrets que je n'étais plus capable de distinguer ce qui était secret de ce qui ne l'était pas. Je gardais donc tout à l'intérieur – juste au cas où.

Toutes ces quêtes ivres menaient au même endroit. Moi sur un lit, avec une haleine fétide de tequila, noyée dans ma solitude et mon embarras. Pas vraiment de mystère. Rien que les longues journées tristes qui s'ensuivaient. Mais ce matin-là, quelque chose avait changé. Il y avait un témoin. Mon petit frère que j'avais promis de toujours aimer et protéger m'avait retrouvée à plat ventre dans une flaque de ma propre honte. Aucun membre de ma famille ne m'avait jamais vue comme ça. Eduardo me considérait comme un modèle, mais c'était fini. Comment allait-il encore pouvoir m'admirer désormais ?

Alors, j'ai fait quelque chose que je n'avais jamais fait. J'ai téléphoné à la maison.

– Mama ? ai-je dit au bord des larmes quand j'ai eu entendu le « *¿Aló?* » roulé et chaud de ma mère.

– Maman, j'ai besoin d'aide. Je bois trop et je n'y arrive pas. Je n'en peux plus.

Il y a eu un long soupir à l'autre bout du fil.

– Je sais, Silvita, a-t-elle répondu. Ton frère m'a raconté. Ça suffit. Rentre à la maison. Francis va t'aider.

Mon cousin Francis était le seul médecin de la famille. Il avait fait son internat en Amazonie, dans la petite ville de Tarapoto. Là-bas, il avait sympathisé avec un médecin français, Jacques Mabit, l'un des premiers chercheurs à avoir prouvé les bénéfices psychologiques de l'ayahuasca. L'ayahuasca est un ancien remède indigène à base de lianes de la jungle que l'on mixe avec des feuilles de *psychotria viridis*, une plante vivace qui contient un psychotrope puissant, la DMT, également appelée « la molécule de l'esprit ». Le corps humain en produit naturellement, mais les chercheurs et les mystiques débattent encore de son rôle. Certains affirment que la DMT n'est libérée que juste avant la mort et que c'est elle qui provoque ce moment que l'on voit dans les films où notre vie défile devant nos yeux ; que c'est la molécule qui nous aide à traverser le seuil de la mort et nous recrache de l'autre côté, en nous donnant une chance de voir tout ce que nous avons raté afin de corriger nos erreurs dans le monde d'après.

À San Francisco, les hippies adoraient ce remède indigène – en général les mêmes qui adoraient Burning Man et avec qui Lori traînait. Mais l'ayahuasca n'avait rien d'une drogue récréative, ce n'était pas quelque chose à prendre à la légère, nous avait expliqué Francis. C'était un voyage spirituel qui exigeait un savoir ancestral et qui ne pouvait avoir lieu que sous la guidance d'un chaman expérimenté. Les *curanderos* et les chamans se servaient de l'ayahuasca pour guérir les douleurs émotionnelles et permettre d'accéder à un état supérieur de conscience. Ils étaient les messagers de la liane.

Francis avait déjà organisé une cérémonie ayahuasca pour ma mère durant laquelle son père, Francisco, qui avait été assassiné quand elle avait douze ans, lui était apparu. Ils avaient eu une conversation qui lui avait permis de panser sa blessure qui n'avait jamais vraiment cicatrisé. Si ma mère, catholique dévote, avait réussi à trouver la paix dans une liane psychédélique, je le pouvais probablement moi aussi. Guérir des choses dont ma famille n'avait jamais été capable de parler. Ces choses qu'aucun d'entre nous n'avait les outils pour gérer.

J'avais fui de toutes les façons possibles. Un nouveau pays, de nouveaux emplois, de nouvelles relations, de nouvelles identités. J'avais bu jusqu'à l'oubli et il s'en était fallu de peu que j'aille en prison, que je me tue ou que je tue quelqu'un d'autre. Il ne me restait plus qu'une chose à faire : capituler. Retourner là où tous les problèmes avaient commencé.

– OK Mama, ai-je dit. Laisse-moi y réfléchir.

*
* *

La semaine suivante, un responsable d'eBay m'a téléphoné pour me proposer un poste au sein de leur département financier. C'était ma dernière chance. Une occasion de reprendre ma vie en main. Lori était partie, mais elle avait réveillé en moi une envie de plus, une envie de sens.

Je devais commencer chez eBay le 6 septembre – le jour de mes trente et un ans. Je me sentais si coupable de quitter SKYY que je leur ai donné quatre semaines de préavis – ce qui me laissait une semaine de libre. J'ai acheté un billet pour le Pérou.

C'était maintenant ou jamais.

En matière d'addiction, on dit souvent que le premier pas vers la guérison, c'est d'admettre qu'on n'a aucun pouvoir sur le fond et de s'en remettre à une puissance supérieure. L'idée a quelque chose de rassurant, je le reconnais. Mais pour moi, Dieu avait toujours été un concept nébuleux et les thérapies étaient réservées aux gens qui avaient de vrais problèmes. Accepter de prendre de l'ayahuasca, c'était ma façon à moi de me rendre.

Il fallait que je suive une détox en vue de la cérémonie. Francis m'a donc mise à la diète pendant trois semaines : pas d'alcool, pas de viande, pas de sexe, pas de sucre.

Il avait réussi à arranger une cérémonie avec María, une célèbre prêtresse shipiba. Elle aurait lieu le samedi soir à Carabayllo, un quartier prolétaire aux abords de Lima, près de Punta Piedra où vivaient ma tante Emerita et mon cousin Felipe. La cérémonie devait durer au moins deux ou trois heures.

Mes parents et moi sommes passés prendre Francis vers minuit. Il nous avait prévenus que la route serait longue, l'endroit spartiate et éloigné de tout. Pendant tout le trajet, il est resté très sérieux. Si on ne faisait pas attention avec cette plante, nous a-t-il expliqué, on pouvait avoir un épisode psychotique. Un silence de plomb a envahi la voiture. Nous avons roulé dans la nuit, en silence, pendant ce qui m'a semblé un très long moment. J'ai imaginé une route déserte et froide jusqu'à une cabane décrépite. J'étais résignée, j'avais l'impression d'être sur le point de me rencontrer pour la première fois. Coincée dans cette voiture avec mes deux parents à l'avant, parce que j'avais besoin d'aide. Quelque chose que je n'avais jamais admis auparavant, pas à eux en tout cas.

Dans ma famille, on ne nomme jamais les choses à haute voix. Alcoolique. Pédophile. Violeur. Tout ce qui nous hantait était teinté d'euphémisme et de suggestion. Parce que nommer les choses, c'était ouvrir la voie à la honte.

Soudain, un air de salsa hurlante a pénétré l'habitacle. Nous longions une rue ponctuée de discothèques, les gens faisaient la queue en dansant sur le trottoir au rythme des trompettes que recrachaient des haut-parleurs grands comme des camions. La ville était ivre et vivante. Je l'observais derrière la vitre, en me souvenant de toutes les fois où j'avais dansé moi aussi, combien j'avais dû paraître libre vue de l'extérieur, mais combien je pliais en réalité sous le fardeau de ma tristesse.

Nous nous sommes engagés sur un chemin de terre jonché de trous.

– Ici ! a crié Francis en pointant du doigt un grand entrepôt blanc. Arrête-toi.

– Ici ? ai-je dit la voix pleine de doute.

Ça commençait à devenir bizarre cette histoire. Peut-être que ma vie n'allait pas si mal après tout.

Mon père s'est garé et nous avons suivi Francis jusqu'à une porte latérale, puis nous avons pénétré dans une grande cour. Nous avons gravi un escalier en bois abîmé qui donnait sur une grande pièce ouverte, éclairée par des centaines de bougies. Au centre, María, la prêtresse, était assise sur un coussin violet à côté d'un autel, le visage illuminé par en dessous par la lueur des bougies. Une aura mystique flottait dans la salle. Deux jeunes hommes entouraient María – ses assistants. En demi-cercle face à elle, on avait installé huit places, chacune avec un petit tapis, une chaise en plastique blanche, une couverture et un seau. Francis m'avait prévenue que, le pire, ce serait le moment de vomir. Mais que ça faisait partie de la purge.

J'avais vomi bien suffisamment dans ma vie pour ne pas être inquiète. Au moins cette fois, ce serait productif.

Quatre autres personnes étaient déjà assises en tailleur sur leur tapis – des inconnus… comment était-on censé faire ça devant des inconnus ? On avait l'impression que tout le monde savait à quoi s'attendre à part moi. Francis m'a fait signe de m'asseoir face à María, avant de s'installer à ma gauche et mes parents à ma droite.

Qui prend de l'ayahuasca avec ses parents ?

Mon père était venu à la première cérémonie de ma mère mais n'avait rien ressenti. Je n'osais pas imaginer ce que ma mère lui avait dit pour le convaincre de revenir. Elle avait dû jouer sur sa culpabilité. Toutes les conversations qu'on avait à propos de mon abus finissaient toujours en dispute. Nous n'avions jamais tenté de régler le problème avec des séances de thérapie familiale. Il ne s'était jamais excusé.

L'un des assistants a frappé le gong et les vibrations argentées ont résonné à travers la pièce. L'autre a agité un bâton de pluie et les petites perles sonores se sont déversées sur nous tandis que María entamait une incantation en shipibo. Dans une théière, elle a mélangé plusieurs liquides provenant de différentes bouteilles puis y a ajouté de l'eau chaude. Les lèvres pincées, elle s'est penchée au-dessus pour siffler à l'intérieur avant de se remettre à chanter en shipibo. La tradition veut que siffler réveille les pouvoirs de l'ayahuasca.

Francis m'a fait signe de m'approcher de l'autel pour recevoir le thé. J'ai pris une petite tasse et bu. Lentement, le liquide épais et amer a coulé le long de ma gorge. María continuait à chanter tandis qu'un de ses assistants secouait un hochet à feuilles.

Ça a ensuite été au tour de ma mère, puis mon père, puis le reste du groupe. Je suis retournée sur mon tapis et me suis allongée, prête pour la séance de méditation que Francis allait diriger.

Une fois que tout le monde a eu bu son thé, María a allumé un énorme cigare. Elle a tiré de grosses bouffées, en recrachant la fumée en petites fusées. Puis elle a commencé à prier. Du plus profond de son minuscule corps est sortie une mélodie tambourinante qui a fait vibrer l'atmosphère. Un hymne sans fin qui me permettait d'aller et venir dans et hors de ma conscience. J'ai fermé les yeux et tiré la couverture sur mes jambes. La jolie mélodie dansait à travers la pièce. Le chant est venu se mêler aux notes du bâton de pluie. Je me suis abandonnée à la voix de María.

La musique a envahi mon corps tandis que les lianes de l'ayahuasca se dépliaient en moi. La liane était le professeur, et la prêtresse María son véhicule. Les chansons, qu'on appelle des *icaros*, étaient celles de la plante, véhiculées à travers notre chaman. On disait que, si vous ne compreniez pas les paroles, votre esprit entendait quand même leurs messages.

Mes joues se sont mises à chauffer et à me chatouiller. Inutile d'ouvrir les yeux. Tout ce que j'ai vu, je l'ai vu les yeux fermés.

Il y avait un arc-en-ciel qui dégoulinait, une flaque d'aquarelles violettes, rouges, vertes et orange. J'ai regardé à l'intérieur et les couleurs se sont mises à tourner en spirale avant de se transformer en vortex. Envoûtée par le chant de María, je m'y suis laissée tomber. J'ai tourné, tourbillonné et plongé vers ce qui me semblait être le centre de la Terre. Puis le silence. Je n'entendais plus la musique mais j'ai vu une lumière. J'ai marché jusqu'à elle. C'était la lumière d'une maison. Celle de mes parents. J'ai poussé la porte et suis entrée avec précaution, je savais combien le parquet grinçait. Mais il n'a pas fait un bruit. Dans le coin de la pièce, j'ai aperçu une petite silhouette. Il fallait que je voie qui c'était.

Je n'avais pas peur.

En m'approchant, je me suis penchée et elle m'a remarquée. Elle a levé les yeux. Elle avait pleuré et tremblait encore un peu. Je l'avais déjà vue en photo. Elle avait deux couettes. C'était la petite fille dans son jogging turquoise. C'était moi à six ans. Je l'ai prise dans mes bras et elle s'est accrochée à moi, m'a serrée fort, avec tous ces petits muscles contractés. Mon cœur s'est emballé. Je l'ai serrée à mon tour et me suis mise à pleurer. Puis une flamme a envahi mes tripes. La rage. Une rage incandescente. Quelqu'un lui avait fait du mal. Je l'ai serrée plus fort encore. Ma colère s'est transformée en bile, une bile brûlante et déchaînée dans ma gorge. Je me suis réveillée en sursaut de ma vision mais me suis aussitôt rallongée, envahie par une étrange sensation de paix. La petite fille m'est de nouveau apparue. J'étais debout à côté d'elle, adulte. Tant que j'étais là, tant que je ne la lâchais pas, personne ne lui ferait plus jamais de mal. Une lumière identique brillait dans nos poitrines et je me suis penchée pour la bercer, en envoyant des vagues de compassion de mon corps au sien.

Son visage s'est réchauffé jusqu'à s'illuminer.

Au loin, j'entendais du bruit. Nous étions à l'orée de quelque chose. Peut-être de nous-mêmes ? Tout s'agitait autour de nous et le sol tremblait sous nos pieds. Je ne voyais rien mais elle m'a pris la main et nous nous sommes mises en marche. L'air était frais. Nous étions dans une forêt épaisse d'arbres et d'herbes et quelque chose se dessinait à l'horizon. Une chose qui courait vers nous. Qui tempêtait.

Ce n'était pas un troupeau d'animaux. C'étaient des rochers. Des énormes rochers, non, des montagnes qui sortaient de terre, qui fendaient le sol comme s'il était aussi poreux qu'une coquille d'œuf. Une vallée infinie s'est ouverte face à nous tandis que des sommets surgissaient de toutes parts, perçant les nuages et disparaissant au-delà.

Nous avons observé la scène, émerveillées. Quand le bruit s'est tari, j'ai regardé autour de moi pour m'assurer que nous étions en sécurité. Mais la petite fille n'avait peur de rien. Elle a serré ma main et m'a entraînée un peu plus loin dans la vallée. En marchant, elle remarquait tout. Elle clignait joyeusement des yeux en observant les oiseaux, pointait chaque petit insecte dans l'herbe.

Sa main était tiède. Elle se sentait bien. En paix. Simplement là, à marcher.

La musique a recommencé.

Puis des voix ont prononcé des mots incohérents.

J'ai brusquement ouvert les yeux. J'étais de retour au Pérou. Ma mère se balançait d'avant en arrière sur le tapis à côté du mien, le visage doux et lointain. À côté d'elle, mon père ronflait bruyamment, la bouche ouverte, les bras croisés contre sa poitrine – la même position que lorsqu'il faisait sa sieste de l'après-midi. J'ai refermé les yeux et ai écouté plus attentivement encore. Les ronflements de mon père sont devenus un grondement qui s'est transformé en montagne. C'étaient eux, la bande-son de ma vision. Tout en essuyant les larmes de rire et de soulagement sur ma joue, j'ai laissé échapper un énorme soupir et me suis laissée retomber sur le tapis. J'ai gloussé en sentant les volutes laiteuses de la fumée de l'encens me chatouiller les narines. Le bois épicé du *palo santo* a envahi tous mes sens.

Les *curanderos* disent que la liane ne vous donne que ce dont vous avez besoin.

Apparemment, ce dont mon père avait besoin, c'était une sieste.

Ils appellent l'ayahuasca « la mère » parce qu'elle vous révèle à vous-même. À l'instar de l'Everest, elle n'est pas toujours tendre ni aimante mais, à l'instar de ma propre mère qui avait traîné mes fesses épuisées et autodestructives jusqu'à cette maison abandonnée au milieu de nulle part, elle essaie de vous dire la vérité.

À vous de voir si vous l'écouterez.

La petite fille dans son jogging. C'est celle de la photo. Celle que je ne supportais pas de regarder. Celle que je trouvais faible et dont j'avais enfoui l'image au fond d'un placard. Mais dans les montagnes, nous étions en paix. Est-ce que les montagnes étaient un symbole ? Cela signifiait-il que je devais aborder les sommets et les vallées de la vie de façon plus intelligente ?

La plupart d'entre nous ont un double fond. Nous pensons toujours que nous ne pouvons pas tomber plus bas. Mais le fond du fond n'est souvent pas celui qu'on croit, ce n'est pas l'incident le plus évident, ni le plus marquant. Pour moi, le fond du fond, ça n'a pas été mon arrestation pour conduite en état d'ivresse, ni ma rupture, ni mes coups d'un soir insignifiants, ni même le fait d'avoir été violée par un de mes supérieurs. Pour moi, le fond du fond, ça a été d'avoir été vue par mon frère. Que le témoin de l'étendue abyssale de ma douleur soit la chair de ma chair.

Reconnecte-toi à l'enfant qui vit en toi, Silvia. Voilà ce que me disait la liane. *Occupe-toi de sa douleur. Elle a quelque chose à te montrer, quelque chose à l'intérieur de cette douleur.* Quelque chose que je n'ai compris que deux semaines plus tard, de retour à San Francisco, alors que j'étais assise à mon nouveau bureau, chez eBay.

Les montagnes n'étaient pas du tout symboliques.

La petite fille voulait que je l'emmène dans un endroit où elle pourrait rugir. Où son corps pourrait s'étendre, bouger et ressentir toutes ces choses auxquelles elle avait eu trop peur de prêter attention. Où elle se sentirait libre. L'ayahuasca avait aidé ma mère à panser sa plus grande blessure. Ma blessure à moi, c'était cette petite fille, ce qui lui était arrivé. Non seulement je devais l'emmener jusqu'à la montagne, mais je devais l'emmener – et ma plus grande souffrance avec – jusqu'à la plus haute de toutes.

Le mont Everest. Chomolungma. La Mère du monde.

– 13 –

TESTOSTÉRONE

Je suis la seule fille d'un club exclusivement masculin et je suis en retard.

Le chapiteau qui sert de réfectoire à Adventure Consultants ressemble à un bar à chicha chic, un niveau de kitsch qui, à 5 500 mètres d'altitude, pourrait presque passer pour du luxe si vous plissez les yeux. Des bouquets de fleurs en plastique colorées pendent des poteaux qui soutiennent le chapiteau et trois fauteuils « egg » entourent un petit poêle électrique, pour créer un coin cosy. Les deux grandes tables rectangulaires sont recouvertes d'une toile cirée écarlate et les chaises d'un tissu violet psychédélique.

La première table est déjà pleine – d'hommes très virils, très blancs et très chauves, en train de brailler et de se balancer des vannes. Sachant que j'ai passé la majeure partie de ma vie à craindre les hommes, j'ai quand même choisi une discipline bien particulière. L'escalade d'élite compte les personnalités les plus machistes que j'aie rencontrées de ma vie.

Tout le monde semble avoir déjà trouvé sa place. Et tout à coup, je suis de retour au lycée. Au fond de la classe. Je prends une grande inspiration et m'approche de l'autre table.

– Bonjour, je suis Silvia, dis-je en agitant la main. Enchantée de faire votre connaissance à tous.

*

* *

– Bon sang de bonsoir, te voilà enfin ! me dit un mastodonte aux cheveux bruns avec un accent australien. On était sur le point de donner ta part de nourriture à Danny.

Toute la table se met à rire. Je souris poliment, en essayant de ne pas me montrer trop sensible. Mais après avoir quitté les filles, je suis un cœur sur pattes, à fleur de peau.

– Brian, dit-il en me tendant sa main que je prends soin de serrer fermement. Enchanté. Nouvelle-Zélande. L'accent, je veux dire. Si jamais tu te posais la question.

Brian escalade les sept sommets. L'Everest et le Denali sont les deux derniers de sa liste.

– Moi, c'est Rob, dit un homme avec une courte barbe blanche et ce que je suppose encore une fois être un accent australien – et encore une fois, j'ai tort.

Rob est un ingénieur néo-zélandais qui vit à Adélaïde. C'est la troisième fois qu'il tente d'atteindre le sommet de l'Everest.

– Assieds-toi. J'ai quelque chose pour toi, dit-il en me désignant une chaise libre avant de sortir un koala en peluche d'un sac plastique.

– Pour moi ? Merci, dis-je avec un sourire nerveux. C'est vraiment très gentil.

Je ne suis pas certaine de savoir quoi en penser, mais Rob paraît sensible au fait que je sois la seule femme. Il se dit sans doute qu'un animal en peluche me réconfortera.

Qui sait, ce sera peut-être le cas.

En attendant les plats, les hommes se présentent à tour de rôle. J'essaie de suivre.

Tom, un type qui perd ses cheveux blancs avec un cou musclé et veineux, se lève.

– Si un de ces voyous cherche à t'embêter, aboie-t-il, je lui ferai sa fête !

– Méfie-toi de ce vieux Tommy, tu ne sais jamais quand il va te faire passer un interrogatoire, rit Brian.

Apparemment, Tom n'est pas juste un militaire. C'est un ancien membre de la SEAL Team Six. C'est aussi un coureur d'ultra-marathon qui a un jour réalisé deux Ironman en moins de vingt-quatre heures. Plus il énumère ses accomplissements, plus j'ai l'impression de rétrécir. C'est sa première tentative, mais il a vraiment l'air *hyper* sûr de lui.

À côté de Tom, il y a Gabe, un chef de la police australien qui se met à faire rebondir un ballon de football sur son genou tout en se présentant.

– J'ai l'intention de taper dans le ballon au sommet. C'est comme ça que vous saurez que c'est moi. Le type qui dribble à 9 000 mètres !

– Oh, arrête ton char et rassieds-toi ! dit Brian. *Brian.*

Sept sommets, me dis-je, en essayant de me souvenir de qui est qui.

L'homme suivant se lève pour se présenter et je me retrouve bouche bée. Il doit bien faire 2,10 mètres.

– Dany, dit-il. Kiwi. Deuxième tentative de sommet. La première, c'était l'année dernière. Durant l'avalanche. Horrible. Rob – le type au koala – était là lui aussi.

L'avalanche de 2015 est la plus mortelle que l'Everest ait connue. Elle a tué vingt-quatre personnes et décimé la petite citadelle qu'était le camp de base. Pas un seul grimpeur n'a pu atteindre le sommet ce printemps-là. C'était la première fois que ça arrivait en quarante et un ans.

– Est-ce que vous étiez pris dans l'avalanche ? je demande.

– Pas dessous, non, répond Rob.

Koala Rob – Koala Rob.

– Mais on s'est retrouvés coincés au camp I quand le tremblement de terre a eu lieu. Ce jour-là, on était vraiment convaincus qu'on allait mourir.

Je laisse échapper un sifflement.

– Je n'ose même pas imaginer, dis-je.

Assis à la seconde table il y a John, un Anglais qui bosse dans la finance et qui vit entre Hong Kong et Tokyo – deux de mes villes préférées. Avec son accent BCBG et ses lunettes carrées en écaille, il ressemble plus à un comptable qu'à un alpiniste. Il fait partie d'une expédition privée coorganisée par Adventure Consultants et a engagé Lydia Bradey, la première femme à avoir réussi à gravir l'Everest sans oxygène, comme guide principal.

Et enfin, à côté de John, il y a Mark, un professeur d'université qui vit dans le Connecticut. Mark a un visage tendre et semble plus réservé que les autres. Il exsude une douceur bienvenue après toute cette outrance masculine. C'est sa première tentative à lui aussi.

Mike surgit dans le chapiteau. Je ne l'ai rencontré qu'une fois, brièvement, à la puja.

– Bienvenue, bienvenue Silvia, dit-il. Notre équipe est désormais officiellement au complet.

Il sourit et des rides, des crevasses profondes à vrai dire, s'étendent du coin de ses yeux jusqu'au bas de ses joues.

– Merci, dis-je à voix basse.

– Dis-nous-en un peu plus sur d'où tu viens.

– Bien sûr, dis-je fièrement avant de me racler la gorge et de me lever. Durant les dix derniers jours, j'ai guidé un groupe de jeunes femmes courageuses jusqu'au camp de base. Des femmes qui, comme moi, ont été victimes de violences sexuelles. Ce trek, c'était une façon de nous reconnecter à notre force intérieure. Je voulais que l'Everest leur montre combien elles étaient puissantes. Elles redescendent la montagne en ce moment même. Et moi je continue ici. Avec vous.

Je conclus avec un grand geste de la main.

– C'est inspirant, dit John le BCBG en haussant les sourcils, et je n'arrive pas à savoir si c'est ironique, ou si c'est juste l'accent froid des Britanniques.

– Waouh, siffle Tom le Seal. Tu dois être épuisée.

– Tu m'étonnes. Ce n'est certainement pas comme ça que je me serais préparé pour l'Everest, dit Gabe, le footballeur des sommets. Il faut que tu sois au top de ta forme. On verra bien combien de temps tu tiendras, je suppose.

Ses yeux sont joyeux et tout le monde rigole, mais quelque chose me dit qu'il est sérieux.

– Oui, dis-je avec un sourire en coin. On verra.

Il a raison. Je suis épuisée. Pas seulement physiquement mais émotionnellement.

Deux jeunes sherpas font irruption sous le chapiteau en portant des plateaux fumants de nourriture et une grande marmite de soupe. Tendi, le cuisinier de l'équipe, nous annonce le menu du soir : des frites, du riz, du dal et du poulet frit.

– OK, l'exposé est fini, explose Danny. Je meurs de faim. À table !

La première table se lève et nous faisons la queue pour nous servir comme sur un buffet. Rob est juste devant moi. Il se retourne pour poser un morceau de poulet dans mon assiette.

– Non merci, dis-je suffisamment fort pour que tout le monde entende. Je suis végétarienne.

– Aah, une végé, hein ?

– En tout cas en montagne, oui, et toi ?

– Jamais.

– Quelqu'un d'autre ?

Je me retourne pour regarder la queue.

– Non.

– Bon sang, jamais de la vie.

– Carnivore au rapport !

– Plus c'est saignant, plus j'aime.

Non seulement je suis en retard et je suis la seule femme, mais en plus je suis la seule végétarienne. Une végétarienne lesbienne allergique au gluten – le cliché absolu de la grosse relou. J'ai presque du mal à me supporter moi-même mais j'ai trop faim pour m'en préoccuper. Tête baissée, j'attaque mon bol de frites huileuses, de riz et de dal bhat. Comme le disent les sherpas : « Un dal bhat, c'est vingt-quatre heures d'énergie. » Si c'est suffisant pour les sherpas, ça l'est pour moi aussi.

La table vibre de testostérone – l'énergie d'une pile électrique, un mélange de Koh-Lanta et de concours de bras de fer dans un bar miteux. Suivre les vannes qui fusent pendant tout le dîner, c'est un peu comme tenter de prendre le train en marche. Pendant que moi je me concentrais sur les filles, eux s'acclimataient, discutaient itinéraires et équipements, se racontaient leurs histoires de guerre – au sens *propre* du terme.

Il est évident que les six prochaines semaines vont être infusées d'une bonne dose de compétition.

Je finis rapidement de manger puis enfile mon manteau.

– Eh tout le monde, je suis crevée. Je vais aller me reposer.

Je sors de la tente et presse le pas dans la nuit froide. La panique m'envahit.

On dirait le casting d'un film de James Bond. Un millionnaire britannique ? Un joueur de rugby ? Un Kiwi de 2,10 m ? *Un SEAL Team Six ?* Mon Dieu. Mon Dieu. Bon sang, qu'est-ce que j'ai fait ?

Je n'arrive pas à croire que j'aie pu craindre de guider les Courageous Girls. La tendresse que nous partagions il y a quelques heures encore me manque déjà. J'ai travaillé à ce rêve incroyable pendant toute une décennie. « Un jour, je gravirai l'Everest », ai-je répété, à moi et à quiconque voulait bien m'écouter. Eh bien, « un jour » est arrivé, et après tous ces treks et ces entraînements, tous les retards et les peines de cœur, je ne suis pas prête. Tout ça parce que je ne me suis pas suffisamment concentrée sur ce *un jour.*

Je remonte la fermeture Éclair de ma tente et plonge à l'intérieur, avant de ramper dans mon sac de couchage. Une fois bien au chaud, mes paupières se font aussi lourdes que du plomb. J'espère que les filles sont bien arrivées à Gorak Shep. Je devrais appeler pour vérifier, mais mon téléphone ne capte pas et je ne peux pas retourner au réfectoire.

Trop courbaturée. Trop apeurée. Trop fatiguée. Trop… Trop. Fatiguée.

Le néant délicieux du sommeil prend enfin le dessus.

*

* *

– Silvia, Silvia ! Réveille-toi, *levántate*[47] !

J'ouvre à demi les yeux. Ma mère est penchée au-dessus de moi à me secouer dans mon lit.

– Il y a eu une bombe, dit-elle en tirant les couvertures.

Elle dévale les escaliers et je la suis. Je fais attention, regarde où je mets les pieds, essaie de ne pas glisser, les yeux à peine ouverts. Dans la cour, toute ma famille est réunie en pyjama.

– Silvia ! beugle mon père. Cette gamine peut dormir quoi qu'il advienne. Même au milieu d'une foutue explosion.

– Ils se rapprochent, dit ma mère en caressant mes cheveux.

Je me redresse d'un coup. Je suis emmitouflée jusqu'à la gorge dans mon sarcophage de duvet. Mon souffle n'est plus qu'un nuage de glace. Quelque part au loin, j'entends le *ta-ta-ta* d'une mitraillette. Les avalanches. Il y a des avalanches ici. Je suis sur l'Everest, pas au Pérou.

Mais le Pérou, semble-t-il, est partout avec moi.

Je chasse mon rêve et me demande de nouveau comment vont les filles. J'entends un petit *ping* et cherche à tâtons dans la pénombre de ma tente mon appareil satellite. Les textos de Shailee illuminent l'écran.

Nous allons toutes bien.

Tout le monde est de très bonne humeur.

Va dormir, tu dois être fatiguée.

On se parle demain.

Je m'effondre sur mon oreiller et sens un poids quitter ma poitrine. Tout cet espace que les filles ont occupé depuis deux semaines, deux mois en réalité, qui m'a permis d'arrêter de boire à San Francisco et de réorienter mon énergie dans l'entraînement et la logistique, est désormais vide. Et, au creux de cet espace qui leur était réservé, de vieilles peurs ressurgissent.

Tout le monde – surtout moi, à vrai dire – aime dire que lutter nous rend plus fort. J'ai toujours vécu (et j'ai failli mourir quelques fois) selon la philosophie suivante : survivre c'est vaincre. Mais les montagnes m'ont montré à maintes reprises

47. Lève-toi !

que la force n'est pas l'opposé de la douceur. Que les deux sont symbiotiques. La force seule ne suffit pas. Elle m'emmènera peut-être jusqu'au sommet mais, une fois de retour au niveau de la mer, je serai toujours à la dérive.

Et désormais, les Courageous Girls m'ont montré que j'aurais beau m'incliner face aux lamas et aux nonnes, parler avec un vocabulaire New Age, porter tous les châles, les rosaires et les chapelets du monde et adopter le jargon de la guérison, tant que je négligerai le muscle de la douceur, je chercherai toujours à me battre là où il faut se rendre.

Je sanglote doucement jusqu'à me rendormir. Derrière la peau fine de mes paupières, dans des rêves ponctués de menaces, je vois d'énormes blocs de glace tomber vers moi, puis s'envoler et éclater en vagues de poudreuse. Le craquement des avalanches se transforme en sirène puis en explosion. Je suis de retour au Pérou. Les hommes et les bombes. Les deux explosifs de ma jeunesse. Quand tout pouvait s'effondrer à n'importe quelle seconde.

– 14 –

LA GRANDE MURAILLE

La cure géographique est une pratique thérapeutique qui repose sur la croyance qu'un changement de contexte pourra nous changer nous. Nous libérer de notre inconfort, de la morsure de la solitude, du doute, de la dépression ou de l'addiction.

C'est l'idée que nous pouvons semer ce qui nous poursuit.

Que nous pouvons nous semer nous-mêmes.

J'avais terminé mes travaux d'intérêt général. J'avais ramassé mes ordures à moi sans jamais regarder à quoi elles ressemblaient. J'avais enchaîné les étapes de la repentance sans jamais passer par la case confession. Au lieu de me demander comment j'avais atterri là, je m'étais contentée de compter les heures qui me séparaient de la fin de cette corvée. Même après mon premier voyage sur l'Everest, je ne m'intéressais qu'à une chose : ce que j'allais faire ensuite et non comment j'avais fini ici.

– Alors, tu vas escalader l'Everest ? m'a demandé Lori en haussant son sourcil piercé de surprise.

Ses yeux noisette tiraient vers le vert ce jour-là. Une mer laiteuse de vert. Un endroit parfait pour se noyer.

– Oui m'dame, ai-je répondu d'une voix traînante.

– Ce n'est pas dangereux ?

– Bien sûr que si ! Mais ça fait partie de ma promesse, ai-je dit en versant du sucre brun dans mon thé.

C'était un samedi après-midi ensoleillé et Farley's, le petit café perché tout en haut de Potrero Hill, était plein à craquer. C'était un des endroits préférés de Lori. J'avais eu moins de mal à la convaincre de me voir que je ne l'aurais cru. J'étais revenue de mon trek jusqu'au camp de base en ayant l'impression d'avoir trouvé un nouveau sens à ma vie et je mourais d'envie de le partager avec elle. Après l'ayahuasca, j'étais rentrée à San Francisco et j'avais commencé mon nouveau boulot chez eBay. Mais impossible de me sortir de la tête l'Everest et la petite fille qui marchait au milieu des montagnes. Mon patron m'a autorisée à prendre une semaine de vacances, ce qui m'a permis de découvrir l'Everest et de jurer d'y revenir.

– Il faut juste que je devienne d'abord alpiniste, ai-je bafouillé.

Une alpiniste ? Mon Dieu. C'était la première fois que je disais ça à haute voix et ça me semblait absurde. Mais Lori s'est contentée de sourire.

– Je t'y vois bien, a-t-elle dit en sirotant son *latte.* (Une goutte de mousse s'est attardée sur sa lèvre supérieure. J'ai dû me retenir pour ne pas tendre la main et l'essuyer.) Tu peux faire tout ce que tu veux.

J'ai senti la pointe de mes oreilles brûler. Le simple fait de penser à Lori me faisait planer. Nous ne nous étions pas vues seules depuis cette rupture ridicule imbibée d'ecstasy six mois auparavant, et elle me manquait horriblement. J'espérais que ma nouvelle approche de la vie pourrait changer la situation. Entre deux gorgées de thé vert sirupeux, je lui ai raconté l'ayahuasca et le camp de base. Je lui ai expliqué que ma vision s'était déroulée comme un tapis et m'avait guidée jusqu'à Katmandou, que je m'étais sentie vraiment insignifiante quand j'avais vu l'Himalaya pour la première fois. Que c'était une sensation bienvenue. Que, pour la première fois de ma vie, je me sentais en sécurité *et* libre. Que mes poumons et mes jambes s'étaient montrés étonnamment robustes – si robustes que je commençais à me demander si tout ça n'était pas plus qu'une vision ponctuelle, si ce n'était pas en réalité mon destin. Si elle n'était pas mon destin également.

Évidemment, j'ai gardé ce dernier commentaire pour moi.

Lori avait exercé une influence positive dans ma vie. Son amour était de ceux qui vous donnent envie de vous améliorer. Je crois que partager l'Everest, c'était mon offrande. Peut-être qu'elle verrait la lueur habitée de mon regard et qu'elle aurait envie de nous donner une seconde chance.

– J'ai promis à l'Everest que je reviendrais. Je suis prête à faire la paix avec ma vie, ai-je dit en plongeant mes yeux dans les siens. J'aimerais beaucoup nous donner une autre chance à nous aussi.

Elle a esquissé un sourire timide et j'ai compris qu'elle ressentait la même chose que moi.

*

* *

Notre relation était bien plus solide désormais. Forte d'une nouvelle approche de la vie et d'un nouveau boulot, je pouvais enfin aimer Lori sans m'accrocher désespérément à elle. Sans m'inquiéter qu'elle me brise le cœur et sans essayer de la devancer. Nous étions une force magnétique. Où que nous allions, tous les couples hétéros s'émerveillaient en disant combien nous étions sexy. Les barmans nous offraient constamment des verres. Notre histoire d'amour était mythique. Bon, c'était au moins une bonne comédie romantique lesbienne à San Francisco, avec tous les hauts et les bas essentiels. Se sont connues sobres, ont rompu sous ecstasy, se sont retrouvées après une vision due à l'ingurgitation d'une concoction d'ayahuasca et un voyage au mont Everest. C'était une version psychédélique de la série *The L Word*.

Quelqu'un m'a un jour dit : *Si ce n'est pas un « bon sang, oui », alors c'est un « non »*.

Et j'avais l'impression que l'univers était en train de me hurler : *Bon sang, oui*.

Je n'avais pas encore atteint le sommet de l'Everest, mais ma vision m'avez ramenée à Lori et c'était suffisant.

eBay a connu l'une des croissances les plus impressionnantes de la Silicon Valley. Chez SKYY, nous nous concentrions sur les ventes, mais eBay a été une des premières start-up à parler d'entreprise responsable. Dès le début, ils ont mis en place une fondation et fait don de millions de dollars à des œuvres caritatives du monde entier. Ils ont également créé une plateforme pour les vendeurs marginalisés des communautés isolées, afin de leur permettre de vendre leurs produits. Lori participait toujours à toutes les soupes populaires de la ville et cherchait constamment des façons d'aider sa communauté. Je me sentais enfin utile moi aussi, je savais que l'étendue de mon travail ne se limitait plus à tenter de séduire des mannequins à la mode complètement ivres. J'avais passé tant d'années à vouloir donner une image d'étagère du haut, à m'habiller en conséquence, pour que les barmans et les VIP pensent que j'étais importante. Mais chez eBay, l'apparence était secondaire. On me mettait au défi de penser de façon globale et non plus locale. De la même façon que me retrouver au milieu des sommets de l'Himalaya m'avait fait me sentir minuscule d'une bonne façon, chez eBay, je faisais partie de quelque chose de bien plus grand que moi.

Et puis je ne pouvais pas boire pendant que je travaillais. Le travail était rigoureux et leur campus de San Jose était une mécanique ultra-pro et parfaitement huilée. Arriver en rampant avec des lunettes noires et une gueule de bois au travail en aurait fait sourciller plus d'un – on était loin de mes anciens collègues qui me tapaient dans le dos pour me féliciter. Il était temps de faire mes preuves, sans la brume de la vodka pour engourdir mes désirs, mes rêves et mes déceptions.

La vie se stabilisait et toutes les choses que j'avais toujours imaginées pour moi-même – celles dont je me savais capable – me semblaient enfin atteignables, pour la première fois depuis… eh bien, depuis toujours à vrai dire.

Je passais trois ou quatre nuits par semaine chez Lori. Les soirs où nous dormions séparément, nos échanges de textos coquins et tendres me faisaient m'endormir avec un grand sourire aux lèvres. Nous n'étions pas particulièrement pressées d'emménager ensemble. Tout ce que j'avais précipité dans ma vie avait explosé et était parti en fumée. Je voulais faire les choses différemment. Ralentir et permettre à la situation d'évoluer naturellement plutôt que de laisser la peur me pousser dans une frénésie du *plus, plus, plus,* tout le temps. Je m'étais donnée corps et âme à SKYY. Je m'étais donnée corps et âme aux coups d'un soir.

Il fallait que j'arrête d'essayer de contrôler l'amour. Peu importent les aléas, le noyau dur tiendrait. Je m'essayais à la confiance. Je m'essayais à la modération. Pas seulement dans notre relation mais également dans ma consommation d'alcool. Si je pouvais jongler entre ma nouvelle carrière et une relation épanouissante sans retomber dans la bouteille, alors tout était possible.

Certains matins, je me glissais hors du lit sans la réveiller pour prendre le premier train pour San Jose. Sur le comptoir de la cuisine, je trouvais en général un sachet en kraft contenant mon déjeuner avec un petit mot. « Juste pour que tu puisses te concentrer sur ta journée. Je t'aime. » Ou « Merci, bébé, d'être venue chez moi. J'ai hâte qu'on se retrouve ce week-end. »

Nous travaillions comme des dingues toute la semaine et nos week-ends étaient réservés à Al Green et aux brunchs.

Mais un dimanche matin, Lori s'est réveillée en sursaut, complètement paniquée. Elle avait le visage pâle comme un linceul et sa chemise de nuit était complètement trempée sous les aisselles.

– Quoi ? ai-je bafouillé les yeux toujours collés par le sommeil. Qu'est-ce qui se passe, bébé ?

– J'ai peur, a-t-elle dit. Quelque chose ne va pas, je le sens.

– À propos de nous ?

– Non, non, à propos de moi. Tu sais, ces maux de tête ?

J'ai acquiescé. Elle avait depuis quelque temps d'horribles migraines et son médecin lui avait prescrit un médicament – mais ce qui fonctionnait en général le mieux, c'était de fumer un joint.

– Eh bien, vendredi dernier, je n'ai pas travaillé, a-t-elle dit avec une voix grave et éraillée. À vrai dire, j'ai passé la plus grande partie de la journée au lit, à me demander si tout ça était vrai.

– Si quoi était vrai, nous ?

– Non, ce monde. Cet endroit. Si c'était réel ou si c'était une sorte d'illusion.

Est-ce qu'elle était en train de perdre la boule ? Qu'est-ce qu'elle voulait dire par illusion ?

– Tu crois que tu fais une dépression ? ai-je demandé en citant le truc dont j'avais le plus entendu parler au sein de la communauté LGBTQ+ et dans les pubs qui passaient au milieu de la nuit, pour des médicaments dont les effets secondaires semblaient bien pires que la maladie qu'ils étaient censés traiter.

Lori a acquiescé.

– En quelque sorte.

Elle a coincé les draps sous ses aisselles. Ses cheveux blond cendré étaient emmêlés, ses yeux passaient du marron au vert comme pour tenter de s'autocamoufler, de se cacher d'un danger qu'elle était la seule à percevoir.

– Quand je vivais à Chicago, a-t-elle continué, j'ai eu des épisodes de ce qu'on appelle un trouble bipolaire. J'avais soudainement l'impression que tout le monde vivait dans une réalité tout à fait différente de la mienne. À d'autres moments, j'étais convaincue que nous étions tous des aliens qui vivaient dans un monde alternatif, à attendre qu'on vienne nous libérer et nous dire la vérité.

Comme je ne savais pas quoi dire, je lui ai caressé les cheveux.

– J'ai parlé à un psychiatre de mes symptômes. C'est lui qui m'a dit comment ça s'appelait. Mais je n'en ai jamais parlé à personne d'autre. Vendredi dernier, j'ai commencé à sentir ça de nouveau.

– Est-ce que tu en as parlé à tes parents ?

– Je ne crois pas qu'ils comprendraient. Ils me feraient sûrement enfermer dans un de ces endroits. On me piquerait avec tout un tas de médicaments. Tu as bien vu comment ça se passait dans *Une vie volée*.

Plus elle m'expliquait, plus j'étais perdue. Je ne connaissais rien à la santé mentale. Ma famille ne parlait de ce genre de choses qu'en termes abstraits. « Elle a eu une période compliquée » ou « Il est difficile ». Des trucs comme ça. C'était difficile pour moi d'imaginer quelqu'un d'aussi gentil que Lori traverser ce genre de torture. De l'extérieur, elle semblait forte et lumineuse.

Le genre de personne que je voulais être.

J'ai voulu lui montrer que j'étais là pour elle.

– Allons à la plage, ai-je dit en l'attirant contre moi pour lui embrasser le front.

J'ai senti le froid et l'humidité de sa peau sous mes lèvres.

Cet après-midi-là, je l'ai emmitouflée dans une couverture chaude et je l'ai installée sur le siège passager de la Jetta. J'ai conduit en lui tenant la main tandis qu'elle regardait par la fenêtre, les cheveux au vent. En accélérant dans les virages sinueux de l'autoroute n° 1, elle m'a serré la main et, l'espace d'une seconde, j'ai ressenti la peur qui était la sienne. Pas parce que je conduisais trop vite, mais à cause de ce qui était en train de lui arriver. On a trouvé un coin avec vue sur Poplar Beach, à Half Moon Bay, où le vent va et vient comme la marée. Sans un mot, je l'ai serrée dans mes bras et nous sommes restées là pendant des heures, jusqu'à ce que le soleil se couche sur le Pacifique. Plus je la serrais, plus ses sanglots s'apaisaient.

Elle était si fragile.

Je ne l'avais jamais vue comme ça et chaque fibre de mon corps brûlait d'envie de la protéger, de faire tout ce qui était possible pour qu'elle se sente en sécurité. Je suis restée dormir chez elle quatre nuits d'affilée après ça.

– Merci d'avoir été là, a-t-elle murmuré le matin suivant. Je me sens beaucoup mieux.

Voilà ce que j'avais attendu qu'elle me dise. Que la douleur était passée. Qu'elle était en sécurité. Que tout ça était fini. C'est comme ça que je voyais les choses. J'ignorais tout des incohérences du trouble bipolaire, de ses flux et reflux. Après tout je n'avais jamais consulté de psy moi-même.

*

* *

– Donc tu seras en vacances du 27 au 5, n'est-ce pas ? a demandé Lori.

Quelques semaines plus tard, nous avions retrouvé notre train-train quotidien.

– Hum hum, ai-je grommelé en acquiesçant, la bouche pleine de mousse de dentifrice.

– Il faudra prévoir un jour de plus, au début et à la fin, pour le trajet, a-t-elle dit en attachant ses cheveux fauves en demi-chignon.

– Pardon, ai-je dit en cognant ma hanche contre la sienne alors qu'elle voulait sortir et que j'avais tenté de plonger sous son bras pour cracher dans le lavabo.

– Et plus si tu peux, bébé. Du temps pour t'en remettre. Crois-moi, tu en auras besoin. Tu vas halluciner. Burning Man, c'est indescriptible. L'art, la musique, tu n'as jamais rien vu de pareil. J'ai tellement hâte.

Elle a tapoté le carrelage, tout excitée.

– Je n'aurai aucun jour de plus, ai-je dit en m'aspergeant le visage d'eau glacée. Je le sais déjà.

Je me suis essuyée avec une petite serviette et j'ai passé la main dans mes boucles. Les crèmes hors de prix de Lori faisaient des miracles sur ma peau. Soit ça, soit l'amour, mais bon sang j'avais l'air d'avoir cinq ans de moins. Lori rayonnait elle aussi, tout en appliquant son mascara.

– Tu sais, on dit que Burning Man peut faire ou détruire un couple, a-t-elle expliqué.

– Ah oui ? ai-je répondu en haussant un sourcil comme un méchant dans un film.

Lori s'est contentée de rire. Mais il y avait quelque chose dans le ton de sa voix qui me dérangeait. Je n'ai jamais été fan des tests. Surtout ceux pour lesquels je ne sais pas comment me préparer. Mais bon, j'avais jusqu'au mois d'août pour savoir quoi faire.

*

* *

Au mois de mars suivant, j'avais un voyage d'affaires prévu à Shanghai. Une partie de mon rôle chez eBay, c'était de développer les marchés internationaux. À l'époque, Meg Whitman était aux commandes et nous nous concentrions sur le marché chinois. Ce serait mon troisième voyage là-bas depuis ma prise de fonctions. J'étais en train de tomber amoureuse de ce pays. Lori n'avait jamais quitté les États-Unis, je me suis donc arrangée pour qu'elle puisse m'accompagner. Comme je m'en doutais, la Chine l'a envoûtée.

Elle se promenait, émerveillée, dans les rues de Shanghai. Sa curiosité était magnétique. Ses cheveux clairs et sa grande taille dénotaient au milieu des autochtones et, même si elle ne parlait pas la langue, elle n'avait aucun mal à communiquer. Lori était le genre de personnes qui pouvaient parler à n'importe qui, n'importe où. Elle était si honnête et authentique que les gens étaient forcément charmés. Ce qui chez les autres sonnait faux ou hypocrite semblait toujours généreux et vrai chez elle. Elle faisait de longues balades le long de la promenade du Bund. Elle était tombée amoureuse de l'Oriental Pearl Tower (une sorte de version asiatique de la Space Needle de Seattle), une énorme structure argentée et rose qui dominait tous les autres gratte-ciel. J'ai pris une photo d'elle devant la tour, elle exsude la joie.

Une fois ma mission terminée, nous avons pris l'avion pour Pékin où, après une négociation très péruvienne de ma part, je nous ai trouvé un guide qui a accepté de nous emmener dans un coin un peu plus retiré de la Grande Muraille. Je voulais que Lori vive une expérience magique sur l'une des sept merveilles du monde. Un truc en dehors des sentiers battus, pas l'excursion par Badaling que font tous les touristes – quelque chose que personne d'autre ne pouvait lui donner.

Nous avons passé le portail et avons suivi un sentier qui zigzaguait en montant. Face à nous, la Grande Muraille était une longue colonne vertébrale rocailleuse qui traversait des collines luxuriantes. Nous étions les seules étrangères. Quand nous sommes montées sur la muraille, une nuée de nuages nous est tombée dessus, teintant le pied des collines d'un bleu-vert sombre. Les montagnes de Pékin n'avaient ni la hauteur ni la grandeur de celles de l'Himalaya, mais en observant les plis émeraude de la terre, j'ai éprouvé la même sensation de liberté.

De possibilité. J'ai serré la main de Lori et nous avons marché l'une derrière l'autre, en contournant les piles de rochers, jusqu'à atteindre une partie parfaitement restaurée. J'ai tenté d'imaginer le travail qu'il avait fallu pour construire tout ça. Des générations et des générations de Chinois avaient consacré leur vie à construire cette muraille, à une époque où elle était nécessaire à leur protection – mais désormais ce n'était plus qu'une ruine.

– Qu'est-ce qui va arriver à cette muraille ? a demandé Lori.

– Soit ils la restaurent, soit ils la laissent s'effondrer. Peut-être que la terre la ravalera.

À chaque forteresse, sa mort naturelle.

– Tu sais, ai-je dit, ça fait un moment que je veux te parler de quelque chose ?

Lori s'est tournée vers moi, les joues rougies.

– Oui ?

– eBay voudrait m'envoyer à l'étranger. On s'est énormément concentrés sur la Chine, mais il y a beaucoup de travail en Europe. Rester en Californie n'a pas vraiment de sens pour le poste que j'occupe en ce moment.

– C'est génial bébé. C'est vraiment génial pour toi.

– Peut-être que tu pourrais venir avec moi ?

Elle m'a embrassée mais n'a rien dit.

– Est-ce que tu y réfléchiras ? ai-je demandé, l'estomac soudainement noué.

– Passons déjà Burning Man.

*

* *

La soirée qui a suivi a été aussi clichée et onirique qu'une lune de miel. Étourdies par nos propres rires, ivres l'une de l'autre, nous avons erré entre les allées du marché de nuit de Pékin, entre les brochettes de criquets, de scorpions et de chenilles grillées. Lori a finalement opté pour une brochette d'étoiles de mer qui, selon elle, avait l'air appétissante « de façon artistique ». C'était absolument immonde, mais elle a quand même mangé deux tentacules juste pour me prouver qu'elle avait l'esprit d'aventure et que c'était une optimiste. J'ai imaginé ce que ce serait de vivre dans un pays étranger avec elle. Nous serions des expats, à explorer un nouveau monde toutes les deux, main dans la main. Nous pourrions vivre la bohème en Europe. J'étais tout sauf une bohémienne – moi, je m'épanouissais dans l'environnement et la mentalité stricts du monde de l'entreprise – mais l'idée de me retrouver entourée d'artistes et d'esprits libres avait quelque chose de romantique. Peut-être que Lori pourrait rédiger des articles pour *National Geographic*, ou devenir écrivain comme elle l'avait toujours voulu. De mon côté, je me serais entraînée à devenir alpiniste.

Juste avant notre départ de Chine, elle et moi avons fait un pacte.

Après Burning Man, nous dresserions une liste de nos envies de voyages et rayerons les destinations ensemble, l'une après l'autre. J'ai offert à Lori un collier en jade hors de prix comme preuve de mon engagement envers elle. Une promesse de parcourir le monde ensemble et de vivre de nouvelles aventures partout où nous pouvions.

– De Pékin à Burning Man ! ai-je dit.

Elle a posé ses lèvres sur les miennes et, comme cette toute première nuit au EndUp, j'ai senti cette électricité entre nous. Nous sommes rentrées à San Francisco plus amoureuses que jamais.

*

* *

La semaine où Burning Man a eu lieu, je n'étais pas dans le désert du nord du Nevada avec Lori. J'étais à Paris en train de terminer mon entrée-plat-dessert et mon délicieux syrah, seule, dans une brasserie romantique. Peu après notre retour de Pékin, eBay m'avait temporairement relocalisée en Europe. J'avais supplié Lori de me suivre.

– Ils veulent que je parte dès que possible, avais-je expliqué tout excitée alors que nous dînions chez moi. Et ils me donnent deux mois pour essayer tous leurs bureaux. Ils en ont à Londres, Berlin, Paris et Berne. Viens avec moi ! Nous vivrons comme des femmes du monde, cosmopolites – enfin des femmes qui travaillent mais cosmopolites quand même.

– Est-ce que tu auras le temps de rentrer pour Burning Man ?

– Je ne sais pas, ils ne m'ont pas encore donné mon planning, ai-je répondu, irritée – on m'offrait l'une des plus grandes chances de ma vie et tout ce dont elle parlait, c'était Burning Man. Je serai sans doute à Berlin.

– Est-ce que tu peux *demander* à revenir ? Leur dire de faire une exception ?

– J'en doute, ai-je répondu d'un ton sec.

J'avais enfin atteint la marche supérieure, j'étais entourée de personnes hyper investies dans leur travail, qui sortaient toutes d'universités prestigieuses et venaient de familles tout aussi prestigieuses qui les soutenaient à chaque étape. Assurer ma place dans le monde de la Tech des années 2000 n'avait pas été simple. Je n'avais pas encore le courage de caresser qui que ce soit autrement que dans le sens du poil. C'était l'heure de leur montrer – et de me montrer – de quoi j'étais vraiment capable.

– Et nos aventures alors ? ai-je dit en faisant glisser mon doigt le long de sa clavicule, sous le pendentif en jade qu'elle portait tous les jours depuis notre retour.

– Mais Burning Man, c'est bien plus qu'une fête bébé, a-t-elle répondu. Tu ne comprends pas ? C'est une façon de voir si on résistera aux défis d'un environnement comme celui-là en tant que couple. Ce festival nous pousse à traverser tout un tas de choses. Pas seulement physiquement, mais mentalement. Spirituellement.

On ne venait pas juste d'aller en Chine ensemble ? Et ça, ce n'était pas un défi ? C'était quoi cette obsession de faire la teuf une semaine dans le désert ?

– C'est vraiment une énorme occasion pour moi, ai-je dit en croisant les bras. Je pars dans deux mois.

Les semaines ont passé et j'ai continué à insister. Mais elle avait une excuse pour tout.

– C'est une revue américaine, m'a-t-elle dit à propos de *Dairy Foods*, le magazine pour lequel elle travaillait. Ils ont besoin que leur rédactrice en chef vive aux États-Unis.

– Très bien. Et si tu quittais ton boulot et que tu devenais écrivain ? ai-je répondu, fière d'avoir résolu le problème en moins d'une seconde. L'écrivain que tu as toujours voulu être.

Lori aimait l'idée de devenir écrivain à plein temps même si elle m'avait avoué, lors d'un de nos brunchs Al Green du dimanche, avoir trop peur de montrer ce qu'elle écrivait à un public. Mais je me disais qu'il n'y avait pas de meilleur moment que le présent. Nous pouvions toutes les deux faire le grand saut.

– J'aimerais pouvoir, a-t-elle dit. Mais ce n'est pas si simple.

– Pourquoi ? Ça me semble assez simple à moi.

Je ne savais rien de la vie de romancier. Du sacrifice que ça demandait et de combien c'était compliqué. Je perdais patience. Lori n'était pas prête à devenir écrivain, ni à quitter San Francisco, ni à vivre sans ses amis de Burning Man. Tout ça c'étaient des excuses. Des excuses de merde.

– Et donc si tu ne viens pas, qu'est-ce qu'on va faire ? ai-je demandé tandis que ma colère se transformait en désespoir.

– Je veux que tu poursuives tes rêves.

– Mais tu fais partie de mes rêves. Je t'aime. Je ne comprends pas pourquoi on ne peut pas essayer.

– Je suis désolée bébé… a-t-elle répondu la voix tremblante. Mais je ne crois pas pouvoir partir…

J'avais beau aimer éperdument Lori, l'amour me trahissait. Il avait trahi toutes les femmes de ma vie. Ma mère, qui avait renoncé à tout par amour – ou du moins sa version à elle de l'amour, à savoir la vie de sécurité dont elle avait toujours cruellement manqué. Mon père quant à lui avait anéanti le moindre rêve qu'elle avait osé caresser sans ne jamais renoncer à aucun des siens – notamment celui de faire prospérer sa carrière. Le travail avait toujours occupé la première place dans la vie de

Segundo. Mes frères occupaient la deuxième. Ma mère et moi une distante troisième.

Peut-être que je ressemblais plus à mon père que je ne voulais bien l'admettre parce que je n'avais aucune intention de renoncer à cette opportunité professionnelle. Je n'y renoncerais pas, même par amour.

Cette fois-là, c'est elle qui m'a quittée.

J'étais détruite. Absolument dévastée. Convaincue que c'était la pire erreur de sa vie (tout en suppliant que ce ne soit pas moi qui en commette une). J'étais certaine que tout ça s'arrangerait un jour, d'une façon ou d'une autre. J'aimais toujours autant Lori, mais sa décision avait confirmé ce dont je me doutais depuis longtemps : l'amour était fugace.

Alors que l'ambition, elle, était une plante qui continuait à pousser tant que je l'arrosais, la nourrissais et m'occupais d'elle. Si j'arrivais à passer cadre, à gravir l'Everest, alors je pourrais hisser cette petite fille au cœur brisé sur mes épaules, là où plus rien ne pourrait jamais l'atteindre.

Le travail était ma rédemption.

Si je réussissais chez eBay, une vraie entreprise, le genre d'entreprise où tous les gens importants veulent travailler, la cassure qui m'habitait disparaîtrait. La femme qui s'évanouissait dans le lit d'inconnus disparaîtrait. La lesbienne qui faisait honte à ses parents disparaîtrait. L'être humain brisé aussi. Pour moi, la réussite professionnelle était synonyme d'éclat. Un éclat tel qu'il pourrait cacher tous les recoins sombres.

Bien évidemment, je n'ai pas su entendre ce que Lori me disait vraiment. Qu'elle avait trouvé une communauté stable où elle se sentait en sécurité. Qu'elle n'était pas prête à migrer avec son trouble bipolaire et sa dépression dans un pays étranger où elle ne pourrait compter sur personne à part moi.

Donc, tandis que Lori s'éclatait dans le désert en combinaison de latex et lunettes d'aviateur, j'approchais de la fin du tourbillon qu'avaient été mes deux premiers mois en Europe. J'avais découvert une nouvelle forme de puissance : la table pour une personne. Il y avait quelque chose d'audacieux dans le fait d'être assise seule dans le recoin d'un restaurant chic. Je me considérais comme un Hemingway queer, un vrai homme à femmes, en train d'engloutir mon steak saignant et de déguster mon verre de vin. Il ne me manquait plus que le cigare.

En sirotant la fin de mon syrah, je me suis souvenue de ma promesse faite à l'Everest. Me balader en buvant du vin à travers toute l'Europe occidentale ne me préparait pas vraiment à l'escalade. Mais j'avais commencé à me renseigner sur les Sept Sommets – ce défi qui consiste à gravir le point culminant de chaque continent. Moins de deux cents personnes dans le monde l'avaient fait – et parmi elles, presque aucune femme. Peut-être, me suis-je dit en organisant déjà tout dans ma tête comme le font tous ceux nés sous le signe de la Vierge, que si je me contentais de les escalader par ordre croissant d'altitude, je me préparerais naturellement pour l'Everest.

La montagne la plus facile, c'était censé être le Kilimandjaro en Tanzanie – que les Massaïs appellent également « la maison de Dieu. » Je n'étais pas vraiment prête à partir – je n'étais pas sûre d'avoir le bon équipement, ni l'entraînement suffisant – mais je voulais voir les glaciers tout en haut. Ils étaient censés être des vestiges mystiques de la période glaciaire.

Et j'étais plus près de la Tanzanie que je ne l'avais jamais été de ma vie.

Si je ne le faisais pas maintenant, alors quand ?

*

* *

À mon retour du Kilimandjaro, eBay m'a promue chef des systèmes financiers d'Europe et d'Asie et m'a dit de choisir la ville dans laquelle je voulais m'installer. J'ai choisi Berne, en Suisse. Berne est un ravissant village traversé par la rivière Aar en forme de fer à cheval, dont les eaux bleu-vert scintillent comme un lagon mystique. Au début, vivre en Suisse était excitant. J'avais beau avoir une Green Card et être résidente permanente aux États-Unis, je ne m'étais jamais sentie américaine. Ça a tout de suite matché avec l'Europe. Mes nouveaux collègues étaient des gens intelligents et brillants qui venaient du monde entier. Le travail était passionnant et nous passions nos soirées à rire autour de dîners bien arrosés. Ça m'a rappelé mes débuts chez SKYY, quand nous n'étions qu'une douzaine d'employés. Dans les bureaux d'eBay de San Jose, tout le monde était en compétition. Tout le monde cherchait à attirer l'attention des décideurs. Mais en Europe, j'arriverais sans doute à construire une petite communauté de gens comme moi. Ici, je pourrais être un gros poisson dans un petit étang.

Pourtant, quelque chose me manquait.

Début décembre, je suis retournée une dernière fois à San Francisco pour vider mon loft et mettre toutes mes affaires dans un container de sept mètres de large.

Plus rien ne me retenait dans cette ville. Plus rien sauf Lori. Elle s'était montrée distante depuis Burning Man. Je l'avais tout de même appelée en revenant du Kilimandjaro. En entendant mes bourdes d'alpiniste débutante, elle avait ri comme elle seule savait le faire. Je n'avais pas eu l'impression qu'elle se moquait de moi mais, au contraire, qu'elle voyait à travers moi. Rien qu'au téléphone, je pouvais entendre qu'on se manquait. Elle m'avait même parlé de Burning Man. Elle préparait déjà le camp de l'année suivante.

– J'ai toujours mon collier en jade, avait-elle dit. Je l'ai porté tous les jours dans le désert.

– Est-ce qu'on peut se voir quand je repasse ? avais-je demandé.

– Tu as mon numéro, m'avait-elle répondu d'un ton taquin.

La conversation s'était arrêtée là.

J'étais fière de ne pas avoir laissé passer la chance d'une vie pour Lori, mais en me préparant à quitter pour de bon les États-Unis, j'ai compris que tout ça n'était pas qu'une question d'ambition. Je ne buvais plus jusqu'à m'évanouir tous les soirs, mais je n'avais eu aucun mal à endosser le costume du *workaholic*. Dans ma famille, l'alcoolisme, ou toute autre étiquette à vrai dire, était quelque chose de honteux. Lui donner un nom le rendait réel, en faisait quelque chose qu'il fallait gérer, une source de ragots pour les voisins. L'ambition, en revanche, était une chose honorable. Comme le répétait souvent ma mère : « *Por mi mejoría, mi casa dejaría.* » Pour une vie meilleure, je vendrais même ma maison.

On ne prévoit jamais de devenir comme nos parents.

Mais ils semblent parfois nous poursuivre, même quand nous courons dans la direction opposée.

Quelque temps plus tard, Lori a laissé un commentaire sur le blog que j'avais créé pour raconter mes aventures à l'étranger : « La ville est vide et étriquée sans toi. Pourquoi ne voit-on le bien des choses que lorsqu'on les a perdues ? »

*

* *

J'avais un mois pour régler mes affaires à San Francisco et un aller simple pour Berne ensuite. Lori et moi avions prévu de nous retrouver le samedi après-midi chez Barney's pour prendre un thé. C'était ma dernière chance. Je devais faire tapis. Mettre mes tripes sur la table. Lui dire que, à part quitter l'Europe, je ferais tout mon possible pour être avec elle. Je n'avais plus qu'à espérer que l'amour soit suffisant. Le matin de notre rendez-vous, je me suis réveillée au son des sirènes. Les yeux mi-clos, j'ai regardé le réveil à côté de moi. 7 h 30.

J'étais dans un hôtel à Sausalito.

J'ai bondi du lit et ouvert les rideaux. Le soleil se réfléchissait contre la vitre et, pendant l'espace d'une seconde, tout est devenu blanc. Et dans ce flash-là, la nuit précédente m'est revenue. *Sushi Ran. Des verres pour fêter mon départ avec mes amis. Trop de verres pour fêter mon départ avec mes amis. Sushis. Saké. Vins. Cris de joie. Toasts. Inconnus qui viennent à la table. Félicitations ! Tu es une Européenne. Une expat. L'une d'entre nous désormais. Oh mon Dieu, je déménage ! Je suis une expat. Je suis vraiment vraiment amoureuse de Lori. Je suis bien trop ivre pour rentrer en voiture. Il faut que je parle à Lori. Je suis trop ivre. Sausalito.*

Sausalito, je suis toujours à Sausalito.

J'ai retrouvé ma voiture garée devant le Sushi Ran. Ma migraine était étouffée par l'excitation de voir Lori. J'avais tellement hâte d'être à cet après-midi. En traversant le Golden Gate pour revenir à San Francisco, je me suis retrouvée coincée dans un embouteillage pas possible, ce qui était rare pour un samedi matin. Mais ma légendaire violence au volant ne faisait pas le poids face au sentiment de nostalgie qui m'envahissait. Le pont, la baie, cette route, toute cette matinée était teintée d'au revoir. De ce vernis particulier quand on sait que c'est la fin. J'ai remarqué des trucs que je n'avais jamais vus auparavant. Comme la façon dont le soleil se reflétait sur les grandes arches du pont, en leur donnant une teinte plus terracotta que rouge. On avait davantage l'impression de sculptures naturelles en terre que d'immenses structures en acier. Dans cette lumière, le pont semblait presque en vie. J'ai baissé ma vitre, inspiré tout l'air iodé que j'ai pu en une bouffée, puis expiré, en relâchant mes membres, le cœur réchauffé. *I Left My Heart in San Francisco* de Tony Bennett passait en boucle dans ma tête. À 11 heures du matin, j'ai envoyé un texto à Lori pour confirmer notre rendez-vous.

Hâte de te voir à 14 heures. Dis-moi si je dois passer te prendre.

Mon Dieu, ai-je pensé en appuyant sur envoi, *on dirait que j'ai un rendez-vous d'affaires. Sois plus vivante. Plus expressive ! Tu parles à un écrivain.*

Pas de réponse. Ce n'était pas inhabituel de la part de Lori. On était en pleine période de Noël et c'était une passionnée de déco. Elle était sûrement prise dans le tourbillon joyeux des fêtes de fin d'année.

À 13 heures, elle n'avait toujours pas répondu. Je l'ai appelée et j'ai laissé un message.

– Eh Lori, c'est moi. Dis-moi si on se voit toujours pour le thé !

Argh. Pathétique. Tu en fais trop.

À 14 heures, toujours pas de nouvelles. Je suis allée chez Barney's et j'ai attendu sur un banc dehors au soleil. Puis je suis tombée sur quelques amis de Lori qui m'ont félicitée pour mon emménagement en Europe.

– Merci. Vous n'auriez pas vu Lori par hasard ? ai-je demandé en essayant d'avoir l'air détaché.

– Non, mais je sais qu'elle sera à la fête de ce soir, a dit l'un d'entre eux.

Parfait. Pour rien au monde Lori ne manquerait la soirée de Noël coquine que notre copine Elena organisait depuis quelques années afin de réunir des fonds pour des œuvres de charité locales. C'était devenu La Mecque des soirées de Noël lesbiennes.

– Génial, ai-je dit. On se voit là-bas !

À 15 h 30, Lori m'avait officiellement posé un lapin.

J'ai serré dans ma main le petit sac plein de souvenirs que je lui avais rapportés de Suisse.

Peut-être que je pouvais passer vite fait chez elle pour le lui déposer ? Le seul fait d'imaginer sa tête quand elle découvrirait le sac m'a fait glousser.

Quand je suis arrivée là-bas, sa voiture n'était pas garée à l'endroit habituel mais j'ai déposé le paquet devant sa porte et me suis concentrée sur la soirée. J'avais espéré pouvoir lui parler seule à seule, mais je n'en aurais plus vraiment l'occasion avant mon départ. Tant pis pour les discussions à tête reposée. Il était temps de cracher ce que j'avais dans le ventre. De ne rien retenir. D'être courageuse et vulnérable à la fois.

La fête était bondée et chercher Lori était un peu comme jouer au téléphone arabe avec des ivrognes. Untel m'a juré l'avoir croisée un peu plus tôt dans la soirée, une autre m'a dit qu'elle venait *tout juste de la voir dans le patio, ou dans une autre pièce, peut-être, quelque part*. Tout le monde était imbibé de lait de poule au rhum et se déhanchait au rythme de l'esprit de Noël. Je suis partie vers 2 heures du matin, non sans avoir tout de même laissé un dernier message sur le répondeur de Lori.

– Il faut que je te parle, ai-je dit en essayant de ne pas avoir l'air trop désespérée, mais je perdais pied. (Est-ce que j'avais laissé passer ma chance ?) J'ai quelque chose d'important à te dire, *vraiment*. S'il te plaît, appelle-moi.

Le matin suivant, j'ai fait la grasse matinée. Quand j'ai rallumé mon téléphone, j'avais vingt-cinq appels en absence. Alors que je les faisais défiler, le téléphone s'est de nouveau mis à sonner.

C'était mon amie Tara.

– Silvia, où es-tu ? a-t-elle demandé alors que je n'avais pas fini de prononcer mon « allô » caverneux.

– Chez moi.

– Est-ce que tu es seule ?

– Oui.

– On arrive. Ne bouge pas.

– Attends, hein ? Qu'est-ce qui se passe ?

– Tu n'es pas au courant ?

– Au courant de quoi ?

– Lori.

– Qu'est-ce qui se passe ? Est-ce qu'elle va bien ? Je la cherche depuis hier. On était censées se voir.

– Silvia.

Il y a eu un long silence.

– Tara ?! Quoi ? QUOI ?

– Elle a sauté. Hier, elle a sauté. Le pont.

Le Golden Gate.

– Silvia ! a crié Tara. Silvia ?

Hier, je traversais le pont en voiture en regardant l'immense baie et ses eaux bleu marine apaisantes. Le soleil qui se reflétait sur l'écume. Et Tony Bennett qui me chantait la sérénade. Tony Bennett qui me rappelait que moi je n'allais pas laisser mon amour à San Francisco. J'étais revenue le chercher. Puis ce changement. Cet embouteillage sur le pont. Cet embouteillage si étrange. Cet embouteillage si étrange pour un samedi. Les sirènes quand j'avais ouvert les yeux. Étaient-elles vraies ou n'était-ce que le réveil de l'hôtel ? Toutes ces sirènes qui hurlaient.

De l'eau. *C'était juste de l'eau. Dieu merci. Lori avait sauté dans l'eau.*

– Tara, ai-je fini par dire en soufflant, quel hôpital ? Où est-elle ? Où est-ce qu'ils l'ont emmenée ?! Elle s'est cassé combien d'os ?

Silence.

– Silvia, reste où tu es. On sera là dans dix minutes. Peut-être moins. Probablement moins.

– Tara, j'ai besoin que tu répondes à ma question. Où est-ce qu'ils ont emmené Lori ?

Silence.

Silence.

Silence.

– TARA !!! ai-je hurlé.

– Je suis désolée… Je sais. Je suis juste…

La voix de la personne à l'autre bout du fil n'était plus celle de mon amie, ce n'était plus celle d'une femme, ni d'une personne, ni de quoi que ce soit de vivant. C'était un vide qui a aspiré tout l'air de mes poumons. Ma chambre est devenue grise.

– Elle est morte, Silvia. Lori est partie. On arrive tout de suite.

« Elle est morte, Silvia » sont les derniers mots que j'ai entendus.

En prenant cette bouffée d'air iodé lorsque j'avais traversé ce pont, avais-je également avalé le dernier souffle de Lori ? Avais-je avalé ses cris ou avait-elle sauté en silence ?

– 15 –

ELLE SERA BONNE AVEC TOI SI TU LA LAISSES FAIRE

– Sirdar, dit Da Jangbu Sherpa.

– Cigare, dis-je.

Da Jangbu secoue la tête.

– Sir-dar.

– Ci-gare, je répète plus lentement mais les syllabes sortent toujours de la mauvaise façon.

C'est bien parti, ma foi. En arrivant à l'autel du camp pour prier après m'être glissée hors de ma tente ce matin un peu avant l'aube, j'ai eu la surprise de tomber sur Da Jangbu. Il ne priait pas mais se contentait de regarder en silence le glacier du Khumbu.

Da Jangbu est notre sirdar. Les sirdars sont un peu les contrôleurs du trafic aérien du camp de base. Essentiels. Inestimables. Responsables de tout un tas de choses. Les sirdars de chaque expédition gèrent la logistique de l'ascension, les itinéraires et le transport du matériel, et assurent la coordination entre les guides, les grimpeurs et les sherpas.

– L'Everest est une déesse, dit-il en pointant le menton vers le glacier. (Je ne suis pas sûre de savoir s'il s'adresse à moi ou à lui-même.) Le plus important c'est d'être toujours respectueux.

– Oui, bien évidemment, j'acquiesce.

– Pas comme ce qui s'est passé là.

Ses yeux s'assombrissent et se perdent en direction de l'horizon. Je sais qu'il pense à tous ceux qui sont morts durant ces deux dernières années. L'année dernière, Adventure Consultants a perdu six membres de son staff dans l'avalanche due au séisme, principalement des cuisiniers, et une douzaine de personnes ont été grièvement blessées. J'ai vu des vidéos du grondement sourd, du tsunami de neige qui se lance soudain dans les airs et de l'éboulis de glace qui dévale la montagne, écrasant toutes les tentes sur son passage. Quand l'énorme nuage de poudreuse s'est enfin tassé, même les immenses chapiteaux qui servaient de réfectoire étaient enfouis sous des mètres de neige. Il y avait des casseroles en alu éparpillées un peu partout dans le camp, comme des miettes de pain.

Et l'année précédente, en 2014, seize sherpas avaient trouvé la mort quand une tour de glace haute de dix étages s'était arrachée du glacier Khumbu avant de s'effondrer sur eux.

Depuis que Tenzing Norgay Sherpa et Edmund Hillary avaient atteint le sommet de l'Everest pour la première fois, il y a soixante ans, plus de trois cents personnes étaient mortes. On n'a jamais récupéré le corps de certaines d'entre elles. Mais durant toute l'histoire de son ascension, il n'y a jamais eu deux catastrophes successives aussi meurtrières que celles de 2014 et 2015. Certains sherpas affirment que ces années étaient maudites et ce depuis longtemps. Qu'il ne s'agissait pas d'une catastrophe naturelle, mais d'une catastrophe humaine.

La catastrophe de l'ego occidental.

À 7 000 mètres d'altitude, l'énergie est précieuse et l'oxygène est rare. Mais de toute évidence, personne n'a pensé à ça quand, en 2013, une bagarre a éclaté entre une centaine de sherpas et trois célèbres alpinistes européens après que ces derniers sont montés du camp II au camp III malgré l'interdiction des sherpas. Les coups de poing et les insultes ont fusé, certains ont ramassé des pierres pour s'en servir comme armes. Chaque camp raconte la fin de l'histoire en sa faveur. Mais de ce que j'ai pu comprendre, le nœud du problème était le suivant : on avait remis en cause l'expertise des sherpas et la tension depuis longtemps latente entre grimpeurs et sherpas, pour qui cette montagne n'est pas seulement un sommet mais également une divinité, a fini par exploser. Elizabeth Hawley, la célèbre archiviste officielle de l'Everest, a ensuite dû expliquer aux Européens perplexes que leurs actes avaient fait honte au chef des sherpas. « Dans la culture asiatique, leur avait-elle dit, c'est la pire chose qui puisse arriver à quelqu'un. »

D'autres disent que la bagarre devait éclater depuis longtemps. « La rancœur était là depuis toujours, a expliqué Tashi Sherpa dans un entretien donné au magazine *Outside*. Avant, la plupart des sherpas n'avaient reçu aucune éducation, alors ils serraient les dents et faisaient le dos rond. Avant, nous ignorions nos sentiments. »

Tashi Sherpa fait partie d'une nouvelle vague de jeunes sherpas (à l'instar des fondateurs des Seven Summit Treks – deux frères népalais qui ont gravi les quatorze sommets de plus de 8 000 mètres) qui ne veulent plus se contenter de jouer les choristes pour des marques de vêtements européennes, néo-zélandaises ou américaines.

De nombreux sherpas plus âgés ont des postes confortables au sein d'entreprises comme Adventure Consultants et se font jusqu'à 6 000 dollars par saison sur l'Everest – une somme plus que conséquente quand on considère que le salaire annuel moyen au Népal est de 1 100 dollars. Quand bien même, des alpinistes comme moi déboursent en moyenne 45 000 dollars pour l'ascension. Ceux qui veulent encore plus de confort – un guide privé ou des avantages matériels au camp de base – peuvent dépenser jusqu'à 100 000 dollars. L'Everest n'est pas une marchandise que l'on peut récolter et échanger selon un index, mais de nombreux autochtones ont l'impression que la montagne est en train d'être vendue au plus offrant et que ce ne sont pas eux qui en récoltent les fruits.

Cette année, l'année que j'ai choisie pour mon ascension, c'est le vingtième anniversaire de la catastrophe de 1996. Aujourd'hui, après trois années de catastrophes successives, certains au camp murmurent le mot de malédiction. L'ambiance est trouble, incertaine. Beaucoup de personnes pleurent encore leurs morts. L'homéostasie spirituelle de l'Everest a été chamboulée et j'avance avec précaution. Si les sherpas considèrent cette montagne comme leur déesse et leur sanctuaire, c'est comme ça que je l'honorerais moi aussi.

– Pardonnez-moi, dis-je à Da Jangbu Sherpa en m'inclinant légèrement. Je vais prier avant le petit déjeuner.

– Hum, grogne-t-il en retournant à sa contemplation.

L'autel est une tour de pierres rustique entourée de vieux drapeaux à prières et de statues de Bouddha ébréchées. Des fruits qui datent de plusieurs jours semblent figés en une nature morte glacée. Des poires asiatiques parfaitement rondes et des litchis à la peau craquelée comme celle d'un grimpeur qui serait monté jusqu'ici sans gants. Le sol est trop rocailleux pour que je puisse m'y agenouiller. Je m'incline donc face à l'autel, en essayant de me souvenir des quatre principes de la pratique taoïste que j'ai apprise. Je m'incline trois fois vers le nord. *Sois agréable et charitable envers tes amis, ta famille et tes voisins.* Trois fois vers l'est. *Respecte et honore tes parents.* Trois fois vers le sud. *Respecte et obéis à tes professeurs.*

Et enfin vers l'ouest. *Sois fidèle et dévouée à ta vie.*

Je serre le chapelet de ma mère entre mes doigts engourdis. J'entonne un chant bouddhiste que Martha, mon amie chaman de San Francisco, m'a donné pour que je l'emporte avec moi sur l'Everest. Je ne lui ai jamais demandé ce qu'il signifiait mais sa seule instruction a été que je devais le répéter cent huit fois. Je l'ai mémorisé dans l'avion.

– *Om, tare, tuttare, ture soha,* j'entonne aux rythmes des drapeaux à prières qui claquent sous le vent.

Om, tare, tuttare, ture soha.

Om, tare, tuttare, ture soha.

Omtaretuttareturesoha.

Quelque part aux alentours de la quarante-cinquième fois, les mots se fondent en un long son continu. Derrière moi, le camp se réveille. J'entends des casseroles qui s'entrechoquent et imagine Tendi en train de brouiller des œufs et de touiller le porridge du matin. Quand je rouvre les yeux, je suis étonnée de voir où je suis. C'est dur d'enregistrer tout ça en une seule fois. D'ici, on voit à peine l'Everest. Un minuscule point à l'horizon. *Je vais vraiment là-bas ?* Je vais hisser mon corps jusqu'au sommet, à la seule force de mes pieds et de mes mains. Je n'y crois pas. C'est au-delà de tout ce que je peux imaginer et j'ai pourtant une imagination débordante. C'est d'ailleurs grâce à elle que je suis arrivée jusqu'ici. Mais quand je ferme les yeux, je n'arrive tout bonnement pas à m'y voir. Je n'arrive pas à me placer sur ce sommet. C'est au-delà de mon champ de visualisation. L'Everest est un concept formidable. Les gens adorent en parler pendant les dîners. « Oh tu vas gravir l'Everest ? Quel courage ! Quelle aventure. J'en serais *incapable. Dis-m'en plus.* » Puis ils se penchent en retenant leur souffle, soudain entièrement à l'écoute. C'est vraiment une épopée héroïque quand elle n'a lieu que dans votre tête. Mais alors que je m'incline dans l'air glacial de cet amphithéâtre de montagnes qui fendent le ciel tout autour de moi, mes genoux se mettent à trembler et mes mains deviennent moites. Je ressens les montagnes avec mon corps pour la première fois. Et elles sont monstrueuses.

Venir ici dans l'espoir de guérir me semble soudain une idée si absurde que j'explose de rire. Da Jangbu Sherpa me lance un regard en coin suspicieux. Puis il me fait un petit signe de tête poli et part s'atteler à ses corvées du matin.

Aujourd'hui, nous commençons l'entraînement avec les échelles.

Une brise neigeuse me balaie délicatement le visage tandis que je zigzague à travers ce labyrinthe tentaculaire qu'est le camp. C'est le début de la saison et l'endroit bouillonne d'activité, alors que tout le monde s'installe pour vivre ici, à 5 000 mètres d'altitude, pendant les six prochaines semaines. On se croirait dans la scène d'ouverture de M*A*S*H*, avec des yaks à la place des Jeep. Tout arrive par hélicoptères – lesquels planent constamment comme des colibris au-dessus de l'héliport pour y balancer des provisions et des gens – ou bien à dos de yaks, guidés par des porteurs népalais en jeans et polaires miteuses. Les cloches des yaks ressemblent à des gongs et tintent au fur et à mesure qu'ils entrent dans le camp d'un pas lourd avec sur leur dos des toilettes portables, des sacs d'expédition North Face et d'énormes paquets de nourriture. Le camp de base est une mini-citadelle. Vingt expéditions. Quarante à quatre-vingts personnes dans chaque, en comptant les guides, les grimpeurs, les sirdars et les sherpas. Des rangées molles de drapeaux à prières flottent au-dessus de nos têtes, comme pour créer une barrière entre chaque équipe, séparant *de facto* le camp entre ceux qui ont beaucoup et ceux qui ont encore plus.

Dans le quartier prolétaire, là où s'entassent les alpinistes qui ont payé le minimum, soit 30 000 dollars, tous les campements se ressemblent. Un chapiteau qui sert de réfectoire pour les repas et de salon pour traîner et des tentes individuelles en forme de dômes pour dormir, mais sans les avantages matériels des campements plus luxueux.

Deux hommes avancent vers moi et, alors qu'ils me croisent sans me dire bonjour, je reconnais Russell Brice et Conrad Anker. Des icônes de l'Everest, même si peu de personnes savent qui ils sont en dehors du monde de l'alpinisme. En 1999, Anker, l'un des grimpeurs les plus respectés du monde, a découvert le corps encore gelé de George Mallory, l'alpiniste britannique qui faisait partie de la première tentative d'ascension de l'Everest et qui est mort sur cette montagne en 1924. Quant à Brice, c'est l'un des guides les plus célèbres des expéditions de luxe de l'Everest. Ses grimpeurs paient une fortune pour bénéficier de douches chaudes dans des cabines privées et d'autres avantages dignes d'une retraite de yoga – comme son fameux lounge géodésique en dôme avec des tapis en fausse peau de tigre, un écran géant et une vue panoramique incroyable sur la chaîne de l'Himalaya.

Ayant gravi cinq des sept sommets, je devrais être habituée à cette collision des classes et des cultures dans le monde de l'alpinisme, à ce stade. Mais ici, tout est amplifié. L'avidité est palpable. Tout le monde dans ce village temporaire n'a qu'un seul objectif : atteindre le sommet ou aider quelqu'un à le faire.

On y est : l'Everest.

Le coup ultime.

Le trophée absolu.

Je soulève la toile du chapiteau et entre tête baissée dans le réfectoire, salue l'équipe et vais rejoindre la queue près du buffet.

– Bonjour, dit Tendi en remplissant des mugs de porridge.

Tendi a perdu son frère et son cousin dans l'avalanche de l'année passée. Mais comme beaucoup de ces sherpas qui sont l'âme du camp de base, il est revenu. Les expéditions d'Adventure Consultants appartiennent résolument à la classe moyenne, des grimpeurs en polaire high-tech et en pantalon de Nylon y dépensent les économies de toute une vie pour avoir une chance de réaliser leur rêve. La plupart de leurs équipes locales travaillent avec eux depuis plus d'une décennie. Il y a une loyauté, une fierté, dans le fait de savoir que chaque membre est un élément essentiel à la réussite d'une expédition – quel que soit le nombre de gens qui atteindront le sommet. Quand il me voit, Tendi s'arrête et s'empresse de me remplir une tasse de quinoa chaud.

– *Namasté*, dis-je en prenant le mug. Merci de vous en être souvenu.

Il a ajouté du beurre et de la cannelle et le fumet riche et boisé vient me chatouiller les narines tandis que je me glisse sur une chaise à côté de Mark, le professeur du Connecticut à la voix douce.

Nous sommes en train de manger quand Mike se lève soudainement.

– Comme vous le savez, les rotations de chaque groupe sont échelonnées pour éviter une congestion, beugle-t-il comme un général s'adressant à ses soldats. L'entraînement commence demain.

Gravir l'Everest n'est pas un trajet linéaire de bas en haut. C'est une série d'ascensions et de descentes, exécutée en trois étapes que l'on appelle des rotations. Pour habituer nos corps au manque d'oxygène, nous devons grimper progressivement. Il y a cinq étapes entre le camp de base et le sommet : le camp I, le camp II, le camp III, le camp IV, puis le sommet. Chaque rotation nous emmène vers un camp supérieur avant de redescendre au camp de base pour nous reposer et récupérer avant la montée finale. Le trek dure six semaines et quand nous tenterons d'atteindre le sommet, *si nous le tentons*, nous aurons déjà gravi cette montagne presque deux fois.

J'ai loupé la première réunion d'orientation parce que j'étais avec les filles. Et j'ai beau avoir acheté tout le matériel demandé et suivi l'entraînement d'avant départ requis par Adventure Consultants, je n'ai étudié aucun itinéraire. J'ai refusé de m'imaginer, même une seconde, en train de gravir l'Everest. Ça semble absurde maintenant que je suis là, mais mémoriser ces parcours aurait rendu tout ça trop réel. Être sous-préparée, c'est mon arme secrète. Ça m'aide à dissiper l'angoisse. L'inévitable *et si* de l'échec. Se visualiser au sommet et ne pas y arriver est bien pire que de jamais rien n'avoir imaginé du tout. Mais alors que le quinoa du matin bouillonne dans mon estomac et que nous sommes à la veille du début de notre entraînement, je ne suis plus aussi sûre de ma technique soi-disant imparable.

Le lendemain, Mike et Ang Dorjee nous guident jusqu'à une immense étendue neigeuse jonchée de petites ravines et entourée de falaises glacées. Des échelles extensibles en aluminium ont été posées à l'horizontale au-dessus des ravines pour servir de ponts, et d'autres sont plantées à la verticale contre les falaises. De chaque côté des échelles, on a installé des cordes en Nylon fixées par des broches à glace. On se croirait dans un camp d'entraînement pour les pompiers de l'extrême. Quand nous atteindrons le sommet, nous aurons traversé et gravi plus de deux cents de ces échelles, notamment sur l'Icefall, la cascade de glace du Khumbu. Nous sommes au tout début de la saison et donc l'une des premières équipes à s'y coller.

L'Icefall du Khumbu est une section du glacier extrêmement traître de quatre kilomètres qui sépare le camp de base du camp I. C'est une entité vivante qui glisse de la montagne à la vitesse incroyable de un mètre par jour, voire plus. Une course d'obstacles mortelle faite de tours de glace que l'on appelle des séracs et qui peuvent s'effondrer à tout moment. L'Icefall se fracture et migre, sombre, fond et regèle en permanence. Dire que le Khumbu est instable, c'est comme dire que l'Everest est une colline. Le Khumbu est volatil, erratique et soupe au lait. Sismique.

Quand la glace fond et se brise, elle laisse derrière elle d'énormes gouffres. Des crevasses géantes, dont certaines atteignent cinquante mètres de profondeur. Au début de chaque saison, les « docteurs de l'Icefall », une équipe de sherpas spécialisée et mandatée par le gouvernement népalais, traversent le glacier avant tout le monde. Ils travaillent des journées entières afin de tracer une route, en installant une série d'échelles et de cordes pour permettre aux grimpeurs à venir de naviguer dans ce labyrinthe qu'est le Khumbu, un labyrinthe fait de canyons et de flèches glacées.

Les docteurs de l'Icefall ont beau être talentueux, leur système n'est pas aussi sophistiqué que ce à quoi on pourrait s'attendre. Ils vissent les échelles en alu dans la glace et en attachent parfois deux ou trois à la suite à l'aide d'une grosse corde pour créer des ponts chevrotants, au-dessus d'une crevasse ou le long d'une immense paroi. Selon les années, certains passages nécessitent jusqu'à cinq échelles attachées les unes aux autres. *Cinq*. Imaginez-vous devoir traverser une dangereuse rivière et, en lieu de pont, il y aurait un tas d'échelles trouvées dans votre garage et ficelées entre elles. Et à la place d'un cours d'eau agité, rien qu'un abysse béant et glacé. Un gouffre si effrayant que, quand vous vous imaginez y tomber, vous espérez vraiment mourir sur le coup car, dans le cas contraire, il y a de fortes probabilités que vous restiez des heures en train de geler, seul avec tous vos os brisés, à attendre que la mort vous délivre.

Nous restons silencieux en enfilant nos harnais. Je regarde autour de moi pour voir qui s'équipe le plus vite – où je me trouve dans la hiérarchie de l'équipe. Les gestes de Gabe et Tom sont rapides et fluides. Les autres hommes procèdent de façon méthodique. Pendant ce temps, moi, je me dépatouille tant bien que mal avec mes mousquetons, comme si mes nerfs avaient transformé mes doigts en cuillères à soupe.

Une fois harnachés, nous trottons jusqu'au début du parcours d'entraînement et fixons nos crampons. Nous nous rangeons en file indienne, j'imagine la musique de *Rocky* jouer en fond sonore.

Je me rapproche de Danny qui a déjà fait tout ça l'année dernière et pointe le parcours du doigt.

– Alors ? Ça ressemble à ce que nous allons traverser sur le Khumbu ?

– Pas du tout, répond-il avec un sourire malicieux. Ça, c'est du gâteau. Imagine-toi un truc dix fois plus dur. Vingt fois, à vrai dire.

J'avale ma salive de travers.

L'ignorance est une chance, me dis-je et pas pour la première fois de ma vie. *Reste dans le présent. Tu auras tout le temps de t'inquiéter plus tard.*

On commence par les échelles horizontales.

Vues de près, elles semblent encore plus branlantes.

Deux grandes cordes servent de rampes de chaque côté. Elles sont fixées grâce à des vis spéciales, au début et à la fin de chaque échelle, comme des bâtons de tente. Une seule personne traverse pendant que deux autres, postées à chaque extrémité, tirent sur la corde pour la garder tendue et lui faciliter la tâche.

Tom, l'ancien SEAL, et Gabe, le chef de la police australienne, traversent tous les deux sans problème.

C'est mon tour. Devant moi, Gabe me regarde droit dans les yeux et tire sur la corde. Brian fait pareil derrière.

– Le plus important, c'est la tension, dit Ang Dorjee. Sens la corde. Même à travers les gants, tu dois sentir ses nuances. L'équilibre entre la tension et le lâche est essentiel.

J'attache le mousqueton de mon harnais sur la corde de droite puis en saisis une dans chaque main et commence à marcher. Gabe et Brian tiennent les cordes juste comme il faut pour que je puisse les tirer au niveau de ma taille sans qu'elles perdent leur effet de rampe. La musique de *Rocky* se transforme en musique de cirque. Je suis une funambule sur un fil – les cordes sont mon balancier. Je sens l'odeur du pop-corn. Entends les cris éparpillés du public en bas. La chaleur des projecteurs, le rugissement des animaux sauvages, les paillettes des costumes. Mes membres tremblent d'adrénaline. Ma peau n'est plus qu'un battement de cœur.

Cependant, j'ai un problème que les hommes n'ont pas. Leurs chaussures font la taille exacte de l'espace qui sépare chaque échelon de l'échelle, ce qui signifie que les dents de leurs crampons accrochent deux échelons à la fois, par la pointe et le talon, les maintenant bien en place. Mais mon pied à moi, qui fait au bas mot 15 centimètres de moins que celui de Tom ou de Gabe, glisse dans chaque creux. Il faut que je trouve un équilibre entre mes deux pieds, lestés de crampons, sur chaque échelon. Il faut que j'avance particulièrement doucement, en contrebalançant délicatement la tension des cordes, pour ne pas tomber. Pour la première fois de ma vie, je regrette d'avoir des pieds agiles et rapides de footballeuse, et les échangerais bien contre de gros panards de géant.

– Habitue-toi à l'instabilité et penche-toi, me crie Mike alors que j'avance. (Je lui lance un regard assassin.) Amortis avec tes genoux !

Mon voisin à San Francisco, un militaire à la retraite du Wisconsin, m'avait aidée à installer une échelle extensible de sept mètres de ma terrasse jusqu'à sa cour, en l'inclinant pour recréer l'instabilité. J'avais besoin de *ne faire plus qu'une* avec l'instabilité. Il avait ensuite passé son dimanche matin à me coacher tandis que je faisais des allers-retours en crampons, en essayant de recréer les conditions de l'Everest. *Ne faire plus qu'une avec le tremblement*, je répétais. Mais ça. Ça, c'est différent.

– Hummm, j'hésite en secouant la tête.

– Avance ! me pousse Mike.

Je plie les genoux et bascule légèrement mon poids vers le bas. L'échelle rebondit dans un bruit joyeux. Un bruit surprenamment joyeux pour du métal. Je retiens mon souffle, mon cœur tambourine dans ma poitrine tandis que mon pont d'aluminium résonne à travers le canyon glacé. Je ne suis qu'à 1,50 mètre du sol, mais j'ai l'impression de traverser un ravin sans fin. Un gouffre. Dans toute l'histoire du monde, il n'y a jamais eu de vide plus profond et plus sombre.

– Suis la ligne de la corde, dit Ang Dorjee. Contente-toi de garder les yeux sur les points d'ancrage devant toi.

Je fixe la ligne des yeux et trouve un rythme à peu près stable – pied droit sur l'échelon, pied gauche ensuite, pause, inspirer, rééquilibrer et recommencer. Le bruit de l'espace entre les pics de mes crampons contre les échelons me rassure. Le métal contre le métal signifie que je suis connectée. Quand mes crampons percent enfin la neige de l'autre côté, je laisse échapper un soupir de soulagement digne d'un cheval. Des heures, des jours, une vie entière sont passés. J'ai cent ans de plus.

– Bien joué ! me dit John les pouces levés de l'autre côté de la crevasse. Je lui fais un petit signe de la main.

Une fois que nous avons tous traversé, Mike et Ang Dorjee nous guident comme des canetons jusqu'à la crête d'une cascade de glace de sept mètres, avec une échelle verticale vissée contre la paroi. Nous acquiesçons tandis que Mike passe en revue les bases de l'ascension verticale et du rappel.

– Règle numéro un ! dit-il en montrant l'échelle. Vous regardez l'échelle. Règle numéro deux : vous attachez votre mousqueton sur la corde de sécurité. Vous devez *toujours* être attachés. Deux points d'attache à tout moment. Répétez après moi, vous devez toujours être attachés.

– Vous devez toujours être attachés ! crie Brian.

– Pas lui, vous, dit Ang Dorjee.

Brian explose de rire.

– NOUS devons toujours être attachés, je répète, agacée.

J'ai besoin qu'on m'enfonce ses mots dans le crâne.

– On communique avec son coéquipier qui tient la corde, continue Mike. C'est votre corde de sauvetage. Assurez-vous qu'il soit bien réveillé ! Tout est en ordre ? Commencez à grimper en vérifiant bien que votre corde ne soit pas emmêlée dans votre harnais. Une fois en haut de l'échelle, détachez-vous de la corde fixe et attachez-vous à celle d'extension. Puis dépêchez-vous de vous éloigner du bord jusqu'à être en sécurité. C'est aussi simple que ça. Allez, on essaie !

Mike grimpe jusqu'en haut de l'échelle et se tourne vers nous pour nous regarder comme un papa sévère. Des étincelles de soleil se reflètent dans ses lunettes polaires. Ang Dorjee se plante au pied de l'échelle, bras croisés, avec les mêmes lunettes, le visage impassible.

– Et le plus important, dit-il, vous regardez vers le haut. Et seulement vers le haut ! Quelle que soit l'échelle que vous traversez, ne regardez jamais en bas.

L'échelle verticale n'a qu'une corde. J'y attache mon mousqueton, un point de sécurité plutôt faible quand on y pense. Mais pour une raison ou une autre, nous acceptons l'incroyable danger de tout ça. Je suppose que c'est pour ça que nous sommes tous là et que ceux que nous aimons sont au chaud à la maison en train de faire n'importe quoi d'autre.

Monter va vite. C'est la chose la plus naturelle qu'on ait faite.

Et maintenant, histoire de s'amuser un peu, le rappel. J'ai déjà descendu tout un tas de montagnes en rappel : le massif Vinson l'année dernière, le mont Rainier, et une bonne partie du Puncak Jaya en Indonésie, un sommet en roche calcaire dentelé situé près de la côte de Nouvelle-Guinée. Le Puncak est une ascension d'une journée, extrêmement technique. C'est plus de l'escalade que de l'alpinisme. La descente compte vingt longues sections de rappel et une traversée à la tyrolienne – où il faut se pendre à son harnais et se tirer le long d'une corde, la tête à l'envers.

J'aime la sensation de me laisser tomber le long d'un flanc de montagne en toute sécurité, j'aime le glissement hypnotisant de la corde à travers le métal du mousqueton.

Je passe la dernière mais je suis plutôt confiante quand tous les regards du reste du groupe se tournent vers moi. Ma première tentative est un peu maladroite. *Tu gères.* J'essaie de me rassurer avec des mots réconfortants. *Pense à la fluidité.* Après les échelles, j'ai besoin de montrer à Ang Dorjee que je maîtrise au moins un truc. Que je mérite ma place ici. L'air est glacial et mon nez se met à couler, des gouttes glissent jusqu'à ma lèvre supérieure. Je penche la tête pour m'essuyer contre la manche de ma veste.

– Concentre-toi ! crie Mike en me faisant perdre ma concentration.

Je tangue sur le côté et mes cuisses percutent la glace dure, j'ai à coup sûr gagné quelques bleus, sur mes jambes comme sur mon ego.

– Tu dois maîtriser le rappel pour la descente, crie Ang Dorjee. C'est impératif.

Je gère. J'ai envie de pleurer.

Je finis par glisser jusqu'en bas et atterrir dans la neige dans un bruit sourd.

Durant l'heure qui suit, nous nous relayons pour grimper et descendre en rappel en nous appuyant sur la pointe de nos crampons, centimètre par centimètre. Ang Dorjee est partout, à nous crier ce qu'il faut qu'on ajuste. Lors de mon dernier rappel, j'ai retrouvé mon groove et je vole jusqu'en bas, ivre de cette sensation de chute libre contrôlée. Tandis que d'autres continuent à s'entraîner sur le mur, je retourne à l'échelle horizontale. Brian et John me suivent et se placent à chaque extrémité pour tendre les cordes juste ce qu'il faut tandis que je traverse, encore, encore et encore. C'est maintenant qu'il faut que je bosse mes faiblesses. Demain, nous faisons un premier essai sur le Khumbu.

– Et donc, ces filles de San Francisco avec qui tu as fait le trek, comment tu les as rencontrées ? me demande John tandis que j'avance méthodiquement d'échelon en échelon.

John a un pied-à-terre à San Francisco et j'ai bien vu que son visage s'était illuminé quand j'avais mentionné la ville. C'est le seul à s'être intéressé à mon périple avec les filles. Ancien universitaire devenu financier, John possède des maisons partout dans le monde et a l'art de rester classe, même quand il sue et grogne en escaladant une montagne. Une sorte de décorum et de bonnes manières qui me rappelle mes voyages en Europe.

– Par le biais d'une association, dis-je. Je suis allée parler à tout un groupe de filles, et ce sont les seules qui ne se sont pas dit que je ne racontais que des conneries.

– Ha ha ! s'exclame John. Des filles intelligentes, donc. On n'apprendra jamais dans une salle de classe ce qu'on apprend ici.

Tom nous rejoint d'un pas nonchalant et nous observe un instant, les mains sur les hanches. Il crève d'envie de me donner un conseil, je le sens.

– J'ai peu d'expérience avec les échelles, dis-je avec la même nonchalance. Je vais finir par y arriver.

– Écoute, dit-il avec un petit sourire en coin, si tu décides de nous quitter plus tôt que prévu, je me ferai une joie d'emporter une de tes offrandes jusqu'au sommet.

– Merci, dis-je avec une voix mielleuse en me mordant les joues. C'est très gentil de ta part.

Mais quand je trébuche sur l'échelon suivant, je me dis qu'il n'a peut-être pas tort.

Quelles sont mes chances d'y arriver, sincèrement ?

– Environ 40 %, dit John.

– Hein ?

– Tes chances.

Oh mon Dieu. J'ai dit ça à haute voix.

– Et tes chances de mourir, tu veux les connaître aussi ? me demande Tom.

– Eh, intervient John d'une voix soudain cassante. Les hommes et les femmes ont les mêmes pourcentages de réussite et de décès.

Cette statistique a beau être vraie, elle n'a rien de rassurant. Une fois notre entraînement de la journée terminé, je passe au réfectoire pour essayer d'appeler les filles. Shailee m'a envoyé des textos pour me raconter leur retour. Elles devraient être en train de déjeuner à Phakding à cette heure-ci, prendre des forces pour la dernière ligne droite éreintante jusqu'à Lukla. Je compose le numéro de Shailee.

– Salut Silvia, me répond-elle.

Puis une autre voix – deux, trois, peut-être cinq, je n'arrive plus à suivre. Tout le monde parle en même temps, d'une voix excitée.

– Silvia ! Tu nous manques !

– Shreya ! Est-ce que c'est toi ? Je…

– Maman ! crie Lucie. Tu ne devineras jamais ce que les filles m'ont appris !

– Quoi ? Qu'est-ce qu'elles t'ont appris ?

– La Macarena népalaise.

Elles explosent toutes de rire, un rire pétillant, une mélodie de voix enjouées. Il y a quelque chose de naturel dans leur façon de plaisanter. Je les imagine toutes agglutinées autour du téléphone, bras dessus, bras dessous. Une petite famille, une sororité. Derrière le brouhaha, je reconnais la voix de Rubina.

– On t'aime, dit-elle doucement. Et tu nous manques.

– Je vous aime aussi, dis-je. Je vous aime toutes.

C'est vrai, et ça n'a jamais été aussi simple de le dire et de le ressentir.

– S'il te plaît, fais attention à toi ! dit Lucy.

– Merci pour tout, Silvia.

C'est Jimena. Sa voix commence à se casser.

– Je n'oublierai jamais ce que j'ai vécu. Je t'aime.

– Au revoir…! dit Ehani en anglais.

D'autres rires encore.

Elles sont si proches. Je sais qu'elles réussiront à rentrer. Elles ont réussi. Elles ont réussi ça. Elles vont toutes rentrer chez elles, en voiture ou en avion, en emportant des souvenirs qui n'appartiennent qu'à elles. Une sagesse que personne ne pourra leur prendre. Plus maintenant.

Je me répète qu'il faut que je les laisse partir et que je me concentre sur l'Everest. Mais peut-être que ce n'est pas comme ça que ça fonctionne. Peut-être qu'elles sont avec moi désormais. Pour de bon. Durant tout l'entraînement, quand je tomberai de l'échelle et que je me relèverai, durant tout ce qui viendra ensuite.

– Un pas à la fois, Silvia, dit Shailee juste avant de raccrocher. Et souviens-toi, la Mère est avec toi. Elle sera bonne avec toi si tu la laisses faire.

*

* *

Tom n'atteint même pas la première rotation.

– C'est un OPHA, dit Mike en l'escortant jusqu'au chapiteau des urgences.

Le glas a sonné.

En cas d'œdème pulmonaire de haute altitude, les poumons se remplissent de liquide. La seule façon d'inverser le processus, c'est de redescendre immédiatement à une attitude moins élevée. Nous regardons l'hélicoptère atterrir. Tom n'est plus qu'un corps minuscule sur le tarmac. On l'installe à bord puis l'hélicoptère glisse vers Katmandou et, juste comme ça, Tom et son rêve disparaissent.

Nous sommes au cinquième jour.

Je suis en état de choc. Nous le sommes tous. Tom était un héros de films d'action en chair et en os. Le patriotisme américain incarné. Du haut de ses soixante ans, c'était le plus vieux de l'équipe, mais de loin le plus en forme physiquement. L'un des meilleurs triathlètes du monde. Un survivaliste. Fait du même bois que ceux qui ont traqué Oussama ben Laden, bon sang.

Je sais, rationnellement, que le mal de l'altitude n'a rien à voir avec notre forme physique ou notre comportement. Qu'il se fiche de l'âge. Qu'il frappe au hasard, comme ça lui chante, et qu'il n'y a aucun moyen de prédire la manière dont notre corps réagira à l'altitude.

Mais si nos deux heures sur le Khumbu ont eu raison de Tom, ce vrai héros américain, quelles sont mes chances d'atteindre le sommet, bordel ? Tom avait tout : la concentration, le muscle, l'endurance. Et ça n'a pas suffi à le protéger.

Au dîner, j'engloutis ma nourriture en silence. J'ai les nerfs à vif. Notre première rotation commence demain et le Khumbu me hante.

– Petit déjeuner à 1 heure du matin, annonce Ang Dorjee.

Je grogne. Il est déjà 20 heures. Tu parles d'un sommeil réparateur.

– Dormez profondément, beugle Mike tandis que nous quittons le réfectoire. Vous en aurez besoin.

Je salue tout le monde et vais m'effondrer dans ma caverne de tente. Les murs en Nylon tremblent sous le vent tandis que je me faufile dans mon sac de couchage sarcophage et remonte la fermeture Éclair jusqu'à mon nez. Je supplie le sommeil de venir. *Pitié, pitié.* À San Francisco, peu importe à quel point je suis épuisée, dès que ma tête touche l'oreiller, une nouvelle vague d'énergie me réveille. Je dois alors lire jusqu'à 2 ou 3 heures du matin, me distraire en ligne, épuiser mon cerveau par n'importe quel moyen pour l'empêcher de lutter contre mon corps. J'ai toujours eu du mal à m'endormir. Il m'a fallu du temps pour faire le lien. Pour prendre conscience que certaines personnes considéraient leur lit comme un endroit relaxant et non une porte vers des souvenirs qu'elles essayaient d'oublier. Quand je rêve, tout peut arriver. Mais tant que je suis éveillée, en mouvement, je garde le contrôle.

Toutefois ici, dans les montagnes, je dois capituler. Avoir une heure fixe de coucher est presque un soulagement.

C'est une des choses que je préfère à propos de l'escalade. L'ordre militaire du camp. Au début, je bataille un peu pour m'acclimater, mais très vite, je trouve reposant de me laisser aller et de faire ce qu'on me dit. D'apaiser le diable de Tasmanie qui vit en moi. Vivre sur les montagnes et escalader en équipe exige une discipline qui me permet d'échapper à mon quotidien. Ici, je suis obligée de prendre soin de moi.

Ici, le repos n'est pas un luxe. Et boire n'est pas une option.

À 21 heures, je sombre dans un sommeil sans rêve. Je suis si fatiguée que je n'entends même pas les avalanches qui explosent au loin.

*

* *

Ang Dorjee se met à chanter en posant le premier pied sur l'Icefall. Nous le suivons en file indienne, en lançant sur le terrain glacé les grains de riz que les gars de la cuisine nous ont donné ce matin. Le riz, c'est notre offrande à la montagne. *Respire et aie confiance*, me dis-je pour moi-même en sentant les petits grains glisser à travers mes doigts. Mes joues ne sont plus que de la porcelaine glacée. Ma respiration, un nuage de cristal. Nous demandons à la montagne de nous laisser la traverser en toute sécurité. *Respire et aie confiance*. De nous protéger. *Respire et aie confiance*. De faire preuve de bonté envers nous. *Elle sera bonne avec toi si tu la laisses faire.*

J'ai vraiment envie d'y croire.

Il est 2 heures du matin.

Le milieu de la nuit est le meilleur moment pour traverser le Khumbu – quand le glacier est le plus dur possible et que tous ses réseaux de petites crevasses gelées tiennent bien en place. Au fur et à mesure que la journée avance, le soleil implacable de l'Himalaya ramollit la glace, créant des poches molles qui ont plus de risques de s'effondrer. Nous grimpons en silence dans le noir. Seuls les cercles déformés de la lumière jaune de nos lampes frontales éclairent le chemin.

Mark, Bryan et Danny sont devant moi ; John, Rob et Gabe, derrière.

Le bruit de nos crampons dans la neige a quelque chose de méditatif – comme fendre du bois ou découper des légumes, un mantra qui ponctue chacun de nos pas.

Nous nous enfonçons un peu plus dans la cavité glacée, le froissement de nos chaussures résonne et les parois brillent de l'intérieur, produisant un halo blanc inquiétant qui vient défier la lumière de nos lampes frontales. Les sherpas affirment que l'esprit d'un cadavre reste là où il est mort des semaines durant. Je me demande combien de fantômes hantent ces tombes de glace. Des ombres jouent à cache-cache. Sous un certain angle, les colonnes de glace saillantes prennent la forme de visages lugubres puis disparaissent quelques pas plus loin. Le Khumbu est un peu comme un test de Rorschach – chaque formation glacée est une tache d'encre à interpréter.

Au bout de deux heures, nous atteignons les premières échelles. Toute traversée est une cérémonie. Nous passons à tour de rôle, tandis que les autres attendent en silence, comme si le moindre mouvement ou bruit pouvait pousser la montagne à nous avaler d'un seul coup. Et ce n'est pas impossible. Sur le Khumbu, le moindre bruit fort et soudain peut provoquer une avalanche. Si une avalanche se déclenchait maintenant, elle nous soulèverait comme un cric et nous balancerait au pied de la montagne.

C'est à mon tour. Je compte les tintements de mes crampons sur les échelons en métal. 1-2,1-2,1-2. En dessous, la crevasse est immense, une bouche affamée. *Quoi que tu fasses, ne regarde pas en bas.* Le conseil d'Ang Dorjee résonne dans ma tête. Mais l'absence totale de lumière sous mes pieds est hypnotique. Il y a quelque chose d'attrayant dans les ténèbres – quelque chose qui m'est familier. Je peux presque sentir le néant m'appeler.

Aie confiance, Silvia. Aie confiance en ton équipe pour bien tendre les cordes, pour te donner la tension exacte qui te permettra de garder l'équilibre. *Aie confiance. Aie confiance. Aie confiance.* Si je continue à le répéter, peut-être que je le ressentirai. Je ne me souviens pas de la dernière fois que j'ai eu à faire à ce point confiance à des hommes.

Nous arrivons à la quatrième échelle, une échelle horizontale qui mène à une autre, verticale. En posant le pied sur le premier échelon, je suis surprise par mon aisance. Je m'équilibre en jetant un bref coup d'œil à la crevasse. Mon pied manque de glisser.

– Toujours devant, Silvia !

La voix d'Ang Dorjee est un cri murmuré.

À 4 heures du matin, la nuit commence à se dissiper et le ciel prend des airs d'océan. Un bleu marine profond. Un bleu majestueux. Pas ces bleus fades des chambres d'enfant ou d'hôpital. Non. Un pigment si riche et si pur qu'on dirait une peinture artificielle. Un bleu à l'origine de tous les bleus. Et les étoiles ? Des millions de cristaux éparpillés sur une toile de velours. La lune ? Des étangs de lumière argentée qui éclairent notre chemin.

Voilà comment je décrirais la beauté de ce paysage si je l'observais depuis chez moi, assise sur mon canapé. J'exigerais ce genre de poésie.

Mais tout ce que je vois, c'est la sphère oblongue de lumière devant moi. La glace bleu noir au fur et à mesure que le rideau de la nuit se relève. Tout ce que j'ai en tête, c'est l'image d'un énorme bloc de glace qui peut s'écraser et me pulvériser à tout instant. Tout ce à quoi je pense, c'est l'ironie de pouvoir mourir dans un endroit aussi beau.

C'est une des particularités étranges de l'Everest. Quelles que soient sa grandeur et sa beauté, une fois que vous l'atteignez, la majeure partie de votre énergie et de vos pensées est concentrée sur des actes triviaux : manger, dormir et essayer de ne pas mourir.

Vers 5 heures du matin, l'aube tire des flèches de lumière à travers la glace. Les stalactites dégoulinent, comme de longues dents aiguisées, sur d'immenses rivages de neige. Sur les photos aériennes du Khumbu, tout ça semble abordable, comme une série de collines douces. Mais au fur et à mesure que le soleil commence à se lever, la réalité froide et nue du paysage montre son vrai visage. C'est un Sahara glacé de dunes bleues et ondulantes et de voûtes de neige sculptées par le temps et les fontes d'eaux anciennes.

Ce que je vois est époustouflant.

– J'aimerais que mon épouse puisse voir ça.

– Hein ?

Une voix me sort de ma transe. Je tords le cou pour me retourner. John est juste derrière moi.

– Elle serait sans voix, murmure-t-il.

La femme de John est malade. C'est ce qu'il a dit la première fois qu'il a parlé d'elle. Au fil de nos dîners, j'ai compris qu'elle souffrait d'une dépression clinique. Il était inquiet de la laisser mais c'était son grand rêve, sa seule chance.

J'acquiesce en me concentrant sur chacun de mes pas.

– Je suis désolée qu'elle ne puisse pas voir ça, dis-je.

Nous traversons les échelles restantes sans problème. Nous les enchaînons, un relais humain, deux, puis cinq, puis dix. Il n'y a aucune partie plate. Aucune partie facile. Il n'y a que des montées et des traversées. Montée et traversée, montée et traversée. Une chorégraphie fluide, même notre souffle semble se synchroniser en nuages givrés qui sortent par expirations laborieuses.

S'arrêter trop longtemps serait dangereux. Le sol est une île à la dérive. Nous prenons peu de pauses.

À la fin d'une échelle verticale, il faut se hisser comme Spiderman jusqu'à une crête glacée, en ne s'appuyant que sur ses crampons, tout en agitant les épaules et les muscles du dos pour tirer son poids le long de la corde. En arrivant en haut de ce qui me semble être la centième échelle de la journée, mes mollets me brûlent et je m'arrête pour boire un peu d'eau. Cela fait quatre heures que nous marchons.

Je suis en train d'engloutir la moitié de ma Nalgene quand j'entends Mike crier :

– Silvia, dépêche-toi !

Merde merde, ça y est. Une avalanche ! Je le savais. Padre nuestro[48]... Je me mets à prier et me signe en regardant l'horizon, à la recherche du nuage de poudreuse censé foncer droit sur moi.

– Je ne suis pas Silvia ! crie Brian depuis l'échelle avant de se mettre à rire. Elle est déjà là-haut. Ce ne sont pas les fesses de Silvia. Ce sont les miennes.

48. Notre Père...

Et juste à ce moment-là, Brian apparaît en haut de la crête.

– Apparemment, toi et moi on a le même cul selon Mike. Quelle insulte.

– Je…

Je ne suis pas sûre de savoir si c'est une plaisanterie ou une attaque. Avec Brian, c'est toujours difficile à dire.

– Une insulte pour toi ! crie-t-il. Mais un honneur pour moi. Je ne savais pas que mon derrière était si petit.

– Je suppose que tu es ma doublure fesses désormais, dis-je en haussant les épaules. On ne sait jamais, si un jour j'en ai besoin.

Il explose de rire et me tape sur l'épaule. Je grimace. J'ai les bras qui palpitent.

Nous continuons à avancer. La température augmente. De –23 °C nous passons à –17 °C, ça semble se stabiliser.

À 6 heures du matin, nous arrivons au terrain de football, un gigantesque amphithéâtre de glace en terrasse qui ressemble à des gradins. À gauche, le flanc ouest de l'Everest nous surplombe à un angle impressionnant de cinquante degrés. Soudain, nous accélérons le pas. Je penche la tête sur le côté pour regarder devant Danny et vois Ang Dorjee qui nous guide vers le Golden Gate, le site de la catastrophe de 2014.

On dit que c'était plus une fusée qu'une avalanche classique parce qu'il y avait très peu de neige. Un sérac de soixante tonnes, un vaisseau spatial de glace, s'est détaché du glacier et a dévalé le flanc, tuant seize sherpas sur son passage. Quand ils ont déterré le premier corps, ils en ont trouvé neuf autres coincés en dessous.

Nous rejoignons Ang Dorjee et une vague de tristesse s'abat sur le groupe. Il se tient juste là où les hommes ont été trouvés et pointe du doigt l'endroit exact où le glacier s'est fracturé. Il nous raconte, sa voix n'est plus qu'un grondement profond. L'Icefall mesure environ 450 mètres, explique-t-il, et cette partie, celle où nous nous trouvons, est la plus dangereuse parce que la glace se déplace rapidement, parfois jusqu'à un mètre par jour.

Je repense à ce qu'avait dit Tashi Sherpa sur la vision que les sherpas ont de l'Everest lors de son entretien à *Outside*.

– L'Everest est une déesse. Nous devons lui rendre grâce avant de partir en expédition, avait-il affirmé.

Je sais que les sherpas pensent que les alpinistes occidentaux ne considèrent l'Everest que comme un challenge physique, une façon de défier la mort. Mais pour les sherpas, c'est un lieu sacré – un endroit qui doit inspirer l'humilité plus que la bravade.

Pendant vingt ans, le chemin officiel du col Sud est passé par ce sérac. C'était plus rapide que la route, pourtant plus sûre, que l'on avait construite dans les années 1970.

Désormais, on se croirait dans une ville fantôme. Les échelles cassées ont été englouties et gisent dans une glace aussi dure que de la roche. Des cordes déchirées pendent au-dessus de la crevasse.

Une nature morte composée des restes d'une tragédie.

Des corps gelés stoppés dans leur ascension.

Comme les vestiges d'un traumatisme.

Il faut parfois retourner sur les lieux du drame pour commencer à guérir.

*
* *

Le dernier tronçon de la journée ressemble encore une fois à un numéro d'acrobaties qui défie la mort. Cinq échelles en aluminium accrochées les unes aux autres avec des cordes en Nylon et vissées sur un mur de glace de 30 mètres. Un escalier à la verticale surplombant un néant de neige. C'est le dernier obstacle qui nous sépare du camp I.

Mark est déjà à la moitié de la montée. Ses pas font vibrer chaque échelon jusqu'en bas, où je me tiens debout, attendant nerveusement mon tour. Quand il disparaît enfin tout en haut de la dernière échelle, je m'approche. Mes crampons transpercent la neige. Ma peau hurle. Chaque sensation est amplifiée. Le moindre son est réglé à plein volume.

Je prends une grande inspiration et me concentre pour ne pas avoir le vertige.

Respire.

J'attache mon mousqueton à la corde de sécurité sur ma droite.

Pied gauche, main droite.

Pied droit, main gauche.

Mes crampons frottent l'aluminium.

Respire.

Ne regarde pas en bas.

Il n'y a *pas* de bas.

Le bas n'existe pas.

Il n'y a que le haut.

Il n'y a que cette échelle.

Cet échelon-là.

Cet instant.

Il n'y a pas de passé. Pas d'avenir.

Juste cet instant.

Cette échelle.

Cette glace.

Ce mur luisant de glace. Ce minuscule carré de magnifique glace bleue. La glace n'est pas vraiment blanche quand on la voit de près, elle est translucide. Un blanc laiteux et bleuté. Le genre de blanc qui n'existe que dans les nuanciers des magasins de peinture, ces couleurs auxquelles on donne un nom idiot : nuage doux, albâtre, bouche de baleine.

Bleu glacé mortel.

Pied gauche, main droite.

Pied droit, main gauche.

Respire.

Peut-être que je repeindrai mon salon en bleu glacé mortel en rentrant à la maison. Si je rentre à la maison.

Pas d'avenir. Pas de passé.

Cet instant.

Cette échelle.

Cet échelon.

Cette glace.

Regarde comment la glace fond ici. Oh, cool. La façon dont elle goutte le long du mur, très poétique, comme un chemin de larmes qui coule vers le bas, le bas, le bas – ne regarde *pas* vers le bas. L'enfer est en bas. Le paradis est en haut. Regarde en haut. Oh, regarde, je suis presque à la moitié.

Yes.

Je monte.

Pied droit, main gauche.

Je grimpe. Je pousse. Je change.

L'échelle se met à trembler. Je dois être à peu près au milieu. Le ventre agité de la bête. Une peur brûlante envahit mon corps tandis que le métal cogne le métal, une cacophonie de grincements, de pliures et de déformations. C'est la symphonie de la peur et elle est assourdissante. Les cymbales explosent dans mon esprit, en frappant *peur, peur, peur*.

Ángelito de la Guarda…

Ça y est. C'est la fin.

Si le paradis est en haut et l'enfer en bas, alors je dois être au purgatoire.

Cette stupide échelle est la dernière chose que je verrai avant de mourir. Tu parles d'une déception. *Morte sur une échelle*, ce n'est pas ce que j'imaginais gravé sur ma pierre tombale. *Ici repose Silvia. Ce n'est ni la vodka ni l'avalanche qui l'ont tuée, c'est l'échelle de pompier.*

Attendez, je viens de terminer la quatrième échelle. Il ne m'en reste qu'une. Mon Dieu, je peux y arriver.

Il y a un visage. Un sherpa. Il me surplombe en pointant quelque chose du doigt. La corde de sécurité tout en haut. S'attacher à la corde de sécurité avant de se détacher de l'échelle. N'oublie pas Silvia.

Être attachée avant de se détacher.

Il y a un instant où je flotte entre le moment où je dois lâcher l'échelle et celui où je suis censée poser le pied sur la crête. J'hésite. Je ne suis pas prête à lâcher.

– C'est bon, c'est bon, dit le sherpa agacé en me faisant signe de monter.

Les gens disent que la clé du bonheur, c'est de vivre dans l'instant présent. La clé de la liberté. Est-ce que c'est ça dont ils parlent ? N'avoir aucune échappatoire. Aucune façon d'aller plus vite ou plus lentement. De faire demi-tour ou de sauter en avant. Devoir marcher à travers la douleur lente et longue de chaque instant. Si c'est le cas, si c'est bien ça que ça veut dire, ai-je déjà une seule fois de ma vie été dans le présent ?

La moitié de l'équipe est en bas, à attendre de monter. Redescendre sera plus difficile. Ici, tout semble pointer vers le haut.

Le sherpa me tend la main. *Être attachée avant de se détacher.* Clipser. Déclipser. Tirer sur la corde. Attraper sa main – sa main tiède et solide qui se referme autour de la mienne. Dernier échelon. Un bruissement métallique qui résonne derrière moi. Les crampons qui atterrissent sur la glace. S'enfoncer un peu plus dans le sol. Avoir les deux pieds dans la neige et laisser échapper un soupir. Me voilà sur la terre ferme.

Ang Dorjee, Mark et Rob me tapent tous le dos et les bras.

Même dans mes gants, mes mains sont gelées. Je sens l'adrénaline courir dans mes veines, mon cœur palpite et des gouttes de sueur froide me picotent la peau. Sous mes aisselles, mon tricot est trempé de sueur, mais en surface, je suis gelée. Ang Dorjee s'agenouille et agite les bras d'avant en arrière pour me rappeler cette technique de circulation qui réchauffe le corps.

– Bien sûr, dis-je penaude. Comment ai-je pu oublier ?

Il y a tant d'informations à enregistrer. Toutes semblent essentielles, toutes des questions de vie ou de mort. C'est comme si l'intégralité de mon corps, comme si ma conscience de moi-même devaient s'adapter à cet environnement. Je plie les jambes et j'agite les bras, pour ramener le sang jusque dans mes doigts.

– OK, Silvia, dit Lydia en arrivant derrière moi. Tu gères vraiment. Tu es forte. Je suis impressionnée.

– Merci, je couine la gorge asséchée.

Je devrais être flattée. Lydia est une légende de l'Everest. Une toute petite partie de moi, très lointaine, glousse comme une gamine. *Je l'ai fait. Je le fais. Lydia le voit.*

Mais je suis surtout en état de choc. Rien de ce qu'on vient de faire n'est logique.

– Combien de temps ça a duré ? je demande à Mark.

Cette ascension a été l'heure la plus longue de ma vie.

– Environ trois minutes, répond-il.

– *Hein ?*

– Le temps est relatif sur l'échelle.

Bon sang. Je me retiens de regarder vers le bas pour avoir une idée de la distance parcourue. J'en ai assez de regarder en arrière. Désormais, je ne regarderai que vers l'avant.

Une fois que tout le monde a escaladé le mur, nous rejoignons le camp I qui est jonché d'immenses crevasses plus profondes et plus larges que toutes celles que nous avons traversées jusqu'ici. Nos tentes sont perchées sur le rebord d'un énorme saladier recouvert de neige, à l'abri du vent.

La vallée du Silence.

Deux jours plus tard, Gabe s'en va à son tour.

Nous sommes d'humeur morose en voyant au loin un hélicoptère rouge cerise planer en cercles bas à la recherche d'un endroit où atterrir. Le vent fait dévier la queue et le pilote doit remonter à plusieurs reprises avant de redescendre et trouver le bon angle pour se poser en sécurité. Gabe s'est froissé un muscle du torse et tout son flanc est devenu bleu-noir, ce qui rend sa respiration difficile. Dans un endroit où l'oxygène est déjà limité, une simple blessure comme celle-ci peut coûter très cher. Son état a empiré quand nous sommes arrivés au camp II, Ang Dorjee et Mike ont donc dû prendre une décision.

Nous regardons Gabe disparaître dans l'habitacle de l'hélicoptère. Mike lève le pouce tandis que l'appareil s'envole et longe la crête vers le pied de la montagne, jusqu'à disparaître de notre champ de vision.

– Et ils ne furent plus que six ! tonne Brian.

Mon corps entier se contracte. D'abord Tom et maintenant Gabe. Je panique, je ne suis pas sûre de savoir pourquoi. En voyant Gabe faire rebondir ce ballon de foot sur son genou, j'étais convaincue qu'il arriverait jusqu'au sommet. Il s'y voyait si clairement. *Il* n'avait pas le moindre doute. Mais il devient de plus en plus clair qu'il n'y a pas de règles ici. Que cet ego et cette force brute – sur lesquels j'ai toujours vu les hommes construire leur vie, leur carrière et leur identité, et que j'ai moi-même tenté de m'approprier dans mes périodes de macho ambitieux – ne sont pas des garanties. Miyolangsangma est peut-être la déesse du Don inépuisable, mais sa patience envers ceux qui gravissent l'Everest avec un orgueil démesuré semble, elle, bien épuisable.

Ceux qui foncent dans le monde, ceux dont la seule intention est de conquérir, quoi qu'il en coûte, qui veulent régner sur la nature et sur la terre, existent depuis des décennies, des siècles, des millénaires. Je suis sans doute une alpiniste de plus dans une veste hors de prix. Mais avant que mon père ne s'en aille chercher une vie meilleure à Lima, lui et les siens avant lui, étaient des gens de la montagne. Mon sang est andin. Il porte l'histoire des conquistadors, de ceux qui ont essayé de détruire le mode de vie indigène. Le Sendero Luminoso a semé la terreur à Lima pendant très longtemps mais, pour certains paysans, la révolution était la seule façon de rendre la terre à ses gardiens légitimes.

Pour eux, comme pour les sherpas ici, la terre est tout. Perdre deux de nos hommes les plus robustes et les plus téméraires durant la première semaine me rappelle que l'Everest est un esprit à honorer et non un sommet à conquérir.

Je n'ai pas cessé de me demander si j'étais suffisamment forte pour continuer, pour arriver jusqu'en haut, mais peut-être que ce n'est pas la bonne question. Peut-être que je devrais plutôt me demander si je suis assez douce pour écouter. Pour m'abandonner. Pour faire confiance à quelque chose de profondément intérieur, cette chose dans mon sang, mon héritage, qui surpasse la logique et la force.

Je ne peux toujours pas me visualiser tout en haut. Mais peut-être que ce n'est pas une mauvaise chose après tout.

– 16 –

LOS DIVORCIADOS

Je prenais toujours mon thé au Siddhartha, un petit café situé juste en bas de mon bureau à Berne.

– *Gruetzi Miteinander*. Un latte macchiato et un *grüner Tee*, s'il vous plaît, ai-je dit au serveur dans mon suisse allemand le plus élémentaire.

– Bien sûr. Je vous apporte ça tout de suite, a-t-il répondu d'une voix douce.

– Merci, chéri, lui a dit Margaret d'une voix traînante quand il est revenu poser nos boissons sur la table.

Elle l'a regardé disparaître derrière le comptoir puis s'est tournée vers moi.

– Donc, comme je le disais, tu sais que je suis une sorcière, mon amour. (Elle m'a fait un clin d'œil.) Une gentille sorcière, évidemment.

J'ai englouti mon *grüner Tee* comme si c'était une limonade bien fraîche. Le liquide m'a brûlé la gorge tandis que je cherchais quelque chose à dire. L'alliance en platine que je portais à l'annulaire gauche me semblait lourde et froide. La vérité, c'est que je ne savais rien de cette femme aux cheveux blond vénitien assise en face de moi – si ce n'est que, dans la bonne lumière, elle avait l'aura d'une déesse mythologique.

– Oh waouh ! (J'ai haussé les sourcils en espérant avoir réussi à feindre la curiosité et ne pas trahir la boule de panique qui me remontait dans la gorge.) Non je ne savais pas. Je ne savais pas que tu étais une sorcière. S'il te plaît dis-m'en plus, ai-je ajouté poliment.

C'était le genre d'informations essentielles qu'on apprenait au deuxième rendez-vous. Mais nous, nous étions passées directement à la case mariage.

Nous nous étions dit oui deux ans après la mort de Lori. J'avais rencontré Margaret à une fête chez un ami, alors que j'étais de passage à San Francisco pour affaires. J'avais tout de suite été envoûtée par son accent anglais, son corps svelte de 1,55 mètre et sa moue séductrice. Margaret était un vrai boute-en-train – grandiloquente, audacieuse et incroyablement sensuelle. Un esprit libre qui aimait la danse du ventre, portait des tonnes de bijoux en or clinquants et des plumes dans les cheveux. Elle était drôle et chaleureuse, et possédait un Boston Terrier baptisé Bo. Nous sommes rentrées ensemble ce soir-là et n'avons plus jamais regardé en arrière.

Moins d'une semaine après mon retour à Berne, Margaret m'a avoué qu'elle était folle amoureuse de moi mais qu'elle ne croyait pas aux relations à distance. La plupart des membres de sa famille vivaient toujours en Angleterre et elle était prête à déménager en Suisse. Juste comme ça. La dernière fois que j'avais hésité en amour, j'avais perdu Lori. Lori savait que je l'aimais. Je le lui disais tout le temps. Mais il y a une grande différence entre dire je t'aime et le montrer. Mon installation en Europe avait vraiment dû être un choc pour elle. Je me disais que nous avions le temps. Je n'avais pas demandé de période d'essai. Je ne lui avais pas dit qu'elle était essentielle à ma vie et qu'accepter ce boulot m'aiderait à devenir une meilleure personne, non seulement pour moi mais pour nous aussi. J'étais encore trop repliée sur moi-même pour lui dire que, même si j'acceptais ce boulot, je voulais trouver une façon pour que ça marche entre nous. Peut-être que ça aurait fait une différence. Si Lori avait su combien je tenais à elle, peut-être qu'elle serait toujours là. Sa mort m'a prouvé combien l'amour était une chose fragile.

Pour le meilleur et pour le pire, dans la santé comme dans la maladie. Ces mots sonnaient désormais plutôt pas mal.

Je n'avais jamais vu de psy de ma vie, mais après six semaines de relation longue distance, j'en ai épousé une. En plus d'être une gentille sorcière, Margaret était une thérapeute certifiée, spécialiste du couple et de la famille.

Quand ma mère a découvert que je m'étais mariée, elle a été vexée que je ne l'aie pas invitée. Une partie de moi était agacée. *Pourquoi l'aurais-je invitée à mon mariage ?* Elle n'avait jamais reconnu ma relation avec Lori, ni combien ça avait été horrible de la perdre. Pourtant, quand on a vraiment aimé quelqu'un, on porte vraiment son deuil.

« Je suis désolée que tu aies perdu ton amie. » Voilà tout ce qu'elle avait réussi à me dire à l'époque.

Nous avions beau ne jamais passer plus d'une semaine sans nous téléphoner, j'étais incapable de pardonner à ma mère d'avoir nié la dimension romantique de ma relation.

Nous ne nous sommes pas parlé pendant un an.

De retour en Europe, je voyageais beaucoup pour le travail, ce qui impliquait tout un tas de dîners d'affaires bien arrosés. Margaret ne semblait pas préoccupée, ou alors elle s'en moquait. Elle avait pris une année sabbatique pour essayer de mettre sur pied ce qu'elle appelait un « ministère de prêtresses » international. Son but, c'était de *réveiller la prêtresse qui vivait en chaque femme*. Un truc dans ce genre. Ma vie à moi se mesurait toujours selon un étalon entrepreneurial. Pourtant, je semblais ne m'intéresser qu'à des femmes qui étaient à bloc dans le mystique, le *wouhou* comme je l'appelais. Avec Margaret, je n'avais pas vraiment d'avis au début. Son projet semblait altruiste, vouloir faire le bien, c'était suffisant pour moi, pas besoin de détails. Mon esprit critique n'était pas au top de sa forme à l'époque.

*

* *

Silvita. Llamame[49].

L'objet du mail de ma mère était cryptique et il n'y avait aucun corps de message. Ma colonne s'est mise à frissonner en composant le numéro que je connaissais par cœur.

Elle a décroché au bout d'une seule sonnerie et s'est tue à l'autre bout du fil.

– *¿Qué pasó, Mama?*

Un long soupir grave.

– Maman !

– Silvita, je ne veux pas te mentir. Je ne vais *pas* te mentir.

– OK ? Bon sang, que se passe-t-il Maman ?

– On m'a diagnostiqué un cancer – un cancer du poumon.

Tous mes membres se sont vidés de leur sang.

– Mais tu ne faisais pas des examens réguliers ? ai-je demandé. Après l'hystérectomie et les polypes ? Tu m'avais promis que tu ferais des examens régulièrement.

– Je sais, je sais. Mais j'avais plein de choses à faire ici.

Je me demande depuis combien de temps elle me le cache.

– Je commence la chimio la semaine prochaine. Miguel sera là. Et tu viendras à Noël, n'est-ce pas ? On pourra discuter plus en détail.

Je suis partie au Pérou pour Noël, seule. Mais ma mère et moi n'avons que très peu parlé de son cancer. Au lieu de ça, nous avons apporté de la joie et des jouets à tous les petits enfants de Santa Cruz de Chuca, la ville natale de mon père au pied des collines andines.

– Vous êtes complètement sobre, *sí* ? a demandé très sérieusement ma mère au chauffeur du bus de nuit dans lequel nous montions, au terminal de Trujillo.

Les routes qui menaient à La Sierra n'étaient que des rubans chaotiques d'asphalte défoncé. Tous les quelques mois, un bus de nuit s'écrasait, en général à cause d'un chauffeur qui avait bu quelques verres de trop de chicha de jora, cette boisson au maïs fermenté très forte et très populaire dans les montagnes.

49. Appelle-moi.

Si ma mère m'avait vue complètement défoncée en train de zigzaguer dans les rues sinueuses de San Francisco… Dans les Andes, une seconde d'assoupissement ou une minuscule embardée parce qu'on a trop bu et on se retrouve au fond d'un ravin, avec la garantie de devenir de la nourriture à vautours.

Ma mère s'est tortillée dans le couloir en inspectant chaque siège. Elle semblait à son aise dans ce bus inconfortable et bondé, faisait un petit signe de tête à chaque passager tandis que les bébés hurlaient et que les gens s'installaient avec leurs énormes sacs de riz et les autres provisions qu'ils rapportaient de la ville. Ma mère portait un jogging violet avec une veste zippée, des Reebok blanches et une banane. J'étais agréablement surprise de voir qu'elle avait gardé son assurance naturelle.

– Là ! a-t-elle déclaré, en pointant du doigt deux sièges vers l'avant. Glisse-toi la première a-t-elle murmuré. Moi je vais garder un œil sur lui.

Je me suis laissée tomber sur le siège près de la fenêtre et elle s'est installée côté couloir, le regard rivé droit devant elle.

La portière s'est refermée dans un soupir hydraulique et le grondement rocailleux du moteur s'est mis en route. J'ai posé la tête sur son épaule, fermé les yeux et inspiré une bouffée de Trésor et de sa crème Lancôme. Du lilas blanc, du musc et du lait. Elle sentait comme ça depuis toujours. À la fois fraîche et écœurante, son odeur a traversé les tunnels troubles de mon cerveau pour atteindre directement mon cœur. C'était une pommade. Une berceuse aux tonalités florales et riches.

L'odeur de ma mère.

Je n'avais jamais imaginé de vie sans elle.

*

* *

Santa Cruz de Chuca était un village andin typique. Des rangées d'immeubles carrés à deux étages entouraient une *plaza* centrale bordée de palmiers, avec une fontaine en pierre et des buissons géants qu'on avait taillés dans des formes abstraites et des animaux de dessins animés. Les Péruviens s'occupent toujours de leurs parcs avec passion. La *plaza* centrale, c'est un peu le salon d'une ville, et ils l'entretiennent avec fierté.

Des réverbères avec des enjolivures en fer éclairaient le parc une fois la nuit tombée et, tous les matins, un serpent de brume descendait des montagnes alentour et zigzaguait à travers les rues pavées comme s'il était en charge de réveiller tous les habitants.

Mon père avait toujours voulu plus de la vie. Quand on lui avait proposé, ainsi qu'à son frère Walter, d'aller vivre chez un de leurs oncles riches de Trujillo, une ville plutôt grande en comparaison, il avait sauté sur l'occasion. Peut-être avait-il espéré que son oncle devienne un père de substitution – le sien avait abandonné sa famille pour aller en fonder une autre ailleurs. Quand il avait tenté de le contacter des années plus tard, il n'avait eu droit qu'à un mur de rejet.

Une fois grand-mère, alors que tous ses enfants avaient quitté le Pérou, ma mère a commencé à se rendre de plus en plus souvent à Santa Cruz de Chuca. Elle a collecté de l'argent auprès de mes frères et sœur et moi pour aider à moderniser la ville natale de mon père. Peu à peu, elle a gagné la confiance des gens d'ici et, ensemble, ils ont inauguré un atelier d'artisanat pour enfants, restauré la clinique de la région – un centre de soins d'urgence de campagne – et construit de meilleures infrastructures pour accueillir les cent cinquante élèves de l'école primaire, celle-là même où mon père avait étudié. Pour les fêtes de Noël, elle avait pris l'habitude d'organiser une grande distribution de cadeaux et une *chocolatada* – un événement qui réunissait près de trois cents personnes.

Au début, j'avais trouvé ça étrange. Après toutes ces années et tout ce qu'il lui avait fait subir, pourquoi consacrerait-elle son temps libre à quelque chose qui concernait encore mon père ? Était-ce un geste pour tenter de guérir un homme inguérissable ? Voulait-elle aider les enfants du village parce qu'elle n'avait pas pu aider les siens ? S'occupait-elle du petit garçon que mon père avait été un jour ? Mais durant ce voyage-là, j'ai compris que tout ça n'avait rien à voir avec lui. Ou du moins pas de la façon dont je l'avais imaginé.

Alors que nous rejoignions la *plaza* centrale après être passées à notre hôtel, des douzaines d'enfants, avec leurs mères, ont débarqué d'un chemin de terre perpendiculaire, avec en tête de cette procession deux petites filles tenant fièrement une bannière peinte à la main sur laquelle on pouvait lire : BIENVENIDA SRA. TERESA LAVADO[50]. Nous avons longé des maisons en pierre aux toits de tuiles marron et bleu-gris. Puis la terre du chemin s'est transformée en ciment et d'autres gens ont surgi de rues adjacentes. Sur la *plaza* centrale, plusieurs centaines de personnes étaient rassemblées. Nous avons traversé la foule et avons distribué des cadeaux à des enfants qui arboraient fièrement leurs joues rouges, leur coupe au bol, leurs petits joggings et leurs vestes en jean. Certains portaient des polos trop grands. Il y avait des nuées de grands-mères en robes à fleurs, gilets, grandes chaussettes et chaussons ainsi que des mères vêtues du traditionnel chapeau andin ou d'un chapeau en paille blanc, symbole de leur héritage métisse, entre cultures inca et espagnole.

Dans une rue juste à côté, cinq femmes mélangeaient la *chocolatada*, le chocolat chaud péruvien, dans d'énormes cuves en métal. Nous avons déambulé parmi la foule avec des brocs en fer pleins du breuvage chaud et avons rempli les tasses en plastique colorées que nous tendaient des enfants surexcités, sans oublier de donner à chacun un petit panettone, friandise à laquelle ils n'avaient droit qu'une fois par an.

Ma mère était la Mère Noël de Santa Cruz de Chuca.

Elle semblait chez elle ici. À Lima, au sein des cercles sociaux aisés auxquels aspirait mon père, les gens étaient classistes et impitoyables. Avec eux, surtout avec les femmes, ma mère préférait mettre en veilleuse son exubérance naturelle. Elle donnait l'impression d'être une personne timide, presque soumise, comme si trop parler risquait de révéler son imposture. Être une mère divorcée de La Victoria qui n'avait jamais fini le lycée était une histoire qu'elle préférait ne pas leur raconter.

50. Bienvenue Mme Teresa Lavado.

Mais avec la classe ouvrière, avec les pauvres, ceux qui vivaient plus près du sol, qui avaient grandi comme elle au jour le jour… sa confiance, sa générosité, son sens de l'humour irradiaient. Même sa posture était différente. Le torse bombé, les épaules en arrière. Je ne l'ai remarqué qu'en la voyant s'agiter dans ces rues pavées, à rire en remplissant les tasses des enfants et en leur expliquant que sa mère avait grandi dans les Andes elle aussi. À Cochabamba plus précisément, une région éloignée au pied de la cordillère blanche, la chaîne de montagnes tropicale la plus haute du monde.

Ses racines étaient indéniables. *Nos* racines étaient indéniables. Et plus on montait haut sur la montagne, plus elles étaient flagrantes.

*

* *

Deux ans plus tard, le cancer de ma mère avait progressé au stade 4. Margaret et moi vivions de nouveau à San Francisco et les choses étaient plutôt houleuses entre nous. eBay m'avait autorisée à télétravailler à mi-temps, je passais donc tout mon temps libre à faire des allers-retours au Pérou. Margaret ne venait que rarement avec moi.

Pousser la chaise roulante de ma mère à ses rendez-vous d'oncologie était devenu ma mission sacrée, tout comme l'emmener à la messe – deux endroits où un miracle pouvait avoir lieu. À l'époque, j'avais besoin de croire aux miracles. Tout pour que ma mère reste en vie. Je contrôlais mon alcoolisme, mais seulement de façon circonstancielle. Je craignais de perdre le contrôle devant ma famille, et ma mère, même si elle ne m'avait jamais confrontée sur la question, me rappelait constamment de ne pas trop boire. Marianela lui avait raconté ce qui s'était passé avec Beto et le souvenir d'Eduardo me trouvant la tête dans mon vomi était encore récent. En bonne catholique, la honte était un sentiment ancré en moi. On ne nous demandait jamais d'analyser nos actes ni de comprendre le *pourquoi*, mais seulement de se repentir et d'arrêter – ou dans mon cas de me repentir et de recommencer. La honte était la seule chose qui soit plus forte que ma soif.

Au Pérou, même les médecins ont une conception latine du temps. Surtout ceux qui sont le plus demandés. Nous attendions pendant des heures dans de grands couloirs aux murs blancs éblouissants. Nous attendions avec d'autres gens comme nous – des patients et leurs familles. Certains semblaient plus malades que ma mère, d'autres en meilleure santé. Et durant cette attente, nous nous sommes trouvées elle et moi. Ma mère avait enfin arrêté de bouger et j'avais une chance d'*être* avec elle. Il n'y avait pas de courses à faire pour s'enfuir, pas de jonglage avec des vies secrètes. Il n'y avait que ça. Elle et moi. Ensemble. En train de nous battre pour sa vie. Pour sa seule vie. Nous n'avions jamais passé autant de temps seules toutes les deux. Et tandis que nous attendions dans ces couloirs d'hôpital, dans ces cabinets de médecins, que nous attendions les opérations, les médicaments, les nouvelles, la cure, lentement mais sûrement, nous sommes devenues amies. Cette femme impossible à connaître, cette femme que j'idolâtrais, a commencé à prendre forme sous mes yeux. Coincée avec moi, elle s'est mise à me raconter les potins de la famille. Elle m'expliquait les tenants et les aboutissants de toutes leurs histoires et j'ai compris un peu mieux le rôle de matriarche qu'elle tenait parmi ses sœurs. C'était elle l'oreille attentive quand les disputes explosaient. La sage qui prenait soin de tout le monde, celle qui savait faire preuve d'empathie et de compassion.

Les médecins lui ont retiré les deux tiers du poumon gauche pour freiner la propagation du cancer. Après son opération, j'ai tiré un lit près du sien pour m'y installer et j'ai serré sa main gauche dans la mienne en l'embrassant doucement, tandis que la droite pendait de l'autre côté, sous le poids de sa perfusion.

– Mamita, j'ai trouvé ! ai-je dit en claquant des doigts.

Elle était chauve à ce stade, sa tête n'était plus qu'un dôme luisant. Sa peau déjà pâle semblait livide et boursouflée, mais elle avait toujours ses pommettes saillantes et son halo joyeux.

– Tu ressembles à Casper, le gentil fantôme !

– Jijijiji, a-t-elle ri de son petit rire.

Son visage de chérubin s'est illuminé. Plus elle était malade, plus elle ressemblait à une sainte. Emmitouflée dans des châles à franges et des couvertures, à saluer tout le monde de la main depuis sa chaise roulante, elle distribuait les mots gentils comme des bonbons. C'était devenu mère Teresa. *Ma mère, Teresa.*

La mère Noël, une sainte, la diplomate de la famille.

Je me suis demandé si c'était ce qu'elle avait toujours été.

De retour à la maison après l'opération, nous avons transformé le salon en chambre afin d'accueillir les énormes réservoirs d'oxygène qui devaient nébuliser les médicaments dans ses poumons.

– Maman, quand tu iras mieux, lui ai-je dit lors de l'un de mes derniers voyages, pour ton anniversaire, on ira à La Bistecca.

La Bistecca était un restaurant de Lima avec un buffet. C'était ce qui se rapprochait le plus de Sizzler, son restaurant préféré aux États-Unis.

Il y avait deux lignes de téléphone à la maison – l'une servait pour l'entreprise sur le déclin de mon père, l'autre pour tout le reste. Les appels de ses amis et de sa famille ont fini par monopoliser les deux lignes. Un flot continu de visiteurs venait la voir dans sa « suite présidentielle » comme elle l'appelait et elle tenait fièrement séance, depuis son lit médicalisé.

– Laisse-moi te dire une chose, se vantait-elle. Nous allons à La Bistecca. C'est presque aussi bon que Sizzler !

Ses mains dansaient et voletaient tandis qu'elle décrivait à quel point leurs pommes de terre rôties deux fois étaient exquises, combien le steak était juteux, comme si c'était au-delà de tout ce qu'on pouvait imaginer.

– *¿Un cafecito?* gazouillait-elle.

Quelqu'un – moi, mes frères, Meche – allait aussitôt faire du café. Puis elle sirotait le sien dans son lit et acquiesçait en écoutant ceux qui lui rendaient visite lui raconter leur mélodrame du jour. Un Don Corleone, version matriarche. Elle semblait enfin régner totalement sur son domaine.

Mon père, qui approchait des quatre-vingt-dix ans à ce stade, avait du mal à marcher et avait fait installer un petit lit au rez-de-chaussée, dans son ancien bureau. J'avais passé tant de temps à l'admirer, dans ses chemises parfaitement amidonnées et ses costumes impeccablement repassés, en train de dicter des notes à sa secrétaire ou bien penché sur une pile de documents, la main sur la calculette, à additionner pendant des heures, sans jamais s'arrêter pour vérifier que ses doigts frappent bien les bonnes touches... Dans son bureau, mon père avait été un pianiste concertiste. Un maestro.

Mais maintenant qu'il ne pouvait plus se cacher dans son monde régi par les chiffres, je saisissais combien mon père était petit. Plus la maladie de ma mère s'aggravait, plus il se terrait, en prenant soin d'ignorer le flot constant de visiteurs et d'appels. On ne le voyait que brièvement, dans la cuisine, à l'heure des repas. Il ne venait jamais à son chevet pour lui tenir la main ou vérifier ses fonctions vitales. Dès qu'elle parlait de sa santé, il lui coupait la parole.

– Et si c'est moi qui pars en premier ? s'énervait-il comme si c'était un concours. C'est moi qui vais mourir en premier !

– Tais-toi ! se moquait-elle. *Yerba mala nunca muere*. La mauvaise herbe ne meurt jamais.

Ça me faisait rire à chaque fois.

Nous avons essayé de la faire déménager aux États-Unis pour qu'elle soit près de ses enfants et de ses petits-enfants. Après des années d'acharnement, Mariana lui avait enfin obtenu une Green Card. Mais nous avons eu beau insister et insister, elle ne voulait pas quitter mon père. Elle tenait à honorer les obligations de son mariage sans amour. Et mon père ? Il n'avait aucune envie de déménager. Il ne parlait pas anglais et il était bien trop vieux et têtu pour apprendre. Après avoir perdu une énorme partie de sa fortune dans cette arnaque pyramidale quand j'étais à la fac, il n'avait jamais réussi à vraiment se refaire. Puis il avait vieilli, trop pour son métier, poussé vers la sortie par des comptables plus jeunes, plus *hype*, et moins chers que lui. Malgré son prêche incessant sur la permanence de la calculette, les choses avaient changé.

Tout avait changé. Sauf lui.

Aux États-Unis, Segundo Vásquez ne serait qu'un migrant de plus qui repartait de zéro. À Lima, il lui restait au moins les souvenirs de ses jours de gloire.

Mon mariage ne tenait qu'à un fil. Juste avant notre premier anniversaire, lors d'un voyage d'affaires à Singapour, j'ai trompé Margaret avec une femme qui me rappelait Lori. Je le lui ai avoué mais elle m'a pardonné. Quand nous sommes retournées vivre aux États-Unis, elle est devenue plus distante, a commencé à passer ses week-ends seule dans des retraites du genre : « Harnacher le féminin divin » ou « Trouver votre déesse intérieure ». Et moi, je l'ai de nouveau trompée. Avec une amie proche, cette fois.

Dire que j'étais infidèle parce que mon père l'était aussi serait trop simple.

La vérité n'est jamais aussi simple.

Mais il serait également faux de nier que ça faisait partie de mon sang, de mon *nom*. Que je venais d'une longue lignée d'hommes qui avaient des familles cachées, des enfants secrets. D'une lignée de femmes qui fermaient les yeux, souvent parce qu'elles n'avaient pas le choix. Même si j'avais rejeté toutes les options que la culture péruvienne m'avait proposées quand il s'agissait d'être une femme, j'avais, par la même occasion, embrassé un autre stéréotype. L'homme infidèle de la maison. La tête de mule et ses œillères.

Quand l'état de ma mère s'est aggravé un peu plus encore, elle a laissé des messages sur le répondeur de chacun de ses enfants. Ses dernières volontés. Elle a imploré à chacun de mes cinq frères et sœur de fonder une famille et de rester toujours proches. À moi, elle a dit : « Tu es si intelligente. Obtiens ton master. »

Ma mère avait obtenu son diplôme de fin d'études secondaires au début de son traitement de chimio. Pour elle, l'éducation représentait la liberté et la possibilité d'une autre vie.

Elle était également devenue le noyau dur de son groupe d'amis et adorait écouter en détail les dilemmes de chacun. Pourtant, à chaque fois que j'essayais de lui faire part de mon mariage malheureux quand je l'avais au téléphone, je n'avais droit qu'à une litanie de *huuuum, oui, d'accord*, ponctuée par le bruit électronique de cartes qu'on mélange. Elle jouait au solitaire en ligne.

C'était comme si le fait que je sois homosexuelle chamboulait tout son système. Puisqu'elle ne pouvait pas accepter que je vive avec une femme, elle avait tiré un trait sur *ma* famille – chose qu'elle estimait le plus au monde.

Quand j'ai fait mon *coming out*, je ne pensais pas me marier un jour. Peut-être parce que, dans la culture d'où je venais, se marier n'était envisageable qu'avec un homme. Mais une fois les mots prononcés – « Oui, je le veux » – j'ai été surprise de constater que j'étais déterminée à tenir parole.

Margaret et moi n'étions pas heureuses, mais comme on dit en espagnol « *Peor es nada.* » Le pire, ce serait de n'avoir personne.

Je craignais trop de divorcer. Cela aurait été un échec supplémentaire.

J'étais tombée dans le même piège que ma mère, je me servais du mariage comme d'un bouclier. En m'accrochant à cette fausse sécurité, à ces promesses creuses. J'étais plus investie dans le fait d'être mariée que dans mon mariage en tant que tel. Comme si cette union légale était un garde-fou contre le chaos et le dysfonctionnement. J'aurais dû savoir que non, évidemment.

À l'été 2012, le cancer de ma mère s'était propagé jusque dans sa colonne vertébrale. Elle était désormais clouée au lit. Une tumeur avait paralysé toute la partie inférieure de son corps. On la traitait avec des stéroïdes, ce qui l'avait fait énormément grossir – elle était passée de 75 kilos à presque 105. Quand Thanksgiving est arrivé, Miguel et moi avons déménagé au Pérou. Chaque soir, je dormais sur le grand canapé près du lit de ma mère dans sa suite présidentielle. Je l'entendais respirer doucement et difficilement. L'infirmière de nuit, qui dormait dans la chambre d'à côté, venait régulièrement voir comment elle allait. Elle augmentait son oxygène et la respiration de ma mère se stabilisait. Je suivais le chemin invisible de l'oxygène à travers le tube puis dans son sang et voyais ses yeux s'écarquiller, sa respiration s'amplifier. Ça me fascinait de voir ce que pouvait faire un petit peu d'air supplémentaire. Je me disais que ça m'aiderait un jour, moi aussi, à gravir des montagnes, à monter plus haut que c'était humainement possible.

Un matin, pour me moquer de ma mère, j'ai enfilé son masque à oxygène.

– Un jour, j'escaladerai le mont Everest, lui ai-je dit.

– *Silvita, no*, a-t-elle répondu. C'est trop dangereux. Tu pourrais mourir. S'il te plaît, ne fais pas ça.

– Mais Maman, c'était génial la première fois que j'y suis allée, tu sais. Et je vais beaucoup m'entraîner. J'ai déjà gravi le Kilimandjaro et le mont Elbrouz.

Je n'ai pas mentionné à quel point je n'y connaissais rien quand je me suis lancée à l'assaut du Kilimandjaro. Au fond, tout ce que j'ignorais à cette époque, je l'ai appris ensuite sur le mont Elbrouz. C'est le mont Elbrouz qui m'a fait passer du statut de grimpeuse à celui d'alpiniste. Et puis, c'est là-bas que j'ai appris la technique de freinage du *self-arrest* – comment s'arrêter quand on fait une chute et qu'on glisse le long d'une montagne droit vers sa mort. Mais je me suis dit que ce n'était probablement pas le meilleur truc à lui raconter.

– Je trouve simplement que ce ne serait pas très intelligent, *hijita*.

Elle m'a retiré le masque à oxygène de la main, et j'ai compris que celui-ci pouvait être une question de survie. Et si la bouteille fuyait ? Et si elle était abîmée ? Et si toute ma vie en dépendait ?

Quand j'ai rencontré Margaret, je lui ai dit que je voulais gravir le Puncak Jaya en Papouasie mais elle m'en a dissuadée elle aussi, en disant exactement la même chose que ma mère. Que c'était trop dangereux. J'ai donc arrêté l'escalade pendant un long moment, je n'en parlais même plus. Et mon envie de plus – de donner plus, d'être plus –, je l'ai redirigée dans mon travail. L'escalade n'était plus qu'un vague écho au fond de mon cerveau, mais la vraie vie continuait.

*
* *

J'ai pris la main gonflée de ma mère dans la mienne, en serrant ses doigts désormais boudinés, savourant sa chaleur qui signifiait qu'elle était encore en vie.

L'Everest sera toujours là, me suis-je dit. Les montagnes seront toujours là.

C'était un moment particulier. Un moment que je n'avais jamais connu.

Un moment entre Maman et moi.

Un samedi matin ensoleillé du mois d'avril 2013, je me suis réveillée au son de ma mère qui étouffait. L'infirmière de nuit a surgi dans la pièce, j'ai attrapé la main de ma mère tandis qu'elle lui administrait un sédatif et appelait le médecin. Ses poumons ne fonctionnaient plus. Ce n'était pas la première fois. C'était arrivé à plusieurs reprises durant les cinq derniers mois. C'était terrifiant de la voir comme ça. Elle ne répondait plus et je n'avais qu'une envie, c'était de la voir s'agiter pour prendre de l'air, de savoir qu'elle luttait encore.

Ses capacités respiratoires s'effondraient.

L'infirmière s'est mise à pleurer.

J'ai compris que c'était la fin.

Miguel était debout de l'autre côté du lit à lui tenir la main droite. Moi je serrais la gauche entre les deux miennes. Mon père est entré en claudiquant et s'est effondré sur le canapé à côté de nous.

– Mamita, ai-je dit en me penchant un peu plus. Je t'aime Mamita. Je sais que tu m'entends, Mamita. Je t'aime tellement, Teresita. Est-ce que tu m'entends ? Je sais que oui. Je suis là pour toi, Mamita. Je suis ici avec toi.

J'ai écrasé sa main contre ma joue. Elle était tiède, spongieuse – des lilas blancs et de la crème.

J'avais perdu Lori avant d'avoir pu lui dire combien je l'aimais. Et tout cet amour que j'avais gardé enfoui et cadenassé a ressurgi comme une incantation. Comme une onction que je me devais d'offrir à ma mère. Je ne voulais pas qu'elle ait le moindre doute sur ce que j'éprouvais pour elle.

– Je t'aime, je t'aime, je t'aime. Maman, je t'aime, ai-je répété, chaque mot plus doux que le précédent.

À 15 heures, l'oxymètre s'est calé sur zéro.

Miguel a laissé échapper un cri guttural et je me suis effondrée sur le corps de ma mère, à la recherche d'un dernier souffle, d'une dernière inspiration. Mais il n'y avait rien. Plus de respiration, plus d'elle.

Ma mère était partie.

*

* *

Au début, sa mort ne m'a pas autant affectée que je l'aurais cru.

Au début.

Je me suis consolée en me plongeant dans le travail et en fantasmant sur le fait que Margaret et moi puissions repartir de zéro. Ces dernières années auprès de ma mère m'avaient rappelé l'importance de la famille et montré que la guérison était possible, ou du moins l'acceptation. Peut-être que Margaret et moi pouvions arranger les choses.

J'ai été invitée à donner une conférence à Tokyo pour présenter un programme pilote que eBay venait de lancer avec un de nos partenaires. Ça a toujours été l'une de mes villes préférées au monde. Les organisateurs avaient vraiment déroulé le tapis rouge pour l'occasion : vol en première classe, chambre au luxueux Prince Gallery Hotel avec vue sur les gratte-ciel et un bar futuriste où on servait des tempuras de crevettes dorées à la feuille d'or. Le matin de la conférence, je suis entrée dans un petit auditorium où cent vingt hommes portant le même costume sombre impeccable entouraient l'estrade où j'allais prononcer mon discours avec, derrière moi, deux interprètes japonaises.

J'avais l'impression de réaliser le rêve de mon père. J'avais l'attention et le respect d'une pièce emplie de cadres japonais – des hommes qu'il considérait comme le pinacle de l'élégance et du professionnalisme. Et, aussi improbable que cela puisse paraître, c'était moi qui étais là, moi sa fille homosexuelle, flanquée de deux Japonaises prêtes à traduire le moindre mot qui sortirait de ma bouche pour une pièce emplie d'hommes très conservateurs. Je me suis inclinée pour les saluer et j'ai commencé à parler. À chaque pause, les deux interprètes alternaient pour traduire. Puis au beau milieu d'un slide, tout s'est arrêté. Les yeux rivés sur la présentation que j'avais mis deux jours à peaufiner, mon cerveau s'est figé. J'avais l'impression de tenir un de ces énormes coquillages sur mon oreille, ceux dans lesquels on entend les vagues. La mer a traversé mon esprit en balayant toutes mes pensées, j'étais en suspens quelque part, en train de flotter.

Comme si quelqu'un avait appuyé sur pause et que j'étais sortie de la scène. Comme si j'étais censée être Superman et qu'on ne voyait soudainement plus que Clark Kent. Le masque était tombé. La cape gisait au sol, complètement froissée. Tous les hommes en costumes identiques m'ont fixée. Ils attendaient poliment. Je ne voulais pas prononcer un mot supplémentaire à propos de cette nouvelle technologie que nous fabriquions. Ni maintenant. Ni jamais. La passion et l'enthousiasme qui avaient fait ma réputation venaient de disparaître, sur cette estrade.

J'étais perdue.

J'étais désormais une fille sans mère.

Et j'en avais fini avec tout ça.

J'ai réussi à me reprendre et à terminer tant bien que mal ma présentation, mais tout le monde a bien vu que quelque chose n'allait pas. Pas seulement le public, mais moi aussi. C'était bien plus qu'un *burn out* professionnel. Ce qui avait tenté de pénétrer de force dans ma psyché ces dix dernières années avait fleuri et prenait enfin le dessus. Je me suis inclinée pour remercier le public et j'ai quitté la pièce en prenant mes jambes à mon cou.

J'avais mieux réussi que mon père ne le ferait jamais.

Et d'un seul coup, son pouvoir sur moi s'était désintégré.

Je suis rentrée à la maison pleine d'espoir.

Mais lorsque je suis arrivée à San Francisco, toutes les affaires de Margaret avaient disparu et elle avec. Elle m'avait laissé une petite carte pour me dire qu'elle était désolée et qu'elle tenait à moi. Mais que nous étions « sur des chemins différents », ce que nous aurions compris à notre troisième rendez-vous si nous n'avions pas déjà été mariées. Dès le début, bien avant les tromperies, nous avions du mal à être en phase l'une avec l'autre, et les mois que j'avais passés auprès de ma mère au Pérou n'avaient fait que creuser un peu plus ce fossé. J'avais sauté à pieds joints dans un mariage dysfonctionnel parce que je l'étais moi-même. Mais tout ça n'a pas rendu le départ de Margaret moins douloureux.

J'ai repris mes vieilles habitudes. L'alcool. Mais cette fois, les choses étaient différentes. Ça ne m'apaisait plus. Même le plus fort des bourbons ne m'anesthésiait jamais pour très longtemps. Il m'assommait tous les soirs mais, à 5 heures du matin, je me réveillais inexorablement en sursaut en étant incapable de me rendormir tellement j'avais mal. Je ne souffrais pas de ma gueule de bois, ni de l'angoisse de devoir me souvenir de ce que j'avais fait la veille, mais d'une douleur beaucoup plus vive. Comme si on m'avait retourné la peau. Comme si mon cœur était pris dans un étau. Clouée au lit, j'avais une conscience aiguë du vide à côté de moi, là où Margaret dormait auparavant. J'avais l'impression d'être au bord d'un gouffre sans fin. Un gouffre qui aurait avalé Margaret, ma mère et Lori. Et qui menaçait de m'avaler moi, encore une fois.

Même les jours où je ne buvais pas, je me réveillais en larmes au milieu de la nuit. J'implorais le soleil de se lever.

– Pitié, lève-toi avec moi. Pitié, lève-toi maintenant. Je souffre. Pitié, viens. J'ai besoin de lumière. Tout ça est trop sombre, trop douloureux.

Mais le soleil ne se levait jamais quand j'avais besoin de lui.

Un soir, je suis montée dans ma voiture et j'ai roulé à fond la caisse jusqu'au Golden Gate Bridge. Je me suis garée. Une fois dehors, un air frais et humide m'a inondé le visage. J'ai marché vers la baie, sous le pont. Les lumières de la ville n'étaient plus qu'un halo lointain. L'eau, une plaque d'huile sombre. J'ai imaginé les secours en train de sortir le corps de Lori du fond de l'océan. Ces équipes qui avaient plongé à sa recherche au moment exact où je traversais le pont dans l'autre sens, inconsciente de ce qui se tramait, en fredonnant une chanson de Tony Bennett. En pensant, encore une fois, que mes sentiments étaient parfaitement synchrones. Que j'avais une chance. Que je pouvais continuer à avancer dans la vie comme un bulldozer et atterrir exactement où je voulais quand je voulais. J'avais beau avoir été sur ce pont quand Lori avait sauté, je n'avais jamais été suffisamment proche d'elle pour la retenir.

Je fuyais depuis aussi longtemps qu'il m'en souvienne. Et j'étais arrivée au bout. Des justifications. Des gens qui me soutenaient. Des deuxièmes chances. Des nouveaux départs. Sans Lori, sans mère, sans mariage et avec une carrière dont je me fichais soudainement, je n'avais plus rien. Il n'y avait plus nulle part où s'enfuir.

J'étais complètement seule.

Et je souffrais.

Et pour la première fois de ma vie, l'alcool ne suffisait plus à anesthésier la douleur.

Je me suis résignée à chercher de l'aide. Sur la suggestion d'une amie, je me suis inscrite au Hoffman Process, une retraite d'une semaine où l'on médite et cherche à comprendre les schémas négatifs que l'on a intégrés entre l'âge de cinq et douze ans et qui définissent souvent la personne que nous devenons ensuite. Vers la fin du séjour, alors que nous étions tous assis en cercle, l'animateur a dit : « Tout ça va nous permettre de gravir nos propres montagnes intérieures. » Et soudain, j'étais au Népal, au pied de l'Everest, à me souvenir de combien l'air était froid et sacré, de comment rejoindre le camp de base en moins de la moitié du temps prévu m'était apparu comme une grâce particulière, presque un augure, une confirmation que la montagne allait me guider. Debout dans l'ombre de l'Everest, je m'étais sentie propulsée par quelque chose de plus grand que moi. Et j'ai eu un déclic.

Les fêtes approchaient et je redoutais de passer mon premier Noël sans ma mère. C'était son époque de l'année préférée. Laborieux et pleins d'amour, ses festins de Noël était une vraie *master class*. La dinde juteuse, les sauces à la pomme et aux canneberges, les pommes de terre écrasées, ses célèbres haricots verts et sa fameuse salade Waldorf. Je n'arrivais pas à m'imaginer ailleurs qu'assise à sa table. Je n'arrivais pas à m'imaginer passer le Nouvel An sans qu'elle soit sur mon dos, à me dire de ne pas oublier de porter des sous-vêtements jaunes et de bien manger mes douze grains de raisin à minuit – six noirs et si verts – une tradition péruvienne censée vous porter chance pour chacun des mois de l'année à venir.

Si je ne faisais pas quelque chose de drastique, j'allais finir par boire jusqu'à tomber dans le coma. Quand j'escaladais, je ne buvais pas. Je respectais et je craignais la montagne, ce qui miraculeusement m'aidait à rester sobre. Je n'avais pas gravi la moindre montagne depuis six ans, mais j'avais des vacances pour les fêtes, période durant laquelle les expéditions sont souvent moins chères. J'ai donc réservé un voyage. Sur ma liste des sept sommets, le suivant était l'Aconcagua. À l'école, nous étions très fiers de cette montagne, la plus grande d'Amérique. Ma montagne territoriale – le plus haut sommet de mon propre continent, de la terre d'où je venais.

Après tant d'années sans rien escalader, je n'étais pas sûre d'être capable d'atteindre le sommet. Avoir gravi une montagne ne signifiait pas nécessairement que je saurais gravir la suivante. 35 % des grimpeurs n'atteignent pas le sommet de l'Aconcagua à leur première tentative – et parmi eux certains Népalais qui ont déjà gravi l'Everest. La proximité de l'Aconcagua avec le Pacifique génère des conditions météorologiques difficiles. Les vents violents et la neige battante provoquent souvent de terribles tempêtes. Au sommet, la pression atmosphérique chute de 60 % par rapport à celle du niveau de la mer, ce qui augmente les risques de souffrir du mal des montagnes. Mais la plus grande difficulté, c'est qu'on a très peu de temps pour s'acclimater. Sur l'Aconcagua, le chemin qui mène au sommet est quasi rectiligne. Chaque montagne a ses difficultés. L'Aconcagua les a toutes.

Tout comme lors de mon premier séjour au Népal en 2005, je suivais une vision, ce bout de conversation lors de ma semaine à Hoffman qui disait que je devais explorer mes *montagnes intérieures.*

On m'a assigné une équipe avec deux hommes – Mike, un Américain d'Atlanta, et Rajat, un Indien qui vivait à Dubaï. Nous avions tous un point commun. « Los Divorciados » est devenu notre nom d'équipe.

Après dix jours difficiles, nous avons atteint le pied du sommet. À 6 700 mètres, l'air est rare et la lumière aveuglante. Nous étions partis du camp de base et avions poussé jusqu'aux trois camps supérieurs en quelques jours, sans rotation. Une simple ligne droite. Certains grimpeurs avaient déjà fait demi-tour et j'avais eu plusieurs fois envie de les suivre. Tout ça – gravir une montagne pour changer ma vie – commençait à me sembler ridicule. La vérité, c'est que j'en voulais à la vie elle-même. Je fonctionnais au chagrin et j'étais venue m'en prendre à la montagne. Je voulais lui défoncer la gueule à cet énorme rocher. Mais le rocher a riposté. Et il m'a défoncée moi. La montagne serait toujours plus forte que moi. Escalader n'allait pas plus me guérir qu'avoir un poste convoité dans la tech ou épouser une magnifique blonde.

La nuit qui a précédé notre tentative d'ascension jusqu'au sommet a été très calme, il n'y avait presque pas de vent. Pourtant, je l'ai passée à trembler et à lutter contre les palpitations accablantes d'une migraine d'altitude. Il n'y avait pas d'autres bruits que les bavardages occasionnels des grimpeurs qui passaient et les ronflements en dents de scie de mes compagnons de tente. Roulée en boule de mon côté, j'ai laissé échapper quelques larmes. Puis quelques autres encore. Elles se sont accumulées et j'ai pleuré toute la perte et le deuil, la douleur et la tristesse, la peur et la colère. J'ai pleuré pour tout l'amour, le temps et les possibilités que j'avais perdus. Pour ma mère et pour les femmes de ma famille avant elle qui avaient tant souffert. Pour toutes les personnes à qui j'avais fait du mal parce que je n'arrivais pas à me débarrasser de ma douleur. J'ai pleuré parce que j'ai cru que je n'atteindrais pas le sommet. J'ai eu pitié de moi – je me suis dit que mon rêve, toute cette histoire de gravir des montagnes, ne se réaliserait jamais. Mon corps tremblait à coups de spasmes silencieux. J'ai sangloté aussi discrètement que possible dans mon oreiller, afin de ne réveiller personne. J'ai pleuré jusqu'à être complètement vide. Et dans ce vide, j'ai reconnu la silhouette d'une petite fille. Une petite fille qui essayait de sortir, qui voulait se défaire de cette souffrance une bonne fois pour toutes. Une petite fille qui était fatiguée d'être seule. La petite fille en jogging turquoise ne m'avait pas abandonnée.

Elle attendait, patiemment, la main tendue.

Juste avant de sauter du pont, Lori avait pris ses distances avec tout le monde. J'ai découvert plus tard via des amis communs qu'elle avait arrêté de répondre à leurs coups de fil. Qu'elle ne venait plus ni aux galas de charité ni aux fêtes. Avant ça, elle semblait pourtant avoir trouvé une façon de contrôler ses troubles bipolaires, notamment en s'occupant d'une communauté, en construisant des chars délirants et en passant un an à préparer un camp de paillettes au milieu du désert. Je me demandais quel mal était revenu la ronger. Qu'est-ce que Lori n'avait pas réussi à semer ? Elle avait toujours refusé d'être un poids pour les autres. Comme ma mère, Lori gardait ses côtés les plus sombres bien cachés et retrouvait son chemin en consacrant sa vie aux autres. Une fois ses enfants partis, ma mère s'était réinventée et avait mis toute son énergie au service d'autrui, à Lima et dans les Andes. À son enterrement, plus de mille personnes étaient venues lui rendre hommage. Des gens que je n'avais jamais vus de ma vie.

Lors de cette nuit glaciale sur l'Aconcagua, je crois que le ciel empli d'étoiles s'est fendu en deux au-dessus de la toile rouge de ma tente pour laisser l'univers déverser toute sa compassion sur moi parce que, une fois mes larmes épuisées, j'ai plongé dans un sommeil profond. Et quand je me suis réveillée le lendemain matin, j'ai eu l'impression d'être habitée par la grâce. J'ai atteint le sommet avec de l'avance, comme si mes larmes de la veille avaient déblayé le chemin. J'ai compris qu'atteindre le sommet, comme guérir, exigeait qu'on s'abandonne. Qu'on se montre *vulnérable*.

Et en observant le paysage depuis le sommet de l'Aconcagua, la solution m'a semblé si évidente que je ne comprenais pas comment je n'y avais pas pensé plus tôt. L'Everest, ce n'était pas à propos de moi. Je n'étais pas censée faire tout ça seule. Je n'étais pas censée gravir des montagnes et planter mon drapeau tout en haut comme une *conquistadora* des temps modernes. C'était à propos de ce que j'avais à offrir, de ce que j'avais à offrir à une communauté – aux femmes et aux filles qui étaient comme moi. Je devais tenir ma promesse et gravir l'Everest, mais je devais emmener d'autres personnes comme moi. D'autres femmes comme moi. Des survivantes. C'était ça le message, depuis le début.

Quand je suis rentrée à San Francisco, j'ai senti le vide laissé par ma mère. Mais il y avait quelque chose d'autre sous cette tristesse. Invitée à participer au One Billion Rising, une campagne internationale contre les violences sexuelles organisée par Eve Ensler, je suis montée sur le podium et j'ai raconté mon histoire devant plusieurs milliers de personnes. Elles ont rugi pour me soutenir. C'était la première fois que j'en parlais à haute voix depuis que je m'étais effondrée sur le carrelage de l'*azotea*, vingt ans auparavant. La première fois que je racontais mon histoire sans me sentir coupable. Sans m'inquiéter de faire honte à ma mère ou de la blesser. J'avais trouvé ma voie.

Désormais, il était temps de trouver les autres.

– 17 –

LA VALLÉE DU SILENCE

Parfois, quand il fait suffisamment froid et que la pression de l'air et tous les phénomènes scientifiques sont alignés de la bonne manière, la neige se métamorphose.

L'inclinaison d'une montagne ou un bruit soudain ne sont pas les seuls éléments qui peuvent déclencher une avalanche. La structure de chaque flocon de neige compte. La montagne est en général recouverte de blocs de neige compacts composés de couches de poudreuse tombées successivement et ayant fini par fusionner de façon plutôt sûre. Mais si un jour le gradient de température est parfait, une couche tout au fond peut se transformer et se facetter. Quelque part tout au fond de cette masse de neige, il y a désormais un point faible. Et avec la bonne secousse, la bonne vibration ou le bon choc, cette couche peut s'effondrer et déclencher une avalanche.

*

* *

Nous redescendons vers le camp de base de bon matin et les montagnes qui m'entourent me semblent plus vivantes que jamais. Le soleil plane au-dessus du glacier, mais nous sommes protégés par l'ombre des flèches de glace. On dit que descendre la montagne est aussi difficile que la gravir. Je comprends en effet ce matin que retourner au camp de base signifie retraverser toutes les échelles. Alors que nous nous enfonçons un peu plus dans le Khumbu, j'entends le bruit de l'eau, de la glace qui fond, de la neige qui se brise.

Rob est le dernier à arriver au camp. Il soulève la toile pour entrer dans le chapiteau du réfectoire et s'effondre aussitôt, pris d'une violente quinte de toux. Il tousse depuis le camp II et je n'ai pas besoin de regarder les autres pour savoir que nous pensons tous à la même chose. La toux de haute altitude. Le sifflet redouté de l'échec.

La toux du Khumbu.

Une toux sèche issue de la collision d'un climat froid, d'une faible humidité et d'un effort extrême en altitude : le spectre de l'Everest. Une fois qu'on l'a attrapé, difficile de s'en défaire. Vu que nous dormons pour ainsi dire dans un congélateur toutes les nuits, attraper un rhume n'a rien de surprenant, mais la toux du Khumbu peut anéantir une ascension.

Le corps guérit lentement en altitude, voire pas du tout. Plus on monte, moins on a de chances de s'en remettre. Contrairement aux autres sports où les athlètes peuvent s'entraîner, devenir plus forts et plus rapides en vue d'une grande course ou d'un match de playoffs, plus nous gagnons de l'altitude, plus nous devenons faibles. Quand nous atteignons le sommet, *si* nous atteignons le sommet, notre corps est pour ainsi dire déjà en train de s'éteindre. Nous n'avons plus d'appétit, notre sommeil devient sporadique et notre respiration presque impossible. Rien qu'au camp de base nous dépensons deux fois plus d'énergie que si nous étions au niveau de la mer. Pourtant, nous avons moins faim. À la fin de l'expédition, certains auront perdu l'équivalent du poids d'un jeune enfant. Nous conditionnons nos poumons et notre corps à vivre en altitude, en repoussant un peu plus nos limites à chaque rotation, mais nous ne devenons pas plus forts dans le sens sportif traditionnel du terme. Quand nous atteindrons le sommet, nous serons concrètement en train de mourir.

Parfois, redescendre à une altitude moins élevée est la seule solution.

*

* *

Tendi se précipite avec une tasse de thé au gingembre, et Rob lui dit merci du bout des lèvres tandis qu'Anthea lui indique la tente du médecin. La confirmation tombe après le déjeuner. Il a attrapé la toux du Khumbu. C'est la troisième tentative de Rob de gravir l'Everest et il n'est pas encore prêt à renoncer. Ang Dorjee et Mike se mettent d'accord et lui disent de redescendre à Pheriche pour se reposer quelques jours. Si sa toux s'améliore, il pourra nous rejoindre pour la deuxième rotation. Peut-être que quelques jours dans un lit digne de ce nom avec des repas et une hydratation adéquats suffiront à vaincre sa toux. Ça semble plutôt séduisant comme programme. Pour être honnête, je suis tentée de l'accompagner.

Rob part sans résistance, en promettant de nous donner régulièrement des nouvelles. Nous l'accompagnons jusqu'à la limite du camp, en lui lançant des « Rétablis-toi bien » et des « On se voit vite » encourageants. Mais, au fur et à mesure qu'il s'éloigne, le sentiment de l'avoir perdu nous noue l'estomac à tous. Et la question tacite demeure : *Qui sera le suivant ?*

Des huit du début, nous ne sommes plus que cinq : Brian, Danny, John, Mark et moi.

Deux jours plus tard, John commence à faiblir.

C'est une de ces matinées incroyables de l'Everest où le soleil est si chaud que nous ne portons qu'un T-shirt et de la crème solaire. Des tonnes de crème solaire. Le glacier du Khumbu n'est plus qu'une feuille d'aluminium qui menace de nous faire frire. Nous traînons au camp de base pour récupérer et nous préparer à la deuxième rotation. John et moi sommes assis sur des chaises en plastique devant le réfectoire, les pieds posés sur une pile de rochers. John a souffert pour atteindre le camp II et il n'est plus vraiment le même depuis. Il est plus silencieux, presque renfermé.

– Je m'inquiète pour ma femme, dit-il. C'est juste… Elle est là-bas, toute seule.

En croisant son regard bleu et sincère, je peux presque lire dans ses pensées. Comment sa femme peut-elle s'en sortir sans lui ? Qu'est-ce qu'elle fera s'il meurt là-haut ? Qu'est-ce qu'il fera *lui* si elle meurt pendant son absence ? Je sais qu'il pense à ça parce que j'y pense moi aussi. Tous les soirs, bercée par les éboulements et les plaques de neige qui s'effondrent, je me demande ce que ça ferait de mourir ici. Je me dis parfois que ça ne serait pas si mal au fond. Mais moi, il n'y a personne qui dépend de moi à la maison – contrairement à John.

– Fais ce qu'il faut pour ta famille, dis-je, parce que c'est tout ce que je trouve à dire. L'Everest sera toujours là. Nos familles, eh bien…

Il acquiesce, les yeux rivés sur une petite parcelle de neige qui fond sous ses pieds. Les fossettes qui apparaissent dès qu'il sourit ont disparu.

– Essaie peut-être de l'appeler ? je suggère. Voir ce qu'elle en pense.

*

* *

Même en période de récupération, il faut rester actif. Si on ne bouge pas, on a plus de risques de tomber malade. Le mouvement continu est la meilleure façon de tromper notre corps, de lui faire croire qu'il est capable de fonctionner normalement malgré le manque d'oxygène.

Un jour sur deux, je parcours les trois kilomètres qui nous séparent de Gorak Shep et reviens. À chaque boucle, mon temps de retour diminue. J'ai un bon rythme, me dit-on, presque aussi rapide que celui des locaux. C'est plaisant de constater que j'ai ma place ici. Que je ne suis pas seulement la femme, la lesbienne, la végétarienne, l'outsider, celle qui va échouer, mais que mon corps s'adapte à cet environnement difficile mieux que celui des autres. Peut-être que je suis faite pour ça après tout.

La plupart des soirs, après dîner, je traîne pour discuter avec John. Son sens aigu des affaires me rappelle mon père. Parler avec lui, c'est un aperçu de la vie que j'aurais pu avoir. Une vie dans laquelle mon père aurait été bon et notre amour réciproque. Plutôt que de se lancer dans des sermons agressifs et univoques,

John, lui, est curieux de connaître mon expérience du monde des affaires. J'ai toujours eu énormément de mal à trouver des mentors en qui je pouvais avoir confiance. Même à Millersville. J'avais ce professeur de comptabilité, un véritable intellectuel du Midwest. Jeune et brillant, avec de fortes valeurs conservatrices. Lui aussi me rappelait mon père, mais plus pour sa ferveur et ses convictions autoritaires.

Un soir tard, alors qu'il me donnait un cours particulier de finances publiques, il a essayé de m'embrasser. J'ai reculé, choquée. Il était marié, avait des enfants mais m'a assuré que ce n'était pas grave. Il m'observait depuis le début du semestre, avait-il dit, et il voyait mon potentiel. J'ai quitté son bureau et ai pris soin de l'éviter pour le reste de l'année. Quand je suis revenue de mes vacances d'été, j'ai appris qu'il avait été renvoyé pour avoir couché avec plusieurs étudiantes.

Il est retourné dans l'Indiana et moi je me suis retrouvée, une fois de plus, sans mentor, sans homme de confiance pour me guider sans me rabaisser, m'agresser ou tenter de coucher avec moi. Heureusement, quand les lois sur le harcèlement sexuel au travail ont été promulguées, eBay a mis un point d'honneur à les appliquer fermement.

C'est peut-être dû à son maniérisme britannique, ou à la peur constante qu'une avalanche nous emporte à n'importe quelle seconde, mais c'est facile de se confier à John. Homme d'affaires cultivé avec un œil d'artiste, il est à la fois respectueux et chaleureux. C'est le seul homme de l'expédition qui se rase tous les matins et laisse un sillage d'eau de toilette derrière lui quand il quitte le réfectoire. Il est même allé à Burning Man – et même s'il ne me dit pas avec qui, je sais que ce n'était pas avec sa femme.

En gloussant dans ma barbe, je l'imagine dans une combinaison en latex fluo avec des plumes et non ses épaisses lunettes noires et sa tenue d'alpiniste professionnel. John me rappelle les « Burners » que Lori m'avait présentés, ces hommes dont j'étais jalouse parce qu'elle dansait avec eux. Elle avait ri quand je lui en avais parlé : « Crois-moi, avait-elle dit, ce n'est pas d'eux dont tu dois avoir peur. » Voulait-elle dire que c'étaient des types bien ou des homos ? Je ne l'ai jamais vraiment su, mais la plupart d'entre eux travaillaient dans la tech ou les finances et assumaient parfaitement leur côté tendre. Rien à voir avec les hommes avec lesquels j'ai été élevée.

– Burning Man ne ressemblait pas du tout à ce que j'imaginais, dis-je à John.

– Comment ça ?

– Eh bien, je m'attendais à un endroit plein de drogues.

– Ça peut se comprendre, acquiesce-t-il.

– Mais je suis restée sobre pendant cinq jours. Le temps n'avait plus vraiment d'importance là-bas, il se passait toujours quelque chose. Comme un Cirque du Soleil ouvert vingt-quatre heures sur vingt-quatre. Je crois que c'est là que j'ai compris qu'il s'agissait plus d'art et de communauté que de drogues et de sexe.

– L'un n'empêche pas l'autre, me lance-t-il malicieusement. Mais oui, c'est vraiment une explosion très colorée de notre inconscient. Quelque chose à ne pas manquer.

– En effet, je souris en chassant le pincement de regrets de ne jamais être allée à ce foutu festival avec Lori.

Je ne suis pas sûre de savoir pourquoi, mais je ne parle pas d'elle à John. Je ne lui dis pas que c'est à cause d'elle que je suis allée au festival, l'année d'après sa mort. Qu'après avoir loupé ma chance, je suis allée à la Playa, que j'ai peint mon corps en son honneur et que je lui ai érigé un autel à l'intérieur du temple de Burning Man.

Il m'a fallu beaucoup trop de temps pour comprendre que toutes ces fois où elle m'a suppliée de l'accompagner, il ne s'agissait pas d'un test mais d'une invitation. Elle voulait me montrer ce que le mot « communauté » signifiait pour elle. Il m'a fallu beaucoup trop de temps pour tout. Difficile de voir les autres quand on est aveuglée par sa propre douleur.

Alors que Danny, Mark et Brian sortent en file indienne du chapiteau pour aller se coucher, John se penche vers moi.

– Silvia, dit-il d'un ton ferme. Je rentre à la maison.

– Non !

Ça m'a échappé malgré moi.

– J'ai besoin d'être à la maison, dit-il.

Il est déjà là-bas, je le vois dans ses yeux. On ne pourra pas l'en dissuader. Et à ce stade de l'excursion, on ne devrait pas de toute façon. Peu importe combien j'ai envie qu'il reste, John doit le vouloir plus que moi. Plus que tout, à vrai dire. Plus que ce qui l'attend chez lui. Il doit être prêt à tout risquer.

Les montagnes sont à la fois un sanctuaire et une Cocotte-Minute – elles nous purifient mais font remonter les vérités les plus profondes à la surface, comme une explosion. Tout ce que nous voulons, tout ce que nous pensons vouloir, tout ce que nous cachons, se révèle à nous. L'Everest est une baguette de sourcier qui met à jour ce que nous avons dans le cœur et ce pour quoi nous sommes faits. Et l'Everest travaille vite.

Il est toujours surprenant de découvrir ceux qu'elle garde et ceux qu'elle renvoie chez eux.

Au petit déjeuner le lendemain matin, j'accompagne John jusqu'à l'héliport. En grimpant dans le cockpit, il se tourne vers moi pour me tirer son chapeau invisible.

– J'aurais tellement aimé que tu restes, je crie par-dessus le *tch-tch-tch* de l'hélicoptère.

– Moi aussi, répond-il. Mais Silvia, ma chérie, l'amour est une chose compliquée.

Et là-dessus, la porte se referme et l'hélice se met à tourner plus vite, en créant des petites tornades autour de ma tête.

Comment aurait-il pu savoir ? Je ne lui ai jamais parlé de Lori.

*

* *

Les longs rayons du soleil du matin se posent enfin sur la combe Ouest. Il est presque 7 heures et je viens d'arriver au camp I après cinq heures passées sur le Khumbu. La semaine dernière, une avalanche mineure a endommagé certaines parties de la cascade et les « docteurs de l'Icefall » ont dû dévier l'itinéraire d'origine. J'ai eu un choc en voyant les échelles que nous avions traversées lors de notre première rotation gésir au fond de crevasses profondes, à moitié détruites, avec à leur place d'énormes blocs de glace. Même celles qui sont encore en place semblent plus instables qu'avant.

Notre expédition a commencé il y a deux semaines et cette route, celle du col Sud, a désormais été traversée par plus de trois cents personnes. Nous traversons et montons les mêmes échelles, hissons notre poids sur les mêmes falaises glacées à l'aide des mêmes cordes fixes. Ces pressions successives sur les broches à glace élargissent leurs trous et affaiblissent leurs ancrages – un nano décalage invisible à l'œil nu. Mais tous ces passages finissent par s'accumuler. Pendant ce temps, le glacier vit sa vie, s'étend et se contracte, fond et gèle.

Chaque rotation sur la montagne est un peu plus dangereuse que la précédente.

Cette fois, nous ne nous arrêtons pas au camp I et traversons directement la combe Ouest pour rejoindre le camp II. La combe Ouest est une immense vallée de glace, sculptée par le glacier du Khumbu et enserrée par la base de trois sommets : le Nuptse à droite, le Lhotse en face et l'Everest à gauche. La triple couronne. Trois des plus hautes montagnes du monde, alignées devant moi.

La journée est très chaude et les murs de neige compacte de la vallée provoquent un effet de serre. Ils réverbèrent tellement de chaleur que nous cuisons dans nos blousons. C'est un peu comme rôtir à l'intérieur de la plus grande chambre froide du monde. La température frôle les 32 °C. La neige est si dense et les parois de l'immense canyon retiennent tant la chaleur… C'est un terrain idéal pour les avalanches.

Il n'y a pas le moindre souffle de vent et tout est sinistrement calme. Nous marchons en silence, avec pour seule bande-son le bruit de nos crampons qui s'enfoncent doucement dans la neige et nos respirations laborieuses.

Face à nous, au milieu de la vallée, une série de crevasses découpent la neige comme des parts de gâteau. Il y en a des douzaines, toutes plus profondes et plus larges que toutes celles que nous avons traversées sur le Khumbu. Entre chaque crevasse, un étroit plateau de neige. Au fur et à mesure que nous nous approchons, je les vois se déployer comme des vagues. Nous virons à droite pour nous diriger vers un petit passage que l'on appelle le Nuptse Corner. Nous cherchons à éviter les crevasses centrales, les plus dangereuses, bien trop pour qu'on les traverse.

Nous atteignons le rebord d'une crevasse latérale. Celui-ci est instable à cause de la glace. On dirait plus une fente qu'un fossé. Une échelle descend tout au fond et une autre remonte le long de la paroi opposée. Nous devons descendre au creux du gouffre plutôt que de l'enjamber. C'est à peu près ça. Chaque nouvel obstacle est une métaphore à la Don Quichotte. Quand cela s'arrêtera-t-il ?

Alors que je suis à la moitié de l'échelle qui remonte le long de la paroi opposée, une douleur aiguë envahit mon pelvis.

– Argh, je crie en contractant mes abdominaux.

L'échelle se met à trembler et je me hisse tant bien que mal sur les deux échelons suivants. Mon ventre se tord. *Pas maintenant. Mon Dieu, pas maintenant.* En général, ma prière fonctionne. Celle où je supplie de ne pas avoir mes règles sur la montagne. Je ne sais pas si c'est ma dévotion quotidienne ou le fait que l'effort intense et l'altitude puissent causer l'arrêt des menstruations mais, jusqu'ici, ça a fonctionné.

Je ravale ma douleur et atteins le haut de l'échelle.

– Ang Dorjee ! je crie en direction du début de la file indienne. Il faut que je fasse une pause.

– Pas de pause ! crie-t-il sans me regarder. Ces falaises de glace sont le terrain le plus propice aux avalanches. C'est trop dangereux ici. Avance.

Je sens le liquide chaud couler à l'intérieur de ma cuisse.

– Il faut que je m'arrête ! *Ang Dorjee.*

Il finit par me jeter un coup d'œil par-dessus son épaule. Tous les hommes se retournent et me regardent eux aussi tandis que j'agite mes mains, de façon théâtrale, autour de mon pelvis. On ne nous a donné aucune instruction pour ces choses-là durant la réunion d'orientation.

– J'ai besoin, hum… d'une minute.

– D'accord, d'accord, dit-il d'un ton sec. Pasang va rester avec toi.

Pasang, un des sherpas du groupe, reste en retrait avec moi. On voit bien qu'il n'a pas la moindre idée de pourquoi.

J'avance d'un pas mais la douleur me fait tomber à genoux. Les mains sur mon ventre, je me penche en avant, en priant pour que ça s'arrête. J'ai l'impression qu'on me presse l'utérus comme une éponge. *Inspire l'air de la montagne. Expire la douleur. Inspire mille, trois mille, quatre mille. Inspire.*

Aïe. Ouille. Et merde.

Pasang fait les cent pas autour de moi, le visage sévère.

– Nous bouger, dit-il.

Son anglais est rudimentaire mais je souffre trop pour mimer mes explications. *J'ai besoin d'une minute !* ai-je envie de hurler.

Heureusement, j'ai pris des serviettes, des lingettes pour bébé et du gel hydroalcoolique.

– J'ai besoin d'un peu d'intimité, dis-je en agitant la main pour faire signe à Pasang de se retourner tandis que je vais m'accroupir dans un recoin neigeux.

– Dépêcher, aboie-t-il au bout de deux minutes à peine. Je dois dépêcher.

Il se met à marcher.

– J'ai mes règles, je hurle.

Il se retourne, confus en me voyant remonter mon pantalon et sortir de ma cachette. Jumar à la main, je pointe mes ovaires du doigt.

– Du sang ? Je SAI-GNE, dis-je en articulant les syllabes et en agitant de nouveau mes mains autour de mon ventre.

Pasang semble complètement paniqué. Ces hommes n'ont jamais entendu parler des règles ou quoi ? Comment ils appellent ça ici ? Bon Dieu, c'est quoi le mot magique ?

– Pasang, est-ce que tu as une sœur ?

Il acquiesce.

– OK ? Eh bien elle a ça elle aussi. Ta mère. Ta sœur. Elles l'ont toutes les deux.

Il hausse les épaules.

– La lune, *la lune* ! j'insiste en criant presque, tout en pointant du doigt vers le mince croissant qui plane au-dessus du Nuptse, puis vers mes ovaires.

J'ai l'impression d'être une maîtresse de maternelle en train de jouer à un étrange jeu de mimes reproductifs. Sans le mot sherpa, je sais que Pasang ne comprendra pas. Et ça ne devrait pas avoir d'importance à vrai dire, mais plus il me regarde avec ses yeux éberlués, plus j'ai l'impression d'être une folle sanguinolente. J'ai soudainement désespérément besoin qu'il comprenne. Ça n'est jamais arrivé à d'autres femmes avant ? Où *sont* les femmes sur cette foutue montagne ?

Peu importent mes efforts pour être à la hauteur, je dois gérer quelque chose que les hommes n'ont pas à gérer. Quelque chose qu'ils ignorent complètement. Quelque chose qui me force à m'arrêter et à être un corps qui a des besoins et des exigences, une chair molle qui saigne et plus une machine que je peux forcer, par ma seule volonté, à entrer en mouvement.

Même sur cette montagne, mon corps exige d'être écouté.

*
* *

Situé à 6 400 mètres d'altitude, le camp II est niché à l'ombre de la face du Lhotse. Quand nous l'avons traversé lors de notre première rotation, nous n'avons croisé qu'une trentaine de personnes. Désormais, nous sommes près de deux cents, éparpillés dans des petites tentes jaunes. La tension monte sur la montagne, au fur et à mesure que les rotations commencent à s'entrecroiser.

Nous avons une nuit de repos prévue ici avant de rejoindre le camp III, le dernier test pour décider si nous irons jusqu'au sommet ou non. Durant la rotation entre le camp III et le sommet, nous utiliserons de l'oxygène supplémentaire – ce qui signifie que si nous avons l'air apathique en arrivant au camp III durant cette rotation-ci, Ang Dorjee et Mike n'hésiteront pas à mettre fin à notre aventure. Il faut avoir l'air forts et pleins de vie pour les convaincre que nous saurons résister à tout ce qui nous attend.

Le matin suivant, les cordes qui longent la face du Lhotse sont recouvertes de neige. Une tempête a éclaté pendant la nuit. Quand je sors de ma tente pour aller petit-déjeuner, des rafales de vent pleines de débris de glace viennent me fouetter le visage. Escalader une face exposée avec un vent de blizzard comme celui-ci est trop dangereux. Ang Dorjee décide de rester un jour de plus au camp II.

Dieu merci, me dis-je en souriant. Peut-être qu'il faudra même deux jours pour que le temps s'améliore. Honnêtement, je n'ai qu'une envie, c'est de dormir. À ce stade, je pourrais dormir une semaine, un an, voire une vie entière. Mais les gars décident d'aller se promener pour explorer le pied du Lhotse, donc je les accompagne. Continuer à bouger. Toujours bouger. Toujours s'acclimater. Faire croire à mon corps que tout ça est normal, que tout va très bien. Personne n'a gravi cette montagne depuis deux ans mais des détritus des années précédentes sont à moitié enterrés sous les plaques de neige qui longent le camp : des lunettes de toilettes en plastique, des restes de tentes cassées, des emballages alimentaires. L'éthique de l'alpiniste moderne : ne laisser aucune trace. Chaque débris humain doit être ramassé. Mais certains de ces détritus datent d'avant notre prise de conscience environnementale. Ironiquement, les températures qui augmentent à cause du changement climatique font fondre la glace et exposent tous ces déchets vieux de plusieurs décennies. Nous ramassons quelques petites pièces quand nous pouvons, mais la plupart de ces trucs devront être collectés autrement.

Après le déjeuner, je retrouve ma tente, bien décidée à me vautrer dans mon lit en attendant que mes crampes s'apaisent.

– La prochaine va être difficile ! dit Mark déjà couché de son côté avec un livre. Est-ce que tu as besoin d'un peu d'intimité pour te changer ?

– Non, dis-je en frissonnant. (La toile de tente tremble sous les rugissements du vent.) Il fait trop froid. Je ne sortirai de ce sac de couchage que pour manger.

– Je suis bien d'accord.

Allongée sur un fin matelas en mousse qui me sépare de la neige en dessous, je regarde mon souffle se transformer en nuages glacés.

– Eh, celui-là, on dirait un chien, dit Mark en levant les yeux de son livre.

– Hein ? je demande. Où ça ?

– Tu vois sa truffe, juste là.

Il la trace du bout du doigt.

– Et les yeux, un et deux et… Oh ! ils ont disparu, tout a disparu.

Je retiens mon souffle pendant toute une minute, puis expire une énorme bouffée d'air.

– Oh ! je m'exclame. Un oiseau, regarde. Un cygne, peut-être ?

Nous observons le cou s'étirer puis s'évaporer en petits nuages.

Petite, la peur anéantissait ma capacité à admirer et à remarquer ce genre de détails. Je ne veux pas qu'elle me vole un seul autre instant, même pas ce petit jeu absurde avec Mark.

Au dîner, Mike reçoit un bulletin météo du camp de base annonçant que la situation s'améliore.

– Camp III demain matin, déclare-t-il.

Avant d'aller au lit, je prie pour que le mauvais temps revienne et pouvoir dormir un jour de plus. Il n'y a aucun autel au camp II. Je décide donc d'en fabriquer un avec quelques pierres et m'agenouille devant. On devrait tous avoir un autel. Tous les matins, je m'y rends pour prier. Je rends surtout hommage à Miyolangsangma, prie la Virgen del Carmen et supplie qu'on me laisse tenir un jour de plus, rien de bien extravagant, mais je suis convaincue que ma dévotion est la seule raison pour laquelle la mère Everest m'a laissée aller aussi loin.

Mes prières de la veille ont dû se perdre en chemin parce que lorsque je me réveille le lendemain matin, le temps est dégagé et froid. Il n'est pas 6 h 30 que nous sommes déjà en train de marcher vers la face du Lhotse. Mike veut qu'on soit les premiers à atteindre les cordes pour éviter les groupes qui débarqueront au fur et à mesure de la journée et les embouteillages qui iront avec. C'est un peu comme un aéroport – plus on avance dans la journée, plus il y a des risques de subir des retards. Face à nous, une constellation de petites lumières s'agitent à travers la vallée. Des lampes frontales. Un autre groupe nous a devancés.

Je suis les faisceaux erratiques. Le soleil se lève et contrebalance la lueur des torches jusqu'à l'avaler complètement. Nous atteignons la base du Lhotse, une face exposée de 1 200 mètres avec une inclinaison de 50 degrés – le point de départ des centaines de mètres de corde que nous suivrons jusqu'au sommet. Ces cordes vont me guider jusqu'au sommet de la Mère du monde. *Au toit du monde. Qui aurait pu l'imaginer ? Quand j'étais enfant au milieu des collines de Lima… Concentre-toi Silvia ! Clipse-toi. Reste clipsée à tout moment. Attention où tu mets les pieds.*

Pendant deux heures, nous montons tout droit sans faire de pause. En tout cas c'est l'impression que ça me donne, d'aller tout droit. J'enfonce mes crampons en canard dans la neige et je gravis la paroi, en limitant mes mouvements et en manœuvrant aussi précisément que possible au-dessus des bosses glacées et glissantes.

Un pas à la fois.

De la neige, puis de la glace.

C'est comme monter des escaliers pendant des heures, sans s'arrêter.

Respire.

Une douleur atroce dans les mollets.

De la neige, puis de la glace.

Plus nous montons, plus le ciel s'éclaircit et plus j'ai du mal à respirer. Je surveille mon souffle comme une jeune mère nerveuse penchée au-dessus du berceau de son nouveau-né. Je cherche le moindre signe de migraine ou de mal des montagnes.

Respire.

Nous nous arrêtons pour boire et je jette un coup d'œil derrière moi. À des milliers de mètres plus bas, la terre donne l'impression de palpiter. Je peux voir jusqu'au camp I. Les tentes ressemblent à des jouets de poupées et les humains à des fourmis. La perspective de tout ce que nous avons gravi a quelque chose de surréaliste.

Et puis *BOUM*.

Mon cerveau devient un ballon. Déconnecté de mon corps, il flotte. Un étourdissement, une sensation d'envol. L'impression que si je me laissais aller, je pourrais décoller. *Mes fonctions vitales*. Est-ce que je respire ? Oui. Mes mains bougent toujours. Oui. Est-ce que ce sont mes mains ? Agite tes doigts. OK, je contrôle. Je contrôle encore. La sensation est agréable à vrai dire, comme une défonce tiède et pétillante. En admirant le panorama, j'ai le souffle court et l'esprit calme.

J'ai déjà connu ça auparavant.

Sur l'Aconcagua. Juste avant le sommet. Les cent derniers mètres peut-être. Dans les vapes et euphorique. Une échappée de son corps où tout semble si réel, si brut et si urgent.

Continuer à monter.

Un pas à la fois.

De la neige, puis de la glace.

Avoir confiance en ses crampons. Avoir confiance qu'ils tiendront. Avoir confiance que les lames de rasoir sous nos pieds sauront percer et agripper la neige.

Respirer.

Des tentes.

Des tentes ?

Oui, la pointe des petits dômes jaune. Le camp III.

Une dernière enjambée au-dessus du mur et je m'effondre par terre, en m'agrippant à la neige. Ma tête tourne encore quand Brian m'attire contre lui pour me serrer dans ses bras.

– On l'a fait ! crie-t-il.

– On l'a fait, j'acquiesce avant de m'abandonner à son embrassade.

Et là, par-dessus son épaule gauche, je le vois. Pour la première fois depuis qu'on a quitté le camp de base, en plein dans ma ligne de mire, niché derrière les tentes au bout du camp. La légendaire pyramide noire. Le sommet de l'Everest.

– Chomolungma… je murmure.

Brian se tourne pour regarder.

– Mais non, dit-il. Ce n'est pas l'Everest ça.

– Eh, j'ai une meilleure vue que toi !

– Bon sang, tu te plantes complètement, rigole-t-il.

En regardant de plus près, je comprends qu'il a raison. C'est un autre sommet lointain. Je n'ai pas étudié l'horizon des montagnes, pas aussi bien que Brian.

– Peu importe, je n'ai jamais été aussi près, dis-je en haussant les épaules.

– Ça, je te l'accorde, dit-il en me tapant fort dans le dos.

Je ne grimace pas. À vrai dire je commence à bien l'aimer.

Le camp III est un nid de haute altitude plus grand que le parking d'une station d'essence. Ici, les nuages semblent suffisamment proches pour qu'on les touche. Comme si le toit du monde était vraiment à portée de main. Nous sommes à 7 000 mètres, plus que 1 800 à parcourir. Mike se tient au milieu d'une clairière à quelques mètres du rebord et nous crie de le rejoindre. Nous nous asseyons face à lui, en attachant nos harnais à une corde qui longe une rangée de tentes.

– Ça a l'air pas mal, dit Mike.

Avant de redescendre, nous bâfrons des barres énergétiques et des noix et engloutissons le plus d'eau possible. Je termine rapidement puis vais me balader à travers le camp, en essayant de graver chaque détail dans ma mémoire. Tout ce qui pourrait m'être utile durant notre ascension vers le sommet.

– Il est temps d'y aller ! beugle Mike.

– J'arrive !

Au moment où je me retourne pour rejoindre le groupe, je remarque un essaim de toiles jaunes sous la neige devant moi. Des tentes. Enfouies sous la neige et abandonnées.

– Ang Dorjee, je crie en trottant pour le rattraper. C'est quoi ces tentes ?

– Qui sait ? répond-il en agitant la main avec nonchalance. D'autres expéditions, je suppose.

L'espace d'un instant, je me demande si ce ne sont pas les restes du séisme de 2015. Si ce sont les tentes des gens dont les rêves se sont terminés ici.

Sur le chemin du retour vers le camp II, nous croisons des sherpas de haute altitude en train de démêler des cordes, des centaines de mètres de cordes, et de les planter dans la glace, une broche après l'autre. Ils sont en train de tracer un chemin jusqu'au sommet.

De retour au camp de base, les journées oscillent entre banalité du quotidien et excitation. Nous attendons des nouvelles des sherpas qui bossent toujours pour atteindre le sommet. Personne ne peut monter avant que les cordes soient en place et que le temps soit au beau fixe. Tous les soirs, nous nous regroupons autour du talkie-walkie de Mike, comme une famille des années 1950 autour d'un poste de radio, pour écouter les nouvelles. Il y a quelque chose d'incroyable dans le fait d'entendre les voix graves des sherpas émettre depuis si haut dans le ciel. Anthea et Mike reçoivent des bulletins météo de quatorze pages par fax, avec des analyses complètes des tendances venteuses et de toutes les activités nuageuses possibles et imaginables. Chaque tempête hypothétique, chaque vent est décortiqué sous tous les angles et à toutes les altitudes. Mais rien ne peut prédire une avalanche ni un séisme.

Pour rejoindre le sommet, il nous faut une fenêtre météorologique de cinq jours absolument parfaite. Entre-temps, il n'y a qu'une seule chose à faire : attendre. C'est stressant – un peu comme être de garde. Vous devez rester calme et en bonne santé, mais être également prêt à partir à n'importe quelle seconde, en pleine nuit, pour la dernière ascension.

Richard, l'alpiniste péruvien que j'ai croisé à Lukla avec les filles, loge au camp des Sept Sommets, le plus grand de tous, pas très loin du nôtre. Je décide de lui rendre visite. Le camp des Sept Sommets est énorme, ils ont plusieurs réfectoires. Je le retrouve dans l'un d'entre eux pour partager un thé vert. Richard me confie que son expédition ne se passe pas très bien. Lors de sa première tentative en solo vers le camp I, il a attrapé la toux du Khumbu et a dû redescendre à Pheriche pendant dix jours, comme Rob.

Quand je l'avais croisé au lodge, Richard s'était montré tellement confiant, tellement fier de ce qu'il avait prévu d'accomplir pour notre pays. J'avais eu l'impression d'être face à un surhomme. Une idole nationale. Mais son assurance s'est tarie. Il y a ce truc dans son regard. Une nervosité, un voile. J'ai si souvent ressenti ça que je suis désormais capable de le voir chez les autres : la peur. *Le doute.*

Monter sans oxygène est un immense challenge. Une entreprise à laquelle seuls les puristes – les alpinistes de la vieille école ou ceux qui veulent battre des records – s'attaquent. Son système immunitaire semblant compromis, je comprends que Richard soit inquiet.

– J'irai quand même, dit-il.

Mais je vois bien qu'il a perdu une partie de son enthousiasme. Nous parlons de sa famille au Pérou. Puis nous discutons des joies de l'escalade. Et au fur et à mesure que nous évoquons ce rêve commun, en laissant de côté toutes les difficultés, une lueur se rallume en lui. Comme toutes ces fois où j'ai parlé de gravir l'Everest. Même si je n'y croyais pas vraiment moi-même, dès que j'en parlais à haute voix, le rêve grandissait. Peu importe combien ça semblait absurde, combien ça semblait impossible, rêver me rapprochait un peu plus du passage à l'acte.

Je remercie Richard pour le thé et lui fais la bise, comme on le fait au Pérou, puis le serre dans mes bras.

– *Buena Suerte Richard*, dis-je. Peu importe ce qui se passera, tu es une vraie star. J'admire sincèrement ce que tu fais. J'ai hâte de célébrer ton arrivée au sommet.

Il acquiesce et sourit. Mais il y a quelque chose de triste derrière son sourire. Quelque chose dont je ne vais pas arriver à me défaire pendant des jours. J'ai l'impression de faiblir. Pas seulement à cause du poids psychologique de l'attente, ni du doute qui s'installe en moi comme un courant d'air persistant qui glisserait sous une porte, mais parce que je commence moi aussi à lutter contre les symptômes d'un rhume. Et ma volonté ne suffit pas à m'en défaire. Par bonheur, c'est à ce moment que Rob revient de Pheriche avec un médicament magique : le Sancho.

Le Sancho, c'est une sorte de Vicks VapoRub sous stéroïdes mélangé à de l'eucalyptus. L'odeur seule suffit à vous faire planer. Tout le monde veut sa dose.

– Il nous faut une casserole d'eau bouillante, dit Rob en installant un petit coin infirmerie au milieu du réfectoire. OK. Maintenant on verse quelques gouttes de Sancho dans l'eau et tu te recouvres la tête avec une serviette. C'est ça. Maintenant penche-toi et inhale la vapeur.

– On est où là ? Au spa de l'Everest ? plaisante Ang Dorjee en entrant dans le réfectoire.

– Sancho ! je crie en guise d'explication.

– Ah oui, répond-il. Le célèbre bain de vapeur des sherpas.

Tous les jours, Rob et moi alternons les inhalations de Sancho. Pourtant, c'est Tendi qui finit par tomber malade.

Ne le voyant pas arriver un matin, Mike et Ang Dorjee se rendent dans sa tente et le trouvent endormi, en train d'éternuer et de tousser. Ils appellent aussitôt un hélicoptère et l'envoient se faire ausculter par un médecin à Katmandou. Et juste comme ça, Tendi, mon fort et tendre Tendi, disparaît lui aussi.

Je suis sous le choc.

– Tendi doit être dévasté, dit Ang Dorjee. Il ne voulait pas partir. Il n'aurait jamais voulu partir. Nous avons dû l'y forcer.

– Pourquoi ? demande Danny.

– Être au camp de base, c'est très important pour lui. Cela fait quinze ans qu'il fait partie de l'équipe. Nous sommes une famille. Il va être incroyablement déçu si sa saison se termine plus tôt que prévu.

Lors de mon tout premier dîner à cette table, j'étais une boule de nerfs. J'arrivais tout juste de mon trek avec les filles, j'étais méfiante et fragile et je n'avais vraiment, *vraiment*, aucune envie de marcher en rythme avec un groupe de rangers machos pendant deux mois. Mais ces compagnons de table ont fini par s'ouvrir. Ils m'ont montré ce qu'il y avait dans leurs cœurs d'hommes.

Le soir après dîner, nous traînons en racontant des idioties ou faisons une balade dans le camp pour faire circuler notre sang. Nous avons tous perdu énormément de poids, l'imparable régime de l'Everest.

– Résultats 100 % garantis, dit Danny alors que nous observons nos nouveaux corps.

– Tes poumons sont peut-être endommagés à vie, je plaisante, mais bon sang, tes vêtements te vont trop bien.

– Oui, à ce sujet, Mark, continue Danny, j'aimerais savoir où est passé ton cul ?

– Sérieux, mec, renchérit Brian, je me posais la même question. Parce que je suis certain que t'en avais un quand on est arrivés. Non pas que je te matais, hein.

– Bon sang, dis-je à mon tour, Danny, Brian, vous êtes vraiment les deux dernières personnes que j'aurais imaginées reluquer les fesses de Mark. Sincèrement.

– Je suis certain que mes étudiants seront ravis quand ils me verront, rétorque Mark.

– Le retour du professeur sans cul !

Nous explosons de rire. Mark est difficile à cerner et je suis surprise de constater qu'il sait bien prendre une vanne. Nous avons beau avoir passé plusieurs semaines ensemble, je n'arrive toujours pas à bien saisir sa personnalité.

De son côté, Brian continue à me surprendre. Nous marchons souvent ensemble après dîner. Il devient mon nouveau John. Il me parle de sa famille. Me raconte qu'il a épousé sa copine du lycée et qu'ils ont eu deux fils.

– Mon plus jeune, Georgy, vient de faire son *coming out*, me dit-il un soir alors que nous traversons le camp. Son *coming out* gay. Il est gay.

J'acquiesce mais ne dis rien. Je n'arrive pas à savoir s'il considère que c'est une bonne nouvelle.

– Tant mieux pour lui ! crie-t-il.

Et puis d'une voix plus douce :

– Tant mieux pour lui.

– Ça peut être difficile au début, dis-je en posant ma main sur son épaule.

Il acquiesce.

– Merci. C'est vrai que c'est un ajustement. Mais je suis un papa fier. Et ça ne change rien. Tu avais quel âge quand tu as fait ton *coming out* ?

– La vingtaine. C'était difficile parce que mes parents désapprouvaient totalement.

– Pourquoi ?

– L'église catholique, principalement. Mais aussi à cause de la perception négative des gens à Lima. C'est une société très critique. Surtout pour les femmes.

– Ça craint, dit Brian. Je ne veux pas que mon fils ressente ça. Quand il est venu me voir, il pleurait, tu sais, et ça m'a juste brisé le cœur de voir qu'il était aussi triste. (Il renifle et essuie ses yeux du revers de sa manche.) Il pensait qu'il allait me décevoir. Mais moi je veux juste qu'il soit le plus heureux possible. Qu'il trouve le partenaire idéal, quelqu'un qui l'aime.

– Maintenant c'est moi qui vais pleurer ! dis-je en le regardant avec tendresse.

J'ai si longtemps rêvé que ma mère prononce ces mots. Je l'ai imaginée marcher vers moi en brandissant une énorme pancarte PFLAG[51] ; devenir copine avec les autres mères comme elle avait tenté de le faire à mon cours de catéchisme, comme toutes ces fois où elle avait voulu mais où mon père l'en avait empêchée. Elle leur aurait lancé son petit sourire timide et aurait eu ce gloussement qui désarçonnait les gens et qu'elle laissait échapper avant de se mettre à parler dans un anglais médiocre. Je peux presque l'entendre : *Hihihihi. Me speak little English. Please*

51. Parents and Friends of Lesbians and Gays : principale association américaine regroupant les parents, les familles et amis des membres de la communauté LGBTQ+.

verrrry slow! Et les mots que je voulais entendre par-dessus tout. *I proud my Silvita is gay. I am proud mother.*

– Je suis si fière de toi, Brian, dis-je. J'aurais aimé avoir un père comme toi. Georgy a vraiment de la chance.

La première fois que j'ai vu Brian, son côté grande gueule m'a un peu inquiétée. J'étais comme un chat prêt à bondir et à détaler. Le seul fait d'entendre sa voix – difficile de ne *pas* l'entendre – me stressait. C'était l'incarnation du mâle alpha, le type impétueux qui a toujours un truc à dire. Dans mon pays, ces hommes qui parlent fort envahissent tout l'espace et ne laissent aucune place pour la douceur.

Mais écouter Brian parler de son fils les yeux brillants me donne soudain envie de lui faire confiance. C'est peut-être à cause de sa fragilité, ou bien parce que ces dernières semaines ont mis toutes mes émotions à fleur de peau, mais je me mets à lui raconter mon histoire en détail, le plus naturellement du monde.

Je lui parle de mes relations à San Francisco, du déni de ma mère, du soutien que j'aurais aimé avoir et des choses que j'aurais aimé savoir. Je lui parle de Lori. De comment ma mère ne pouvait pas admettre mon chagrin parce qu'elle n'avait jamais admis notre histoire. Les membres de la communauté gay doivent trop souvent vivre avec cette cassure : des gens qui les aiment mais n'arrivent pas à les accepter, à regarder en face des pans entiers de leur identité. Pourtant, les personnes que nous aimons font partie de notre identité.

Je me tais un instant pour reprendre mon souffle et constate que nous nous sommes arrêtés. Brian est face à moi, sans ses grands airs, sans ses cris, sans envahir tout l'espace, mais les larmes aux yeux, à s'accrocher discrètement à chacun de mes mots.

– Silvia, je suis désolé que tu aies perdu ton amie. Ça a dû être atroce.

Exactement ce que j'aurais voulu que mes parents me disent.

– Et pour ses parents à elle, ajoute-t-il. Quel drame.

– Je sais, dis-je les yeux remplis de larmes.

Chaque fois que je réussis à parler calmement de Lori, mon cœur se brise un peu plus. L'avoir perdue est une blessure si profonde que je ne suis pas certaine qu'elle puisse cicatriser un jour. J'ai juste appris à vivre avec.

*

* *

Il nous reste moins de trois semaines avant le début de la mousson et que la pluie se mette à tomber en trombes et inonde les vallées alentour, isolant l'Everest au passage. Si la météo persiste à jouer en notre défaveur, il sera bientôt trop tard. Le glacier continue de fondre. Et nous, nous continuons d'attendre. Et une fois qu'on nous donnera le top départ, nous n'aurons qu'une seule chance. Notre planning d'origine n'est plus d'actualité, nous sommes à la merci totale de la montagne et de sa météo.

Comme si toutes ces incertitudes ne suffisaient pas, je commence à m'inquiéter de la façon dont mon corps va réagir. Mike, Ang Dorjee et Lydia m'ont donné le feu vert pour la dernière rotation, mais cela ne veut pas dire que mon corps est prêt pour autant. Je connais plusieurs personnes qui ont dû renoncer quelque part entre le camp III et le sommet de l'Everest.

À quelques campements du nôtre, ma bonne amie Masae attend elle aussi la fenêtre qui lui permettra de rejoindre le sommet. Masae est une jeune alpiniste japonaise avec qui j'ai sympathisé l'année dernière en Antarctique, lors de notre ascension du massif Vinson. D'un côté, on se lie facilement d'amitié avec les autres femmes sur la montagne – nous passons tellement de temps ensemble et nous sommes si peu nombreuses qu'un lien particulier se tisse vite entre nous. Mais de l'autre, ces amitiés sont difficiles à entretenir. On finit toujours dans une expédition différente à suivre un autre planning, une autre rotation, en train de tenter une excursion plus longue ou de rester au chaud après un coup de froid… Difficile de garder le contact entre femmes alpinistes.

Le ciel est bleu comme le plumage d'un geai. Une journée idéale pour déjeuner *alfresco*, me dis-je, comme si Masae et moi nous retrouvions dans une brasserie du centre-ville et pas sur des sièges pliables à 5 500 mètres au-dessus du niveau de la mer. Quand j'arrive à son camp, Masae est bouleversée. Son équipe rentre tout juste d'une deuxième rotation très difficile et elle m'explique que celle-ci a été gâchée par « ces hommes qui pensent que tout leur est dû », comme elle les appelle.

– Nous étions au camp II, me dit-elle en sirotant son thé. Les guides ont décidé de passer la nuit sur place pour qu'on puisse s'acclimater. Ils m'ont mise dans une tente avec un des sherpas. Et, au beau milieu de la nuit, celui-ci m'a roulé dessus et a commencé à me tripoter. Là, là et là !

Elle pointe du doigt sa poitrine, son ventre et son entrejambe.

– Quoi ? dis-je en bondissant de mon siège.

– Au début, je n'ai pas compris, tu sais. Je me suis dit que j'étais en train de rêver ou que l'altitude me faisait délirer. Ça ne pouvait pas être vrai, n'est-ce pas ? Ça ne pouvait pas arriver ici ? C'était forcément un mauvais rêve.

– Un cauchemar… je murmure.

– Mais je me suis vite rendu compte que si, c'était vrai. C'était bien en train d'arriver. Je l'ai repoussé et j'ai menacé de le dénoncer. Bien évidemment, il a tout de suite arrêté en bafouillant des *je suis désolé* et des *non, non, non*, comme s'il s'agissait d'un malentendu.

Le lendemain, elle a raconté à leur guide ce qui s'était passé et le sherpa a été renvoyé sur-le-champ. Mais depuis que l'équipe est rentrée au camp de base, l'ambiance est tendue.

– Ils me regardent tous comme s'il avait été renvoyé par ma faute, m'explique-t-elle, le front plissé d'inquiétude. Je suis dans la dernière ligne droite de cette expédition, à deux doigts du sommet, de ce sommet si important. Mais j'ai peur des représailles. Je ne suis pas certaine de pouvoir faire confiance à mon équipe.

Comme je l'ai compris ces dernières semaines, sur l'Everest, faire confiance à son équipe n'est ni un luxe ni juste un sentiment qu'on éprouve : c'est une question de vie ou de mort.

Une fonction vitale. Une nécessité absolue. Nous passons des semaines à construire cette confiance, et le fait que celle-ci ait été arrachée à Masae par un type incapable de se contrôler et que cet incident puisse menacer ses chances de battre un record du monde me met hors de moi. J'ai toujours dit que la montagne ne faisait pas de discrimination. Qu'être homo, femme ou péruvienne n'avait aucune importance finalement. Parce qu'ici nous sommes tous à la merci des éléments. J'ai toujours considéré l'alpinisme comme un terrain de jeu égalitaire. Si vous avez ce qu'il faut, votre genre, votre race et votre foi importent peu.

Les montagnes ont toujours été mon échappatoire. Mon temple sacré – un endroit où guérir –, une merveille de la nature qui accepte tout le monde, sans jugement. Mais même ici, même dans cet endroit sacré, impossible d'échapper aux griffes des hommes. Tout ça alors que je commençais tout juste à faire confiance à ceux qui m'entourent. Je suis blême. Je rentre en courant jusqu'à mon camp et fonce vers Lydia et Anthea qui sont en train de bronzer.

– Il faut que ça cesse ! je m'écrie après leur avoir raconté l'histoire de Masae. Tout ça est ridicule ! Qui fait une chose pareille au beau milieu d'une ascension aussi intense ?

– Oh, mais plein de monde ! dit Lydia. Ça, c'est l'image que tu as toi de la montagne. Perso, j'ai eu ma dose de harcèlement moi aussi. C'est comme ça.

– C'est comme ça ? je geins. C'est comme ça ? Eh bien ça ne doit plus être comme ça…

– Viens là, me dit Lydia en tapotant le siège vide à côté du sien.

Et durant l'heure qui suit je les écoute, elle et Anthea, me raconter les histoires de sexisme délirant dont elles ont été victimes durant leur carrière d'alpinistes. Leur conclusion, apparemment, c'est que supporter cet environnement machiste est aussi désagréable que regrettable. Mais, à aucun moment, elles n'appellent ça une agression. Moi, je ne pense qu'à une chose : au record du monde de Masae qui est compromis.

Ce n'est pas désagréable. C'est une attaque. Envers son corps et envers tout ce qu'elle et les femmes qui l'ont précédée et la suivront tentent d'accomplir.

Où est le Gulabi Gang quand on a besoin de lui ?

Je repense à Jimena et son équipe de justicières de la fac, celles qui avaient passé à tabac un violeur. Il ne s'agissait pas seulement de se venger, il s'agissait d'exprimer leur rage collective de ne pas avoir été crues. L'équipe de Jimena était composée de femmes noires, latines, indigènes et asiatiques. Ne pas croire les femmes est le statu quo, mais pour les femmes de couleur, la violence de cette non-croyance est plus dangereuse. Quand, grâce à Ehani, Shreya et Rubina, le gouvernement népalais a condamné le plus gros trafiquant de leur région en lui infligeant une peine record, ces dernières ont quand même continué à recevoir des menaces de mort quotidiennes. Parfois de la part de leurs propres voisins.

Tout ça pour avoir dit la vérité. Juste la vérité.

Les gens se donnent un mal fou pour nous faire taire. Ils arrivent même parfois à nous convaincre que tout est de notre faute pour qu'on se réfugie dans notre honte, qu'on la porte à bout de bras comme une vieille amie, pendant des années. Pour nous empêcher de voir ce qu'ils ne veulent pas qu'on voie. À savoir que rien de tout ça n'est de notre faute. Et que ce n'est pas parce que « c'est comme ça » que ça doit l'être.

Après une heure à ramer avec les femmes de mon équipe, je bous de frustration et d'épuisement émotionnel.

– Il faut que je m'allonge. Je vais faire une sieste, dis-je d'un ton sec.

Je ne fais jamais de sieste, mais c'est la seule façon de digérer tout ça. Sinon je vais exploser. Je me glisse dans ma tente et essaie de dormir un peu, mais mon cœur bat à cent à l'heure. Il tambourine de rage, je repense à tous ces rêves qu'on a arrachés à toutes les femmes du monde, des femmes à qui on a répété que cette montagne – et toutes les autres – était bien trop immense pour qu'elles puissent la gravir. Que les femmes n'étaient pas faites pour être alpinistes.

Et quand quelques-unes arrivent jusqu'ici, elles courent toujours, toujours, un risque. Les violences sexuelles continuent de prospérer parce que beaucoup pensent que leurs victimes ne diront rien. C'est une des raisons sous-jacentes de ce fléau. J n'a jamais été jugé par un tribunal officiel. Poursuivre mon bourreau en justice, comme l'ont fait les Népalaises, me semblait bien trop traumatisant. Au lieu de ça, je l'ai regardé se marier et avoir des enfants. Avant que je me confie à ma mère, J avait même demandé à mes parents d'être les parrains de ses jumeaux. Ils avaient accepté.

Ma mère m'avait annoncé quelque temps plus tard que l'un des jumeaux était mort d'une pneumonie. J'avais considéré ça comme une preuve de l'existence d'un Dieu juste. D'un karma. D'un tribunal universel. D'une hiérarchie spirituelle.

Les larmes viennent dissiper ma détermination tandis que j'implore l'Everest, la Mère du monde, Shakti, qui est tour à tour mère, amoureuse ou guerrière – tout ce qui est nécessaire. Dans ce cas de figure, la guerre aurait sans doute du bon.

Soudain, j'entends qu'on gratte à ma tente.

Le soleil est couché. J'ai dû dormir plusieurs heures.

– Silvia.

Une voix de femme. Lydia.

– C'est l'heure de monter au sommet, dit-elle. Nous partons ce soir après dîner.

– Ce soir ? je répète en m'étranglant.

– Oui. Ce soir.

Merde ! Encore étourdie, je rassemble maladroitement mes affaires. *Où sont les piles de ma lampe torche ?* je me demande paniquée alors qu'elles sont dans le creux de ma main, juste sous mon nez. J'ai l'impression de faire ma valise pour le bouquet final. Pour un voyage dont je ne reviendrai peut-être jamais. Au dîner, je suis surprise de voir Tendi en cuisine. Il a vaincu son mal des montagnes pour revenir à temps nous dire au revoir et nous bénir avant le voyage. Pendant le repas, Anthea nous demande comment nous voulons être présentés dans le télégramme qu'enverra Adventure Consultants si nous réussissons.

Je prends une grande inspiration, réfléchis un instant et dis : « Silvia Vásquez-Lavado. La première Péruvienne à avoir gravi l'Everest. » Entendre ces mots à haute voix me gonfle le cœur de fierté. J'ai une chance de réécrire mon histoire douloureuse. De montrer aux filles et aux femmes du monde entier que c'est possible, leur dire que les hommes les plus forts de mon équipe sont rentrés depuis longtemps mais que moi je suis là. Et que j'irai jusqu'au bout, même si ça me tue.

Pas pour moi, pour elles. *Ce n'est plus à propos de toi, Silvia.* Et là, debout à m'imaginer concrètement atteindre le sommet du monde – Silvia Vásquez Lavado, première Péruvienne à gravir l'Everest –, je me rends compte que *ça ne l'a jamais été.* Ça a toujours été pour Masae, pour Lucy et Jimena, pour Shreya, Rubina, Ehani et toutes les autres femmes et filles de Shakti, pour ce que Lydia a traversé et à quoi elle refuse d'accorder trop d'importance. Pour Silvita et toutes les petites Péruviennes qui ont souffert comme elle, toutes les filles du monde qui ont été abusées et à qui on a dit qu'elles étaient des déchets ou qu'elles le deviendraient et qui, comme moi, l'ont cru pendant bien trop longtemps. Qui le croient peut-être encore aujourd'hui.

J'essaie de dormir un peu – nous partons pour le sommet, *oh mon Dieu, oh mon Dieu, oh mon Dieuuuuuuuu* – mais en vain. Quand Mike crie : « Debout, c'est l'heure ! », je sors de mon lit, déjà prête.

Je suis en feu.

– 18 –

LA ZONE DE LA MORT

Mes mains tremblent. À genoux et agrippée à ma bouteille d'oxygène, je me débats avec ma peur. Dehors, le vent s'acharne contre ma tente, en repoussant la toile vers l'intérieur. Des larmes pleines de morve me coulent le long des joues. Voilà. Je n'irai pas plus loin. C'est fini. J'agite le drapeau blanc. J'abandonne. Tu as gagné, Mère. *Tu as gagné*. La montagne va m'avaler, m'enterrer vivante comme ces tentes jaunes. Comme ces corps qui ne se décomposent pas parce que l'air n'est jamais suffisamment tiède.

Pendant des semaines, la mort a bourdonné au fond de mon cerveau. À San Francisco, toutes les fois où j'ai flirté avec elle, durant ces nuits obscures, ma mort restait toujours hypothétique. Mais désormais la voilà qui grince des dents devant ma tente tandis que moi, recroquevillée et sobre, je la regarde en face, les yeux grands ouverts, et la vois enfin pour ce qu'elle est vraiment. Je ne redescendrai jamais de cette montagne. Je n'échapperai jamais à tout ça. À cette tempête. À ce fardeau. À ce poids. Le plus sage, c'est peut-être de renoncer. De rejoindre les autres corps dans la glace. Ceux dont le voyage a été écourté. Si c'est ce qu'il faut pour mettre fin à ce chagrin, pour être sûre de ne jamais le léguer à personne, que personne d'autre ne souffre, alors c'est peut-être pour le mieux.

Et si l'Everest était *vraiment* mon vœu de mort ?

Je n'ai jamais admis être alcoolique. Jamais à haute voix. Peut-être que c'est du déni pur et simple. Ou peut-être que, d'une manière un peu folle, je ne me considère pas comme une alcoolique parce que l'alcool n'était qu'un symptôme de ma détermination à survivre. À une époque de ma vie, boire était la seule façon d'accéder aux abîmes enfouis sous ces années de silence. C'était la seule chose qui me permettait de retirer mon masque, qui me faisait sombrer suffisamment profond pour atteindre le cœur brûlant de ma propre douleur. D'une certaine façon, l'alcool a été mon phare, celui qui me guidait vers où je devais aller.

Jusqu'à ce qu'il ne le soit plus et qu'il devienne la mort elle-même.

Quand je déclarais être une survivante, je ne le faisais pas avec fierté mais avec un mélange corrosif d'arrogance et de rancœur. J'enfilais ce costume de survivante pour maintenir ensemble tous ces morceaux épars de moi. Mais j'ai vite commencé à voir à quel point il était dangereux de considérer la survie comme un mérite. D'en faire une part de son identité. Parce qu'on finit par se réveiller un jour et comprendre que survivre est la seule chose qu'on sache faire.

Survivre.

Or ce n'est absolument pas suffisant.

Mais il est désormais trop tard pour que je choisisse entre la vie et la mort. À l'ombre de cette montagne, le choix ne m'appartient plus.

Les filles sont parties.

Lori est partie.

Ma mère est partie.

Je ne suis qu'une enfant perdue et seule sur la montagne.

Le vent claque contre ma tente et mes dents tremblent. Un autre son surgit, celui d'une berceuse profonde et mélodieuse. Un fredonnement. Les nonnes de Deboche. Leurs voix sont comme des centaines de mains qui caressent mes cheveux. Un souffle d'air chaud. Tu n'as pas à *être gentille*, me disent-elles. Tu n'as pas à être obéissante ou à réussir pour être aimée. Tu n'as pas à accomplir quoi que ce soit. Tu n'as pas à couper des parties de toi-même pour être entière. Accepte-les. Comme nous t'acceptons. Aime-les. Comme nous t'aimons.

Pitié, dites-moi que ça va aller, je supplie. Mais les nonnes ont déjà disparu et je n'entends que l'écho de ma propre voix. *Je ne veux pas mourir*, dis-je en pleurant. Quelque chose jaillit de ma poitrine. C'est le son de mon chagrin depuis longtemps enterré. Un cri de douleur fou qui quitte mon corps. Le son de quelque chose qui veut vivre, qui veut se battre. Secouée par les sanglots et les tremblements, j'entends à peine la fermeture Éclair de ma tente s'ouvrir et Lydia débarquer. Je lève les yeux tandis qu'elle referme derrière elle.

– Silvia ! s'exclame-t-elle en posant la main sur mon dos. Est-ce que ça va ?

Je la regarde dans les yeux. Ils ont la couleur de la sauge. Son visage est rougeâtre et gercé par le vent. Mais ses yeux ont une douceur que je n'avais jamais remarquée jusqu'ici.

– Je ne pense pas pouvoir continuer, je bafouille en laissant retomber ma tête.

Je ne veux pas voir sa déception.

– Écoute, je suis vraiment désolée de t'avoir crié dessus tout à l'heure, dit-elle. Cette tempête est terrible. L'une des pires choses que j'ai vécues sur la montagne. J'avais peur.

– Toi ? dis-je en me redressant. Étrangement, l'entendre dire ça me rassure.

Elle acquiesce.

– Bien sûr. Mike et Ang Dorjee ont même envisagé de nous faire redescendre. La plupart des sherpas sont retournés au camp II.

Le camp III est bien plus exposé que le camp II, y passer la nuit nous met dans une position plus vulnérable en cas de mauvais temps mais nous donne plus de chances de tenir le planning de notre ascension jusqu'au sommet. Les sherpas n'auront aucun mal à rattraper leur retard, mais pour nous, les grimpeurs, redescendre au camp II et revenir une fois que le temps sera meilleur remettrait en cause nos chances d'atteindre le sommet. Nous n'avons qu'une fenêtre de cinq jours.

– Donc, dis-je doucement les lèvres glacées, ce temps-là n'a rien de normal ?

Lydia fait non de la tête.

– Pas du tout, ça ne pourrait pas être pire.

Ça ne pourrait pas être pire.

– On a le droit d'avoir peur Silvia, continue-t-elle. T'es une très bonne alpiniste. Une alpiniste solide. Ça va aller. Nous allons au sommet, OK ?

Les alpinistes sont des gens robustes qui se lancent à corps perdu contre les éléments parce qu'ils veulent se sentir vivants, parce qu'ils aiment plus la nature que les gens, et surtout parce qu'ils veulent voir de quoi ils sont capables durant cette vie-là. Les discours inspirants ou réconfortants, ce n'est pas vraiment leur fort. En cas de crise, ils deviennent souvent stoïques. Les mots rassurants de Lydia sont d'une gentillesse surprenante. Un bain tiède dont j'ai absolument besoin. Une vague de calme retombe sur la tente et je relâche ma bouteille d'oxygène. Mes doigts se défont doucement, l'un après l'autre, et craquent au fur et à mesure que je les étire à l'intérieur de mes gants.

Puis une autre voix. Un souvenir. Une voix d'homme. Ed Viesturs. Le légendaire alpiniste, le seul Américain à avoir gravi les quatorze sommets de plus de 8 000 mètres. Et la cinquième personne au monde à l'avoir fait sans oxygène supplémentaire. Il y a cinq semaines, lors d'une de nos premières soirées au camp de base, Ed est venu dîner avec nous. J'étais assise à côté de lui, surexcitée d'être en présence d'une telle légende.

– Ed, lui ai-je demandé. Si vous deviez me donner un seul conseil pour cette aventure ?

– Vous allez forcément vivre une journée horrible, voire plusieurs, sur cette montagne, a-t-il dit. Vous voudrez abandonner et vous questionnerez la raison de votre présence ici. Mais quand ça arrivera, souvenez-vous que c'est juste une horrible journée et rien de plus, et que tout sera différent quand vous vous réveillerez le lendemain matin. Tout change si on continue d'avancer.

Ce soir-là, je me suis contentée d'acquiescer à ses platitudes en le remerciant mais sans être vraiment émue. Je n'avais pas compris l'importance de ces mots si simples en pleine action.

Les alpinistes ont tendance à sous-estimer le danger.

Ed n'avait pas précisé à quoi ressemblerait cette horrible

journée – moi enlaçant une bouteille d'oxygène en position fœtale tout en pleurant et en priant d'abord pour ma mort puis pour ma vie. J'ai eu mon lot de mauvais jours. Des jours où je me suis réveillée en ne sachant pas où j'étais. Des années, pour être honnête. J'ai eu des jours où j'ai eu envie de mourir. Mais la mort ne frappait pas vraiment à ma porte. Aujourd'hui, je comprends clairement ce qu'est une horrible journée.

C'est juste un mauvais jour, Silvia. C'est juste un mauvais jour.

J'enfile ma bouteille d'oxygène et ouvre la valve. De petits filets d'air froid rampent à l'intérieur de mon nez, remplissent mes poumons et le pneu dégonflé de mon rêve d'Everest. J'ai aussitôt l'impression d'avoir les idées plus claires. L'esprit plus vif.

Je passe deux heures de plus allongée dans ma tente. Puis le vent se calme enfin.

– T'es vivante ? crie quelqu'un depuis la tente d'à côté.

Brian !

– À peine ! je crie en retour en laissant échapper un long soupir tremblant.

– Regarde dehors, dit-il.

Lydia sort la première. Je la suis et le spectacle est époustouflant. J'avance de quelques pas. Derrière Lydia, les rayons du soleil illuminent la tente de Brian. Quelques minuscules flocons tombent ici et là mais il n'y a plus la moindre bourrasque. Nous sommes perchés haut au-dessus de la combe Ouest et toute la vallée est bercée par ce silence paisible de la neige fraîchement tombée. Le ciel est d'un bleu marine étincelant mais la vallée n'est pas ensoleillée, au contraire, elle est à demi obscurcie par une ombre immense, fusion de celles de l'Everest et du Lhotse. Et cette ombre a l'air vivante, comme un abri. Un refuge accueillant. Un endroit où se reposer et se cacher.

De toutes parts, des membres de mon équipe sortent de leurs tentes et regardent autour d'eux, bavardent et rejouent la tempête qu'on vient de traverser. Je marche jusqu'au bord de l'ombre et remarque que, comme la neige, ce qui semblait gris et noir de loin a en réalité toute une nuance de couleurs et de lumières de près. La première fois que je suis venue sur l'Everest, son ombre était suffisamment obscure pour avaler la mienne. Suffisamment menaçante pour que je me sente minuscule. Ça me donnait l'impression que mes problèmes l'étaient aussi. Je me voyais à l'extérieur de moi pour la première fois. Mais désormais, cette ombre est moins un endroit où me cacher qu'un lieu où m'installer, une invitation à m'abandonner. J'ai l'impression qu'elle est sans limite. Que ce n'est plus une cape pour me dissimuler mais un compagnon avec qui avancer.

L'ombre est ma maison.

Être aussi haut a quelque chose de sacré. Comme nager dans les tréfonds les plus sombres de l'océan, là où se révèle un écosystème qui nous est complètement inconnu. Un écosystème qui ne nous est pas destiné et qui n'a pas besoin de nous mais dont nous pourrons, si nous avons de la chance, être les témoins.

À l'autre bout de la combe Ouest, les pieds du Nuptse et du Lhotse fusionnent en un V parfait. En regardant à travers ce V, comme dans un viseur, je vois au loin le cône du Pumori, un sommet de 7 000 mètres que les alpinistes surnomment la fille de l'Everest. Mais en sherpa, son nom signifie « la fille non mariée ». La fille de l'Everest non mariée trône à la frontière du Népal et du Tibet. Derrière elle s'étendent les immenses plaines marron du plateau tibétain, séparées par d'autres pics enneigés encore drapés dans des nuages éthérés.

À 16 heures, le ciel est clair et glacé. L'air est si vivifiant que même les petits poils à l'intérieur de mon nez me chatouillent.

À 18 heures, nous recevons la bonne nouvelle : nous allons monter. Demain, le temps sera clair. Le plan, c'est donc de bien dormir ce soir et d'être debout pour 8 heures. Après quelques jours sans appétit, ma faim est enfin revenue et manger me fait un bien fou. Au dîner, je me gave du plat secret qui me donne ma force secrète – un mélange de riz et de quinoa. Je suis soudainement affamée. Impossible de m'arrêter.

À 20 heures, tout le monde au lit.

J'ai l'impression d'avoir vécu une semaine entière durant les douze dernières heures. En m'endormant, je récite une prière pour remercier le Lhotse et l'Everest et le réconfort de leurs ombres. Je remercie Mère Nature, qui continue de faire preuve de clémence envers moi. *Encore un tout petit peu, Mère, un tout petit peu, c'est tout ce dont j'ai besoin.*

Je me blottis contre ma bouteille d'oxygène, mon doudou métallique, et m'endors aussitôt.

*

* *

Quand je me réveille et me redresse dans mon lit le lendemain matin, mon corps tombe en avant. Nous sommes sur une pente très inclinée. Ce qui ne m'a, de toute évidence, absolument pas empêchée de dormir. J'ai dormi si longtemps et si profondément qu'hier ne me semble plus qu'un lointain cauchemar. J'ai l'impression de renaître. Baignée dans ce calme qui suit la tempête.

– Petit déjeuner ! crie une voix étouffée depuis l'extérieur.

Nous montons jusqu'au camp IV aujourd'hui. *Mon Dieu.* Le camp IV. Et de là, selon la météo, nous partirons peut-être dès ce soir pour le sommet. *Putain de meeeerde.* J'ai vraiment une chance d'y arriver. Je fais mon sac tant bien que mal et m'habille. En ajustant mon pantalon des 8 000 mètres, celui que j'ai dû acheter à la dernière minute à Katmandou, je me mets à rire en revoyant le regard sévère et déçu d'Ang Dorjee dans ma chambre de l'hôtel Annapurna. Pour une fille bordélique, je suis allée plutôt loin. Les guides ont l'air de croire en moi, il est peut-être temps que je le fasse moi aussi.

Petit déjeuner avalé et sacs faits, nous enfilons nos masques à oxygène et ouvrons nos bouteilles. Une minuscule valve déclenche le flux d'air. Je sens le courant froid se glisser dans mes narines, à l'intérieur du masque, j'ai le souffle court et râpeux. On dirait Dark Vador.

*

* *

Les tronçons d'escalade technique sont, pour la majeure partie, derrière nous. Désormais, c'est une bataille contre la gravité et l'oxygène. Nous commençons par une inclinaison modérée, en zigzaguant le long d'une grande paroi enneigée qui plonge dans la combe Ouest sur 800 mètres. Du camp III au sommet, il y a une corde fixe tout le long du chemin. Notre fil d'Ariane, celui qui nous rattrapera, si Dieu le veut, si nous tombons. Dans nos tenues de pingouins spécial sommet, nous attachons notre jumar à la corde. Un second mousqueton – que nous utiliserons comme sécurité supplémentaire si nous croisons d'autres grimpeurs – pend à nos harnais. Ce matin, nous formons une chenille mécanique rythmée, synchrone et fluide. Les gens qui montent sont d'un côté de la corde, ceux qui descendent de l'autre.

Mes cuisses bourdonnent d'une douleur sourde. Mes mollets me brûlent à force de tirer sur mes bottes pour les sortir des blocs denses de poudreuse. J'ai l'impression de gravir une dune. Mais mes jambes continuent d'avancer. Pas de voiture. Pas de train. Pas d'hélicoptère. J'ai marché de Lukla jusqu'ici, portée par rien d'autre que mes deux jambes.

Juste devant nous, une cordée de grimpeurs bouche déjà le chemin. Ang Dorjee accélère pour que nous les dépassions le plus rapidement possible. Il bouge si vite, en regardant à peine ce qu'il fait, il clipse et déclipse, dedans et dehors, dépasse une, cinq, dix personnes ; son aisance et la fluidité de sa mécanique sont déconcertantes. C'est presque embarrassant par rapport aux autres grimpeurs. J'ai l'impression de tricher dans une queue de supermarché. Mais pas le temps de contredire Ang Dorjee – je n'oserais pas de toute façon. À son signal, nous clipsons et déclipsons, puis dépassons rapidement chaque grimpeur. À force, ça devient naturel, réflexe, comme contourner quelqu'un dans un wagon de métro bondé.

Voilà ce que veut dire Ang Dorjee quand il parle d'entraînement, il faut graver ces gestes de vie ou de mort dans notre muscle mémoriel. Si nous merdons ici ou, pire, plus haut, c'est une glissade assurée vers une mort glacée. Ce dernier mois, le danger est devenu une chose si normale que, parfois, dans des passages moins techniques ou moins terrifiants, je dois me filer des claques pour me souvenir des enjeux. Peut-être que les alpinistes ont une plus grande tolérance pour le danger, mais il y a une autre vérité : notre attention diminue forcément de temps en temps. On ne peut pas constamment penser à la mort. On doit vivre dans la cinétique de l'ascension. Tout devient nano. Le bruit sourd d'un crampon dans la neige. Un bras qui attrape une corde. Je ne pense pas au sommet ni aux obstacles à venir, je me concentre sur ce qui se passe quand je marche. Peut-être que si les adultes ont autant de mal à s'émerveiller, c'est parce qu'ils pensent trop à ce qui arrivera ensuite.

*

* *

Cela fait deux heures que nous montons et je me sens bien. Je veux dire, je me sens *waouh*. Je me sens *formidablement* bien. Mon corps est sur pilote automatique, il me pousse en haut de la montagne, tandis que je m'imprègne de ses incroyables panoramas. Il n'y a pas de vent ce matin. Pas un seul nuage dans le ciel, et la luminosité est intense. Je sens la sueur couler à l'arrière de mes mollets. Ang Dorjee nous a mis en garde sur le fait de prendre des photos. « Le moindre faux mouvement et votre appareil photo disparaîtra ! » Mais il faut que j'essaie. Je sors l'appareil d'une de mes poches intérieures et prends quelques clichés pour immortaliser l'instant. Mais rien ne peut capturer le craquement méditatif de mon allure, l'immensité de ce paysage majestueux et escarpé. C'est surréaliste. C'est comme regarder d'en haut une carte topographique en 3D. Nous sommes au-dessus des nuages, nous marchons dans le ciel, dans un paradis givré. Je comprends désormais pourquoi, après avoir visité l'Himalaya, James Hilton a inventé la légendaire Shangri-la, cette cité utopique au-dessus des nuages où tout le monde vit éternellement.

Quel contraste. Hier j'étais prête à tout abandonner, à mourir, et aujourd'hui je n'entends plus que le doux gazouillis d'oiseaux de dessins animés dans ma tête. Puis un gargouillement. Dans un premier temps, je l'ignore et continue à marcher gaiement, mais il revient – un grognement profond et grave. *Merde*. Pas maintenant. Si. MAINTENANT. Je n'ai pas réussi à faire caca avant de quitter le camp III, mais là il faut que j'y aille. *Tout de suite*. Et il n'y a pas de toilettes. Nous avons tous des sacs jetables pour nos ordures. La règle, c'est que nous devons emporter tout ce que nous produisons. Ne laisser aucune trace signifie ne laisser aucun déchet derrière soi, même si celui-ci provient de notre corps. Je regarde autour de moi à la recherche d'un endroit où m'accroupir, regrettant déjà l'enthousiasme avec lequel j'ai ingurgité mon « super repas » d'hier soir. À cause de ma maladie cœliaque, je me nourris principalement de riz et de quinoa, deux aliments qui décident en général de ressortir de moi aux moments les moins opportuns.

Comment vais-je faire pour m'accroupir en restant droite ? L'inclinaison de la pente est bien trop forte. Lors de notre pause suivante, je fais signe à Ang Dorjee.

– Il faut que je trouve un endroit pour faire caca, dis-je le plus discrètement possible.

– Hors de question, répond-il stoïque. Tu ne déclipseras pas ici.

Les seules choses qui nous rattachent à la montagne, ce sont nos crampons aiguisés et la longue corde qui ne tient dans la glace que par des petits clous. Je sais que déclipser pourrait être fatal, mais il faut vraiment que je chie.

– Nous serons au camp IV dans quatre-vingt-dix minutes. Retiens-toi jusque-là.

– Attends, quoi ?

Quatre-vingt-dix minutes ? Mon Dieu. Et si je ne peux pas ? Je ne pense pas pouvoir. Mais j'acquiesce et rejoins le rang. Ang Dorjee a parlé et je dois obéir. C'est beaucoup trop dangereux. Je dois me concentrer et me retenir. Le soleil s'abat directement sur nous, de plus en plus fort. Il est presque midi. À la pause suivante, mon ventre n'est plus qu'une Cocotte-Minute sur le point d'exploser. Je ne tiens plus.

– Ang Dorjee ! je crie, au-delà de la honte. Je ne pense pas pouvoir me retenir. Il faut vraiment que j'y aille.

– Silvia ! rugit-il. C'est trop dangereux. Tu risques de tomber. Tu vois ce dernier tronçon, là ? Il pointe du doigt loiiiiiin au bout du chemin, en direction d'un gros tas de rochers. C'est l'Éperon des Genevois. Le camp IV est juste derrière. Des gens sont tombés ici. Retiens-toi !

Ça me semble incroyablement loin mais, en clignant des yeux, je vois en effet des gens escalader autour des rochers qu'il me désigne. Je peux peut-être y arriver. Oooh, je ne sais pas. Mon ventre gargouille. Et puis merde. Ang Dorjee va sans doute me hurler dessus mais il faut que j'y aille. Je me retourne pour quitter le chemin et au même moment quelqu'un se met à crier « Sac ! »

Quelque part dans la file devant nous, un sac à dos s'est détaché et le voilà qui me frôle le visage à toute allure comme une balle de revolver. La peur me remet aussitôt les idées en place. Je vais y arriver. Sinon, Anthea devra changer mon annonce de sommet en : « Silvia Vásquez-Lavado, la première Péruvienne à tomber du Lhotse parce qu'elle tentait de faire caca. » Je ne peux pas lui faire dire ça, la pauvre.

L'Éperon est en vue.

– *Por favor, Virgencita del Carmen, ayúdame para que no me salga la caca. Ayúdame a aguantarla.* S'il te plaît, Vierge de Carmen, aide-moi à ne pas faire caca. Aide-moi à me retenir.

Ah et pardonne-moi aussi de prier ton nom à propos de mon caca.

Jusqu'ici, nous marchions à un rythme lent et stable, ce qui m'a aidée à me retenir. Mais l'Éperon des Genevois est un contrefort massif en forme d'enclume, un mélange de glace et de roche quasi vertical. Et il est plus glissant qu'il n'y paraît. En nous tractant avec la corde fixe, nous devons zigzaguer à travers des boulders râpeux, à la recherche de morceaux de neige stables dans lesquels planter nos crampons. Chaque pas me demande une concentration absolue. D'abord, pour éviter de glisser et ensuite, eh bien... *Allez ! Allez, Silvia.* Je sue et suis hors d'haleine. Pas à cause du soleil écrasant, mais de l'effort incroyable que je dois fournir pour ne pas me faire dessus. À 10 mètres au-dessus de la pointe de l'Éperon, alors que je suis en train d'escalader un rocher et que mon jumar glisse sans peine le long de la corde, mon pied dérape sur une partie verglacée. En panique, je fais un mouvement brusque pour me rattraper. Et perds le contrôle de mon rectum.

Merde.

Impossible de m'arrêter. Oh mon Dieu. Pitié mon Dieu, aide-moi à enjamber ce foutu rocher. Je me hisse jusqu'à l'Éperon aussi vite que possible. Une fois en haut, je regarde à droite et aperçois un petit coin plat et, en moins de temps qu'il n'en faut pour le dire, je sors mon sac de compost et m'accroupis juste là, toujours attachée à la corde.

– Silvia ! crie de nouveau Ang Dorjee. Retiens-toi !

Mais on a passé l'heure des bonnes manières. Heureusement, je ne sens rien à l'intérieur de mon masque à oxygène. Les autres me dépassent, mon cul nu exposé à la vue de tous. Je suis surprise de ne pas éprouver la moindre honte. La nature l'emporte toujours. Par chance, mes coéquipiers sont trop fatigués pour vraiment se moquer de moi. Alors que je remonte mon pantalon et avale une gorgée d'eau, j'aperçois la face triangulaire de l'Everest qui sort de terre comme une flèche primitive. Un souffle de glace danse autour du sommet. Un frisson me parcourt l'échine et fait trembler mon coccyx. Je pense aux premières personnes qui ont tenté de l'atteindre. L'enfer qu'elles ont dû traverser. La première femme. Junko Tabei, une alpiniste japonaise tenace. Je suis sûre qu'elle a eu des problèmes plus graves que de se faire dessus.

J'ai besoin d'une sieste.

Une fois au camp je trouve un coin isolé, le plus loin des tentes possible, et tente de nettoyer mon pantalon avec du gel antibactérien et des poignées de neige. Le bain des alpinistes. J'en aurais sans doute bien besoin d'un, moi aussi. Cela fait des semaines que je ne me suis pas douchée. Il viendra un jour (pas aujourd'hui c'est sûr) où je rirai de tout ça – je le sais. Quand je comprendrai enfin la métaphore. Quand je comprendrai qu'on doit tous gérer notre merde un jour ou l'autre. N'est-ce pas la raison de ma présence ici ? Mais pas aujourd'hui. Bon sang. Mon pantalon de sommet, par-dessus le marché. Le seul suffisamment chaud pour aller jusqu'en haut. Il n'est plus vraiment en état.

Nous sommes au col Sud, à 7 900 mètres. Je nettoie mon pantalon à une altitude où volent les avions. Une fois qu'il est aussi propre qu'il peut l'être, je retourne au camp. Le terme *manquer d'air* prend tout son sens. Même avec ma bouteille d'oxygène, chaque pas m'épuise. Dans les camps inférieurs, il y avait un côté social, une camaraderie entre grimpeurs, les équipes bavardaient entre elles. Mais ici, Ang Dorjee et Mike nous ont dissuadés de sociabiliser ou d'aller nous promener – *un gaspillage d'oxygène, un gaspillage d'énergie* – et conseillé de rester dans nos tentes et d'essayer de dormir, ce qui est pour ainsi dire impossible à cette altitude. Il y a quand même de l'activité. Quelques grimpeurs se baladent, trottinent même, dans leurs masques et leur tenue de sommet – un truc à mi-chemin entre la combinaison de ski et le scaphandre d'astronaute. C'est spectaculaire de les voir parader autour du camp dans une démonstration de force, le masque à oxygène comme un symbole de leur statut. Je croise un homme dans une combinaison orange fluo assortie à l'orange de sa bouteille d'oxygène. On dirait qu'il se rend à une rave dans une boîte de nuit arctique. Je me dis que la boucle est vraiment bouclée, que je suis passée des black-out dans des bars gays à traîner avec l'élite de la haute altitude. Un club très exclusif.

En approchant de ma tente, je lève la tête et reste bouche bée devant la pyramide de l'Everest qui me surplombe. Je distingue deux chemins possibles. Celui qui monte tout droit depuis le camp semble traître, voire impossible. L'autre est plus tranquille, tout en courbes, et contourne la base du sommet par la droite. Je rentre dans ma tente pour me reposer, m'endors, et rêve que quelqu'un me réveille bientôt avec une bonne nouvelle : que l'on partira ce soir et que nous rejoindrons l'Everest par ce petit chemin à droite.

À 19 heures, les guides se réunissent. Après délibération, Lydia vient nous exposer nos deux options. Nous pouvons monter au sommet ce soir ou attendre demain, la différence météorologique semblant marginale.

– Si nous tentons ce soir et qu'il y a trop de vent, est-ce qu'on pourra réessayer demain ? je demande innocemment.

– Silvia, répond lentement Lydia à travers son masque. Nous n'avons qu'une chance. Si nous devons faire demi-tour ce soir, c'est fini. C'est ta chance pour le sommet. Nous n'avons pas suffisamment d'oxygène pour le faire deux fois.

Je suis tiraillée ! Devrais-je y aller ou attendre ? Y aller ou attendre ?

Brian et Danny sont partants pour ce soir. Mark décide d'attendre demain.

– C'est parti, dis-je.

– Attends Silvia, avant qu'on décolle.

Son expression change.

– Les guides en ont discuté et, comment dire, tu as un problème.

Je me mets à rougir.

– Il va falloir qu'on te bouche. On ne peut pas prendre de risque avec tes intestins, dit-elle fermement. Trop dangereux.

Elle me tend un cachet d'Imodium. C'est un détail minuscule mais qui, à ce stade de l'ascension, peut faire la différence entre la vie et la mort. J'avale la pilule, la sens glisser de mon œsophage à mon estomac et l'imagine ensuite se décomposer dans mon sang et envoyer ses signaux chimiques à mon corps pour lui dire de se retenir. Encore une fois où on m'ordonne de me retenir, de me calmer, de me faire discrète, d'avoir honte, de me taire pour atteindre le sommet. Pour ce sommet, ça en vaut la peine. Mais je me jure que c'est la dernière fois.

À 19 h 30, nous sommes dans nos tentes à chercher en vain le sommeil. Trois heures durant, j'alterne entre rêveries stressantes et bouffées d'excitation nerveuse. Personne ne dort à ce stade. Qui en serait capable ?

À 22 h 30, quand nous clipsons et nous mettons en route, le thermomètre affiche –29 °C. Il fait si noir que la lumière de ma lampe frontale est presque avalée par l'obscurité. Je ne vois qu'un minuscule faisceau circulaire qui colle à mes pas. La réverbération sur la neige aide un peu, mais elle crée également d'autres ombres, qui partent dans tous les sens. Durant la montée jusqu'au sommet, les guides doivent pouvoir se concentrer sur le chemin et les éventuels problèmes techniques. Chaque alpiniste se voit donc assigner deux sherpas. Je marche entre Pemba Chirri – qui se trouve juste devant moi et dont je distingue à peine le dos, chacun de mes pas est un exercice de confiance – et Tenzin. Ang Dorjee ouvre la marche.

Je porte mon pantalon de sommet et ma parka isolante. Sous le pantalon, j'ai deux paires de collants isothermiques, un très épais et l'autre un peu moins. Sur mes mains, des gants en tissu hyper fin que l'on appelle des gants « one minute », puis une autre paire plus épaisse en laine polaire, et enfin mes mitaines d'expédition. J'ai la tête enfouie sous un passe-montagne, un tour de cou en polaire, un masque de ski et un bonnet. Sans oublier mes accessoires : une lampe frontale, un harnais, un jumar et un piolet. Mes crampons sont aiguisés et mes boots lacées au plus serré.

Mon masque à oxygène est en place.

La face triangulaire est la route la plus pentue vers le sommet. C'est celle que j'espérais ne pas prendre. Si j'avais mieux étudié l'itinéraire, je ne serais pas aussi surprise. C'est épuisant. Mes jambes sont lourdes, comme clouées au sol, impossible de reprendre mon souffle. Nous avalons deux litres d'oxygène par minute mais, bizarrement, ça n'aide ni à mieux respirer, ni à mieux marcher. La bonbonne contient un mélange de gaz comprimé et d'air ambiant qui augmente le flux d'oxygène de seulement 2 %. Un peu comme un climatiseur bas de gamme qui cracherait des petites bouffées d'air dans mes narines : suffisamment pour empêcher le cerveau de gonfler, mais pas assez pour prendre une vraie bouffée et remplir complètement les poumons. Imaginez-vous respirer à travers une minuscule paille.

Au fur et à mesure que nous remontons le chemin, lentement, mes yeux s'habituent à l'obscurité. Ensemble, nos lampes frontales créent une bulle de lumière. Ensemble, nous sommes en sécurité. L'air est calme. Cristallin. Traversé de millions d'étoiles. Des étoiles qui semblent suffisamment proches pour qu'on puisse les toucher et les arracher du ciel. Est-ce le cas ? Nous sommes le 18 mai, à l'endroit où se rencontrent le Tibet, le Népal et la Chine et, l'espace d'une seconde, je me demande soudain si ces étoiles existent ailleurs qu'ici et maintenant. Il y a sans doute des constellations entières que je n'ai jamais vues de ma vie.

Dans ce noir velouté, on dirait que quelqu'un a accroché une guirlande de Noël à la montagne, une guirlande qui s'étirerait du col Sud jusqu'au « balcon » – l'une des dernières plateformes où se reposer avant le sommet. Verticalement, le balcon se situe à moins d'un kilomètre et demi, mais il nous faudra trois heures pour l'atteindre à cause de l'impossible dénivelé, du manque d'air et de la dernière chose à laquelle vous vous attendriez au sommet du monde : les embouteillages. On devrait les ajouter à la liste des certitudes de la vie : la mort, les impôts et les embouteillages.

Il faut qu'on sorte d'ici le plus vite possible.

Brian et Danny sont au taquet. Notre temps est bon, nous gagnons constamment du terrain sur les autres. Clipser, déclipser et contourner des corps est devenu un geste automatique, même si j'ai toujours étrangement honte à chaque fois que je dépasse quelqu'un. Les enjeux sont plus importants à cette altitude. La crête est bien plus étroite et abrupte que celle qui mène au camp IV et je dois coller mon corps à celui des autres pour passer. Un pas de trop vers la gauche et ce serait la chute. Dépasser quelqu'un en silence sous le ciel à peine éclairé de l'Himalaya a quelque chose d'intime, comme croiser un inconnu à travers une porte étroite à ce genre de fête où tout peut arriver.

Les grimpeurs qui sont partis avant nous, certains dès 18 heures, arrivent déjà au balcon, je vois leurs lumières s'agiter comme une constellation de lucioles. Ça a quelque chose de surréaliste de voir ces rayons de lumière gravir lentement la montagne. De savoir que chacun est rattaché à une personne, laquelle n'a que ses deux jambes comme moteur. Et que chacune de ces personnes a un rêve, un rêve unique et singulier, un rêve que peut-être elles seules connaissent. Chaque lumière incarne une raison d'escalader. Un rêve, comme le mien, si impérieux que ces personnes sont prêtes à tout risquer.

À minuit, j'ai besoin d'une sieste. J'espère que Mike va annoncer que c'est l'heure de faire une pause. Même courte. J'ai besoin de cinq minutes, pas plus. Les rochers me font penser à des fauteuils molletonnés, leurs contours enneigés, à une couette douillette. Je rêve d'un lit. Un vrai lit. Un lit flottant, vaporeux, volant.

Mon corps. Mon corps. *Qu'est-ce* que mon corps ?

Nous atteignons le balcon à 2 heures du matin. Nous essayons de manger quelque chose et de nous hydrater. Je sors une Thermos d'un demi-litre d'eau chaude de la poche intérieure de mon manteau. La Thermos qu'Ang Dorjee m'a fait acheter à Katmandou.

Je comprends désormais pourquoi. Une gorgée d'eau tiède et un minuscule morceau de ma pâte de fruits à la framboise préférée – il ne m'en faut pas plus. Difficile d'avaler quoi que ce soit. Ici, la nourriture est un corps étranger, extraterrestre. Même les bonbons, que j'adore en général, ont un goût de carton.

Quelqu'un me secoue le bras et je me retourne. C'est Danny. Mon Danny ! Il pointe sa bouteille d'oxygène du doigt, en agitant les lèvres. Ah oui. Je me tourne vers Pemba Chirri qui me fait signe de dévisser ma bouteille et de la changer pour une nouvelle qu'il me tend justement. Tout est un jeu de mimes. Pas d'énergie pour des vrais mots. De la vraie nourriture. Des vrais sentiments.

Nous changeons nos bouteilles et nous remettons en marche. Ang Dorjee nous guide vers le sommet Sud, qui marque la dernière ligne droite avant le fameux « ressaut Hillary ». Il nous reste encore cinq ou six heures de marche jusqu'au sommet. Presque dix heures en tout pour monter d'un kilomètre et demi. Tout est abrupt, il fait noir et incroyablement froid. Ce ne sont pas juste mes membres et mon visage qui sont gelés, mes organes, mes cellules et mes os semblent faits de glace eux aussi. Toutes mes sensations sont sur OFF. Je suis une machine humaine, une chaîne de montage – pas, respiration, pas, respiration.

Nous passons la barre des 8 400 mètres et entrons officiellement dans « la zone de la mort », où la pression atmosphérique tombe à un tiers de celle du niveau de la mer, où la température ne dépasse jamais les –17 °C et où toute peau exposée gèle instantanément. Durant les six dernières semaines, nos corps se sont lentement acclimatés. Ils ont commencé à produire plus de globules rouges, nos cœurs se sont mis à battre plus vite. Plus nous sommes montés, plus les fonctions non essentielles de notre corps, comme la digestion, ont été réprimées pour rediriger toute notre énergie vers notre système cardio-respiratoire. Mais on ne s'acclimate jamais à la zone de la mort. La mitose des cellules s'arrête complètement. Nos corps se détériorent. Pourtant, ce n'est pas ça qui tue les gens sur l'Everest en général. Non, c'est le brouillard dans lequel plonge notre cerveau et notre désorientation qui nous poussent à prendre des décisions fatales, comme s'asseoir pour se reposer et ne plus jamais se relever, ou traîner des pieds et tomber. L'ivresse et le mal des montagnes se font écho de bien des façons : difficultés à parler, confusion, incapacité à marcher droit.

Devant moi, une nuée de petits points lumineux semblent fusionner puis s'éloigner, comme une peinture en mouvement. Des lampes frontales. Difficile de distinguer les formes dans l'obscurité, mais je perçois les silhouettes floues des gens qui nous précèdent. Le ciel est spectaculaire. Un bleu profond comme de l'encre. J'ai l'impression de marcher sur la lune. J'ai l'impression d'être une astronaute. Nous marchons sur un terrain totalement exposé, nous surplombons tout ce qui nous entoure. Le paysage des six dernières semaines – la neige, la glace, la roche, les montagnes – semble soudainement surréaliste, hyperréaliste. L'esprit humain n'est pas fait pour vivre aussi haut. Je suis un oiseau arctique. Nous continuons à marcher. Des pas courts et appuyés. On ne peut pas traîner des pieds. À chaque pas, il faut soulever nos crampons puis les planter profondément dans la glace. Le moindre mouvement demande une énergie folle. Deux types sont accroupis sur le bord du chemin, hors d'haleine, l'air vaincu. L'un secoue la tête, en mimant quelque chose à l'autre.

Et puis la seconde d'après, ils font demi-tour et redescendent.

Ça pourrait être moi. À n'importe quelle seconde, ça pourrait être n'importe lequel d'entre nous. Ici, aucune respiration n'est garantie.

J'ai atteint mes limites depuis un moment. Chaque pas est comme un nouveau précipice au bord duquel je dois garder l'équilibre.

À 3 heures du matin, l'obscurité commence à se lever pour laisser place à un ciel épais et scintillant à la fois. Un minuscule croissant de lune.

Les embouteillages s'accumulent et nous sommes forcés de nous arrêter près d'une série de ressauts rocheux – une version miniature de l'Éperon des Genevois. Entre trente et quarante personnes doivent escalader ces marches rocailleuses et glissantes, en se hissant prudemment le long de la corde, un pas après l'autre. Impossible de les dépasser. Nous devons attendre que chacun monte, ce qui, en altitude, avec une énergie diminuée et aussi peu d'oxygène, demande un effort et une prise de risque considérables.

Au début, je suis ravie de faire une pause. Je peux enfin admirer le paysage autour de moi. À l'horizon, en direction de l'Inde, j'aperçois une tempête. Des trombes d'eau grises et nuageuses. Et des éclairs, *waouh*. Des éclairs bleu-vert qui frappent la terre – un, deux, *quatre*. À travers la vallée, les lampes frontales des gens qui tentent de gravir le Lhotse sont comme des cierges qui vacillent.

J'agite mes mains et mes pieds, remue le torse, étire ma tête en faisant des cercles dans l'espoir que mes mouvements constants repoussent les engelures. Mon équipe commence à s'impatienter. Nous sommes là depuis une demi-heure et nous n'avons pratiquement pas avancé. Au-dessus de nous, quelques personnes s'accrochent à la corde, figées. Paralysées par la peur. Et elles retardent toute la file. C'est juste trop. Nous sommes clipsés à une corde qui nous laisse peu de lest pour bouger. Chaque mouvement pour réchauffer nos corps consume le peu d'énergie qu'il nous reste. Ce serait trop pour n'importe qui.

Des gens commencent à abandonner. Un par un, ils quittent le groupe et redescendent. Il fait trop sombre pour voir leur visage, mais je les imagine en train de secouer la tête, abattus, en longeant la corde en sens inverse. Quand ils passent à côté de moi, je ressens le lien qui nous unit. Ce ne sont pas des inconnus. Comme moi, ils ont pris de plein fouet la beauté et la brutalité de ces six dernières semaines. Ils ont sacrifié tellement de temps et d'argent, les économies de toute une vie pour beaucoup d'entre eux, ont mis en jeu la sécurité de leurs familles et de leurs proches. Ils se sont entraînés, mentalement et physiquement, souvent pendant des années. Ils ont gravi d'autres montagnes, ont traversé des douzaines d'échelles branlantes et terrifiantes, ont sombré dans leurs propres abîmes. Ils ont connu eux aussi leur lot de « journées horribles », se sont réveillés le lendemain et ont continué. Contre toute logique, tout confort, toute raison, ils ont continué. Ils ont voulu renoncer – nous l'avons tous voulu – mais ils ne l'ont pas fait. Ils ont donné tout ce qu'ils avaient pour être là. Pour une chance de se retrouver tout en haut du monde, pendant vingt minutes. Et peut-être de là, observer combien celui-ci est immense et combien nous sommes minuscules. Mais voir également tout ce que peut accomplir chacune de ces vies minuscules et imparfaites. Tous ceux qui sont attachés ensemble à cette corde pour gravir ce flanc de montagne ont un rêve pour lequel ils sont prêts à mourir. De ce point de vue-là, nous sommes tous pareils.

J'ai de la compassion pour ceux que je croise. Toute mon impatience, mes sursauts de froid et les suppliques de mon corps disparaissent pour laisser place à l'empathie.

Cela fait plus d'une heure que nous attendons. Je ne sens plus mes joues, ni mes doigts, ni mes pieds. Je commence à m'inquiéter. C'est la recette parfaite pour les engelures. Un léger vent se lève et, à 8 400 mètres d'altitude, il n'a rien d'une brise – il est d'un froid glacial et mordant. Le genre de souffle arctique qui vous balaie quand vous ouvrez un énorme congélateur. Je sens mes mains se durcir. Ma circulation n'a jamais été géniale. Je manque de fer. Anémie.

Mike, qui ferme la marche, nous parle à travers sa radio.

« Salut tout monde, dit-il d'une voix qui craque. Comment ça va ? Le vent se lève. Est-ce que vous allez supporter le froid ? Quelqu'un veut faire demi-tour ? »

Devrais-je faire demi-tour ? Mes dents claquent.

J'ai tellement froid. Mais nous sommes si près. Je m'imagine le visage et les doigts noircis – sur l'Everest, toutes les amputations sont dues aux engelures.

Si le groupe veut faire demi-tour, je suivrai. Mais ce ne sera pas moi qui prendrai la décision de renoncer. Pas maintenant. Brian et Danny sont devant moi. Ils font non de la tête.

– Nous continuons, confirme Ang Dorjee dans sa radio.

Il est près de 4 heures du matin. L'aube rampe à l'horizon et nous n'avons pas franchement avancé. Le ciel est pastel. Face à nous s'étendent les grandes plaines marron du plateau tibétain et on voit émerger les contours du Kanchenjunga, du Lhotse et du Makalu. Je suis submergée par la poésie de la scène et cette sensation dure bien trois minutes jusqu'à ce que le froid reprenne le contrôle de tous mes sens.

Je commence à perdre patience.

Mes joues sont gelées. Les engelures pourraient déjà avoir commencé. Difficile à dire.

Je prends peur. Je prie encore plus fort.

– Je vous salue Marie pleine de grâce.

Oh mon Dieu, la queue n'avance pas. Allez ! Je ne vais pas y arriver.

Je regarde vers le ciel. Vers l'horizon où je suppose que le sommet se trouve. *Mama, Mamita !* me dis-je. *Ayúdame. Mama ! Mamita ! Ayúdame. Je ne sais pas si je vais y arriver. Aide-moi s'il te plaît ! Tu es là ? Mamita ?*

J'entends une musique envahir mes oreilles. Un air familier.

Qu'est-ce que c'est que ce bordel ?

Pemba Chirri se tourne vers moi.

– Vous avez entendu ? je lui demande.

Il se contente de me fixer en grognant. Je prends ça pour un non.

Mais je l'entends à nouveau ! Le rythme métallique et reconnaissable entre tous du légendaire chant de noël latino *Mi Burrito Sabanero*.

Et devant moi apparaît ma mère. Debout sur ses deux jambes sans l'aide de personne, souriante et pleine de vie, elle danse dans la neige au rythme de cette stupide chanson de mon enfance qui parle d'un âne en route pour Bethléem. Les poings levés devant son visage comme un boxeur, elle agite les épaules au rythme des maracas et balance la tête en arrière pour rire, tout en chantant le refrain :

– Tuki tuki tuki tuki tuki !

Des larmes coulent le long de mes joues. Après le festin qu'elle nous préparait à chaque Noël, nous allions chez ma tante Irene pour célébrer avec le reste de sa famille – mes tantes, mes oncles, mes cousins. Mes cousins. Marianela. Rolando. Ramiro. Avant que je connaisse la vérité, voilà ce qu'ils étaient pour moi : mes adorables cousins toujours de bonne humeur. Nous courions dans la maison tandis que ma mère bavardait avec ses sœurs, mangeait et chantait, plus joyeuse qu'aucun autre jour de l'année. Elle était si heureuse ces soirs-là, quand elle retrouvait tout le monde pour les fêtes. *Évidemment*. Je comprends enfin. Comment n'y ai-je pas pensé plus tôt ? Bien sûr qu'elle était plus heureuse que jamais. Noël, c'était le seul moment où elle se retrouvait avec tous ses enfants en même temps.

Même si elle devait jouer le rôle de la Tía Teresa.

L'une des dernières volontés de ma mère a été qu'on organise une énorme fête pour le premier anniversaire de sa mort. Marianela m'a rejointe au Pérou et nous avons réuni cent cinquante personnes, membres de la famille et amis, exactement comme elle nous l'avait demandé sur son lit de mort.

Une fois tout le monde parti, Meche et moi avons rangé en nous remémorant des anecdotes au sujet de ma mère.

– Mechita, ai-je dit. Je voulais te poser une question.

– *Dime* Silvita. Qu'est-ce qu'il y a ?

– Tu étais là quand ma mère a fait venir J ? Quand vous l'avez attaché à la chaise ?

– Hein ?

– Ma mère m'a dit qu'après ce qu'il m'avait fait, elle avait téléphoné à J. Et que quand il était venu, elle avait fait bouillir de l'eau et que vous l'aviez toutes les deux attaché à une chaise.

– Nous ne l'avons jamais attaché à une chaise. Nous n'aurions jamais fait une chose pareille.

– Mais elle m'a dit qu'elle avait fait bouillir de l'eau, ai-je insisté en ayant soudainement besoin que cette histoire soit vraie. Elle a fait bouillir de l'eau dans cette grande casserole en aluminium, celle dont vous vous serviez pour nettoyer les torchons à la Javel. Et après l'avoir attaché à la chaise, elle a versé l'eau brûlante sur lui, lentement, en lui disant que c'était pour ce qu'il m'avait fait.

Meche a écarquillé les yeux.

– Non, Silvita. Je me souviens qu'il est effectivement passé un jour, après que tu as dit à ta mère ce qu'il t'avait fait. Mais elle lui a simplement ordonné de ne plus jamais revenir.

– Mais elle a dit que l'eau était brûlante. Et qu'elle lui avait expliqué pourquoi elle faisait ça. Elle lui a dit : « C'est pour me venger de tout le mal que tu as fait à ma fille. »

Meche a posé sa main sur mon bras et m'a regardée avec des yeux attendris.

– La journée a été longue, a-t-elle dit d'une voix douce.

Le récit de ma mère était si précis, si ponctué de détails atroces, ses mots si pleins de fougue et de détermination, que je n'avais pas hésité une seconde à croire à son histoire de vengeance. La façon dont elle l'avait racontée, les images, la douleur et la haine dans sa voix… Elle était devenue cette femme que j'avais toujours voulu qu'elle soit. Une femme qui se battait. Qui ne se laissait pas faire. Qui réclamait ce qui lui était dû. Ce qu'elle méritait. J'avais été émerveillée par la force dont elle avait su faire preuve. Enfin. Je ne l'avais jamais vue comme ça face à mon père, mais j'avais toujours su que c'était qui elle était, au fond d'elle.

Toutefois, la vérité était plus compliquée. Peut-être qu'elle avait inventé cette histoire pour elle, parce qu'elle en avait besoin. On doit tous s'inventer des histoires de temps en temps, pour survivre.

Je ne doute pas qu'elle ait voulu se venger. Mais sa force et sa voix avaient été réduites à néant par une vie d'abus, d'humiliation, de racisme et de pauvreté. Elle aurait tant aimé tenir tête aux hommes, à mon père, et exiger qu'on lui donne ce qui lui revenait de droit. Ce qui *nous* revenait de droit. Exiger la justice. Me dire qu'elle avait vaincu J, c'était sa façon de me dire qu'elle était désolée. De dire : *Voilà ce que j'aurais aimé pouvoir faire.*

Il y avait tant de choses que ma mère ne pouvait pas réparer. Tant de choses qu'elle n'avait pas le courage de regarder en face. Alors, à la place, elle créait toute cette beauté, cette joie et ces rires pour atténuer la douleur. Elle a survécu avec les seules armes qu'elle avait, même si cela signifiait détourner le regard, même si cela signifiait se taire. Je n'ai jamais pu déterminer si le fait d'apprendre qu'elle m'avait menti m'avait fait du mal parce que je voulais à tout prix que J souffre, ou si c'était parce que je voulais que ma mère se soit battue pour moi.

Mais désormais elle est là, devant moi, à faire ce qu'elle a toujours fait de mieux, à savoir me distraire – du froid, de l'obscurité. Elle n'a jamais encouragé aucune de mes expéditions de son vivant, n'a jamais été capable de mettre fin aux abus ou d'obtenir justice, mais la voilà, à danser pour m'aider à surmonter ces dernières heures. C'est ça, son amour pour moi. Je me mets à pleurer mais mes larmes sortent comme des rires.

– Je t'aime, Mamita, dis-je en levant la tête vers le ciel, vers cette immense étendue sans fin.

– 19 –

AU SOMMET DU MONDE

Vues d'en haut, les ombres des plus hautes montagnes du monde sont souvent triangulaires, même quand leur sommet ne l'est pas. C'est une illusion d'optique. De la même façon que les rails d'une voie ferrée deviennent de plus en plus petits jusqu'à n'être plus qu'un point à l'horizon, les ombres des montagnes sont si grandes que l'œil nu ne peut pas voir où elles se terminent. Elles nous apparaissent donc comme de parfaites pyramides.

Je m'arrête pour reprendre mon souffle et, quand je relève la tête, ma mère a disparu et les restes de *Mi Burrito Sabanero* ont été avalés par les hurlements du vent. Le soleil se lève juste derrière le Cho Oyu, le voisin oriental de l'Everest, en teintant l'horizon d'une couleur mandarine poussiéreuse. Et l'ombre du mont Everest surgit, projetant sa pyramide parfaite dans le ciel. La chair de poule envahit mes bras. J'ai l'impression de voir une sorte d'hologramme mystique.

Je dois être en proie à des hallucinations. D'abord ma mère, puis ça. J'ai entendu dire que le manque d'oxygène poussait les alpinistes à voir et faire des choses étranges, comme s'allonger pour faire une sieste au bord du chemin et ne jamais se réveiller. Collée à la corniche escarpée, j'essaie de me souvenir d'où je suis et de combien cet endroit est dangereux. Je remue mes doigts dans mes moufles, sers un peu plus fort le jumar dans ma main, le fais glisser en haut de la corde et avance, en écoutant le son de mes crampons qui percent la glace. *Tu gravis une montagne Silvia. Tout ça est bien réel. Reste concentrée.* Mais quand je regarde derrière moi, la pyramide est toujours là. Elle grandit, s'élargit, monte encore plus haut dans le ciel, en projetant une ombre sur tous les sommets alentour. J'essaie de trouver mon appareil photo mais c'est trop d'énergie. Tout est trop d'énergie.

Les premières pyramides ont été conçues pour imiter les rayons du soleil et servir d'escaliers spirituels aux pharaons, afin qu'ils rejoignent le ciel. Et si, au fond, c'était pour ça que j'étais montée aussi haut, pour voir la véritable forme de l'ombre ? Pour voir comment elle se transforme quand on se trouve au-dessus ? Voir qu'elle n'est plus une cape sombre et menaçante, ni même un refuge accueillant, mais quelque chose d'exalté. Et si tout ce que j'avais cherché n'était pas caché dans l'ombre mais l'ombre elle-même ? Et si tout ce que j'avais fait pour arriver jusqu'ici, pas seulement l'escalade mais cette dernière décennie de souffrances, de questionnements, d'explosion de toutes mes limites, n'avait en réalité qu'un seul but : voir l'ombre sous un autre angle ?

Je prends une profonde inspiration, avale autant d'air que je peux et soupire, et mes flancs sont envahis par une vague de tiédeur pétillante. Si je devais faire demi-tour maintenant, je serais en paix. Je n'ai même pas besoin d'aller jusqu'en haut. Peut-être que je n'en ai jamais eu besoin. Même si je n'atteins pas le sommet, j'ai quand même gravi l'Everest.

*

* *

Des centaines de mètres plus bas, la couche nuageuse ressemble à de la terre friable et, dans la lumière de l'aube, difficile de distinguer les nuages des sommets de l'Himalaya. Après avoir passé des heures à gravir une face abrupte et lisse, nous traversons des ressauts rocailleux jusqu'à une crête à moitié plate. Nous nous arrêtons tous les deux pas, hors d'haleine. Le chemin rétrécit jusqu'à devenir une lame de couteau de moins de un mètre de large. Nous continuons à marcher – enfin, vu notre rythme, je ne sais pas si on peut appeler ça marcher. J'ai l'impression de courir un marathon au ralenti dans la boue. Un côté du chemin est protégé par un immense mur de neige et l'autre est complètement exposé – un gouffre qui me paraît infini. Assez vite, nous arrivons devant des énormes rochers et nous hissons par-dessus. Je colle mon corps aussi fort que possible contre la pierre froide, en récitant une prière de gratitude pour sa solidité. Tout en haut, j'aperçois un autre sommet rocailleux exposé, à une centaine de mètres.

Mon Dieu. On y est. *Le sommet !*

Je laisse échapper un cri étouffé, agite mon doigt comme une dingue et crie à l'oreille de Pemba Chirri.

– C'est là, c'est là ! Nous sommes si près. Le sommet.

J'y suis arrivée. Je me mets à pleurer. De minuscules larmes glacées coulent le long de mes joues.

– Non ! dit Pemba Chirri. Pas sommet. Ressaut Hillary d'abord. Sommet loin.

– Ah merde.

– Pas de larmes, dit-il. Pas de cri. Économise oxygène !

Soudain épuisée, j'ai envie de m'effondrer. Pour ravaler mes larmes, je dois réveiller mon capitaine interne, cette machine en moi qui peut tout ignorer et continuer à avancer en toutes circonstances. Celle-là même à qui je dois ma survie et une bonne partie de mon autodestruction. Celle qui m'a attiré un nombre invraisemblable d'ennuis mais qui ici, à 8 500 mètres, est exactement ce dont j'ai besoin. Contre toute logique physique, nous réussissons à passer les rochers. Derrière, le chemin rétrécit un peu plus encore. Nous avançons si lentement que j'ai l'impression de ramper. Chaque pas demande un effort surhumain. J'ai besoin de nourriture et d'eau mais mon estomac ne tolérerait ni l'un ni l'autre, et ce serait trop dangereux de fouiller dans mon sac à dos de toute façon.

Quand je lève de nouveau la tête, nous sommes au pied du ressaut Hillary. Un rocher quasi vertical fait de quatre énormes pierres – ou ressauts. C'est le dernier obstacle technique avant le sommet et il est tristement célèbre. Il serait difficile à traverser même si nos corps n'étaient pas activement en train de se décomposer. Durant le séisme de l'année dernière, le plus gros rocher s'est détaché des autres avant de tomber de la montagne. On dit que, depuis, le ressaut est plus facile à escalader, qu'il s'agit plus de monter tout droit que de ramper dangereusement à quatre pattes. Vu d'ici, ça me semble quand même incroyablement difficile.

Le ressaut en lui-même est un gros dôme et, sans son rocher principal, c'est effectivement une ascension en ligne droite. Mais le chemin, une minuscule ligne aplatie par les bottes de ceux qui sont passés avant nous, fait moins de un mètre de large – *et encore* – en plus d'être totalement exposé. Il y a une pente abrupte de chaque côté. Droit vers le néant.

Je suis la ligne du regard, en retenant mes larmes, plisse les yeux sous le soleil qui irradie désormais haut dans le ciel. Mais ce que j'aperçois ressemble plus à une queue de supermarché qu'à un chemin qui mène au mont Everest. Le sentier est embouteillé. Des gens debout en file indienne, vêtus d'épaisses combinaisons colorées, attendent tous de pouvoir avancer.

Il n'y a qu'une corde. La descente se fait probablement de l'autre côté de la montagne. Peut-être qu'il y aura un Escalator. Oh oui. Ou un joli chemin pavé. Quelque chose comme ça. Cette seule idée me détend. Cette crête est trop exposée, trop dangereuse pour que des gens puissent la monter et la descendre en même temps. Il n'y a pas moyen que deux personnes tiennent sur ce chemin, encore moins qu'elles se croisent.

Et après ça, à quelle distance est le sommet ? Je devrais connaître chaque recoin de l'ascension par cœur. Avoir mémorisé tous les points de repère, tous les dénivelés. Mais je n'ai jamais étudié l'itinéraire, et il est un peu tard pour une leçon de géographie. Pemba Chirri a dit que c'était encore loin mais j'ai l'impression qu'on marche depuis une éternité et que l'on n'arrive jamais nulle part. Je suis en train de perdre toute notion du temps et de l'espace.

Le ressaut Hillary a beau avoir été « simplifié », il me donne quand même l'impression d'une épreuve finale. Pour le passer, il faut alterner entre deux mousquetons de sûreté, avec nos mains à moitié gelées dans nos énormes moufles et une marge d'erreur de zéro.

Tout semble à la fois à portée de main et immensément loin.

Concentre-toi. Reste attentive, Silvia. Mon sang pulse à travers mon corps. Je le sens s'épaissir. Ralentir. À chaque respiration, j'ai l'impression que l'univers s'effondre. Mes pensées s'évaporent en petits nuages au-dessus de ma tête. J'essaie de retourner dans mon corps. Ton corps, c'est la seule chose qui compte. Fais-lui confiance. Fais confiance à ton corps. Arrête de réfléchir. Avance, c'est tout. Mouvement, concentration. Fais attention. Tu pourrais tomber à n'importe quelle seconde. C'est comme tenir en équilibre sur les dents d'un requin.

Et puis je les vois arriver.

Cette nuée de gens qui redescendent. Surtout des hommes. Ces anomalies de la nature qui ont atteint le sommet à 6 h 30 du matin. Oh mon Dieu, on emprunte le même chemin pour redescendre ? C'est de la folie. C'est complètement dément. Non seulement ils avancent vers nous, mais en plus ils ont la priorité. Comme ils vont dans le sens de la gravité, ils ont plus de risques de tomber. Et leurs réserves d'oxygène doivent être dangereusement faibles. Ils n'ont que peu de temps pour quitter la zone de la mort, leur compte à rebours est lancé. La plupart des alpinistes qui ne reviennent pas de l'Everest meurent durant la descente, après avoir atteint le sommet. Je comprends pourquoi désormais. Ça semble physiquement impossible de les laisser passer sans que personne ne tombe de la montagne. Pourtant, c'est ce que nous faisons. Nous faisons toutes ces choses impossibles. Nous normalisons des choses monstrueuses. La mort n'est pas un truc avec lequel nous dansons. C'est un requin qui attend, la gueule grande ouverte, que l'un de nous tombe, avant de refermer sa mâchoire d'un coup sec.

– Pardon, pardon, disent les grimpeurs en nous croisant.

– Félicitations, je m'exclame à bout de souffle, un peu par respect, un peu par terreur.

Deux, quatre, *cinq* personnes nous frôlent.

Quand les sherpas passent à leur tour, ils le font en restant le plus éloignés possible, à tel point que l'empreinte de leurs bottes n'est qu'à 20 centimètres du précipice. Je ne peux pas m'empêcher de retenir ma respiration en les regardant. Je suis vaseuse, j'ai la tête qui tourne.

Le soleil rayonne et il n'y a quasiment pas de vent. C'est la journée idéale, mais plus je fixe le vide, le bleu éternel du ciel qui nous entoure, plus j'angoisse que mes mousquetons ne soient pas attachés comme il faut. Ou que mon harnais s'ouvre – une erreur fatale dont je ne prendrais conscience que trop tard.

À mi-chemin, j'aperçois Brian qui redescend. Quand il s'approche, je vois au brillant de ses yeux qu'il est allé jusqu'en haut.

– Félicitations, copine. Je suis vraiment fier de toi, s'exclame-t-il gaiement en se collant à moi pour passer. Tu y es presque.

Je n'ai jamais entendu de mots plus doux.

Quand Pemba Chirri et moi nous hissons en haut du ressaut, je laisse échapper un soupir de soulagement. Je peux voir le sommet désormais – le vrai sommet. Vingt minutes, me dit Pemba Chirri. Le terrain est modéré. Nous avançons lentement et sans difficulté, le stress commence à retomber.

Des grimpeurs continuent à descendre, les gens se félicitent dans les deux sens.

J'ai l'impression d'être sur le tapis rouge de l'Everest.

Je croise Danny qui redescend.

– Félicitations Silvia ! dit-il.

– Mon Danny ! dis-je. Félicitations.

Il acquiesce en s'éloignant. Au vu de nos réserves d'oxygène, nous ne pouvons passer que vingt minutes au sommet. Une partie de moi est encore en train de se demander s'il n'y a pas un autre chemin plus facile pour redescendre quand Pemba Chirri lève les bras en l'air en signe de victoire.

Le sommet est une petite pente d'environ trois mètres sur un qui se termine par un pic et qui ne donne sur rien. Une douzaine de personnes en combinaison de sommet – en général rouge, orange ou jaune – sont agglutinées sur les rebords, dos au chemin. Le toit du monde ressemble à une convention d'astronautes. Leurs ombres forment d'immenses bandes sur la neige. Qu'est-ce qu'ils regardent ? Ce n'est que lorsque nous nous rapprochons que je comprends que nous y sommes.

Nous y sommes. J'y suis arrivée.

En marchant péniblement vers les autres, je vois qu'ils sont attroupés autour d'un monticule de neige recouvert de drapeaux à prières. C'est la frontière entre la Chine et le Népal – à vrai dire entre la Chine, le Népal et le Tibet. Les grimpeurs attendent leur tour pour se prendre en photo en train de brandir le drapeau de leur pays, poing ou pouce en l'air dans leurs énormes moufles. Je lève les miennes moi aussi, pour célébrer, puis me tourne vers Pemba Chirri et Tenzin et les serre dans mes bras avant de faire pareil avec tous les autres sherpas qui m'entourent. Toutes les personnes qui semblent partantes ont droit à une embrassade. La plupart des alpinistes se prennent rapidement en photo puis font aussitôt demi-tour pour redescendre.

Je peux sentir l'émotion jaillir de moi. J'ai besoin d'une minute pour moi, j'ai une offrande à faire. Je me dirige vers une saillie un peu moins encombrée, un peu plus haut sur le sommet, où quelqu'un a planté un poteau de fortune dans le sol. De là, j'ai une vue dégagée sur le Tibet et la Chine. Des sommets enneigés plongent dans d'énormes bandes de terre marron. On m'a parfois demandé pourquoi je n'avais pas commencé l'escalade au Pérou. Les sommets de la Cordillera Blanca sont époustouflants et certains montent jusqu'à 6 700 mètres. Ça aurait été un choix logique, ces montagnes qui ont vu naître ma grand-mère maternelle. C'est le médicament natif de mon pays qui m'a guidée vers la montagne. Mais la réponse n'est pas aussi simple. Je crois qu'il est plus facile de commencer par gravir des montagnes loin de chez soi.

Le vent se lève, fait tourbillonner la neige autour de ma tête.

Je m'agenouille et me mets à pleurer. Des larmes de joie. Des larmes de deuil. Des larmes amères. Des larmes surréalistes. Chaque vague apporte son propre sentiment. Sa propre crête. Je les laisse venir en admirant le Tibet. Pour une fois, j'accueille mes larmes à bras ouverts. Je peux enfin retirer mon armure. Je n'ai plus à me battre. J'y suis arrivée. Je suis au sommet du monde.

Je pose mon sac à dos à côté du poteau et ouvre la poche du dessus. J'en sors la khata blanche et l'enfile autour de mon cou, en repensant aux nonnes.

« J'y suis arrivée ! » ai-je envie de leur hurler à travers le ciel, mais mieux vaut qu'elles continuent à prier jusqu'à ce que je sois redescendue saine et sauve au pied de la montagne.

– *Merci*, je murmure à la place, en m'inclinant.

Puis je sors la khata jaune des filles de Shakti Samuha et la noue au poteau. Durant tous ces kilomètres, j'ai porté leurs vœux dans mon sac à dos et j'espère désormais que la Mère les exaucera tous.

Rien n'est impossible pour ces filles. Je le sais. Je sors mes drapeaux à prières, ceux que j'ai achetés à Katmandou. J'ai emballé à l'intérieur les trois petites photos qui m'ont guidée tout au long de ce voyage, pas seulement sur l'Everest, mais sur toutes les autres montagnes que j'ai gravies et durant tout ce que j'ai traversé.

La première, c'est une photo de Lori à Shanghai. Elle porte un jean et du rouge à lèvres rouge et arbore un sourire espiègle, devant l'Oriental Pearl Tower. Elle adorait cette tour. Sur chaque sommet que j'ai atteint depuis sa mort, je laisse la même photo. En tirer un exemplaire est devenu un rituel quand je fais mes bagages. Ma façon de lui rendre hommage. Mon cierge dans la nuit. Quand j'atteins le sommet d'un continent, j'ai l'impression d'être plus près de son étoile. D'inspirer la poussière cosmique qu'elle est devenue.

La deuxième photo, c'est une photo de ma mère. Elle a été prise en 2011, lors de son soixante-septième anniversaire, un an et demi avant sa mort. Nous sommes à La Bistecca et elle pose devant un sundae – son dessert préféré. Une bougie allumée se consume et la glace fond déjà tandis que nous lui crions tous de se dépêcher de faire un vœu. Je vois mon reflet dans son sourire. Son rire. *Mi Madre. Mamita. Chomolungma. Sagarmatha. Everest.*

Il y a tant de façon de dire *mère*.

L'Everest m'a montré que ce n'est pas juste un rôle qu'on endosse ou une personne qu'on s'approprie, mais une action. Le mot *mère* est un verbe.

La dernière photo, c'est moi en classe de CP. Dans mon jogging turquoise avec mes couettes qui retombent sur mes omoplates et mon sourire las. C'est la photo que je n'ai pas eu la force de regarder pendant des années. La photo que j'ai trouvée dans mon appartement de la Marina et tenté de cacher. La petite fille qui m'a rendu visite lors de la vision ayahuasca m'a guidée jusqu'ici. Je n'avais jamais apporté de photo de moi à laisser au sommet. J'aurais été mal à l'aise. Mais ici, c'est différent. Ici, je laisse la petite Silvita avec la Mère.

Je pose la photo contre le poteau, en essayant de la planter dans la neige, mais le vent la fait tomber. Je la redresse, nettoie les traces de neige et remarque un détail que je n'avais jamais vu.

Sur le mur derrière moi, il y a un bonhomme de neige. Un bonhomme de neige que j'ai fabriqué avec des boules de coton, ce jour-là en classe, pour préparer la fête de Noël. Il porte son chapeau de côté et fume une pipe en épi de maïs. J'étais une petite fille de Lima qui n'avait jamais vu ni la neige ni la montagne. J'avais donc fabriqué mon bonhomme de neige en m'inspirant des histoires qu'on m'avait racontées et en puisant dans mon imagination.

Cette photo était devenue un tel symbole de mon traumatisme que j'avais totalement ignoré l'arrière-plan.

Pourtant, c'était juste là. La neige était derrière moi depuis le début. Les montagnes avaient toujours été derrière moi. Je viens du sang des montagnes. Elles sont mon héritage, mais la douleur que les femmes de ma famille m'ont léguée m'a longtemps gardée éloignée d'elles. Cette petite fille savait. Elle est venue me chercher pour que je rentre à la maison. Tout ce que j'avais à faire, c'était de lui prendre la main et de me laisser guider. De marcher librement à travers les montagnes, comme elle me le demandait.

En échange, elle me rendrait ma vie.

Ce sont mes dernières secondes sur ce sommet et je me sens en sécurité d'une façon que je n'ai jamais éprouvée auparavant. Je ne suis plus que nerfs à vif et cœur battant, je suis épuisée jusqu'à l'os, mais j'ai tenu la promesse la plus importante que j'ai faite de ma vie – une promesse envers moi-même. En fermant les yeux, je vois la petite fille me tirer vers des zéniths que je n'avais pas saisis jusqu'ici. Elle m'a montré que le chemin vers la guérison n'est pas nécessairement bien éclairé. Qu'il s'agit plus souvent d'une longue ascension à travers un labyrinthe d'ombres et une immensité glacée qui vous donne l'impression qu'elle ne fondra jamais. À d'autres moments, ce ne sont que des lueurs qui vacillent dans l'obscurité. De minuscules instants d'illumination qu'il faut suivre. Chasser. Elle m'a montré que guérir, ce n'était pas atteindre le sommet, c'était ces moments où l'on n'était pas sûr d'y arriver.

Même dans les ombres, nous montons.

Même dans le noir, nous allons quelque part.

Les gens parlent de conquérir la peur de la même façon qu'ils parlent de conquérir les montagnes. Conquérir est un mot qu'on entend souvent en alpinisme. Il ne m'a jamais plu. Ce mot me fait penser à un viol. Quelque chose en moi, dans mon histoire sans doute, provoque une réaction épidermique quand je l'entends. Le monde qui m'entoure, le monde des hommes, des audacieux, de ceux qui s'efforcent, accomplissent et obtiennent des choses, qui aiment conquérir. Quand il s'agit de l'Everest, nombreux sont ceux qui viennent le conquérir.

Mais conquérir n'est pas guérir. Conquérir n'est pas fusionner, ce n'est pas collectif. Conquérir est un acte individuel. Quand nous escaladons pour conquérir, nous escaladons seuls.

On ne conquiert pas l'Everest, de la même façon qu'on ne conquiert pas un traumatisme. Il faut au contraire s'abandonner aux gouffres et aux avalanches qu'on n'avait pas prévus. Avoir confiance dans ce long périple inconnu qu'est l'ascension.

Si nous avons de la chance, l'Everest nous laisse nous élever. Mais pas comme les prêtres nous l'enseignent à l'école. Il ne s'agit pas de cette ultime ascension éthérée. Il faut se battre à chaque pas et quand vous arrivez, même au sommet du monde, vos pieds sont toujours sur terre.

Dans l'une des dernières interviews que Junko Tabei a données avant de mourir, elle est revenue sur la fois où elle s'était retrouvée tout en haut de l'Everest. Elle avait dû se battre contre l'image que le Japon avait des femmes dans les années 1970, contre ses propres limites physiques, contre une logistique cauchemardesque et contre tous ces défaitistes qui lui répétaient qu'elle n'y arriverait jamais. Pourtant, même après avoir surmonté tout ça, elle était étrangement calme en atteignant le sommet.

– Je n'ai pas crié, explique-t-elle. Je me suis simplement dit : « Voilà, je n'ai plus à monter. »

Aujourd'hui, je comprends exactement ce qu'elle voulait dire.

J'ai anéanti la rage et la tristesse qui habitaient mon corps en gravissant ces crêtes glacées et en surmontant ces nuits solitaires à écouter le rugissement des avalanches. L'Everest m'a appris à vivre le danger d'une façon utile, m'a montré que je voulais sauver cette vie, cette vie chaotique et douloureuse.

Il faut parfois marcher très longtemps pour se rendre compte de tout le chemin qu'on a parcouru.

Atteindre le sommet n'a rien à voir avec l'accomplissement. C'est marcher dans les ombres suffisamment longtemps pour voir l'autre côté, c'est apprendre à vivre avec les autres, hommes et femmes, à se soutenir mutuellement plutôt que d'affronter la vie seule, les poings serrés. C'est laisser les gens vous frôler, même s'ils vont dans une autre direction. C'est partager le voyage, les histoires et la douleur.

C'est savoir que grimper avec d'autres est la façon la plus sûre de grimper, et le meilleur chemin vers la guérison.

Je n'ai plus de montagne à gravir, je me retrouve donc au point de départ.

– Lori, je t'aime, dis-je en touchant sa photo une dernière fois. Mamita, je t'aime. Je l'ai fait. J'y suis arrivée. Je n'en aurais pas été capable sans toi.

Je touche également sa photo.

– Et toi, Silvita, je t'aime aussi, dis-je.

Et à cet instant, je sais qu'elle n'est plus brisée en deux et qu'elle se trouve exactement là où elle doit être. Au sommet du monde, là où il n'y a plus aucune ombre.

Aucun sifflement.

Là où elle est enfin en sécurité.

J'enfile mon sac à dos.

– OK, dis-je à haute voix. C'est parti.

Et sur ce, je fais mon premier pas pour redescendre.

Il me reste d'autres montagnes à gravir.

REMERCIEMENTS

Un nombre infini de personnes m'ont accompagnée dans la création de ce livre et je leur suis reconnaissante à toutes. Merci !

Certains d'entre vous m'ont même directement poussée en haut de cette montagne littéraire et méritent toute ma gratitude.

Lara Love Hardin, mon agent, mon âme sœur espiègle, merci d'avoir pris le temps pour ces maudites « conversations autour d'un thé », d'avoir partagé ma vision, de m'avoir écoutée et accompagnée à chaque pas du chemin.

À Ty Gideon Love, Boo Prince, Mariah Sanford, Janelle Julian, Rachel Neumann, Staci Bruce, Cody Love, Julia Dunn et Stacie Sheftel, merci à tous pour votre soutien quotidien.

Au Dr Rachel Abrams et à sa générosité, elle a eu la gentillesse de me présenter à la famille des Idea Architects. À Doug Abrams – pour son audace à créer une agence résolue à partager nos histoires.

À l'incroyable Nina Lary – ton cœur, ton âme et ton talent avec les mots sont à jamais gravés dans ce livre. Notre collaboration restera à n'en pas douter l'un des moments phares de ma vie. Merci !

À ma famille internationale : Caspian Dennis, Sandy Violette et le reste de l'équipe chez Abner Stein. Camilla Ferrier, Jemma McDonagh, Brittany Poulin et toute l'équipe de chez Marsh Agency. Merci d'avoir fait voyager ce livre partout dans le monde.

À mon éditrice de la première heure, Maddie Jones, ta passion et ton attention depuis le début sont ce qui me permet d'écrire ces lignes aujourd'hui.

À mon éditrice Shannon Criss, merci d'être intervenue, d'avoir plongé tête baissée et d'avoir mené ce livre à bien. Mon éternelle reconnaissance à l'équipe travailleuse et dynamique de chez Henry Holt : Amy Einhorn, Sarah Crichton, Ruby Rose Lee, Maggie Richards, Caitlin O'Shaughnessy, Allison Carney, Jason Liebman, Maia Sacca-Schaeffer, Christopher Sergio, Hannah Campbell, Jason Reigal, Meryl Levavi et Clarissa Long. MERCI !

Aux femmes extraordinaires de chez WME : Sylvie Rabineau, Carolina Beltran et Sarah Self. Merci pour votre courage, pour avoir porté ce projet et m'avoir permis de réaliser un rêve.

À Jill Fritzo PR et son incroyable équipe : Jill, Michael, Charlie, Stephen, Kelly. Merci de m'avoir guidée et d'avoir travaillé dur pour partager les messages de ce livre.

À ma famille de cœur : Sheryl et Quentin Dahm, merci de m'avoir permis de partager ma vérité, mais aussi pour votre amour et votre soutien depuis le début. À Nicole Heinrich, ma thérapeute, merci d'avoir tenu mon « orchestre » durant les périodes les plus douloureuses et compliquées. À mes amis et ma famille de Californie du Nord : Emily Lawson, Atul Patel, Lisa Kristine, Ryo Sakai, Sam Hardin, Marta Ayala et Jen Watt. Merci de m'avoir écoutée, merci pour le soutien émotionnel et les encouragements dont j'avais besoin – et de m'avoir nourrie pendant toute la pandémie. À mes nièces et neveux : Andrea, Álvaro, Santiago, Ana, Rolando, Matthew, Teresa, Nico, Lucas, Olivia et Charlotte – merci pour votre délicieuse innocence, votre amour inconditionnel et de m'avoir poussée à montrer l'exemple par mes actes. À mes frères et à ma sœur, Eduardo, Marianela, Ramiro, Rolando et Miguel – merci de m'accepter comme je suis.

Quant à ma belle Lori, ma mère Teresa « Telle Petelle » et papa Segundo, merci de me guider de loin et d'aider mon cœur à trouver la lumière même dans les périodes les plus sombres. Helene, merci d'avoir cru en moi, de m'avoir donné la force de guérir et de m'avoir poussée à avoir la foi.

À tous les amis et les grimpeurs que j'ai connus durant toutes ces expéditions, ces treks et ces voyages, dont certains ne figurent pas dans cette histoire – des belles indigènes de Papouasie qui ont marché avec moi en silence pour que je ne me perde pas dans la jungle, au botaniste que j'ai croisé dans une épicerie à Punta Arenas et qui m'a donné cette eau de rose bénite en me disant d'avoir confiance en ce voyage. À toutes ces âmes inconnues avec qui j'ai partagé de la nourriture, des conversations, des anecdotes en traînant mon énorme sac à dos et ma fatigue, merci de m'avoir donné l'impression d'être vue, d'avoir partagé votre humanité et de m'avoir fait sentir que je n'étais pas seule. Aux sourires inconnus, aux signes de tête quand on se croise et aux centaines de « vous y êtes presque » – c'est grâce à vous si j'y suis arrivée. Merci !

Et enfin, à toutes les filles et tous les garçons courageux du monde – tout ça, c'est pour que vous sortiez de l'ombre et que vous commenciez à grimper.

TABLES DES MATIÈRES

PRESS·PROD

Imprimé en France par
CPI Brodard & Taupin
en janvier 2023

Dépôt légal : février 2023
N° d'impression : 3050756
ISBN : 978-2-7499-4826-3
LAF : 3148